DER NEUE GROSSE
GARTENPLANER

DER NEUE GROSSE

GARTEN PLANER

PLANEN, ENTWERFEN, KALKULIEREN

PETER WIRTH, PETER HAGEN, MARCEL WEHLAND

Peter Wirth

BAUSTEIN 1:
STÜTZMAUERN, TREPPEN & GELÄNDEMODELLIERUNG

Stützmauern   13

Grundlagen der Planung   14
Stützmauern entwerfen   28
Stützmauern kalkulieren   42

Treppen   47

Grundlagen der Planung   48
Treppen entwerfen   54
Treppen kalkulieren   60

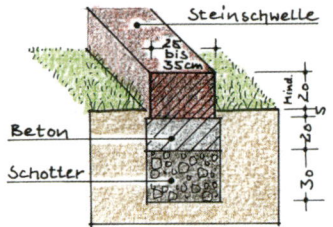

Geländemodellierung   63

Grundlagen der Planung   64
Geländemodellierung entwerfen   68
Geländemodellierung kalkulieren   77

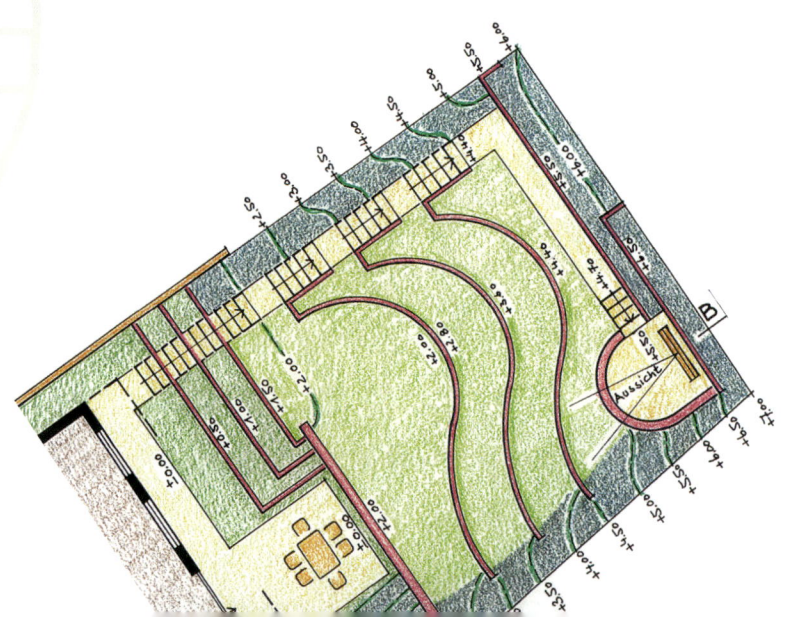

Peter Wirth

BAUSTEIN 2: WEGE UND SITZPLÄTZE

Geh- und Fahrwege   83

Grundlagen der Planung   84
Geh- und Fahrwege entwerfen   94

Sitzplätze   107

Grundlagen der Planung   108
Sitzplätze entwerfen   114

Belagsmaterialien für Wege und Sitzplätze   123

Belagsmaterialien kennenlernen   124
Belagsmaterialien auswählen   134

Wege und Sitzplätze kalkulieren   139

Kostengrundlagen ermitteln   140
Baukosten berechnen   142

Peter Hagen

BAUSTEIN 3: ZÄUNE, SCHUTZMAUERN & HECKEN

Zäune 149

Grundlagen der Planung 150
Holzzäune entwerfen 158
Mit dem Material Holz planen 164
Metallzäune planen 169
Zäune kalkulieren 174
Das passende Tor zu Zaun und Mauer 178

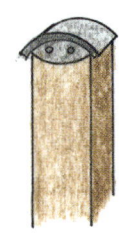  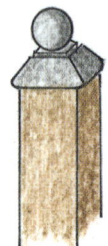

Schutzmauern 181

Grundlagen der Planung 182
Bauweise und Material planen 188
Schutzmauern kalkulieren 196

Hecken 199

Grundlagen der Planung 200
Verschiedene Heckenarten 203
Hecken kalkulieren 210

Marcel Wehland

BAUSTEIN 4:
VORGARTEN UND CARPORT

Vorgarten 215

Grundlagen der Planung 216
Zugangswege 224
Treppen im Vorgarten 230
Autostellplätze 232
Fahrrad- und Müllstellplätze 236
Bepflanzung eines Vorgartens 240
Einen Vorgarten kalkulieren 248

Ausstattung eines Vorgartens 253

Einhausungen für Fahrräder und Mülltonnen 254
Zäune, Tore, Briefkästen 259
Kosten für die Ausstattung 263

Carport 265

Grundüberlegungen 266
Einen Carport planen 270
Carportdächer 274
Einen Carport kalkulieren 280

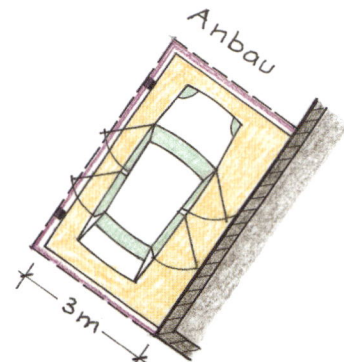

Peter Hagen

BAUSTEIN 5:
WASSER IM GARTEN

Wasser als Zierde im Garten   285

Grundüberlegungen   286
Einen Gartenteich planen   296
Einen Gartenteich entwerfen   307
Einen Gartenteich kalkulieren   310
Wasser in Bewegung   312

Die Gartenbewässerung   323

Eine Regenwasserzisterne planen, entwerfen, kalkulieren   324
Eine Gartenbewässerung planen, entwerfen, kalkulieren   330
Weitere Bewässerungsmöglichkeiten   342

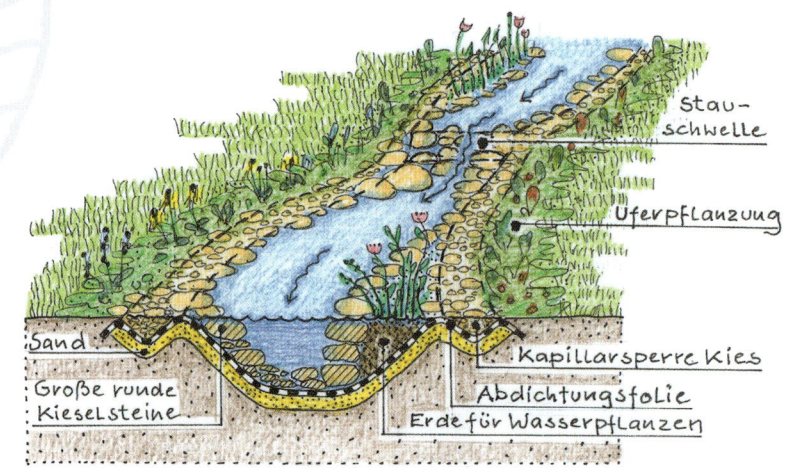

Peter Hagen

BAUSTEIN 6:
LICHT IM GARTEN

Lichtplanung für Ihre Sicherheit   351

Funktionale Lichtquellen   352
Beleuchtung für Wege   354
Beleuchtung von Sitzplätzen und Terrassen   356
Beleuchtung von Einfahrten und Parkplätzen   358

Lichtwirkung bewusst einsetzen   361

Lichtquellen, die Atmosphäre schaffen   362
Licht bringt Stimmung in den Garten   364

Lichtquellen   369

Lichtquellen für die Gartenbeleuchtung   370
Leuchtmittel auswählen   374
Es geht auch ohne Strom   376

Die technische Installation planen   379

Kabel installieren   380
Die Lichtquellen ansteuern   384
Leuchtmittelbetrieb   388
Lebensdauer und Energieverbrauch   390
Lichtausbeute und Lichtverschwendung   392
Lichtwirkung durch Farbspektren   394

Planungsbeispiel für die Gartenbeleuchtung   397

Entwurfsplanung   398
Detailplanung der ausgewählten Leuchten   402
Ausführungsplanung   409
Gartenbeleuchtung kalkulieren   412

BAUSTEIN 1:

STÜTZMAUERN, TREPPEN & GELÄNDE- MODELLIERUNG

PETER WIRTH

DURCH HÖHEN & TIEFEN ZUM TRAUMGARTEN

Stützmauern, Treppen und Erdmodellierungen in einem ersten Planungsschritt zu betrachten ist wichtig, weil man Höhenunterschiede des Geländes geschickt für eine Gestaltung von unterschiedlichen Gartenräumen nützen kann. Die Spannweite reicht von kleineren Höhendifferenzen bis zum schwierigen Steilhang. Aber auch im ebenen Gelände bieten sich Erdmodellierungen zur räumlichen Flächengliederung an. Ein eintöniges, ebenes Grundstück gewinnt durch Geländemodellierung und den Einsatz von Mauern und Treppen an Spannung. Um fantasievoll und funktionstüchtig zu planen, ist eine Auseinandersetzung mit der gegebenen Geländesituation erforderlich, damit Sie alle Möglichkeiten erkennen und in die Gestaltung umsetzen können. Das muss vor allem rechtzeitig erfolgen, denn spätere Änderungen am Geländeverlauf sind oft nur mit zerstörerischen Eingriffen in den Garten zu erreichen. Mit der richtigen Schrittfolge, Basiswissen über Bautechnik und Materialien sowie Grundkenntnissen zeichnerischer Darstellung können Sie die Modellierung Ihres Gartens selbst in die Hand nehmen und die Kosten dafür kalkulieren. Fehlt Ihnen bei schwirigen Grundstücksverhältnissen die „zündende Idee" für ein Planungskonzept dann lassen Sie sich einfach durch einen Garten- und Landschaftsarchitekten beraten. Auch hier unterstützt Sie dieses Buch: Sie lernen, Ihre Möglichkeiten besser einzuschätzen und Ihre Wünsche konkreter zu formulieren.

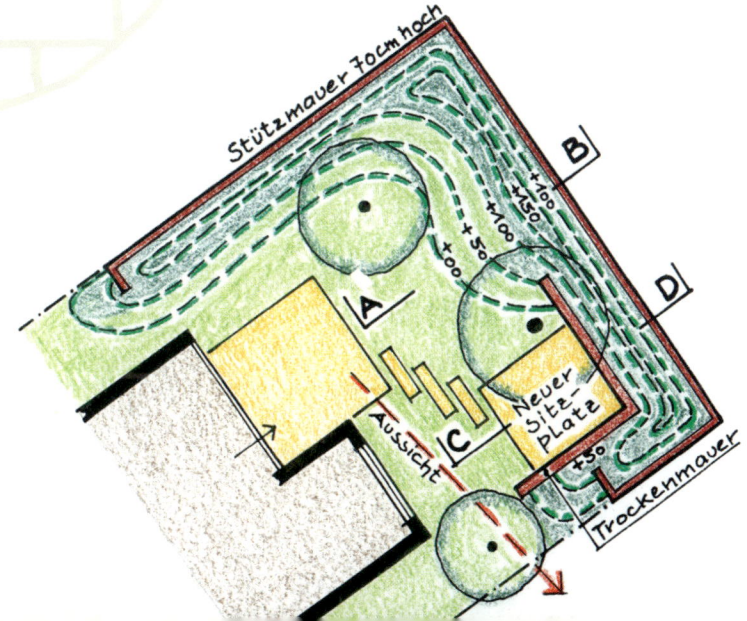

STÜTZMAUERN

- GRUNDLAGEN DER PLANUNG
- STÜTZMAUERN ENTWERFEN
- STÜTZMAUERN KALKULIEREN

Grundlagen der Planung

Gartenmauern sind dreidimensionale Bauwerke. Sie müssen standsicher und dauerhaft ihre Funktion erfüllen, aber auch mit handwerklichem Gespür für Proportionen und Material entstehen. Deshalb der Rat: Nicht „unüberlegt basteln", sondern vorausschauend planen.

Mauern erfüllen vielfältige Funktionen

Mauern im Garten kommen normalerweise ins Spiel, wenn das Gelände abzustützen ist. Hier reichen die Bauweisen von der einfachen losen Steinschichtung bis hin zur massiven, statisch unverrückbaren Betonmauer. Neben dieser bekannten Überwindung von Höhenunterschieden im Gelände ergeben sich aber weitere, weniger vertraute Anwendungsformen: niedrige, den Garten gliedernde Kanten und Sitzmauern sowie freistehende Mauern für Sicht- und Windschutz.

Stützmauern haben immer eine erdangefüllte Seite und eine Sichtfläche. Sie müssen so geplant werden, dass sie dem Erddruck standhalten und sich harmonisch in die Gartengestaltung einfügen.

Niedrige Kanten und Sitzmauern eignen sich hervorragend für kleinmaßstäbliche räumliche Einfassungen im Garten. So lassen sich damit beispielsweise Übergänge von ebenen Flächen zu Böschungskanten wirkungsvoll akzentuieren. Niedrige Mauern und Kanten sind außerdem ein bewährtes Mittel der Wegeführung oder um Verweilpunkte herzustellen.

Freistehende Schutzmauern brauchen wenig Platz. Auch ist der Schallschutz durch die Gewichtsmasse am spürbarsten. Auf den Bau von freistehenden Mauern wird im Kapitel „Schutzmauern" (siehe S. 181) eingegangen. Mit Mauern kommen stets bauliche Höhenentwicklungen in den Garten, die sonst nur mit ausdauernden Gehölzen erreicht werden können. Im Gegensatz zur Vegetation jedoch bleiben die Maßverhältnisse stets gleich, lediglich das Material altert und patiniert, Naturstein meist etwas schöner als Beton. Holz dagegen zerfällt sogar mit der Zeit.

Mit aufmontierten Rankhilfen lassen sich blühende Schlingpflanzen ansiedeln, welche die Mauer vollständig überwachsen können. Selbstklimmer wie Efeu und Wilder Wein benötigen kein Gerüst, verbreiten sich aber sehr schnell. Geländestützmauern können von oben durch hängende, polsterbildende Pflanzen begrünt werden und selbst in den Fugen von Trockenmauern gedeihen anspruchslose Pflanzen.

Geländestützmauern

Stützmauern weisen stets eine erdangefüllte Seite und eine freie Ansichtsfläche auf. Das unterscheidet sie grundsätzlich von freistehenden Mauern mit ringsum sichtbaren Flächen. Die Stützfunktion erfordert eine entsprechende Konstruktion gegen Erddruck, während freistehende Mauern nur „sich selbst halten" müssen. Beginnen wir mit der ältesten Bauweise einer Hangsicherung: der Trockenmauer. Trocken, das heißt Mauerbau ohne Beton oder sonstige Bindemittel. Die Stabilität wird ausschließlich durch die richtige Technik des Aufbaus und den Einsatz des Steingewichts erreicht, damit die Mauer dem Erddruck standhält. Die Bauverfahren reichen von der abgestuften Steinschichtung bis zur nahezu senkrechten Mauer. Der Vorteil dieser Bauweise mit offenen Fugen liegt in ihrer Flexibilität. Sie ist kein starres Bauwerk, sondern passt sich gewissen Geländebewegungen (Setzungen, Hebungen und Ausbeulungen), die mit den Jahren auftreten können, moderat an, ohne die Mauer zum Einsturz zu bringen.

Steinkanten kennzeichnen den Wechsel der Wegerichtung und bilden ein gliederndes Element im Garten.

TIPP

Mit dem spannungsvollen Gegensatz zwischen Mauer und Pflanzen lassen sich mit geübtem Blick viele gute Gestaltungslösungen entdecken. Es lohnt sich deshalb, nicht nur am Hang, sondern auch bei relativ ebenem Gelände Mauern in der Planung zu berücksichtigen.

Weit gestaffelte, einreihige Steinschichtungen aus bearbeitetem Naturstein gliedern diese Hangmulde.

TIPP

Runde Findlingssteine sind für einreihige Steinschichtungen nicht geeignet, weil mit ihnen keine in sich geschlossene und damit durchgängig stützende Kante entsteht.

Einreihige Steinschichtungen

Diese Trockenbauweise ist eine konstruktive Lösung, zwischen normaler Böschung und Stützmauer angesiedelt. Hintereinander gestufte Steinreihen stabilisieren das Gelände. Damit ergibt sich ganz nebenbei auch eine bessere Begehbarkeit der Hangfläche, und fantasievoll angewendet kann daraus sogar ein „Steingarten" entstehen.

Diese Gartenform erfreut sich nach wie vor großer Beliebtheit. Doch leider sieht man nur wenig gute Beispiele, denn einige wenige willkürlich verteilte Steine in der Böschung reichen nicht aus. Besser sind lang und horizontal durchlaufende zusammenhängende Steinreihen, die sich enger oder weiter hintereinander den Berg hinaufstaffeln. So ergibt sich ein gut gestaltetes großzügiges Bild. Als Material wird bevorzugt Naturstein verwendet. Er wird am besten rechtwinklig bearbeitet, kann aber dafür grob behauen bleiben, wenn immer nur eine Reihe gebildet wird, ohne die Steine vollflächig aufeinander zu setzen.

Auch Betonprodukte lassen sich verwenden. Dazu sollten Sie aus der großen Vielfalt des Baumarkts möglichst einfach geformte, gut zu Reihen addierbare Steine auswählen. Als Fundament reicht eine 20–30 cm dicke Schotterschicht zur Auflage für eine ebenso hohe Steinreihe.

Trockenmauern aus Naturstein

Das traditionelle Material Naturstein ist die „gärtnerischste" Bauweise. Sie bietet Pflanzen und Kleintieren Besiedlungsorte und wirkt am „natürlichsten". Das Mauerwerk ist wasserdurchlässig und bewegungsfähig, Rissbildungen sind somit ausgeschlossen. Wichtig für die Haltbarkeit ist eine deutliche Neigung gegen den Hang (meist 20% aus der Senkrechten), das unterscheidet sie von starren Mauern. Die Mauerhöhe sollte 1 m nicht überschreiten, sonst wird das ganze Werk möglicherweise etwas instabil, wenn es nicht mit sehr tiefreichenden Steinen aufgebaut ist, die entsprechend schwer und teuer sind. Zu empfehlen sind Steine, die wenigstens 30–40 cm tief in den Hang reichen. Die Mauerbasis soll breit angelegt sein, die Basisbreite etwa 1/3 der künftigen Mauerhöhe betragen. Eine Hintermauerung aus ebenfalls trocken aufgesetzten Reststeinen sorgt für zusätzliche Stabilität. Ein Fundament im eigentlichen Sinne ist nicht üblich, vielmehr beginnt die Mauer 30–50 cm unter dem künftigen Gelände des Mauerfußes. Als Dränmate-

rial kann bei bindigen Böden eine 20–30 cm dicke Schicht aus Bauschutt oder Schotter eingebracht werden. Die Materialpalette reicht vom unbearbeiteten Findling Norddeutschlands über den bruchrauen kaum bearbeiteten, rechtwinklig behauenen Stein bis hin zur fein bearbeiteten Oberfläche mit exaktem Fugenschnitt.
Geeignete Natursteine werden heute weltweit aus allen Gegenden der Erde gehandelt. Sie haben also eine große Auswahl, vorausgesetzt die Steine sind witterungsbeständig, lassen sich mit engen Fugen lagerhaft aufschichten und sind nicht zu schmal, denn die Mauer muss tief in das Gelände

TIPP

Noch während der Realisierung ihrer Trockenmauer können Sie immer leicht vom Plan abweichen, die Mauer etwas höher oder länger oder reduzierter bauen lassen, da immer kleine Stücke zusammengesetzt werden. Diesen Grundsatz der Kleinteiligkeit sollten Sie nicht verlassen, auch wenn es heute möglich ist, dank technischer Hebegeräte Riesenblöcke aufeinander zu setzen. Hier ist dann leider häufig zu sehen, dass die Maßstäbe nicht mehr stimmen.

Bruchraue Kalksteine, nur gering nachgearbeitet, charakterisieren diese Trockenmauer. Das Verhältnis von Steinlänge zu Steinhöhe stimmt. Keine durchlaufenden senkrechten Fugen. Beides schafft Stabilität.

Trockenmauer aus Sandstein mit starkem Anlauf. Fachlich vorbildlich stabil aufgesetzt. Fein gearbeitete Ansichtsfläche mit exakten Fugen.

eingebunden werden. Immer ist das Fugenbild Abbild der Konstruktion des Ineinandergreifens der Steinschichten nach bestimmten Mauerregeln. Ob grob oder fein bearbeitet, hängt von der Gesteinsart und vom Kostenaufwand ab. Weichgesteine wie Sandstein lassen sich feiner bearbeiten als Granit. Plattiges Material ergibt langgestrecktere Fugenbilder als nahezu quadratische Steine.

Trockenmauern aus Betonsteinen
Neben der traditionellen Verwendung von Naturstein hat auch Beton für Trockenmauern im Garten Einzug gehalten. Der Baustoffhandel bietet einfache und komplizierte Fertigteilformen in reicher Auswahl an. Im Prinzip sind diese als „Grünwand-Systeme" angepriesenen Böschungssteine runde oder eckige Töpfe ohne Boden, die genau übereinander oder leicht gestaffelt zu setzen sind.
Wollen Sie mit diesem Material arbeiten, ist stets zu einer Staffelung der Steinreihen zu raten, denn je mehr Regen in die Öffnungen gelangt, umso besser bewachsen die Reihen. Direktes Aufeinandersetzen sieht dagegen ungünstig aus – die Mauer wirkt dick, plump und abweisend. Die statisch günstige, rundum geschlossene Form der dünnen Seitenwände hilft Gewicht zu sparen und ermöglicht eine direkte Bepflanzung. Bräunliche Betoneinfärbungen gleichen das Ganze dem Erdreich an. Der Maueraufbau immer gleicher Steine ist viel simpler als das Arbeiten mit unregelmäßigen Natursteinen und hat sich auch deshalb rasch verbreitet. Als Fundament genügt eine 20–30 cm dicke Schotterlage, die Anschlüsse am Gebäude müssen aber gut überlegt werden, damit nicht Erde durch die

Fugen rieselt. Planen Sie mit diesen Steinen, so sollten Sie beim Einbau auch darauf achten, dass es keinen häufigen Höhenwechsel nach oben oder unten gibt, sonst wird das Ganze zu unruhig. Eine ruhige, durchgängige Linienführung der Steinreihen sieht immer besser aus.

Leider bergen diese Betonsteine die Gefahr in sich, Lückenbüßer für „vergessene" Mauern zu sein und verleiten damit zum Basteln und Anflicken mit dem Ergebnis gestalterischer Willkür.

Angesichts vieler misslungener Mauern ist daher dringend anzuraten: Planen Sie mit Betonsteinen in Ruhe. Beurteilen Sie die Form und Größe, ob damit eine ruhig wirkende Gestaltung möglich ist. Rechnen Sie die Höhenentwicklung einer Mauer genau aus, in dem Sie die Maße der Einzelsteine erforschen, und überlegen Sie die Gebäudeanschlüsse gut.

Mit Naturstein, der eine unregelmäßige Struktur hat und auch noch bearbeitbar ist, fallen ungenaue Planungen glücklicherweise weniger auf als bei einem Industrieprodukt. Je nach Fabrikat können bei den Betonfertigteilen jedoch vegetationstechnische Probleme auftreten. Es sind dies:

- Kümmerwuchs der Bepflanzung, wenn die Verfügbarkeit von Wasser und Nährstoffen nur auf den „Topf" beschränkt und keine Verbindung zur Erdhinterfüllung gegeben ist.
- Nachsackungen der Erde in den „Töpfen" sind nicht auffüllbar, ohne die Pflanzen nochmals herauszunehmen.
- Eine gleichmäßige Begrünung ist durch ausgetrocknete Erdkammern nicht immer gewährleistet.

Beispiel für eine Trockenmauer aus erdgefüllten, bepflanzten Betonsteinen.

Die Mauer aus Beton-U-Steinen ist schlicht und zweckmäßig. Der Stein bietet eine ruhige Fläche, die leicht zurückgesetzten Steinreihen ergeben klare horizontale Linien.

TIPP

Niedrige Mauern sind besser als Trockenmauern oder aus L-Steinen (siehe S. 23) zu bauen. Das ist angesichts der vielen zu beachtenden Zusammenhänge überschaubarer und risikoärmer, auch in der Planung. Für den Garten zudem die ökonomischere Lösung.

Unabhängig vom Steinmaterial wird oft nicht bedacht, dass Steinschichtungen unter Balkon-, Gebäude- oder Dachvorsprüngen sich wegen fehlender Niederschläge nicht begrünen lassen, es sei denn, durch dauernde künstliche Bewässerung. Bei Naturstein stört das bei enger Schichtung allerdings weniger als bei erdgefüllten, aber unbewachsenen Betonsteinen.

Hinterbetonierte Natursteinmauern

Die äußerste Ausnutzung des teuren Natursteins führte im Laufe der Zeit weg von der Trockenmauer mit großformatigen, tiefreichenden Steinen und hin zu Mauersteinen mit geringer Einbautiefe und perfekt zurecht gesägten Fugen. Die geringe Steintiefe erfordert eine stabilitätssichernde, dahinterliegende Betonmauer sowie ein exaktes Aufmauern der Steine mit Kalkzementmörtel. Im Gegensatz zur homogenen Natursteintrockenmauer besteht diese hinterbetonierte Natursteinmauer oder verblendete Betonmauer aus zwei Materialien (Naturstein und Beton). Hinzu kommen ein frostsicheres, mindestens 80 cm tiefes Betonfundament und Betonstahl als aussteifendes Korsett im Hinterbeton, um Risse zu verhindern. Das alles ist einschließlich der „Natursteintapete" leider immer noch billiger als eine fachlich einwandfreie, mit sorgfältig zurecht gearbeiteten Steinen ausgeführte Trockenmauer, wenn wir von weitgehend unbearbeiteten, unregelmäßigen Steinen und einfach hingeworfenen Natursteinbrocken absehen, die man nicht als qualifizierte Trockenmauer bezeichnen kann.

In welchen Situationen ist die starre Naturstein-Betonkonstruktion sinnvoll? Brauchen Sie beispielsweise hohe Stützmauern an Gebäudegeschosssprüngen oder an Erschließungswegen steiler Hänge mit vielen Treppen sowie bei hohen Auffüllungen des Geländes, sind starre Mauerkonstruktionen aus Beton meist unerlässlich. Ob allerdings noch Naturstein davor gemauert wird, hängt von Ihrer Liebe zum Naturstein beziehungsweise der Abneigung gegen Beton im Garten ab, aber auch vom Investitionsaufwand. Da Betonstützwand und Mauerwerk eine gemeinsame Maueroberkante bilden, muss der obere Mauerabschluss durch einen Stein oder eine Platte des gleichen Natursteinmaterials abgedeckt werden. Einerseits ergibt das einen schöneren Abschluss als der nach hinten abgeschrägte Beton, andererseits muss dafür gesorgt werden, dass Niederschlagswasser nicht von oben in die Konstruktion eindringen kann und sie durch Frosteinwirkung zerstört. Das setzt auch eine absolut dichte Stoßfugenversiegelung der Abdeckplatte voraus. Um des Natursteins willen ein mächtiger Aufwand!

Die größte Veränderung ist aber die von der bepflanzten und „elastischen" Trockenmauer zur kahlen, starren Verblendmauer. Zur Verblendung eignen sich alle witterungsbeständigen Natursteine, die der Handel anbietet, es kann aber auch mit Klinkerziegeln oder Betonsteinen vorgemauert werden. Wofür Sie sich entscheiden, wird stets im Zusammenhang mit den anderen Gartenmaterialien stehen. Bleibt die Stützmauer niedrig, ist die Planung wegen des geringen Erddrucks relativ einfach (siehe Zeichnung S. 38). Höhere Mauern jedoch erfordern statische Sicherheit und einen rechnerischen Nachweis für Fundament und Stahlbewehrung. Dazu brauchen Sie den Tragwerksplaner als Fachmann.

Die zeichnerische Darstellung auf Seite 38 lässt erkennen, wie viele Komponenten zu dieser Mauerbauweise im Vergleich zur Trockenbauweise erforderlich sind. Die Neigung gegen den Hang ist aus Stabilitätsgründen nicht mehr nötig, wirkt aber optisch besser, besonders wenn Wege und Treppen an der Mauer entlang führen.

Die Problematik dieser Bauweise ist, dass die gesamte Konstruktion nicht von Sickerwasser durchdrungen werden darf, sonst kann es die hässlichen weiß-grauen Kalkaussinterungen auf der Ansichtsoberfläche geben, die nur schwer zu beseitigen sind. Ob mit Naturstein oder Hartbrandziegeln verblendet wird, die Aussinterungsproblematik bleibt gleich. Mit zweiseitiger Vormauerung und Abdeckplatte lassen sich auch freistehende niedrige Sitzmauern herstellen. Freistehende hohe Mauern werden mit zwei Natursteinseiten dagegen zu dick.

Ortbetonmauern in Sichtbetonausführung

Wie bei der hinterbetonierten Natursteinmauer beschrieben, handelt es sich auch bei dieser Ausführungsart um eine starre Bauweise, bei der Entwurf und Konstruktionsplanung tech-

Hinterbetonierte Natursteinmauern zeichnen sich durch Exaktheit der Linienführung aus. Die schmalen Natursteine werden vorgefertigt und erhalten mörtelgefüllte Fugen. Diese Mauern benötigen stabilisierenden Hinterbeton.

Oberflächen von Ortbetonmauern lassen sich durch Schalung gestalten. Hier sind es senkrechte Bretter, die der Mauer eine natürlichere Anmutung verleihen.

Wichtig zu wissen

Ingenieure planen gerne ein vorkragendes Fundament, um dem Kippmoment entgegenzuwirken. Dies hat den Nachteil, dass vor der Mauer nichts gepflanzt werden kann. Durch Verzicht auf den Vorsprung und Verbreiterung des Fundaments in den Hang hinein, kann diese Einschränkung jedoch vermieden werden. Freistehende Mauern brauchen dieses Gegengewicht ohnehin nicht.
Aus Beton lassen sich freistehende Schutzmauern sehr schmal herstellen. Am praktischsten ist es, gleich mit dem Hausbau die wichtigen Mauern durch den Architekten planen und herstellen zu lassen. Es zahlt sich aus, wenn Sie frühzeitig Ihren Garten planen und bereits bei der Hausplanung wissen, an welchen Stellen betonierte Mauern erforderlich werden.

nisch einwandfrei vorbereitet werden müssen. Ist die Mauer, für die eine Schalung gebaut wird, fertig in Beton gegossen, gibt es keine Änderungsmöglichkeit mehr. Für ihre Herstellung sind daher fundierte Fachkenntnisse notwendig, da die Schalung als Negativform zuerst zu bauen ist, dafür aber kein Plan üblich ist. Der zeigt nur die fertige Mauer. Lediglich die Oberfläche kann gegebenenfalls nachgearbeitet werden. Je nach Schalungsart wird die Struktur – glatte Tafeln, gehobelte oder sägeraue Bretter, waagerecht oder senkrecht – abgebildet, der Beton kann aber auch nachbearbeitet werden. Die Flächen lassen sich nach dem Ausschalen auswaschen oder nach vollständiger Erhärtung durch Schlagbearbeitung (Spitzen, Stocken, Sandstrahlen) behandeln.
Diese Mauer muss immer, wie auch die hinterbetonierte Natursteinmauer, auf der erdzugewandten Seite vollständig gegen eindringende Feuchtigkeit durch entsprechende Anstriche isoliert werden. Wegen der Komplexität der Ausführung und der damit verbundenen technisch notwendigen Angaben in den Plänen ist hier der Tragwerksplaner (Statiker) der richtige Partner, denn es müssen bei langen Mauern auch Dehnfugen eingearbeitet sein, um spätere Schrumpfungsrisse zu vermeiden. Auch Betongüte und Stahlbewehrung erfordern bei großen Bauteilen seine Hilfe. Obwohl die Herstellungsbedingungen ähnlich der Betonstützmauer für eine Natursteinverblendung sind, entsteht hier jedoch eine fertige Sichtfläche, die unbedingt auf Anhieb gelingen muss. Keine Vormauerung kann später dann eine missratene Schalung gnädig verdecken und ausgleichen.

STÜTZMAUERN PLANEN

Der L-Stein

Der L-Stein, ein winkelförmiges Bauteil aus Beton, dessen Fuß in den Hang einbindet, entspricht am besten den Anforderungen des Hausgartens. Die senkrechten Stoßfugen bleiben offen und wirken als Dränage. Es sind Mauerhöhen von 45–300 cm möglich, wobei im Garten niedrigere Höhen schon aus Gewichts- und Transportgründen zu bevorzugen sind. Eckstücke gibt es für 90°, 135° und auch Eckrundungen. Die Oberflächenansicht ist entweder glatt geschalt, sandgestrahlt oder ausgewaschen. Da die Einzelteile nur 10 cm dick sind, wirken die Mauern schmal und ruhig,

TIPP

Schon wegen des Gewichts der Steine sollten die Mauern nicht zu hoch werden. 45 cm hohe Elemente mit 50 cm Regelbreite bringen bereits 80 kg auf die Waage. Für 80 cm hohe Mauern sind es 147 kg! Es ist deshalb in der Regel besser, anstelle einer einzigen hohen Mauer mehrere niedrige hintereinander gestaffelt in den Hang zu setzen (siehe Entwurfsbeispiel S. 31).

Auch bei größeren Höhendifferenzen ist der L-Stein einsetzbar. Durch gestaffeltes Übereinanderbauen entstehen bepflanzbare Zwischenebenen.

Hier müssen Sie sehr genau hinsehen, um zu erkennen, dass Mauern und Treppen aus Beton und nicht aus Naturstein sind.

Beton als Natursteinimitation – ist das gut?
Leider ist der geliebte Naturstein mit seiner natürlich-zufälligen Oberfläche und Farbstrukturen oft teuer. Diese „Marktlücke" hat die Betonindustrie erkannt und genutzt. Heute sind verblüffend perfekte Natursteinimitate im Handel erhältlich, ob Platten, Pflastersteine oder Mauersteine, ob gespalten, behauen oder bruchrau wirkend, mit „natürlichen" Unregelmäßigkeiten der Oberflächen und den entsprechenden Färbungen als „Sandstein", „Kalkstein" oder „Schiefer" – alles ist zu haben.

Das Material ist meist durchgefärbt, sodass Steinbearbeitungen für Passstücke keinen grauen Beton offenbaren. Es ist wie mit aufgedruckter Holzmaserung auf Folie bei Möbeln oder den Laminat-Fußböden. Soll man das machen? Puristen sagen: Niemals! Pragmatiker meinen: Warum nicht die Raffinesse der Baustoffindustrie nutzen?

Diese Geschmacksfragen muss jeder für sich entscheiden. Wenn es zum Ganzen passt, sollten Sie da nicht allzu streng urteilen. Viel wichtiger ist es, die Mauer so zu planen, dass sie wirklich gute Maßverhältnisse aufweist und sich nahtlos und selbstverständlich ins Gelände einfügt.

nur unterbrochen von den senkrechten Fugen in 50 cm Abstand.

Es lassen sich stets nur waagerechte Oberkanten bauen. Bei schrägem Gelände sind dann Höhensprünge nötig, die sowohl mit Steinstaffelungen in der Reihe als auch mit Einstichen ins Gelände lösbar sind. Letztere ist die empfehlenswertere Methode (siehe Zeichnung S. 41 oben). Als Fundament genügt ein 30 cm dickes Schotterbett bei lehmigen Böden und darüber ein 30–40 cm dickes Betonfundament je nach Mauerhöhe.

Rundpalisaden und Schwellen aus Beton
Diese Betonelemente werden senkrecht dicht aneinander gestellt mit offenen Stoßfugen, durch welche Sickerwasser austreten kann, in ein Köcherfundament aus Beton (siehe Zeichnung S. 39) eingesetzt. Die handelsüblichen Längen reichen bei den dünneren Rundpalisaden (Ø 10 cm) von 40–150 cm. Die dickeren Schwellen 24/16 cm sind noch mit 300 cm

Mit Steinschwellen lassen sich auf einfache Weise gerundete Mauerverläufe und feinstufige Abtreppungen herstellen.

Länge zu haben. Auch verschiedene Oberflächenbehandlungen und Einfärbungen werden angeboten. Es ist aber zu empfehlen, hier sehr zurückhaltend zu sein und Unauffälligeres auszuwählen.

Mit diesem Stützelement lassen sich Kurven, schwingende Grundrisslinien und Abtreppungen herstellen, ohne dass Sonderteile erforderlich werden. Die runde Form wirkt allerdings etwas aufdringlich als Mauerfläche, wogegen die rechteckige Schwellenform ruhigere Mauerflächen ergibt. Diese Palisaden und Schwellen eignen sich gut für freistehende Wände, weil es keine produktionsbedingte Rückseite gibt, wie bei den L-Steinen, die stets auf eine rückseitige Erdanfüllung angewiesen sind.

Mauern aus Holz – schön, aber kurzlebig

Der Werkstoff Holz ist sehr beliebt. Im Garten ist er als Stützmauer in Form von Schwellen oder Rundhölzern daher häufig zu sehen. Solche Mauern aus europäischen Holzarten sind jedoch zeitlich nur begrenzt haltbar. Der kritische Punkt liegt in der wechselfeuchten Zone zwischen Erde und Luft. Dort wird das Holz bevorzugt zerstört. Spätere holzschützende Anstriche nützen da nichts, allenfalls mit einem tiefenimprägniert vorbehandelten Holz kann man diesen Prozess hinauszögern.

Alte Bahnschwellen waren einige Zeit Mode. Inzwischen ist aber bekannt, dass gesundheitliche Bedenken angebracht sind. Alte Bahnschwellen sollen wegen der Teeröltränkung nicht mehr im Wohnumfeld eingebaut werden. Es sind deshalb nur neue, kesseldruckimprägnierte Schwellen oder Palisaden zu empfehlen. Durch die gesundheitlich unbedenkliche Kesseldruckimprägnierung wird ein Tiefenschutz von bis zu 1 cm erreicht. In der Regel sind es salzhaltige Lösungen, die geruchlos sind und dem Holz ein grünlich-braunes Aussehen verleihen. Dieser chemische Schutz, vor allem gegen Pilzbefall, ist un-

Mauern aus Holz sind angenehm in Material und Farbe. Leider ist Ihre Haltbarkeit begrenzt: meist nur 15 Jahre, trotz Imprägnierung.

umgänglich, wenn Holz mit Erde in Berührung kommt und für absehbare Zeit (bis etwa 15 Jahre) stabil bleiben soll. Nachträgliche Holzbearbeitungen sollten unterbleiben, um den Imprägnierschutz zu erhalten.

Da Schwellen und Rundhölzer senkrecht in einem Betonfundament stecken müssen, um dem Erddruck standzuhalten, ist die Übergangsstelle Holz-Boden besonders fäulnisanfällig. Hier liegt der Schwachpunkt noch so gut imprägnierter Hölzer, denn das gestaute Wasser dringt ins Holz ein. Auch eine Dachpappen- oder Folienlage auf der erdangefüllten Seite nützt nichts. Angesichts dieser Problematik sollten Holzmauern nicht als dauerhafte Geländestützen geplant werden. Es sei denn, Sie wollen nach 15 Jahren einen neuen Garten und sind deshalb froh, wenn etwas kaputt geht.

Mauern aus Stahlplatten – eine neue Variante

Auf Gartenschauen und in neuen öffentlichen Anlagen sind sie immer häufiger zu sehen: Rostende oder metallisch glänzende Stahlplatten als Geländestützen. Auf den ersten Blick wirkt so etwas vielleicht befremdend, aber dann entdeckt man, dass die grüne Pflanzenfarbe sehr schön mit dem braunen oder matt glänzenden Metall korrespondieren kann. Die rostenden Platten sind sogenannter Corten-Stahl, der nur oberflächlich ohne Substanzgefährdung rostet. Die Rostschicht bildet eine dünne aber wetterbeständige braunrote Patina. Edelstahl dagegen behält bekanntlich seine matt-silbergraue Metallfarbe. Wer Präzision der Form, scharfe Ecken und Kanten sowie Geradlinigkeit und Härte, dazu glatte Oberflächen liebt,

Stützmauern aus Corten-Stahl passen sehr gut in eine moderne Gartengestaltung. Der Farbton harmoniert hervorragend mit Grün und Stein.

kann dieses Material durchaus auch im eigenen Garten ausprobieren, wenn es denn passt. Hier ist genaue Planung gefordert, denn der Schlosser (diesmal nicht der Gärtner!) muss die Stahlplatten zum Einbetonieren in ein Fundament exakt vorfertigen. Bautechnisch sind diese Geländeabstützungen überraschend einfach. Sie erhalten vom Metallbauer die fertigen „Schnittmuster"-Teile, setzen diese in ein Betonfundament ein und verankert sie miteinander durch Verschraubung. Schon steht das „Gemäuer". Die Erde kann unmittelbar nach Erstarrung des Fundamentbetons angefüllt werden. Nachteilig ist das hohe Gewicht der mindestens 8 mm dicken Platten während des Einbaus. Auch müssen die Stahlplatten abgestützt werden, bis der Fundamentbeton fest ist.

Sitzmauern und Kanten

Diese für den Garten wichtigen Gliederungselemente können aus Naturstein oder Beton bestehen. Das ist von der Gesamtgestaltung des Gartens ebenso abhängig wie vom Geldbeutel. Bearbeiteter Naturstein ist in der Regel teurer als Betonfertigteile. Beide Elemente sind meist massive Blöcke, die einschichtig nebeneinander gesetzt die Mauer oder Kante ergeben. Sitzmauern sind etwa 40 cm hoch und sollten auch nicht schmaler sein. Bei Kanten genügt eine Höhe von 20 oder 30 cm. Für die Blöcke sind ein 30–40 cm tiefes Schotterfundament und eine Betonausgleichsschicht von 20 cm ausreichend. Die Stoßfugen bleiben offen. Alle sichtbaren Flächen müssen gleichmäßig aussehen.

TIPP

Bauwerke aus Corten-Stahl sind dauerhaft, „verrosten" nicht materialschädlich wie normaler Stahl und brauchen folglich auch keinen Rostschutzanstrich.

Einfache Sitzmauer aus Beton als Belagsbegrenzung. Die Holzabdeckung lädt bei trockener Witterung zum Ausruhen ein.

Stützmauern entwerfen

Mauern für den Garten müssen aus gärtnerischer Sicht geplant werden. Das unterscheidet sie von Gebäude- oder Straßenmauern. Alles Bautechnische hat deshalb im Dienste der Vegetation zu stehen und muss sich bei Entwurf und Konstruktion diesem unterordnen.

Mauern entwerfen

Zunächst brauchen Sie Planunterlagen und Zeichenutensilien. Grundstücksplan und Hausgrundriss als Bestandteile des Baugesuchs, das der Architekt und Vermessungsingenieur fertigt, sind zu besorgen – möglichst im Maßstab 1:100. Das ist am einfachsten zu handhaben, weil 1 m in der Natur 1 cm auf dem Papier entspricht. Die Geländehöhen, vor allem an den Grundstücksgrenzen in Bezug zur Erdgeschosshöhe (= ± 0), sind auch wichtig. Besorgen Sie Transparentpapier als Auflage über den Grundstücksplan, dann haben Sie den „Durchblick" zum Durchzeichnen der Lösungsansätze. Sie brauchen ein Lineal mit Maßeinteilung nebst Bleistift und Radierer. Später können Sie dann noch mit Farbstiften nacharbeiten.

Was Sie zum Zeichnen brauchen:
- Grundstückplan mit Gebäude und Geländehöhen
- Transparentpapier DIN A4
- Tesakrepp zum Papierfixieren
- Lineal mit Maßeinteilung
- Zeichendreieck
- Bleistift
- Radiergummi
- Farbstifte

Jeder künftige Garten hat unterschiedliche Voraussetzungen, aus denen sich ableiten lässt, ob Mauern zu planen sind und wenn ja, welche Arten und wie viele. Die eigene Grundstückssituation ist folgerichtig erst einmal zu erforschen.

Ebenes Grundstück

Sie können beispielsweise auf ebenen Grundstücken, unabhängig von den Höhendifferenzen des Geländes, sich zuerst einen Gesamtentwurf des Gartens mit den vorgesehenen Wegen, Plätzen, Vegetationsflächen und sonstigen Einrichtungen grob überlegen. So schaffen Sie sich eine Grundstruktur, aus der sichtbar wird, an welchen Stellen Mauern sinnvoll einzufügen sind. Im ebenen Gelände sind keine Stützmauern nötig, es sei denn, Sie planen größere Erdmodellierungen mit ein. Aber vielleicht bieten sich schützende Wände oder zur Gliederung niedrige Sitzmauern und Steinkanten an. Das Wegenetz, die Lage der Sitzplätze und Einrichtungen sind dann vor allem für die passende Maueranordnung bestimmend. Hier können Sie ausschließlich im Grundriss planen. Geländeschnitte zur Kontrolle der Mauerhöhe sind nicht erforderlich. Siehe hierzu Planungsbeispiele 1–3 der Seite 29.

STÜTZMAUERN ENTWERFEN   29

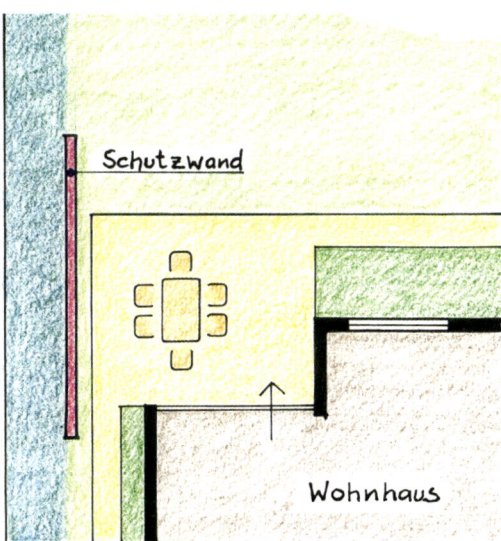

1 Mannshohe Sichtschutzwand im ebenen Gelände (gemauerte Wand, 180 cm hoch) Als Schutz gegen das Nachbargrundstück ergibt sich eine räumliche Begrenzung des Sitzplatzes.

2 Abgewinkelte Sitzmauer im ebenen Gelände. Die Sitzmauer am hausfernen Sitzplatz schafft einen gelungenen Gartenabschluss.

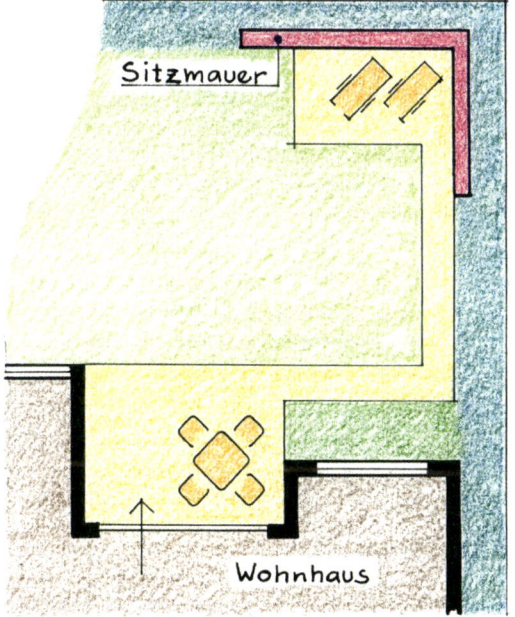

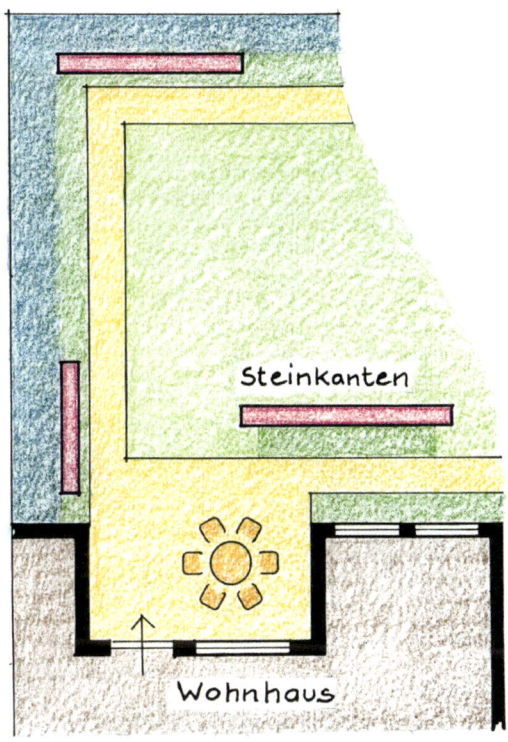

3 Wegbegleitende Kanten im ebenen Gelände. Niedrige, aber breite Steinkanten als Gliederungselement der Wegführung. Sie bilden leicht erhöhte bauliche Akzente im ebenen Garten.

Leicht geneigter Hang

Handelt es sich um einen nur leicht geneigten Hang, in den beispielsweise nur eine Stützmauer einzufügen ist, müssen Sie nur an einer Stelle planen. Das kann eine Böschung sein, die flacher werden soll und folglich eine Fußmauer braucht, oder ein hochliegender Sitzplatz am Haus, der eine Umfassung benötigt.

1 Böschungsfußmauer am flachen Hang. Die Stützmauer am Böschungsfuß ermöglicht ein präzises und kurzes Böschungsprofil ohne Verlust der ebenen Fläche. Im Vergleich dazu die Lösung ohne Mauer (rote Punktlinie im Schnitt).

2 Mauergefasster Sitzplatz am flachen Hang. Die Stützmauer dient als Begrenzung des leicht erhöhten Sitzplatzes. Es entsteht eine spannende Asymmetrie zwischen der streng mauergefassten und der offenen, flach geböschten Seite.

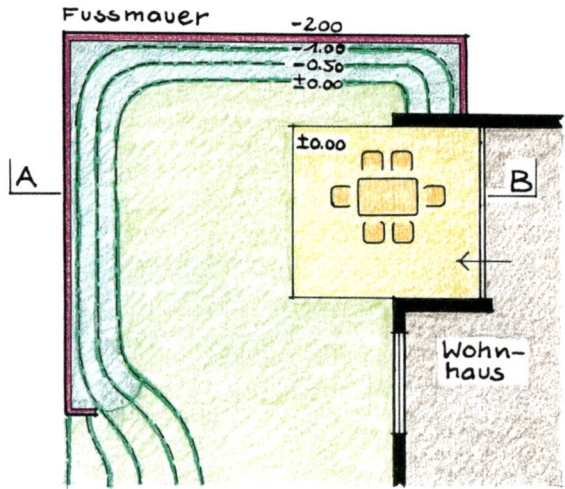
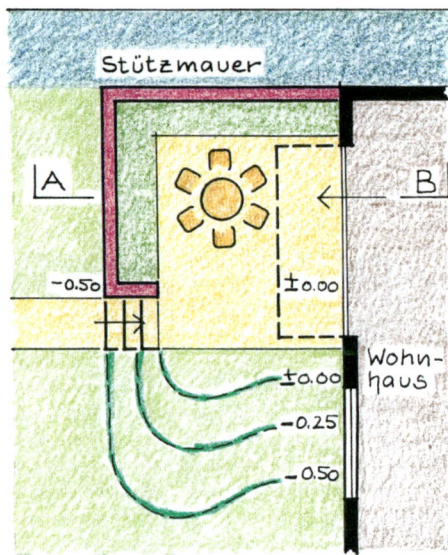
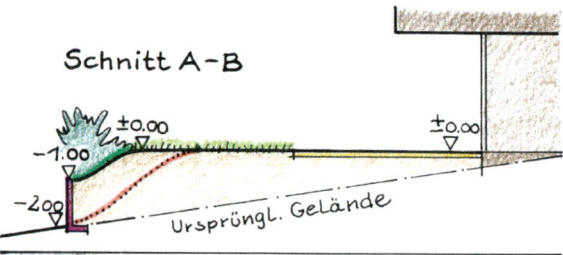
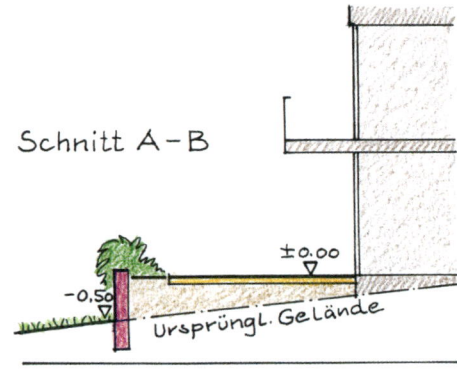

Aber auch mehrere niedrige Mauern können den Hang sinnvoll gliedern und ebene, gut nutzbare Geländeterrassen bilden. Werden dazu noch den Mauern schmale Erschließungswege parallel vorgelagert, erleichtert das die Pflanzenpflege in den Beeten erheblich.

3 **Geländeterrassen** am flachen Hang. Hangterrassierung mit mehreren hintereinander gestaffelten niedrigen Stützmauern schaffen Nutzbare Flächen. Schmale Erschließungswege erleichtern die Pflanzenpflege.

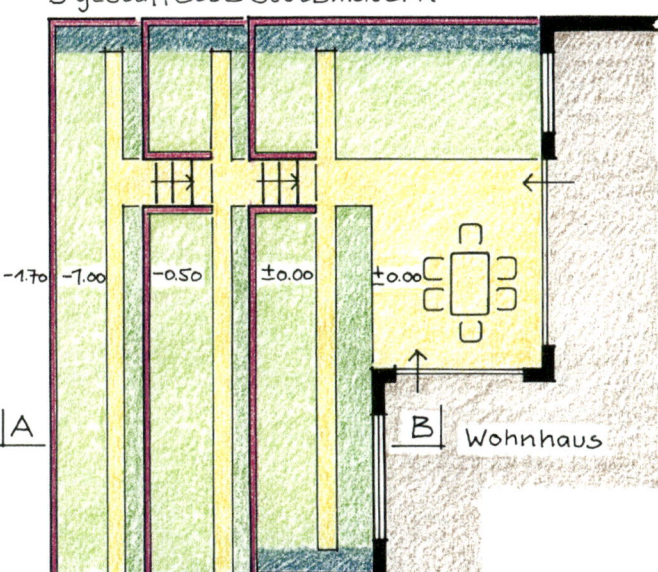

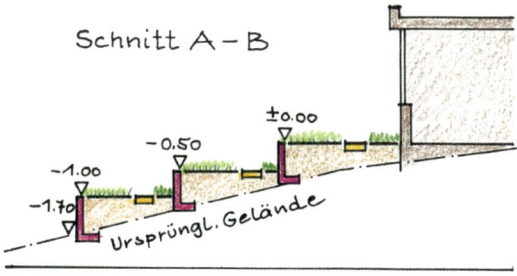

Steilhang

Handelt es sich bei der Gartenneuanlage um einen Steilhang, dann ist ein genaues Höhenaufmaß des Geländes mit seinen Anschlusspunkten am Haus und den Nachbargrundstücken unerlässlich. Ohne einen solchen Bestandsplan sollten Sie keine Planung beginnen, denn jetzt müssen sich zuerst möglichst ebene Flächen und Böschungsflächen herauskristallisieren. Stützmauern einplanen heißt dann, die Böschungen zugunsten ebener, besser nutzbarer Gartenflächen zu reduzieren. Danach werden die ebenflächigen Bereiche ausgestaltet und die Wegeverbindungen mit den notwendigen Treppen konzipiert. Eine solche Planungsaufgabe ist stets sehr komplex, vieles muss gleichzeitig bedacht und nachgerechnet werden. Bevor Sie die Übersicht verlieren und Ihre Vorstellungskraft des künftigen Geländereliefs überstrapaziert wird, sollten Sie dafür dann doch einen Garten- und Landschaftsarchitekten beauftragen. Anhand eines Gartenbeispieles sollen nun diese drei Planungsphasen dargestellt und verdeutlicht werden (siehe dazu die S. 33–35).

Mit vielen am Steilhang gestaffelten Stützmauern entstanden gut zugängliche Pflanzflächen.

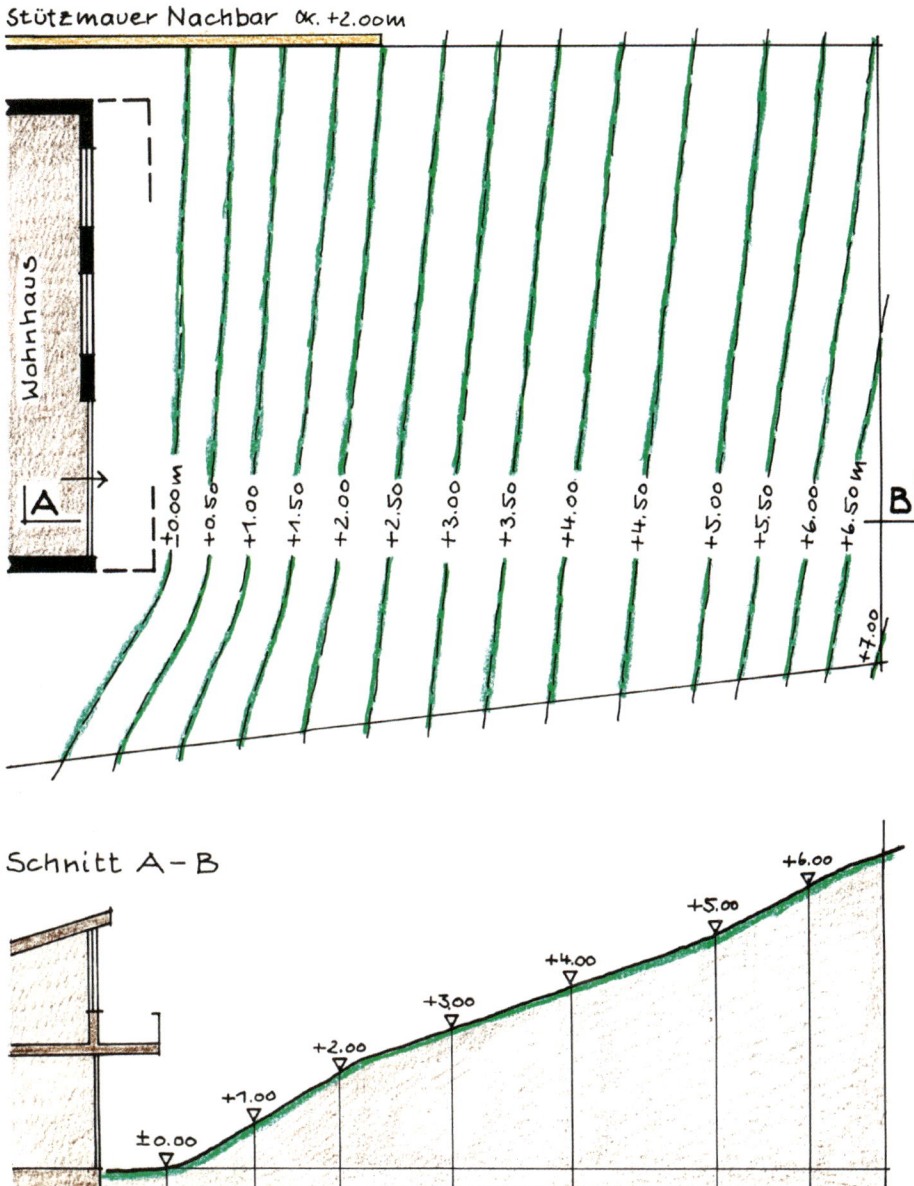

1. Planungsphase am Steilhang. Der Bestandsplan zeigt ein steiles Hanggelände. Ohne umfangreiche Erdbewegungen und einige Stützmauern ist kaum ein Wohngarten zu gestalten. In der ersten Planungsphase sind die Geländeanschlusshöhen und die Höhenlinien des Geländes Voraussetzung für die Entwurfsarbeit.

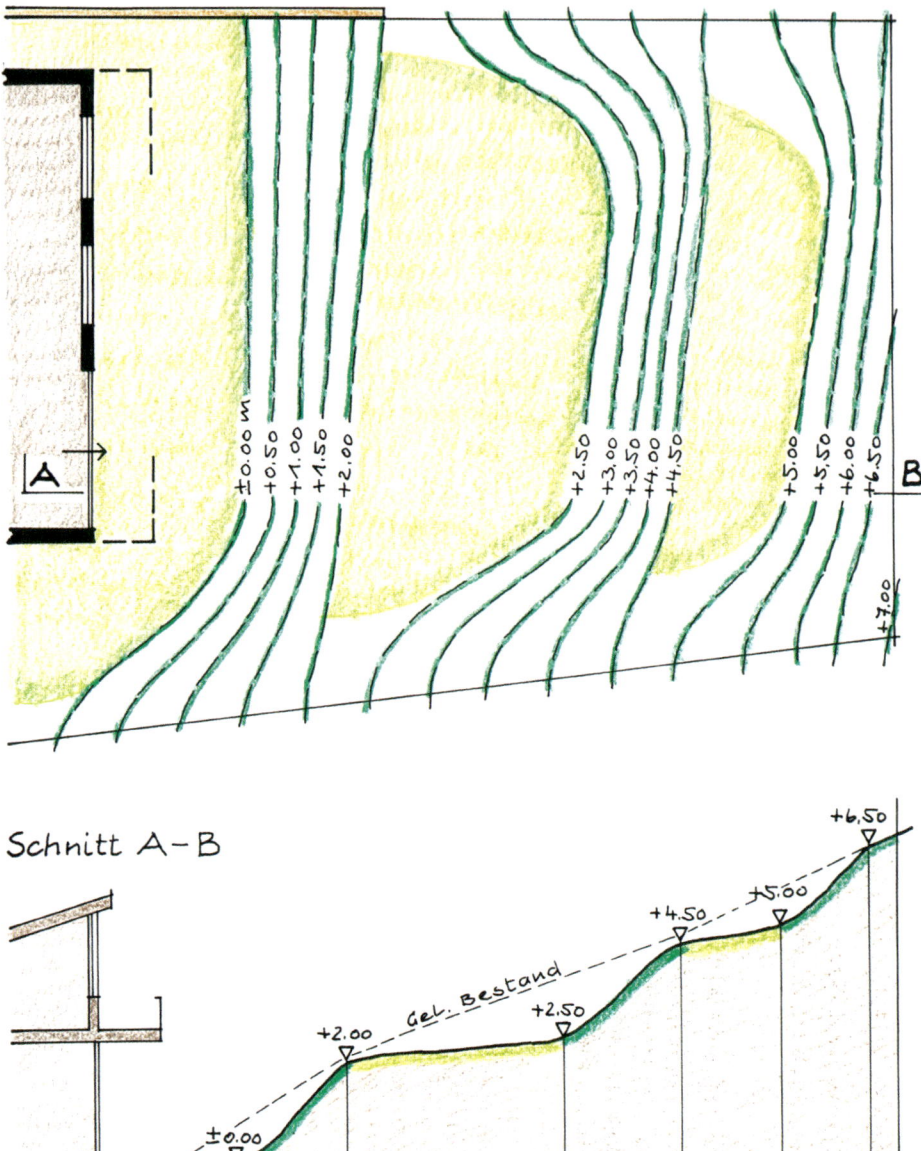

2. Planungsphase am Steilhang. In dieser Planungsphase werden die Höhenlinien so verändert, dass sich Steilflächen und Ebenen herausbilden. So gewinnen Sie die Übersicht wie eine neue Struktur der Topografie aussehen kann. Mit diesem „Rohbau" des Geländereliefs (3 Böschungen und 2 Ebenen) wird weiter geplant, um die ebenen Flächen zu optimieren. Diese „Phase 2" der Planung ist im Schnitt der Seite 35 nochmals vergleichbar eingezeichnet.

STÜTZMAUERN ENTWERFEN 35

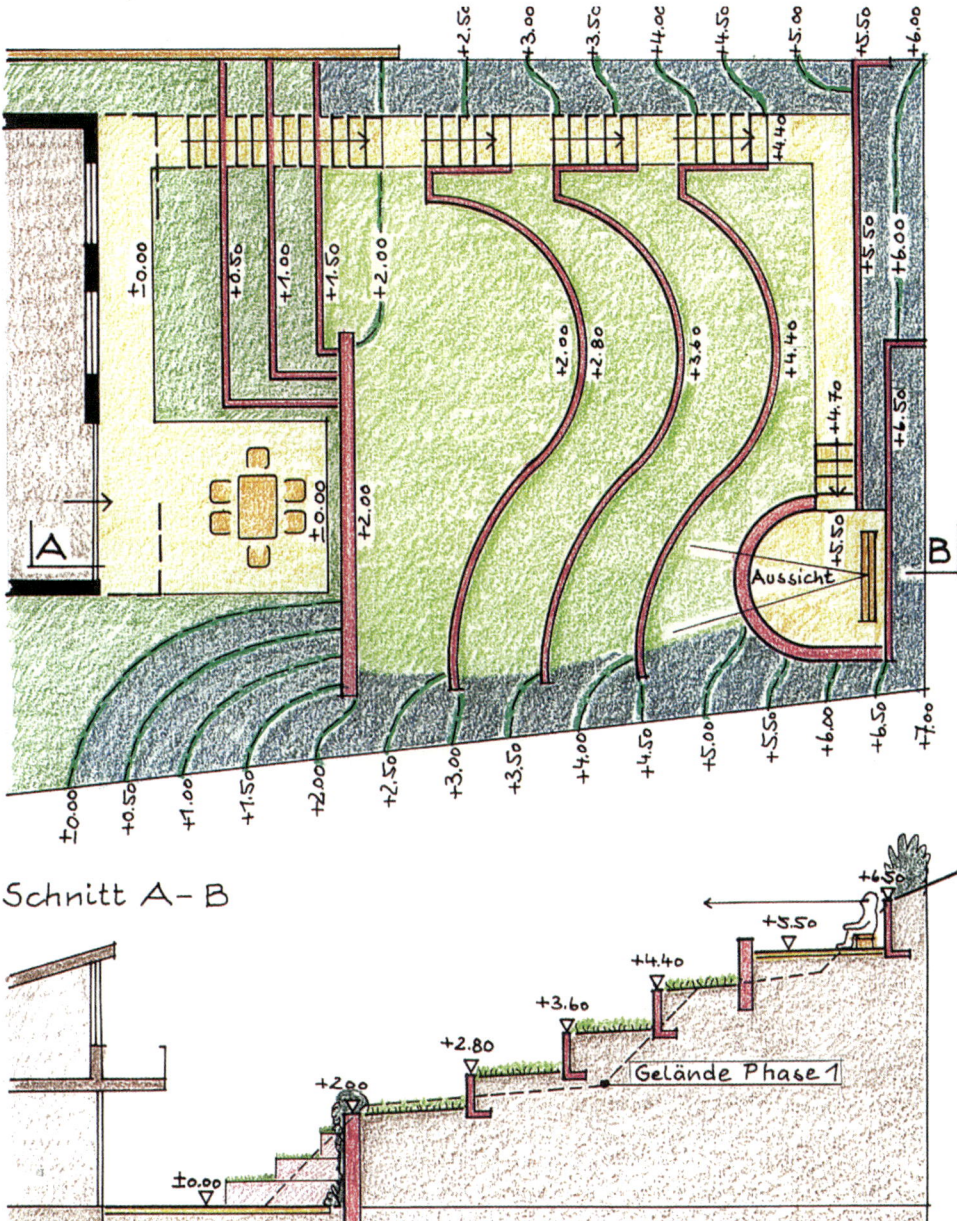

3. Planungsphase am Steilhang. Um die Ebenen auszuweiten werden viele Stützmauern benötigt. Während der hausnahe Sitzplatz mit einer hohen Mauer eine geräumige Fläche erhält, kann der Aufgang in den Hang bereits in schmale Terrassen aufgelöst werden. Die weiterführende Treppe ist mit Stützmauern im mittleren Hangbereich so gegliedert, dass die Terrassen von den Podesten aus zugänglich sind. Den Abschluss bildet ein ummauerter Sitzplatz. Fazit: Der Aufwand hat sich gelohnt. Der größte Teil des Gartens ist in ebene, leicht zu betretende Flächen verwandelt.

Mauern bautechnisch planen

Mit dem Entwurf für die vorgesehenen Mauern können Sie trotz der gewonnenen Erkenntnisse aus dem Abschnitt „Geländestützmauern" (siehe S. 15 ff.) noch nicht bauen lassen oder selbst mit dem Bau starten. Um die Art der Ausführung, aber auch Materialart und Menge für Mauer-„Innereien" und Fundamente zu bestimmen, müssen Sie das konstruktiv Notwendige darstellen. Auch zur Mengenberechnung für die Ausführungskosten werden diese Angaben benötigt.

Selbst wenn die Bauverfahren möglichst praktisch und unkompliziert zu halten sind, klärt eine Zeichnung im frühen Stadium das spätere Erscheinungsbild der Mauer. Ihre Länge und Höhe lassen sich genau bemessen, was für Fertigbauteile und deren Materialbestellung wichtig ist. Aus Gründen der Anschaulichkeit wurde das zeichnerische Mittel der Darstellung von Schnitt-Ansichten gewählt. Es zeigt zugleich den inneren Maueraufbau und die Ansichtsfläche einer Mauer. Wenn Sie die Zeichnung für sich selbst anfertigen, genügt die einfache Schnittprojektion. Auf den folgenden Seiten 37–40 werden nach diesem Schema die wichtigsten Mauerbaukonstruktionen durchgespielt und ermöglichen einen guten Vergleich. Die Reihenfolge orientiert sich am Abschnitt „Grundlagen der Planung" (siehe S. 14 ff.).

Nachbarrecht bei Stützmauern an der Grenze
Wie überall im Leben müssen auch bei dieser Planung die Rechte Anderer beachtet werden. So ist beim Mauerbau zu verhindern, dass der Nachbar Nachteile erleidet. Hilfreich und nützlich ist es, sich bereits bei der Planung mit gesetzlichen Einschränkungen zu befassen, statt später beim Bau die Arbeiten unterbrechen oder gar einstellen zu müssen.
In den meisten Bundesländern gelten dafür die Vorschriften des Nachbarrechts, die aus dem Bürgerlichen Gesetzbuch (BGB) heraus entwickelt wurden. Die Regelungen sind unterschiedlich präzisiert, am weitreichendsten hat sie Baden-Württemberg erarbeitet. Dort gilt für Stützmauern: Wird beispielsweise das eigene Gelände abgegraben, also vertieft gegenüber dem Nachbarn, muss entweder eine Böschung oder eine Mauer das Nachbargelände abstützen. Die Mauer kann dann direkt an der Grenze stehen, wenn sie die Höhe von 150 cm nicht überschreitet. Wird das eigene Gelände aufgefüllt, dem Nachbar gegenüber also erhöht, gilt das Gleiche: Böschung oder Mauer bis 150 cm Höhe enden an der Grenze. Sind sie höher, wächst der Grenzabstand um das Maß der Mehrhöhe.

STÜTZMAUERN ENTWERFEN   37

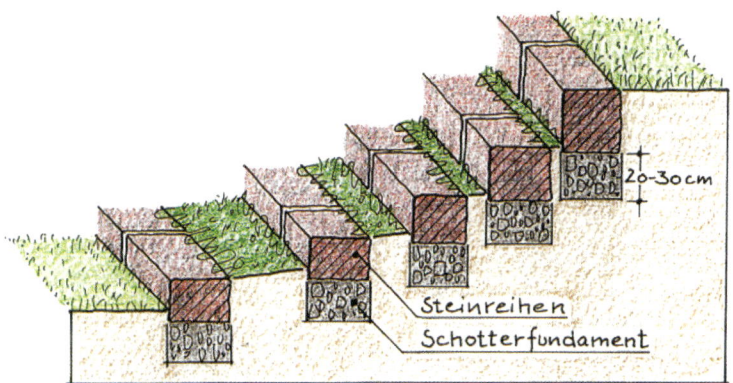

Einreihige Steinschichtungen
Wird die Böschung zu steil und ist keine Mauer gewünscht, bietet die Steinschichtung eine technisch einfache und flexibel anwendbare Geländeabstützung. Zudem wird der Hang besser begehbar. Aus Natursteinen wird das Ganze besonders schön.

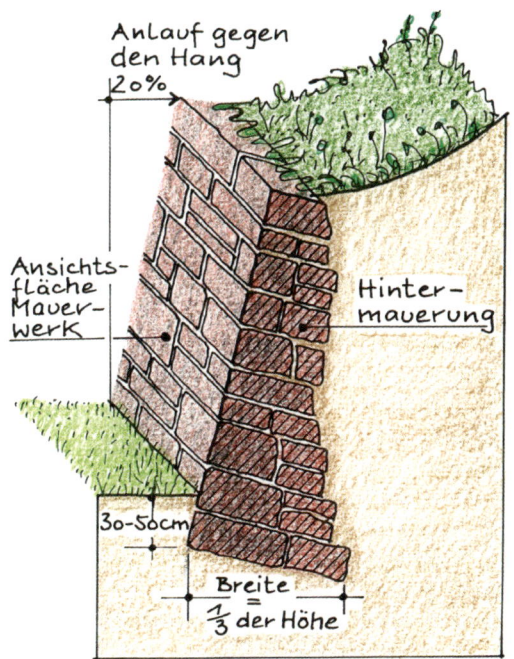

Trockenmauern aus Naturstein
Eine kleinteilig zusammengesetzte Steinmauer als Trockenmauer ohne Bindemittel in den Fugen aufzubauen, gelingt mit regelmäßig bearbeiteten und tief in den Hang einbindenden Natursteinen am besten. So bleibt sie auch über lange Zeit stabil und bewächst üppig.

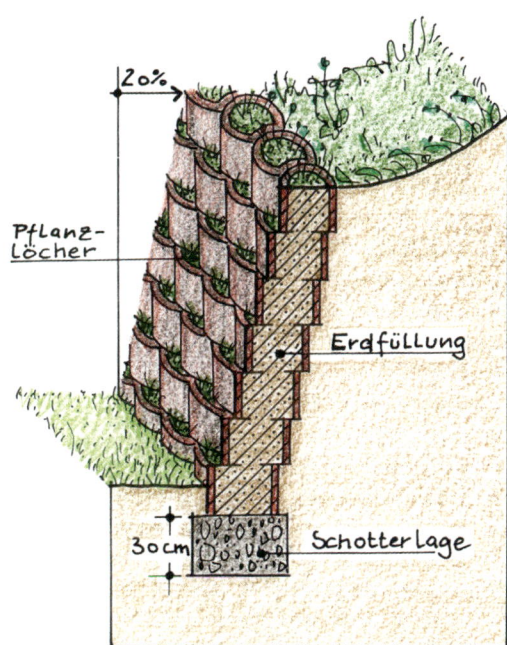

Trockenmauern aus Betonsteinen
Auch das Aufeinanderschichten von Böschungssteinen aus Beton ergibt eine Art von Trockenmauer. Wichtig ist das leichte Zurückstaffeln, damit Pflanzlöcher entstehen, die Regenwasser aufnehmen. Wenn sich die Mauer leicht schräg gegen den Hang lehnt, erhöht sich ihre Stabilität.

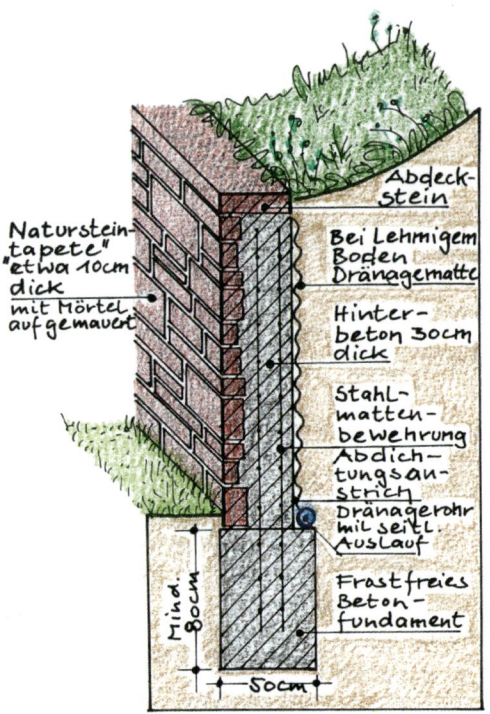
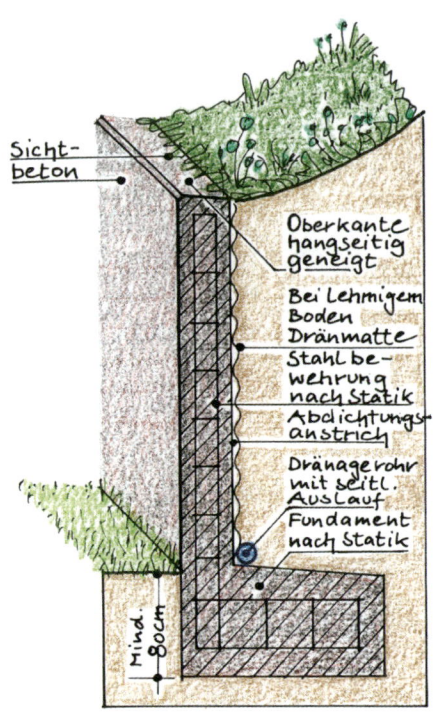

Hinterbetonierte Natursteinmauern
Eine hinterbetonierte Natursteinmauer besteht aus mehreren Schichten: Natursteinvormauerung („Tapete"), stahlbewehrte Betonmauer und Abdichtungsanstrich. Zusammen mit dem standsicheren Fundament bildet dies eine starre Einheit, die handwerklich recht aufwändig herzustellen ist.

Ortbetonmauern in Sichtbetonausführung
Die Planung einer an Ort und Stelle in eine vorgefertigte Schalung gegossenen Betonmauer, die eine einwandfreie Sichtfläche erzielen soll, erfordert eine kompetente Fachplanung. Viele Komponenten sind zu beachten, wie Betongüte angeben, Stahlbewehrung errechnen oder Fundamentgröße festlegen.

Sitzmauern aus Naturstein oder Beton
Sitzmauern sehen als massive Blöcke am besten aus. Aus zusammengesetzten kleinen Mauersteinen hergestellt, sind sie nur mit massiven Abdeckplatten dauerhaft.

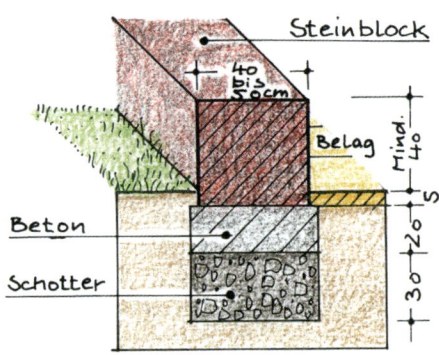

STÜTZMAUERN ENTWERFEN   39

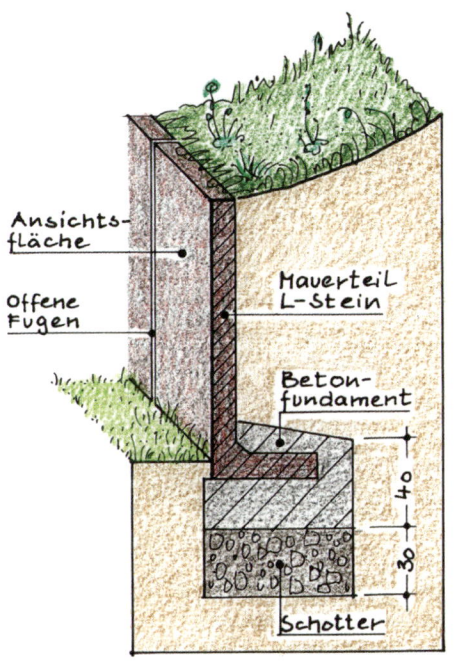

Das Betonfertigteil L-Stein
Für niedrige Betonstützmauern im Hausgarten ist das Fertigteil L-Stein vielfältig einsetzbar. Die nur 10 cm schmale Oberkante lässt die Mauer weniger massiv erscheinen.

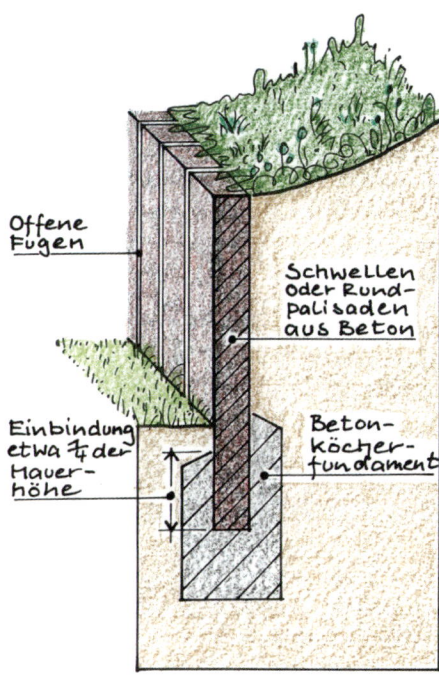

Rundpalisaden und Schwellen aus Beton
Rundpalisaden oder Rechteckschwellen müssen in einem Köcherfundament aus Beton stecken, um dem Erddruck standzuhalten. Hier das Beispiel mit Schwellen.

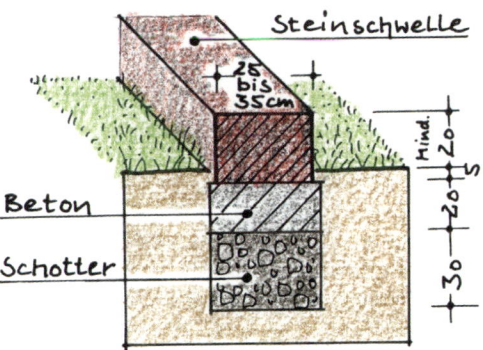

Kanten aus Naturstein oder Beton
Steinkanten können im ebenen Garten als leicht erhöhte Bauteile Wegeführungen umlenken, Verweilpunkte schaffen und Pflanzungen gliedern.

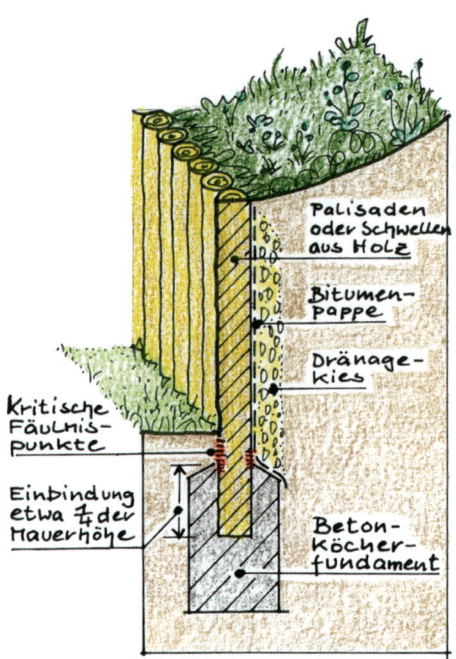
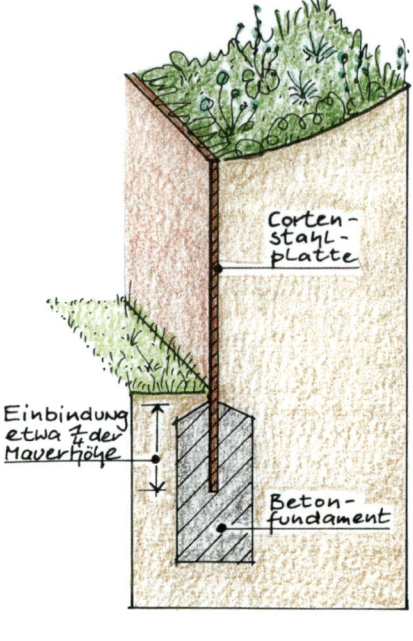

Holzmauern
Beim Baustoff Holz für Mauern liegt der kritische Punkt für die Stabilität am Übergang von Luft zu Erde. Hier wird das Holz besonders angegriffen und die Lebensdauer der Mauer verkürzt.

Mauern aus Stahlplatten
Vom Metallbauer exakt zugeschnittene Stahlplatten bilden eine präzise Geländestütze, die Oberkante ist extrem schmal. Aus Corten-Stahl weist das Material einen angenehm rot-braunen Farbton auf.

Grundsätzliche Hinweise zum Mauerbau

Maueranschlüsse an Bauten sollten immer präzise sein. Glatt und bruchlos an der Fassade angefügt, vermittelt eine klare Fuge überzeugend den Übergang vom Haus zum Garten. Leider sieht man sehr oft grobe Natursteinbrocken, die unbearbeitet gegen das Haus gesetzt werden.
Wenn Mauern nur mit waagerechten Oberkanten zu bauen sind (z. B. nicht bearbeitbare Betonfertigteile), müssen geländebedingte Höhensprünge genau materialgerecht geplant werden. Anstelle von notwendigen Abtreppungen sollten als bessere Lösung, besonders bei breiten Bauteilen, Einstiche vorgenommen werden (siehe nebenstehende Zeichnungen). Stützmauern müssen an den freien Enden stets mit abgewinkelten oder gerundeten Einstichen ins Gelände zurückgeführt werden (siehe Bild rechts).
Sehr hohe Stützmauern werden oft erträglicher, wenn eine Begrünung vorgesehen wird. Diese sollten Sie so planen, dass von oben herab überhängende Pflanzen und von unten herauf hohe oder kletternde wachsen können: Maueroberkante und Mauerfuß müssen bepflanzbar geplant werden.

STÜTZMAUERN ENTWERFEN

Einstiche anstelle von Abtreppungen bei einer L-Stein-Mauer
Schlecht: Unruhig wirkende Höhensprünge durch Abtreppung der nur senkrecht einbaubaren Betonfertigteile. Die Bauteilspitzen ragen ins Leere.
Besser: Einstiche in größeren Abständen werden dem Gelände besser gerecht.

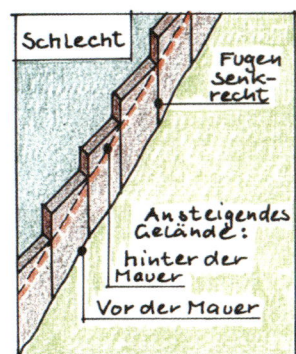

Werkgerechte Natursteinverarbeitung: Der Maueranschluss ans Gebäude ist präzise geplant und gebaut.

Bei sehr hohen Mauern ist es optisch günstig, wenn ausdauernde Pflanzen auf und vor der Wand wachsen können.

Die freien Stützmauerenden müssen mit einer Rückführung ins Gelände gebaut werden. Hier stoßen die L-Steine rechtwinklig korrekt in den Hang (siehe dazu Zeichnung oben rechts).

Stützmauern kalkulieren

Zur Planung gehört auch die Abschätzung der zu erwartenden Kosten für die Ausführung. Für Mauern heißt das: Schon der simple Doppelstrich einer Mauerdarstellung auf dem Grundrissplan kann ordentlich ins Geld gehen. Material und Bauweise sind daher auch aus diesem Blickwinkel zu prüfen, abzuwägen und auszuwählen.

Kosten für Erdarbeiten

Geländeabtrag bei Stützmauern und Wiederanfüllung nach dem Mauerbau sowie Erdaushub für Fundamente sind der erste Kostenfaktor, der unabhängig von der Mauerbauweise zu berechnen ist. Beauftragen Sie eine Firma des Garten- und Landschaftsbaus, sind abhängig vom Wirtschaftsstandort, der Grundstückszugänglichkeit und Bodenverhältnissen mit folgenden Preisen, jeweils netto ohne Mehrwertsteuer, bei der Maschinenarbeit zu rechnen:

- Geländeabtrag und Einbau des Materials im Gelände
  oder Wiederanfüllung der fertigen Stützmauer — je m³ — *35 bis 50 €*
- Geländeabtrag und Abfuhr überschüssigen
  Erdmaterials einschließlich Deponiegebühren — je m³ — *40 bis 70 €*
- Fundamente ausheben und Materialeinbau
  im Gelände — je m³ — *35 bis 80 €*
- Fundamente ausheben und Abfuhr wie Pos. 2 — je m³ — *45 bis 100 €*

Anmerkung: Sind die Grundstücksverhältnisse so ungünstig, dass nur reine Handarbeit mit Schubkarren und Schaufel möglich ist, können sich diese Preise um bis zu 50% erhöhen. Bei Selbstausführung fallen höchstens Abfuhrkosten an – die Kosteneinsparungen wirken sich besonders günstig aus, sind aber kräftezehrend und anstrengend.

Kosten für Fundamente

Wie aus den bisherigen Beschreibungen „Mauern bautechnisch planen" (S. 36 ff.) hervorgeht, gibt es keine einheitliche Fundamentkonstruktion für alle Mauern. Je nach Bauweise, ob flexibel mit offenen Fugen oder starr betoniert und gemauert, und je nach Mauerhöhe und damit Gesamtgewicht, genügt entweder eine flache flexible Schotter-Magerbetonschicht als Auflage oder es muss ein tiefreichendes, frostsicheres Betonfundament vorgesehen werden. Es ist von folgenden Kostenansätzen (Preise ohne Mehrwertsteuer) auszugehen, wobei die Transportmöglichkeiten wieder von Bedeutung sind:

- Flexible, wenig belastete Fundamente
  (Schotterlage 30 cm, Ausgleichsschicht aus
  Magerbeton 40 cm, Fundamentbreite etwa 40 cm)   je m³   *90 bis 140 €*

- Starres und frostfreies Betonfundamen
  (80 bis 120 cm tief, Breite je nach Mauerdicke)   je m³   *125 bis 170 €*

Wie bei den Erdarbeiten gilt auch hier: Erlauben die Transportbedingungen nur Handarbeit, ist mit zusätzlichen Aufschlägen zu rechnen, die bis zu 50% ausmachen können. Beim Selbstbau fallen naturgemäß nur die Material- und Transportkosten ins Gewicht, die beim Baustoffhandel zu erfragen sind.
Wichtig: Die „Muskelhypothek" richtig einschätzen!

Kosten der sichtbaren Mauer

Hier müssen Sie differenzierter vorgehen, da je nach Material und Konstruktion ganz unterschiedliche Werkstücke entstehen. Diese können nur aus einem Bauteil aber auch aus mehreren Komponenten bestehen, wie Sie im Abschnitt „Mauern bautechnisch planen" Seite 36 ff. erfahren haben. Beginnen wir wieder in der bisherigen Reihenfolge der Mauerarten, unabhängig von den Erdarbeiten und der Fundamentierung. Die Preise sind jeweils ohne Mehrwertsteuer.

- Trockenmauer aus Naturstein, Steine wenig bearbeitet,
  bruchrau aufgesetzt einschließlich Hintermauerung
  mit unbearbeiteten Steinen. Ein Fundament entfällt,
  da die Mauer 30 bis 50 cm unter dem Gelände vor der
  Mauer beginnt   je m² Ansichtsfläche   *230 bis 340 €*

- Trockenmauer aus Naturstein. Steine steinmetzmäßig
  mit senkrechten Stoß- und waagrechten Lagerfugen
  bearbeitet, sonst wie zuvor beschrieben   je m² Ansichtsfläche   *400 bis 580 €*

- Trockenmauer aus Betonsteinen, die als
  Böschungselemente in vielgestaltigen Formen und
  Größen gehandelt werden, einschließlich Erdverfüllung
  der Öffnungen. Lieferpreise schwanken je nach Größe
  und System   je m² Ansichtsfläche   *110 bis 150 €*

- Hinterbetonierte Natursteinmauer aus regelmäßig
  bearbeiteten, mit Mörtel aufgemauerten Steinen sowie
  rückseitiger stabilisierender Betonwand einschließlich
  erforderlicher Stahlbewehrung, rückseitigem Isolieranstrich und Abdeckplatt   je m² Ansichtsfläche   *340 bis 510 €*

- Ortbetonmauern in Sichtbetonschalung, einschließlich
  Stahlbewehrung. Bei Stützmauerausführung mit
  rückseitigem Isolieranstrich. Als freistehende Wand
  alle freien Flächen in Sichtbeton ausgebildet   je m² Mauer   *280 bis 360 €*

- Betonfertigteil L-Stein | je m² | 170 bis 250 €
- Betonfertigteile Rundpalisaden oder eckige Schwellen | je m² | 130 bis 200 €
- Sitzmauern, 40 cm hoch, 40 cm breit, aus fein bearbeiteten Natursteinblöcken | je m Mauer | 170 bis 210 €
- Sitzmauern, Maße wie vor, jedoch aus Betonfertigteilblöcken, Oberflächen bearbeitet | je m Mauer | 150 bis 190 €
- Steinkanten, 25 cm hoch, 30 cm breit aus fein bearbeitetem Naturstein | je m Kantenstein | 90 bis 140 €
- Steinkanten, Maße wie vor, aus Betonfertigteilblöcken, Oberflächen bearbeitet | je m Kantenstein | 70 bis 105 €
- Mauern aus Rundholzpalisaden oder kantige Holzschwellen | je m² | 55 bis 90 €
- Mauern aus Stahlplatten, Material Corten-Stahl, 8 mm dick | je m² | 220 bis 300 €

Mit dieser Einzelpreisübersicht können Sie anhand Ihrer Planung durch einfache Multiplikation der Maße (m³ = Länge × Breite × Höhe; m² = Länge × Breite, m = Länge) mit den Preisen für Erdarbeiten, Fundament und Mauerwerk die Gesamtkosten einer Mauer berechnen.

Preisvergleich beim Mauerbau

Die großen Preisunterschiede ergeben sich vor allem durch die Mauerart: Naturstein ist stets am teuersten, Holz am billigsten, aber auch am wenigsten haltbar. Wenn Sie ans Sparen denken, sollten Sie erst feststellen, welche Kostenanteile die geplante Mauer am Gesamtgarten einnimmt. Oft lohnt sich hier extremes Sparen kaum. Die Materialwahl sollte vielmehr von der Eingliederung in die anderen Gartenmaterialien und deren Wertmaßstäben bestimmt werden und weniger von den Kosten. Im Selbstbauverfahren wird das Ganze natürlich billiger. Material- und Transportkosten lassen sich beim Baustofflieferanten erfragen, aber vergessen Sie nicht: Mauerbau ist durchweg schwere körperliche Arbeit und die Steingewichte können beträchtlich sein (siehe Aufstellung S. 45). Auch hat schon mancher fachtechnische Mangel zu unansehnlichen oder gar einsturzgefährdeten Ergebnissen geführt.

Materialgewichte

Die Kosten für Mauern im Garten können beträchtlich sein. Da liegt der Gedanke nahe, Arbeiten selbst auszuführen. Allerdings sollten Sie sich dabei über die Transportgewichte der Materialien im Klaren sein. In der folgenden Übersicht werden Sie ins Staunen geraten, wie schwer Erde und Steine sind.

- Oberboden (durchlüftet, humushaltig, von Pflanzen durchwurzelt)
  1 m³ = 1700 kg
- Unterboden (lehm- oder tonhaltig, bei Nässe zäh und klebrig, bei Trockenheit rissig und hart)
  1 m³ = 2100 kg
- Sand oder Splitt
  1 m³ = 2000 kg
- Frischbeton
  1 m³ = 2200 kg
- Natursteinmauerwerk
  1 m³ = 2100 kg
- Böschungssteine aus Beton, bepflanzbar, Gewicht je nach Fabrikat und Größe
  1 Stück = 15–35 kg
- U-Steine aus Beton für Stützmauern, Größe 50/40/40 cm
  1 Stück = 90 kg
- L-Steine aus Beton für Stützmauern, jeweils 50 cm breit
  1 Stück = 55 cm hoch   92 kg
  1 Stück = 80 cm hoch   150 kg
  1 Stück = 105 cm hoch   190 kg
- Rundpalisaden aus Beton, innen hohl, Durchmesser 20 cm
  1 Stück = 60 cm hoch   30 kg
  1 Stück = 80 cm lang   39 kg
  1 Stück = 100 cm lang   47 kg
- Rechteckschwellen aus Beton, Querschnitt 24/16 cm
  1 Stück = 60 cm lang   53 kg
  1 Stück = 80 cm lang   71 kg
  1 Stück = 100 cm lang   88 kg
- Trockene Fertigbetonmischung
  1 Sack = 30 oder 40 kg
- Reiner Portland Kalksteinzement
  1 Sack = 25 oder 40 kg

TREPPEN

- GRUNDLAGEN DER PLANUNG
- TREPPEN ENTWERFEN
- TREPPEN KALKULIEREN

Grundlagen der Planung

Wenn die Gehflächen zu steil sind, müssen Stufen eingebaut werden. Treppen sind zudem aber auch ein prägendes Gestaltungsmerkmal und sollten deshalb überlegt in den Gesamtgarten eingefügt sein. Dafür können einige Kenntnisse zu Stufenarten und -materialien nützlich sein.

Gartentreppen – wie steil, wie breit, seitlich begrenzen?

Ab etwa 7% Weglängsgefälle (das sind 7 cm Höhendifferenz auf 1 m Weglänge) ist es am Hang üblich, Stufen einzubauen. Aber auch bei geringeren Höhendifferenzen können bereits Treppen mit drei Stufen das Gelände besser differenzieren, als wenn der Weg zur Rampe wird. Hier gewinnt die Treppe als Gestaltungselement an Bedeutung.

Da wir uns im Garten unbewusst freier bewegen als im Haus, sollten die Stufen mehr auf ein Gehen als auf das Steigen ausgerichtet sein. Am flachen Hang werden wir deshalb die Stufen weiter auseinander ziehen und flacher ausbilden, als am Steilhang, der eine engere Stufenfolge mit höheren Stufen erfordert. Treppen sollten Sie deshalb nie schematisch planen, sondern immer aus der Geländeneigung entwickeln. Sollen zwei Personen auf der Treppe aneinander vorbeigehen können, sollte sie mindestens 120–150 cm breit gebaut werden. Sehr lange Treppen sind auch mit unterschiedlich langen Stufen oder durch Podeste zu gliedern, um Eintönigkeit zu vermeiden. Bei wenigen Stufen wirkt eine großzügige Breite in vielen Fällen einladender. Im Abschnitt „Entwerfen" (S. 54 ff.) wird darauf noch näher eingegangen.

Bei frei im Gelände liegenden Treppen ist auf seitliche Einfassungen möglichst zu verzichten. Solche Treppen wirken stets etwas eingeschnürt und wenig mit dem Gelände verbunden. Podeste bieten Unterbrechungen bei zu langen Treppenläufen, ebenso Richtungsänderungen. Mit Wendelungen

Weit auseinandergezogene Stufen vermindern das leichte Gefälle. Die Stufen sind länger als die Wegbreite und gegeneinander versetzt. Das lockert auf und verbindet mit dem Gelände.

Es muss nicht immer gerade sein: diese halbrund der Mauer vorgelagerte Treppe verbindet zwei Ebenen des Gartens.

kann die Gehrichtung innerhalb des Treppenlaufes gedreht werden. Die Stufenauftrittsflächen im Freien müssen grundsätzlich ein Gefälle talwärts aufweisen, damit das Niederschlagswasser ablaufen kann. Deshalb sind die Einzelstufen in der Regel 1 cm niedriger zu liefern, als die berechnete Höhe. Die Auftrittsflächen müssen zudem rau und trittsicher sein.

TIPP

Ausschließlich eine Stufe vorzusehen, führt meist zur Stolperfalle, darauf ist zu verzichten. Es sei denn, Stufe und folgendes Podest wiederholen sich (Stufenweg).

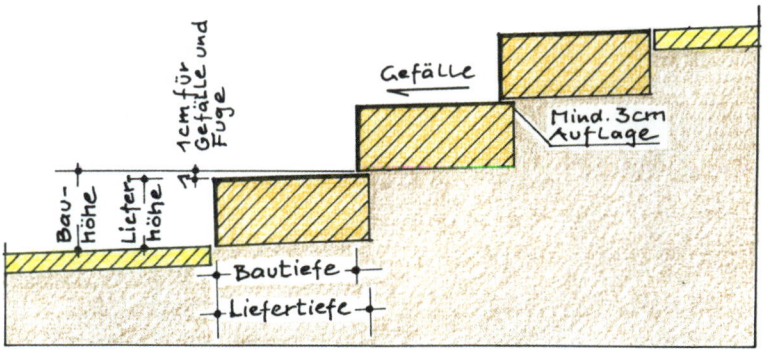

Regelangaben für Lieferung und Einbau von Stufen am Beispiel von Blockstufen. Für Legstufen gilt das Gleiche. Das Gefälle der Auftrittsflächen trifft auf alle Stufenarten zu (Schnitt).

Drei flache Stellstufen aus Granitkanten verbinden Weg, Terrasse und Wasser. Der kombinierte Platten-Pflaster-Belag kann leicht fortgesetzt werden.

Stufenarten planen und Materialien kennenlernen

Stellstufen

Stellstufen bestehen aus einem Kantenstein für die Auftrittshöhe und einem Wegebelag für die Auftrittsflächen. So lassen sich Pflaster oder Platten mit nur geringer Unterbrechung schön über die Treppe führen. Um den seitlichen Geländeausgleich herzustellen, müssen die Kantensteine nach jeder Seite mindestens um das 1,5fache der Stufenhöhe länger sein als die geplante Laufbreite. So laufen die Stufenenden sinnvoll im Gelände aus. Bei Wendelungen sind Passschnitte des Auftrittsbelages notwendig, weil die Stufenkanten nicht mehr parallel zueinander stehen. Optischer Vorteil dieser Stufenart – die Treppe liegt locker und gut verzahnt im Gelände.

Nachteilig können sich Setzungen des Auftrittsbelages auswirken – an den Kantensteinen entstehen für den Abwärtsgehenden tückische Stolperkanten. Die ganze Konstruktion muss deshalb sehr solide fundamentiert werden. Gesägte Naturstein- oder glatte Betonkantensteine eignen sich gleichermaßen gut für diese Stufenart.

Legstufen

Legstufen werden aus Auftrittplatte und Unterlegstein gebildet, der Steller genannt wird. Beide sind etwa gleich dick und aus einem Material. Die Vorderkante der Auftrittplatte ragt 2–5 cm über den Steller hinaus. So entsteht eine horizontale Schattenfuge an jeder Stufe, die der Treppe eine optische Leichtigkeit verleiht, besonders bei langen Treppenläufen. Wegen des geringeren Gewichts der beiden Bauteile (Auftrittplatte 70 kg/m, Steller 7 kg/m) im Vergleich zu Blockstufen können mit den Jahren Verschiebungen eintreten, wenn das Gelände nachgibt oder der Hang schiebt. Wenn nur niedriger Rasen anschließt, ist bei den seitlichen Anschlüssen mitunter etwas vom Fundamentbeton zu sehen. Hier wirken höhere Pflanzungen kaschierend.

Naturstein und Betonerzeugnisse sind gleichermaßen gut geeignet, je nach Gestaltungsvorstellung. Das Natursteinmaterial kann bruchrau gespalten oder gesägt sein. Geschliffene Flächen sind wegen der mangelnden Gehsicherheit bei Winterwetter zu vermeiden. Sandstein veralgt gerne in Schattenlagen und ist dort nicht empfehlenswert.

Blockstufen

Da Blockstufen aus einem Stück bestehen, liegen sie dank ihres Gewichts besser als Legstufen. Sie wirken als Treppe massiver, schwerer als Legstufen und sind es auch. Ihr Gewicht ist beträchtlich. So wiegen beispielsweise 1 m lange Normalstufen bereits 130 kg! Trotzdem hat sich diese Stufenart wegen der bautechnischen Vorteile im Garten- und Landschaftsbau durchgesetzt. Die Auftrittkante ist meist gebrochen (Fase), sodass keine scharfe Kante entsteht.

Naturstein und Beton sind auch hier die vorherrschenden Baustoffe. Durch Bearbeitung kann der Naturstein etwas strukturiert werden, beispielsweise ein ebenflächig rauer Auftritt. Die senkrechte vordere Ansichtsfläche dagegen grob gebrochen, um ein gleichförmiges Treppenbild zu vermeiden. Betonstufen gibt es mit aufgepresstem Natursteinsplitt in

Stellstufen bestehen aus einer gestellten Steinkante und dem Wegebelag (hier Pflaster) für die Auftrittsfläche. Eine solide Verankerung in Beton ist unerlässlich.

Legstufen werden aus zwei Teilen gebildet: Auftrittplatte und Unterlage (Steller). Optisch vorteilhaft ist die horizontale Schattenfuge. Die Treppe wirkt dadurch „leichter".

Blockstufen bestehen aus einem Stück und sind massive, schwere Bauteile. Dank ihres Gewichts liegen sie aber besser als Legstufen.

Legstufentreppe aus rotem Sandstein. Durch den Überstand der Auftrittplatte und der Zweiteilung erscheinen die Stufen weniger massiv.

Blockstufen wirken schwer und sind es auch. Diese Treppe aus massiven Stufenplatten wird durch die Mauer aus feingliedrigeren Steinen gut ergänzt.

den unterschiedlichsten Farben im Handel, sodass auch hier die Flächen nicht zwangsläufig steril wirken. Auch aus Holzschwellen entstehen Treppen, obwohl diese nach einigen Jahren bereits verrotten und bei Nässe glitschig werden können. Entscheiden Sie sich trotzdem für Holz, kommen nur kesseldruckimprägnierte Schwellen infrage, die in der Regel etwa 15 Jahre trittsicher bleiben. Alte Bahnschwellen sollten wegen ihres Teerölgehaltes nicht mehr verwendet werden.

Sonstige Stufenarten

Gelegentlich sieht man auch Treppen aus gemauerten Klinkersteinen. Sie benötigen unbedingt ein starres Be-

Stufen aus Klinkersteinen müssen sorgfältig gebaut werden, sonst zerstören in die Fugen eindringendes Wasser und Frost die Treppe.

tonfundament als Basis. Die vermörtelten Fugen sind sorgfältig zu behandeln, sonst zersprengt eindringendes Wasser bei Frost das Gefüge. Deshalb ist zu solchen Treppen nur in Sonderfällen zu raten.

Auch Stahlgittertreppen werden in Freianlagen gebaut. Der Vorteil dieser Treppenbauart ist, dass die Stufen nicht in die Erde eingesetzt werden, sondern die ganze Treppe frei über dem Gelände schwebt.

Handläufe und Geländer

Werden Treppen gebaut, ist neben der Auftrittssicherheit der Stufen auch an einen sicheren Halt zu denken. **Handläufe** sind bei mehr als drei Stufen die Regel, ihre Höhe, die jeweils von der Stufenoberkante aus senkrecht gemessen wird, beträgt 90 cm. Senkrechte Höhenunterschiede neben der Treppe bis zu 1 m erfordern keine zusätzliche baurechtliche Absicherung. Über diese Höhe hinaus sind jedoch regelrechte **Geländer**, durch die niemand hindurchfallen kann, erforderlich. Im Garten sind diese Vorrichtungen möglichst einfach und unauffällig vorzusehen. Dünne verzinkte Metallrohrquerschnitte und neutrale Farben sind zu bevorzugen.

Rampen

Rampen für Kinderwagen und Fahrräder direkt neben den Treppen sind wegen der starken Neigung stets schwierig zu befahren und deshalb nur eine Notlösung. Zudem erhält die Treppe eine etwas starre Form, denn die Rampe kann keinem Treppenlauf mit locker angeordneten Stufen oder einer Wendelung folgen. Bei wenigen Stufen genügt oft ein seitliches Anpflastern, das die Funktion ausreichend erfüllt. Die beste Lösung ist ein – unabhängig von der Treppe – weit ausholend geführter, mäßig steiler Weg, wenn es denn die Geländesituation möglich macht.

Handläufe sollten im Garten möglichst schlicht gestaltet sein.

Bei diesem Hauseingang ist es gelungen, mit einem separaten Weg das Rampenproblem elegant zu lösen.

Treppen entwerfen

Nicht nur die Höhendifferenz des Geländes ist rechnerisch richtig zu überwinden, auch Gesamtform, Gliederung und Proportion müssen stimmen. Deshalb empfehlen sich entwurfliche Vorüberlegungen, denn im Vergleich zu Treppen im Haus ergeben sich im Garten viel mehr Freiheiten.

Gliederungsformen überlegen und aufzeichnen

Für die Planungsarbeit ist die Geländeneigung an der künftigen Baustelle eine erste Voraussetzung. Mit langer Latte und Wasserwaage ist sie auf kurzen Distanzen leicht zu ermitteln. Die Latte wird waagerecht am Hochpunkt aufgelegt, dort wird die Horizontale gemessen und am freien Lattenende die Senkrechte. So erhalten Sie das Verhältnis von Tiefe und Höhe der Neigung. Daraus lässt sich der Stufenquerschnitt und die Stufenanzahl leicht errechnen.

Um die Messungen der Höhendifferenzen an Ort und Stelle und alles Weitere wie Grundriss und Schnitt der Treppen gemäß Ihrer Gartensituation aufzeichnen zu können, brauchen Sie Planunterlagen mit Höhenangaben, damit Sie Bestandsangaben im Gelände und zur Lage der zu planenden Treppen in Beziehung zum Haus darstellen können. Auch die Zeichenutensilien, wie im Kapitel Mauern bereits aufgezählt, sollten bereit liegen (siehe S. 28). Haben Sie die Stufenanzahl errechnet, dann können Sie mit den folgenden Planungsvorschlägen am eigenen Beispiel experimentieren, um gestalterisch mehr aus Ihrer zu bauenden Treppe zu machen. Sicher gibt es eine Lösung, damit es keine Kellertreppe wird, die sich zufällig in den Garten „verirrt" hat.

Treppen im flachen Hang

Bei Wegen mit zu starkem Längsgefälle lässt sich dieses durch einzeln eingefügte Stufen verringern, die in gleichmäßigen Abständen das Gehen erleichtern – ein sogenannter Stufenweg. Grenzen seitlich Pflanzflächen oder Nutzgartenbeete an, können diese Einzelstufen auf einfache Weise verlängert werden. So ergibt sich eine harmonische Hanggliederung und eine verbesserte Zugänglichkeit der Flächen.

Einfache Bestandsaufnahme der Geländeneigung zum Errechnen des Stufenquerschnitts und der Stufenanzahl (Schnitt).

TREPPEN ENTWERFEN

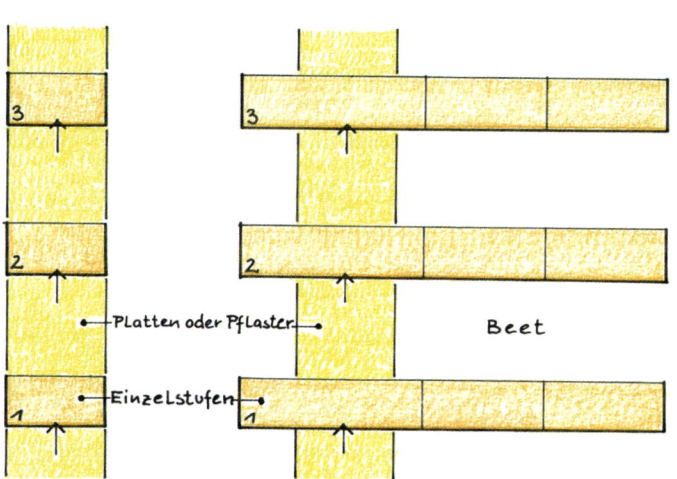

Hinweis
Gültig für alle folgenden Treppengrundrisse: Der Pfeil weist hangaufwärts, die Pfeilspitze markiert die oberste Stufenvorderkante.

Am flachen Hang genügen oft wenige Einzelstufen, um das Wegelängsgefälle zu vermindern. Eine seitliche Verlängerung der Stufen rechts ergibt einen praktischen Zugang zur Pflanzenpflege.

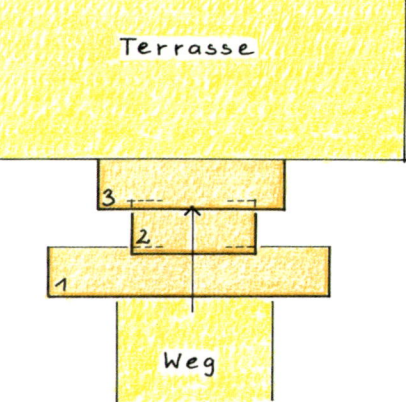

Treppen an kurzen Steilböschungen, zum Beispiel vor breiten Terrassen, schaffen durch unterschiedliche Stufenlängen bessere Maßverhältnisse, auch wenn die Treppenbreiten entsprechend der Stufe 2 eigentlich zur Nutzung ausreicht.

Stufenmaße

- Für die Stufenhöhe gilt im Garten- und Landschaftsbau die Formel: 2 × Stufenhöhe + Stufenbreite = 64 cm
- Bei 15 cm Stufenhöhe ergibt das eine Auftrittsbreite von 34 cm (15 cm × 2 = 30 cm + 34 = 64 cm)
- Aus dieser Regel folgt auch: Je höher die Stufe, umso schmaler der Auftritt und umgekehrt. Je flacher der Höhenunterschied, desto niedriger kann auch die Stufenhöhe sein. Das hängt mit dem Schrittmaß zusammen. Je höher der Schritt, desto kürzer die Schrittlänge.

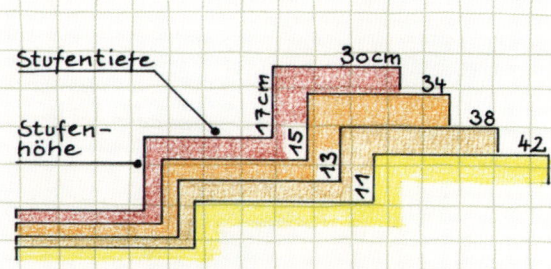

Maßverhältnisse von Höhe und Auftrittsbreite bei Gartenstufen. Prinzipiell gilt: Je flacher die Stufenhöhe, desto angenehmer das Gehen.

Die klassische Lösung: Die Treppe führt durch die niedrige Mauer, Wangen begleiten die Treppe.

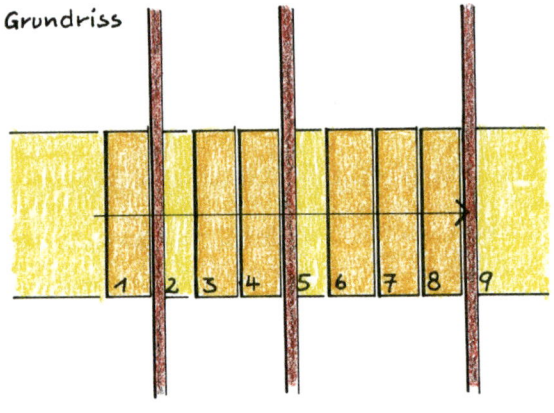

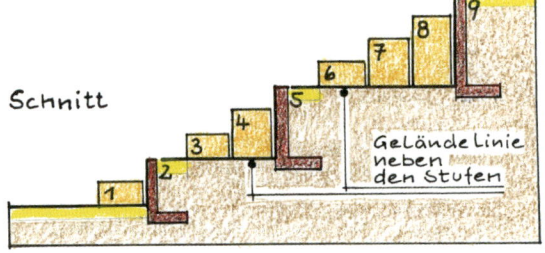

Die innovative Lösung: Ohne Durchbrechung der Mauer werden Stufenblöcke einfacher, doppelter oder dreifacher Höhe vor die jeweilige Mauer gesetzt.

Treppen für kurze Steilböschungen
Führen nur wenige Stufen beispielsweise an eine Terrasse heran, sollte diese Treppe nicht zu schmal gebaut werden. Das gibt sonst ein optisch etwas unglückliches Missverhältnis zur Platzfläche. Besser wirkt hier eine breite Treppe mit vielleicht auch ungleich langen Stufen. Es entsteht ein befriedigendes Größenverhältnis von Platz zu Treppe (siehe S. 55 unten).

Treppen an niedrigen Stützmauern
Sind nur wenige Stufen durch eine niedrige Mauer zu führen, müssen normalerweise seitlich sogenannte Wangen gebaut werden. Beidseitig begleiten dann abgewinkelte Mauerstücke die Treppe. Diese Lücke in der Mauer sieht nicht immer gut aus und die Treppe wirkt eingeengt.
Aber die Mauerlinie muss deshalb nicht zwangsläufig unterbrochen werden. Mit Blockstufen einfacher, doppelter oder dreifacher Höhe, die vor der Mauer eingebaut werden, ergibt sich eine schöne und praktische Verbindung beider Bauelemente, wobei die Maueroberkante gleichermaßen als eine Stufe einbezogen wird. Staffeln sich mehrere dieser Mauern im Hang, kann das Prinzip wiederholt werden.

Vielstufige Treppen am Steilhang
Brauchen Sie zur Überwindung des Hanggeländes viele Stufen, kann das Ganze mitunter etwas eintönig werden, vor allem, wenn keine Podeste zur Unterbrechung möglich sind. Eine in der Praxis bewährte Lösung ist die Anordnung unterschiedlicher Stufenlängen und seitlicher Versatz. Damit erfährt die Treppe eine angenehme Lockerung und die variierenden Stu-

TREPPEN ENTWERFEN 57

fenlängen lassen die große Stufenanzahl nicht so unangenehm spürbar werden.

Treppenpodeste einfügen
Podeste unterbrechen nicht nur lange Treppenläufe, sondern sind auch Gliederungselement. Damit lassen sich Richtungswechsel sinnvoll und dem Gelände angepasst bewerkstelligen. Nach jedem Podest kann die Ziellinie neu ausgerichtet werden. Bei extrem steilen Situationen führt dies, kreativ angewendet, zu regelrechten Serpentinentreppen, besonders in Verbindung mit Stützmauern, an die sich die Stufenpakete anlehnen.

Gewendelte Treppenläufe
Muss die geradlinige Treppenführung geländebedingt verlassen werden,

Viele Stufen ohne Podeste ergeben oft langweilige Treppenverläufe. Mit einer „Taille" lässt sich eine elegante Linienführung finden.

Lange Treppenläufe sind manchmal unumgänglich. Hier wird durch seitliche „Ausschläge" einzelner Stufen eine Verbindung mit dem Gelände hergestellt, so dass die Treppe weniger abweisend wirkt.

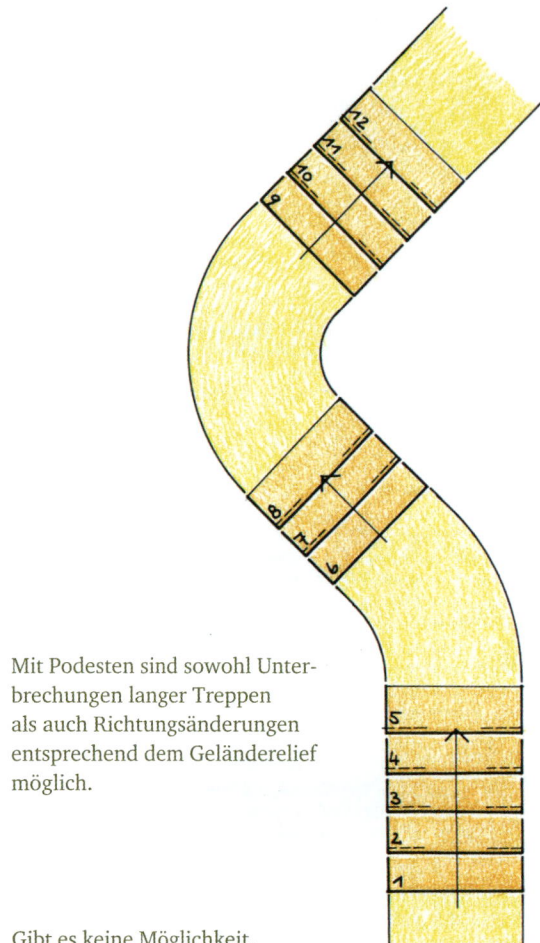

Mit Podesten sind sowohl Unterbrechungen langer Treppen als auch Richtungsänderungen entsprechend dem Geländerelief möglich.

Gibt es keine Möglichkeit, Podeste einzubauen, bleibt zur Richtungsänderung das Wendeln der Stufen. Diese Lösung kann auch sehr elegant wirken.

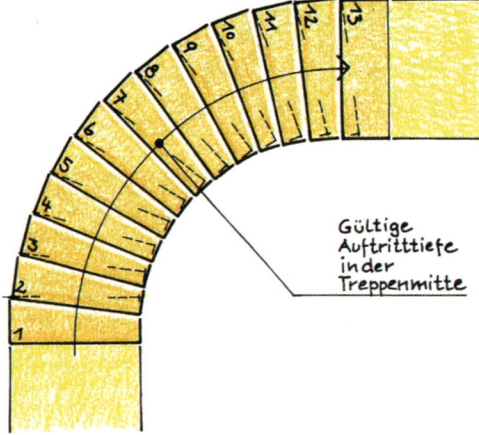

Gültige Auftritttiefe in der Treppenmitte

ohne dass Podeste zur Richtungsänderung möglich sind, kann die Wendelung ein brauchbarer Lösungsansatz sein. Die errechnete Auftrittsbreite hat dabei in der Treppenmitte zu liegen. Bei der Materialbestellung ist deshalb darauf zu achten, dass gewendelte Stufen am Außenradius mit größerer Auftrittstiefe bestellt werden. Würden Normalstufen geliefert, entstünde dort an jeder Stufe eine Lücke und die Wendeltreppe wäre nicht zu gebrauchen. Deshalb ist ein genaues Aufzeichnen besonders wichtig.

Treppenfundamente planen

Es gibt zwei grundsätzliche Ansätze: Das starre, tiefgründige, frost- und setzungssichere, aber auch kosten- und arbeitsintensive Betonfundament, und die flexible Gründung, bestehend aus einer Schotterlage mit wasserdurchlässiger Ausgleichsschicht aus Magerbeton. Letztere ist zwar weniger aufwendig, aber auf Dauer nicht so lagestabil. Welche Bauart die zweckmäßigere ist, entscheiden mehrere Faktoren. Erfahrungsgemäß müssen lange und breite, aus einzelnen Stufenlängen zusammengesetzte oder zwischen Mauern und am Gebäude geführte Treppen auf Dauer absolut sicher liegen, da hier ein Nachverlegen unverhältnismäßig viel Mühen und Kosten mit sich bringt. Alle kleineren und frei im Gelände verlaufenden Treppen können eine einfachere Bettung erhalten, wenn eventuell später auftretende kleinere Verschiebungen oder Setzungen und damit ein Nachlegen in Kauf genommen wird. Meistens ist das wirtschaftlich vertretbar. Sie müssen abwägen, was langfristig wünschenswert ist. Als es noch keinen Beton gab, wurden auch Treppen in Gärten gebaut, die heute oft noch einwandfrei im Gelände liegen.

Starre Fundamente

Starre Fundamente werden als Betonkonstruktion abgetreppt und bis zum gewachsenen oder verdichteten Baugrund, jedoch mindestens 80 cm tief (Frosttiefe) in den Hang gesetzt. Dabei genügt es, wenn die erste und die letzte Stufe auf der Frosttiefe ruhen. Die dazwischen liegenden sitzen auf der „Betonbrücke", die unten und oben auf den beiden Fundamenten ruht. Die Stufen werden anschließend im Mörtelbett auf die Abtreppungen gesetzt.

Flexible Fundamente

Flexible Fundamente bestehen aus einer wasserdurchlässigen Schotterlage auf abgestuftem Baugrund, die mit einer sickerfähigen Magerbetonschicht etwa 20 cm dick abgedeckt ist, in der die Stufen eingesetzt werden. Als Schotterlage genügen bei lehmigen Böden in der Regel 30 cm. Im durchlässigen Kies- und Sandboden kann es auch weniger sein. Der Baugrund ist waagrecht abzutreppen und niemals schräg verlaufend herzustellen, um dem hangabwärts gerichteten Kräfteschub vorzubeugen. Diese Fundamentierung eignet sich aber nur für Leg- und Blockstufen. Bei Holzschwellenstufen ist der Magerbeton durch eine Splittlage zu ersetzen, um noch bessere Sickerverhältnisse herzustellen. Stellstufen und Stufen aus Klinkersteinen müssen grundsätzlich sicher im tiefreichenden Betonfundament verankert werden. Stellstufen kippen sonst im Laufe der Jahre hangabwärts und das meist unregelmäßig. Damit kann das Gehen gefährlich werden, weil gleichzeitig der Auftrittsbelag nachsackt.

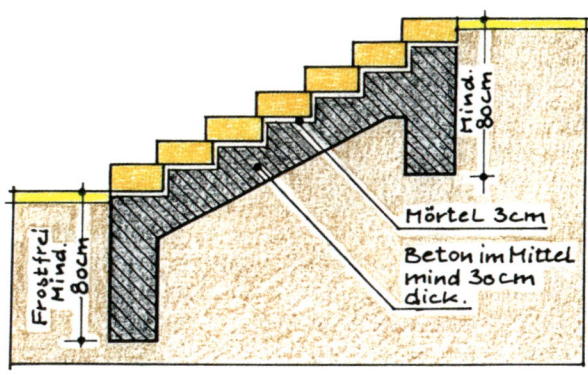

Starres, frostfreies und setzungssicheres Betonfundament für lange oder breite Treppen und in Verbindung mit Gebäuden und Mauern.

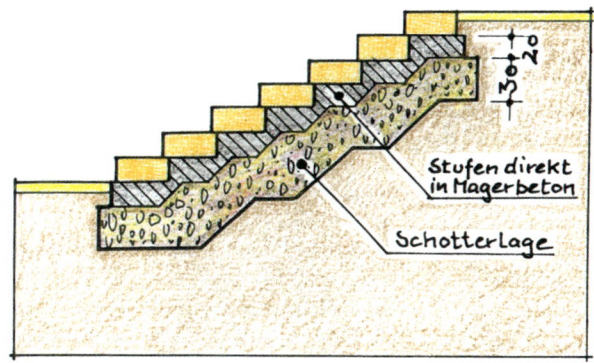

Eine flexible Schotter-Magerbeton-Fundamentierung ist für Gartentreppen mit wenigen und kurzen Stufen meist ausreichend.

Treppen kalkulieren

Am Etat des Gesamtgartens ist der Kostenanteil für Treppen natürlich vom Gelände abhängig. Steiles Gelände – viele Stufen, flaches Gelände – wenige Stufen. In der Treppenbreite liegt zwar ein Sparpotenzial, die Gestaltung und das angenehme Gehen sollten darunter aber nicht leiden.

Die größten Preisunterschiede liegen, wie bei den Wegebelägen, in der Wahl zwischen Naturstein oder Betonerzeugnis.

Kosten für Erdarbeiten

Fundamentierung und Treppenprofil erfordern Erdbewegungen, die unabhängig von der Bauart zu leisten sind. Bei der Ausführung durch eine Firma des Garten- und Landschaftsbaus ist mit den gleichen Preisen je m³ Erdbewegung zu rechnen, wie Sie bei „Stützmauern kalkulieren" Seite 42 lesen konnten.

Kosten für Fundamente

Hier gelten ebenfalls die bei „Stützmauern kalkulieren" auf Seite 43 genannten Kostenansätze für die beiden Fundamentbauweisen: Flexible Schotter-Magerbeton-Ausführung und tiefreichende, starre Betonkonstruktion.

Kosten für Stufen

Der nachfolgenden Aufstellung können Sie entnehmen, dass Naturstein grundsätzlich teurer ist als Betonerzeugnisse, besonders bei Blockstufen fällt das auf. Ihre Entscheidung sollten Sie aber stets aus der Gesamtgestaltung der Wege und Treppen heraus treffen und nicht nur nach den Kosten. Beim Selbstbauverfahren müssen Sie bedenken, dass vor allem Blockstufen sehr hohe Gewichte ausweisen können (je lfm etwa 130 kg!). Bei Legstufen sind es „nur" etwa 70 kg für die Auftrittsfläche und 7 kg für den Steller. Auch von solchen Kraftakten ist die eigene Ausführung abhängig.

TIPP

Sind Geländesetzungen nicht auszuschließen, kann auch eine provisorische Holztreppe sinnvoll sein: Waagerechte Bretter an zwei Pfählen für die Stufenhöhe, gestampfte Erde und Splitt für den Auftritt. Wenn sich das Gelände beruhigt hat, kann nach etwa 3–4 Jahren die endgültige Treppe gebaut werden.

Preisermittlung für Stufen

Die Preise werden nach laufendem Meter (lfm) Stufenlänge berechnet, unabhängig von Treppenbreite oder Stufenanzahl. Der Einbau ist in den Einzelpreisen mit enthalten. Die Reihenfolge der Preisangaben, jeweils ohne Mehrwertsteuer, orientiert sich an den Stufenarten gemäß Seite 50 ff.

Stellstufen aus Steinkanten, 30 cm hoch, 8 cm dick

- Aus gesägtem Naturstein, Auftrittfläche Natursteinkleinpflaster — je lfm — *95 bis 135 €*
- Aus Beton mit Natursteinsplittvorsatz (zusätzlich aufgepresste Schicht ca. 1 cm dick) Auftrittfläche Betonpflaster mit gleichem Vorsatz — je lfm — *50 bis 83 €*
- Aus naturgrauen Betonkantensteinen, Auftrittfläche Betonpflaster naturgrau — je lfm — *38 bis 50 €*

Legstufen, bestehend aus Auftrittplatte 40 cm tief, 8 cm dick und Steller 6 cm dick

- Aus Naturstein, Auftrittfläche gesägt, Vorderansicht bruchrau — je lfm — *115 bis 145 €*
- Aus Beton, alle Sichtflächen mit Natursteinsplittvorsatz versehen — je lfm — *85 bis 125 €*
- Aus naturgrauem Beton, glatt — je lfm — *70 bis 100 €*

Blockstufen 40 cm tief 14 cm dick

- Aus Naturstein, Auftrittsfläche gesägt, Vorderansicht bruchrau — je lfm — *125 bis 175 €*
- Aus Naturstein, allseits gesägt und rau nachgearbeitet (gestockt oder geflammt) — je lfm — *145 bis 200 €*
- Aus Beton, alle Sichtflächen mit Natursteinvorsatz — je lfm — *95 bis 150 €*
- Aus naturgrauem Beton, Sichtfläche nachgearbeitet (sand- oder wassergestrahlt) — je lfm — *80 bis 130 €*
- Aus imprägnierten Holzschwellen — je lfm — *70 bis 110 €*

GELÄNDE-MODELLIERUNG

- GRUNDLAGEN DER PLANUNG
- GELÄNDEMODELLIERUNG ENTWERFEN
- GELÄNDEMODELLIERUNG KALKULIEREN

Grundlagen der Planung

Mit Geländemodellierung lassen sich sowohl bewegte Flächen als auch Raumbegrenzungen herstellen. Leider wird diese gestalterische Möglichkeit viel zu selten genutzt, vielmehr wird alles schnell fantasielos eingeebnet und der Rest auch noch abgefahren. Es lohnt sich demnach, das Thema näher zu betrachten.

Erde formen
Erde ist neben anderen körnigen Schüttstoffen (Schotter, Kies, Sand) das einzige tote Material, mit dem sich ein kontinuierlicher Übergang von einer Bodenfläche oder Mulde zu einer Hügel-„Wand" herstellen lässt. Damit lässt sich eine räumlich wirkende Geländeform bilden, die viele Vorteile hat.

Sinn und Zweck von Geländemodellierung

Mit der Vorstellung von Erde verbindet der Laie meist Schmutz und Dreck. Baufrau und Bauherr erinnern sich noch an schlammige Schuhe, Hosenbeine und an verspritzte weiße Hauswände während der Bauzeit. Ihnen ist zunächst weniger bewusst, dass Erde ein hervorragendes Material zur Formung der Geländeoberfläche ist. Meistens ist es sogar kostenlos vorhanden (Kelleraushub) oder preisgünstig zu besorgen. (Die Deponiegebühren sind nämlich sehr hoch.) In der Regel wird die Erde gleichmäßig verebnet oder es werden sture Böschungen hergestellt, damit die großen Erdhaufen möglichst schnell verschwinden. Der Gedanke, dass Erde zu einem der billigsten, beliebig formbarsten (außer in der Senkrechten natürlich) und harte Gegensätze ausgleichenden Gestaltungsmittel zählt, um Flächen zu modellieren und räumliche Verhältnisse im Garten zu verbessern, ist weitgehend unbekannt.
Welche Vorteile bringt nun ein bewusst geformtes Geländerelief? Da ist zunächst zu unterscheiden, ob Erdformen einen bestimmten Zweck wie Schutz gegen Lärm, Einblicke, Wind zu erfüllen haben oder frei geformt, nur nach ästhetisch-räumlichen Erwägungen Konturen schaffen sollen, sozusagen eine „Veredlung der Topografie". So hat ein Lärmschutzwall gegen eine

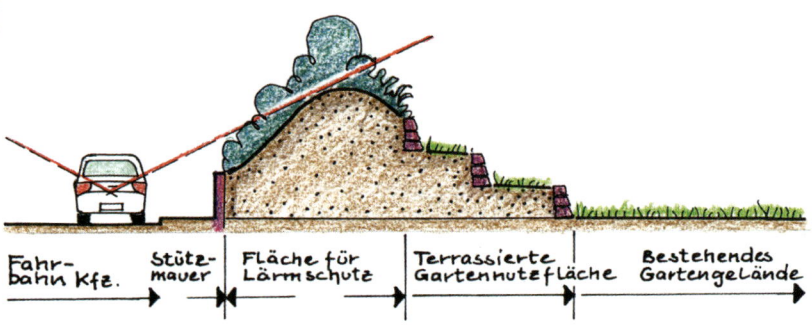

Dieser Wall ist Lärmschutz und nutzbare Gartenfläche in einem.

Die Geländemulde mit dem Teich wird von einem bepflanzten Erdwall begrenzt. Dieser schirmt einen Zufahrtsweg dahinter wirkungsvoll ab.

Straße die Wirksamkeit der großen Masse. Da aber stets eine Zwangshöhe einzuhalten ist, um den Schall spürbar zu dämmen, reicht oft die Grundfläche nicht aus. Zusätzlich aufgesetzte Lärmschutzwände sehen bei niedriger Wallhöhe allerdings meist hässlich aus. Besser ist es, entlang der Straße eine Stützmauer vorzusehen, um den Wall höher schütten zu können. Die Hangfläche wird dagegen weit in den Garten als flache Böschung verzogen und der Flächenverlust auf der Ebene kann gegebenenfalls durch Terrassierungen der Hangneigung ausgeglichen werden. Damit wird die Fläche bequem gärtnerisch nutzbar.

Gut geschützt mit Erde
Sicht- und Windschutz lassen sich oft auf einfache Weise durch ein Ausmulden der Innenfläche des Gartens erreichen, der Wall nach außen wird somit nicht zu hoch. Ausdauernde Gehölzpflanzungen können die Schutzfunktion verbessern, jedoch nicht gegen Lärm. In Kombination mit eingefügten Mauerteilen lassen sich auch bei wenig Gartenfläche mit Geländemodellierungen individuelle und reizvolle Raumsituationen schaffen, die nach außen abgeschlossen eine angenehme Aufenthaltsqualität bieten. Deshalb der Rat: Vergessen Sie bei Ihrer Gartenplanung nie den Gedanken an eine Geländemodellierung. Ist der Garten erst einmal fertig, gibt es dann kaum noch Korrekturmöglichkeiten.

Die richtige Beurteilung des Erdmaterials für die Modellierung ist wichtig. Diese lockere Erde scheint für eine gute Niederschlagsversickerung und gegen starke Erosion zu sprechen.

Das Erdmaterial kennenlernen

Um mit Erde zu formen, sind auch für die Planung einige Materialkenntnisse erforderlich. Da ist als erstes die Bodenbeschaffenheit zu erforschen. Welche Bodenart finden wir vor? Haben wir Sand, Kies, Schutt, Lehm oder gar Felsmaterial vor uns? Welcher Boden vorhanden ist, lässt sich ohne langwierige Bodenuntersuchung mit einer einfachen Fingerprobe beurteilen.

Verwitterungsschutt oder Felsmaterial ist bereits optisch feststellbar und braucht nicht „erfühlt" zu werden. Grundsätzlich wird mit solchem Unterboden gearbeitet und so lange korrigiert, bis die Proportionen stimmen. Nur dieser Boden ist standfest zu schütten. Der Oberboden (früher Humusboden genannt) ist dafür zu

Fingerprobe
- Sandboden fühlt sich rau an, beschmutzt die Finger nicht oder kaum und besitzt keine oder nur eine geringe Formbarkeit.
- Lehmiger Sand beschmutzt die Finger leicht und ist etwas formbar.
- Sandiger Lehm beschmutzt die Finger merklich, ist deutlich formbar, lässt aber noch viele raue Bestandteile wahrnehmen.
- Lehmboden ist gut formbar, beschmiert die Finger stark, der Gehalt an rauen Bestandteilen tritt zurück.
- Tonboden besitzt eine ausgezeichnete Formbarkeit, die erzeugte Gleitfläche ist glatt und glänzend.

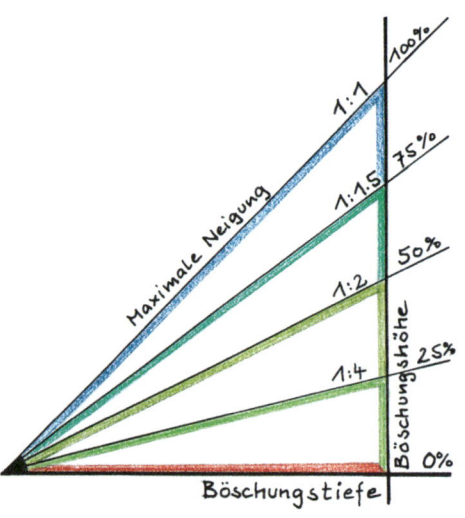

Für die Planung wichtige Zahlenverhältnisse bei Geländeneigungen.

schade und bei hohen Schüttungen auch nicht stabil genug. Er dient ausschließlich zur Andeckung der späteren Vegetationsfläche.

Die Bodenbeschaffenheit bestimmt auch die mögliche Geländeneigung der Modellierung. Sand, Kies, Verwitterungsschutt ergeben flache Neigungen, Lehm oder Tonböden lassen steilere Neigungsflächen zu.

Wobei innerhalb dieser Bodenarten abgegrabenes Gelände steiler stehen bleibt als geschütteter Boden. Die technisch notwendigen Vorgänge Einschnitt und Aufschüttung bei Modellierungen sind aber nicht das einzige Kriterium. Es gilt auch, den Erosionsschutz durch ablaufendes Niederschlagswasser zu beachten, und auch die Wasserdurchlässigkeit bei Ausmuldung des Geländes ist zu bedenken, damit dort keine ungewollten Wasserflächen entstehen. Dort sind Versickerungsgruben oder Dränageleitungen einzubauen.

Wichtig ist bei Erdmodellierungen auch die Frage, ob an ausgerundete, weich verzogene Ausformungen oder mehr an geradlinige, kantige Formen gedacht ist. Allzu kantig ist jedoch schwierig zu erhalten. Die Grate werden beim Rasen mähen abrasiert, bei Pflanzungen durch die Pflegearbeiten abgeflacht.

Das bisher Beschriebene gilt selbstverständlich genauso für normale Böschungen. Nun haben Sie einen groben Überblick, was gartentechnisch zu beachten ist und welchen Stellenwert Erde als Gestaltungselement des Gartens einnimmt. Jetzt können Sie überlegen, wie Sie die Bodenmodellierung für die Planung einsetzen wollen.

Leichter ist die Rasenpflege bei kontinuierlich gerundeter Geländemodellierung. Das Gelände wirkt sehr natürlich.

Kantige Modellierungen sprechen Perfektionsbegeisterte sicher an. Die Rasenpflege ist jedoch schwierig: die Kanten werden leicht „abrasiert".

Geländemodellierung entwerfen

Um das Gartengelände zu Hügel und Mulde zu formen, ist vor der Realisierung Vorarbeit auf dem Papier zu empfehlen. Dabei geht es nicht nur um die gestalterische Ausformung, es werden auch Grundlagen für den Arbeitsumfang und zur Kostenermittlung geschaffen.

Wie sieht die zeichnerische Darstellung aus?

Um beginnen zu können, benötigen Sie den Plan mit Gartengrundstück und Haus, das sind in der Regel die maßstabsgerechten Baupläne des Architekten und der Lageplan. Wichtig ist es, dass die Pläne die Höhenpunkte des bestehenden Geländes an den Grenzen enthalten und um das neue Haus herum die neu geplanten Geländehöhen. Mit diesen Angaben, sogenannten unveränderlichen Festpunkten, lassen sich die späteren Höhenlinien zeichnen, wie man sie von topografischen Landkarten kennt. Nur mit solchen theoretischen Linien kann man präzise planen. Das ist nicht einfach, lässt sich aber lernen. Böschungsstriche sind als zeichnerische Mittel zu ungenau, weil keine kontinuierlichen Höhenverläufe ablesbar sind und die Höhendifferenz als Neigungsgrad nicht spürbar wird, auch wenn an Böschungskrone (oben) und Böschungsfuß (unten) Höhenzahlen stehen.

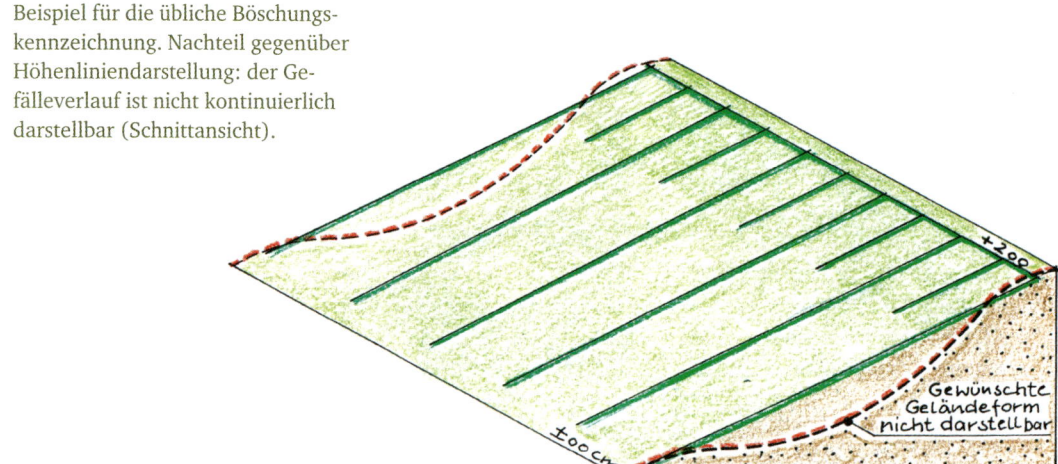

Beispiel für die übliche Böschungskennzeichnung. Nachteil gegenüber Höhenliniendarstellung: der Gefälleverlauf ist nicht kontinuierlich darstellbar (Schnittansicht).

GELÄNDEMODELLIERUNG ENTWERFEN

Beispiel für die Höhenliniendarstellung: Anordnung der Höhenlinien in 25 cm-Höhensprüngen für eine kontinuierlich ansteigende modellierte Fläche. Je steiler das Gelände, umso enger liegen die Linien beieinander (Schnittansicht).

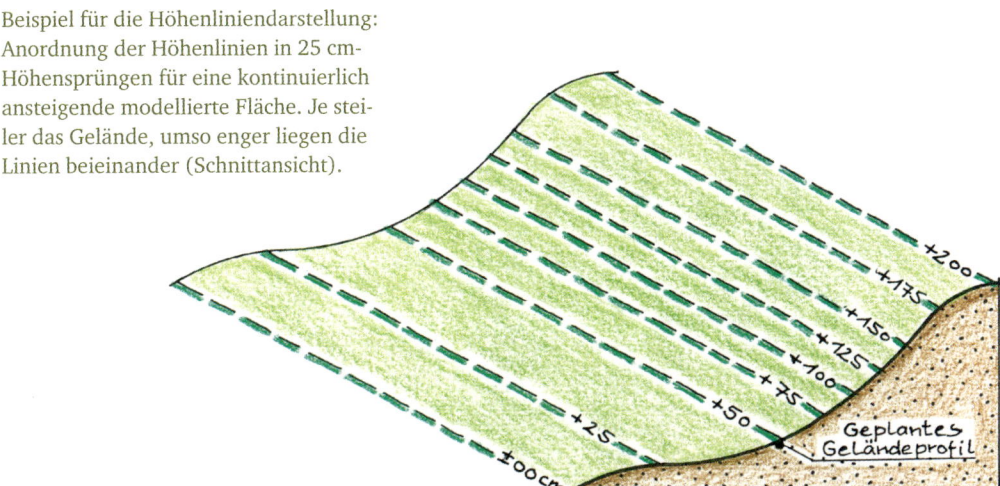

Im Gegensatz zu den bisherigen Planungen für Mauern und Treppen sind Höhenlinien keine konkreten Baukanten, sondern theoretische Planungshilfen, die später im Gelände nicht sichtbar sind. Nun werden Sie denken: Oh je, das klingt ja alles schrecklich kompliziert! Ist es aber nicht, wenn man das eigentlich einfache Prinzip verstanden hat. Die Beschreibung ist umständlicher als das direkte „Machen". Planen können Sie eben leider nur mit diesen Hilfslinien. Beginnen wir deshalb gleich mit anschaulichen Beispielen. Am besten Sie greifen jetzt zu den bereits beim Kapitel „Stützmauern entwerfen" genannten Planunterlagen und Zeichenutensilien (S. 28).

In den folgenden Planbeispielen werden drei unterschiedliche Gärten vorgestellt, die exemplarisch die Anwendung von Erdmodellierungen zeigen einschließlich der jeweiligen

Höhenlinien
Höhenlinien verbinden gleiche Höhenpunkte miteinander und verlaufen stets horizontal. Der Abstand zwischen den mit Höhenzahlen besetzten Linien ist mit einiger Übung im Grundriss erkennbar und zeigt, wie steil oder flach die Geländeneigung ist. Höhenlinien schaffen eine plastische Vorstellung der Geländeform, sowohl des Bestandes als auch der Planung. Nur mit ihnen lässt sich ein bewegtes Geländerelief zuverlässig darstellen.

Bestandssituation: Zuerst ein kleiner ebener Garten mit Schutzwall. Es folgt eine flach abfallende Hangsituation. Den Schluss bildet ein ansteigender Steilhang.

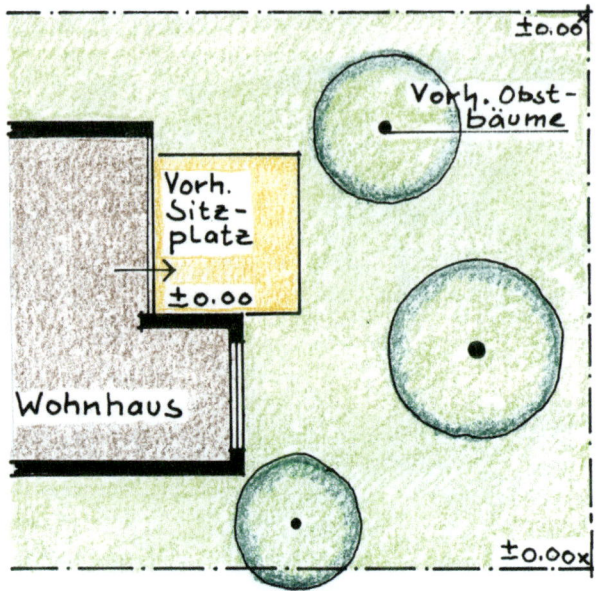

Bestandsplan eines kleinen Gartengrundstücks auf der Ebene.

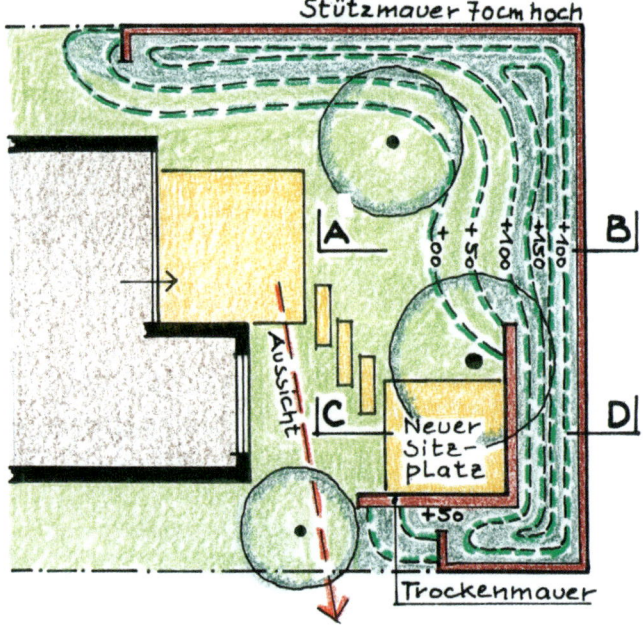

Entwurf für das kleine Gartengrundstück auf der Ebene.

Geländeform auf der Ebene

Der Bestandsplan zeigt ein kleines Grundstück mit freistehendem Wohnhaus sowie einem Hauptaufenthaltsbereich mit hausnahem Sitzplatz und vorhandenen Obstbäumen. Das Gelände ist ohne Höhendifferenzen mit einem stufenlosen Ausgang aus dem Haus (Plan links oben). Es besteht der Wunsch, mit Bodenmodellierung die offene Grundstücksgrenze teilweise abzuschirmen, um eine geschütztere Aufenthaltsqualität zu erreichen und gleichzeitig einen zweiten, vom Haus abgerückten, kleinen Sitzplatz einzugliedern.

Der Entwurfsansatz sieht eine Erdmodellierung vor, die an der Grenze gegenüber dem Haus ca. 150 cm hoch geschüttet wird, an der oberen Grenze bis auf 100 cm abgesenkt ausläuft (hier ist die nachbarliche Störung geringer) und an der unteren Grenze nur kurz ist, weil hier ein schöner Ausblick besteht ohne nachbarliche Beeinträchtigung. Die Ausformung verläuft an der Außenseite grenzparallel steil und streng geradlinig. Eine umlaufende niedrige Stützmauer entlang der Erdschüttung spart Fläche. So kann die Geländemodellierung weiter gegen die Grenze geschoben werden. Nach innen dagegen bestimmt eine flach auslaufende bewegte Linienführung den Gartenraum. Damit entstehen im Garten angenehme kleinräumige Verhältnisse. Gleichzeitig schmiegt sich fast selbstverständlich der zweite, mit einer niedrigen Trockenmauer gefasste Sitzplatz ein und es kann um die Obstbäume herum modelliert werden, ohne diese einzufüllen. Eine nicht allzu hohe freiwachsende Strauchpflanzung auf der Außenseite der Erdschüttung schirmt zusätzlich ab (Plan links unten).

Die beiden Geländeschnitte verdeutlichen den neuen Geländeverlauf der Innen- und Außenseiten. Mit diesen Zeichnungen erkennen Sie auch, wie steil das Geplante wird (unten).

Schnitt A – B mit frei auslaufender Innenseite.

Schnitt C – D mit Trockenmauer und Sitzplatz.

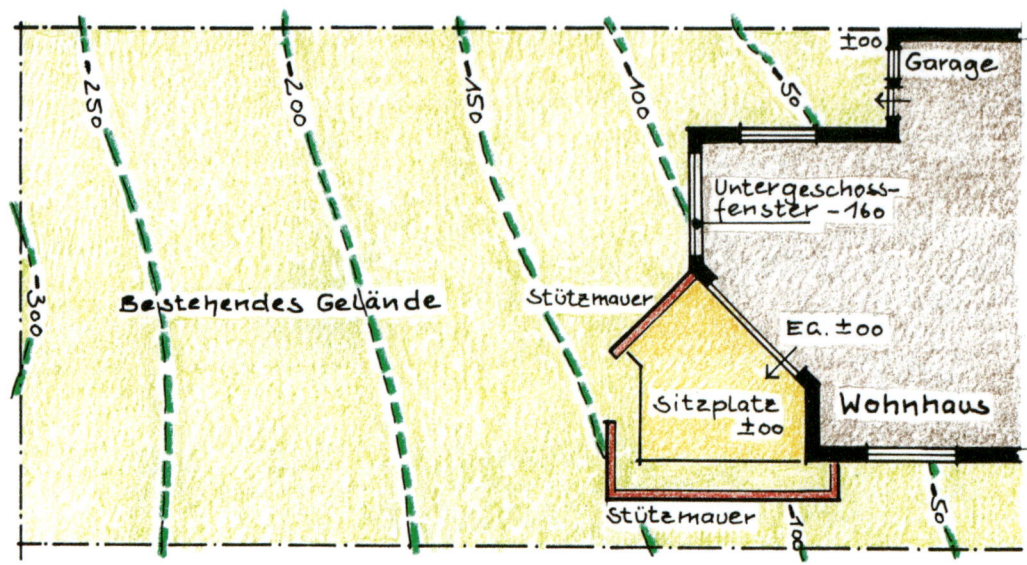
Bestandsplan eines mittelgroßen Grundstücks am flach abfallenden Hang.

Geländeform am flach abfallenden Hang

Aus dem Bestandsplan ist ein freistehendes Wohnhaus auf mittelgroßem Grundstück zu erkennen. Das ursprüngliche Gelände verläuft als flach abfallender Hang etwa 100 cm tiefer als der Ausgang aus dem Haus in den Garten, sodass eine Aufschüttung zu einem etwas stärker geneigten Gelände erforderlich wird (Plan oben). Ziel des Entwurfes ist es, die geplante Geländeaufschüttung nicht nur als gleichmäßig abfallende Fläche herzurichten. Vielmehr ergibt sich angesichts großer Mengen Erde aus der Baugrube die Chance, entlang der beiden seitlichen Grenzen überhöhte „Erdschultern" zu modellieren, die den Raum fassen und begrenzen. Die Mitte wird zu einer Mulde wie eine „offene Hand" ausgeformt. Das verstärkt den höhenspezifischen Gegensatz von Hügeln und Mulde zu einem spannungsvollen Gesamtraum. Am tiefsten Punkt bietet sich beispielsweise ein Teich oder ein weiterer Sitzplatz an, aber auch eine besondere, streng heckengefasste Pflanzung kann Blickpunkt sein oder gar ein Kunstwerk. Die Außenseiten der „Schultern" können dicht und linear bepflanzt werden (Sicht- und Erosionsschutz). Das Muldenende dagegen sollte locker umpflanzt sein. Im Gesamtergebnis entsteht auf einfache Weise eine eindeutige Raumbildung aus den Komponenten Bodenrelief und Rahmenpflanzung (Plan oben rechts).

Zwei Geländeschnitte zeigen die neuen Höhenverhältnisse. Mit ihnen lassen sich leicht die Geländeneigungen kontrollieren. Gleichzeitig erkennen Sie an den Aufschüttungen, wie viel Grundstücksfläche benötigt wird (beide Zeichnungen rechts). Auch wird sichtbar, wie viel Erde zu bewegen ist und wo die Stellen für Abtrag und Auffüllung liegen.

GELÄNDEMODELLIERUNG ENTWERFEN 73

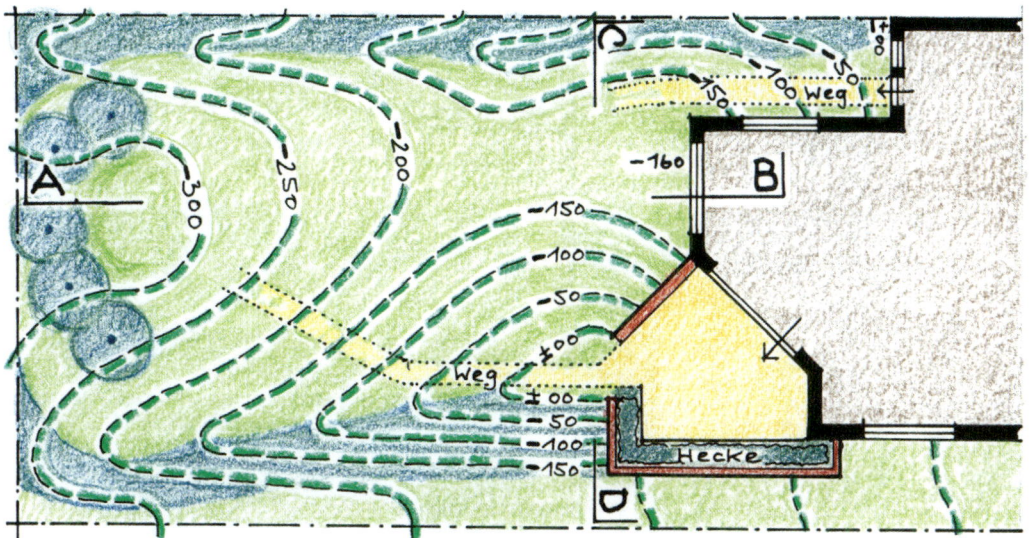

Entwurf für das mittelgroße Grundstück am flach abfallenden Hang.

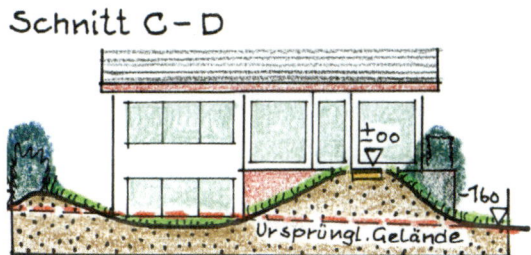

Querschnitt C – D mit den beiden seitlichen Aufwölbungen („Schultern").

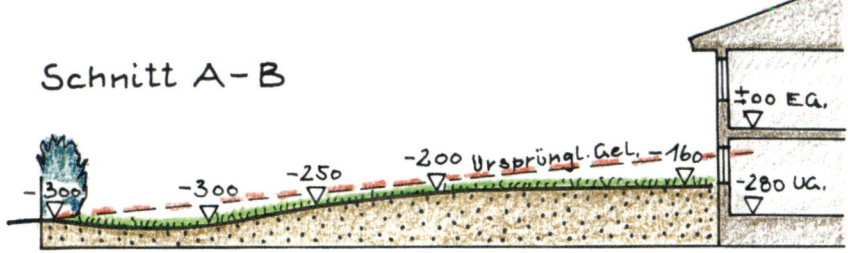

Längschnitt A – B mit in der Mitte mit der Mulde.

Geländeform am steil ansteigenden Hang

Betrachten wir zunächst wieder den Bestandsplan: Eine Doppelhaushälfte vor einem Wohngarten mit steil ansteigendem Hang. Der Geländeanstieg wirkt aus dem Haus heraus wie eine optische Barriere und engt das Raumgefühl erheblich ein. Man steht „vor dem Berg" mit viel zu geringer Distanz (Zeichnung links). Somit ist es naheliegend, in das Gelände kräftig einzugreifen. Aber wie kann das geschehen?

Die Entwurfsidee für eine Verbesserung der geschilderten Situation bietet sich in der Teilung des Geländes an. Die untere Seite gegenüber dem Hauptsitzplatz am Haus wird kräftig zurückgeschoben und als Mulde

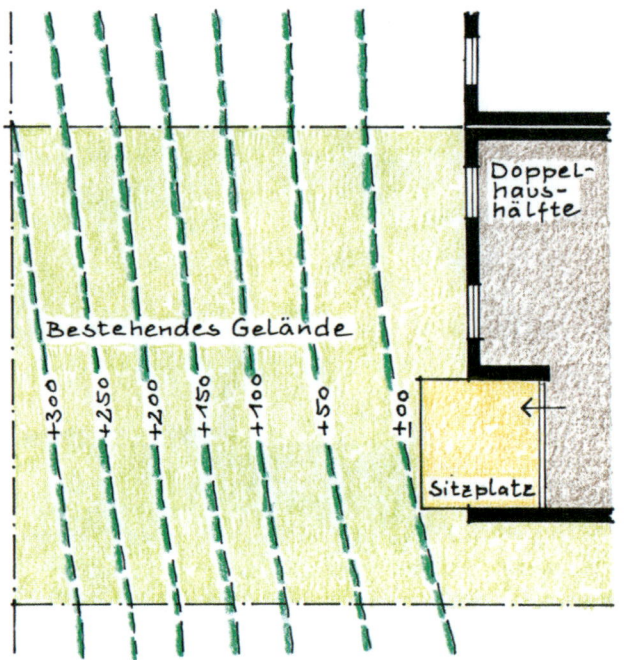

Bestandsplan für ein Grundstück am steil ansteigenden Hang.

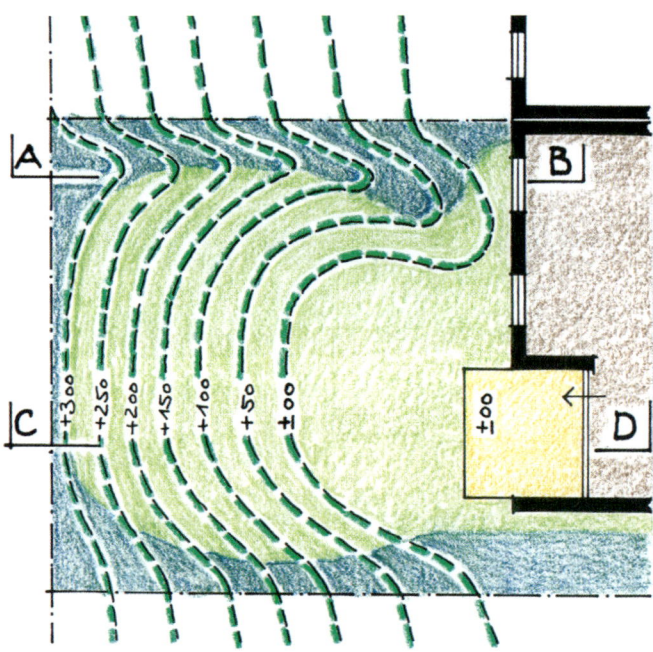

Entwurf für das Grundstück am steil ansteigenden Hang.

GELÄNDEMODELLIERUNG ENTWERFEN

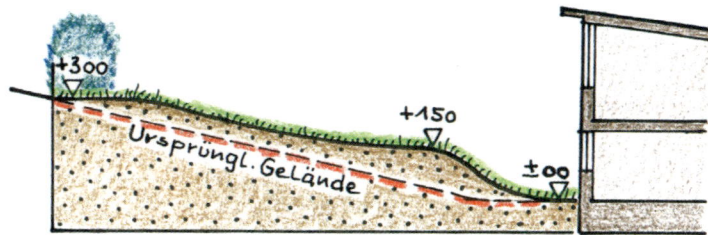

Schnitt A – B Geländevorsprung. Die räumliche Verkürzung zum Haus stört nicht, weil das Fenster eine blickdichte Brüstung aufweist. Man sieht von innen nur die Kuppe des Hügels.

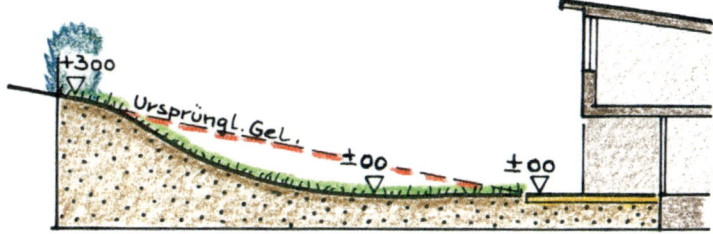

Schnitt C – D Mulde. Da hier die Fenster bis auf den Boden reichen, ist die neue räumliche Ausweitung auch aus dem Hausinnern heraus spürbar.

ausgeformt. Oben dagegen wird das Geländerelief sogar noch etwas nach vorne gezogen. Dadurch bildet sich ein starker räumlicher Gegensatz. Ganz nebenbei verbessert sich die Abschirmung gegen den Doppelhausnachbarn. Der Gewinn dieser Modellierung liegt in der lebhaft bewegten neuen Raumstruktur, die Weite schafft und nun im Kleinen vielfältig ausgestaltet werden kann (z. B. kleine Terrassierungen mit niedrigen Mauern, Steingarten, Bachlauf). Die schützende Rahmenpflanzung unterstützt die Raumwirkung durch Betonung des Muldenrandes (Plan links).
Wie das Ganze im Verhältnis zum Haus wirkt, ist aus den beiden Schnitten (oben), einmal für die „Gelände-Nase" und zum anderen für die weit ausholende Mulde ersichtlich.

Auch mit kleinen Geländeänderungen ist viel getan

Neben den bisher vorgestellten „großen" Erdmodellierungen des ganzen Gartens finden sich auch zahlreiche Ansätze, mit Erdbewegungen kleine Gartensituationen zu verbessern. So wird bei Böschungen viel zu wenig das Mittel der geringen Überhöhung der Böschungskrone (obere Kante) als Fassung der oberen Ebene angewendet. Die räumliche Wirkung dieser Gegenbewegung auf die Ebene ist außerordentlich positiv: Das Gelände „bricht optisch nicht ab", vielmehr entsteht der Eindruck eines als bergend empfundenen Flächenrandes. Das Gleiche lässt sich im Prinzip am Böschungsfuß (untere Kante) herstellen, wenn beispielsweise dort die

Leicht überhöhte Böschungskrone als Begrenzung der Ebene
(Schnitt).

Hangmulde mit geringer
Aufwölbung am Böschungsfuß
(Schnitt).

Mit zwei Bermen gegliedertes
Hanggrundstück.

Grundstücksgrenze verläuft. Die Neigungsfläche erhält einen optischen Halt. Die Fläche „läuft nicht weg". Die Hangmulde vergrößert außerdem scheinbar den Garten, weil die Innenseite der Aufwölbung zum Haus geneigt von dort sichtbar ist. Auch wird das Nachbargrundstück optisch günstig „überschnitten".

In Böschungen mit langen Neigungen zwischen Krone und Fuß lassen sich Bermen einbauen. Das sind abschnittsweise Verebnungen, die ein abgestuftes Relief ergeben und eine bessere Begehbarkeit schräger Geländeflächen ermöglichen. Hier können bevorzugt Pflegewege liegen. Auch das schnelle Abfließen des Niederschlagswassers wird gebremst.

Nachbarrechtliches zur Geländemodellierung
Zur Planung gehören auch Kenntnisse über eventuelle rechtliche Einschränkungen gegenüber den Nachbarn, denn es ist ärgerlich und kostspielig, wenn begonnene Arbeiten unterbrochen, gar eingestellt oder rückgängig gemacht werden müssen, weil der Nachbar auf seinem Recht beharrt. Es gelten vorrangig die Vorschriften des Nachbarrechts in den einzelnen Bundesländern, deren Basis das Bürgerliche Gesetzbuch (BGB) ist. Diese betreffen bei unserem Thema Abgrabungen und Aufschüttungen an Grundstücksgrenzen. So darf beispielsweise in Baden-Württemberg das eigene Grundstück nicht so vertieft werden, dass der Boden des Nachbargrundstücks die Stütze verliert. Auffüllungen des eigenen Grundstücks dürfen selbstverständlich auch nicht aufs Nachbargrundstück rutschen und es soll auch kein Niederschlagswasser durch die Erhöhung des eigenen Geländes ins Nachbargrundstück ablaufen. Da ist ein Abstand von mindestens 50 cm erforderlich. Vor der Planung empfiehlt es sich daher, sich bei den örtlichen Baurechtsämtern zu informieren, welche rechtlichen Grundlagen des jeweiligen Bundeslandes zu beachten sind. So bleiben es gut nachbarliche Verhältnisse.

Geländemodellierung kalkulieren

Erdbewegungen kosten Geld, ob nun einfach verteilt oder fantasievoll modelliert, ergibt kaum einen Unterschied. Vor allem fallen Arbeitskosten an. Eventuell fehlender Unterboden kostet in der Regel wenig, Abfuhr dagegen ist teuer.

Wie ist vorzugehen?

Es bieten sich zwei Wege an: a) Die Arbeit durch einen Unternehmer des Garten- und Landschaftsbaus ausführen lassen oder b) es selbst in die Hand nehmen. Ersteres ist natürlich teurer, aber bei umfangreichen Erdbewegungen unumgänglich. Letzteres fordert die eigene Arbeitskraft und ist von der körperlichen Kondition und dem verfügbaren Zeitbudget abhängig. Eventuell fallen dann nur für Helfer und Arbeitsgeräte Kosten an. Wollen Sie einen Unternehmer beauftragen, dann gibt es zwei Ansätze, um von ihm ein kostenverbindliches Angebot zu erhalten: 1. Sie können die zu bewegenden Erdmassen in Kubikmeter ermitteln. Der Anbieter errechnet daraus je nach den Transportverhältnissen einen Kubikmeter-Einzelpreis, multipliziert mit der Gesamtmenge. Für die endgültige, genaue Abrechnung muss der Unternehmer die bestehenden Geländehöhen zunächst aufnehmen und mit den geplanten Höhen ins Verhältnis setzen, die Differenz ist dann die zu bewegende Masse, die zu bezahlen ist. Es ist nicht gerade einfach, die Erdmassen für ein Angebot selbst zu ermitteln, denn das geht nur mithilfe geometrischer Formeln für Fläche und Körper. Für die meisten ist das ferne Schulzeit – können Sie noch Prismen, Kegel oder Pyramidenstumpf berechnen? Allerdings sind auch diese Ergebnisse nur ungefähre Schätzungen, da in Wirklichkeit die ausgeführten Formen gerundeter und weicher ausgebildet sind und die Übergänge unberücksichtigt bleiben.

Ist Ihnen das bisher Geschilderte generell zu theoretisch, kompliziert und unverständlich, bleibt der 2. Weg: Ausführung der Erdbewegungen nach tatsächlichem Zeitaufwand. Vom Unternehmer werden dabei die vorher per Angebot vereinbarten Arbeitsstunden für Mitarbeiter und Geräte berechnet. Die Arbeit dauert so lange, bis alles der planerischen Vorstellung entspricht – eine Kostengrenze ist somit vorher nicht genau einschätzbar. Sicherer ist da die Erdmassenermittlungsmethode. Wenn Sie allerdings unbedingt eine Obergrenze der Kosten brauchen, können Sie mit dem Unternehmer auch eine von ihm ermittelte Pauschale als Festpreis aushandeln. Somit verfügen Sie über eine zuverlässige Kostengröße, die unverändert bleibt, unabhängig vom tatsächlichen Aufwand.

TIPP

Wenn Ihnen die Mathematik der Massenermittlung nicht so geläufig ist, sollten Sie sie am besten dem Anbieter der Kosten mit übertragen. Dazu braucht er Ihren Bestandsplan des Geländes und den Entwurfsplan für das neue Geländerelief.

TIPP

Wenn Sie Erdbewegungen selbst ausführen wollen, müssen Sie mit lang andauernden Arbeitszeiten rechnen, wenn als Handwerkszeug nur Schubkarre und Schaufel zur Verfügung stehen. Daher: Was Maschinen schnell leisten, sollte nicht mit langwieriger, Handarbeit erledigt werden.

Erdmassenausgleich anstreben oder nicht?

Die Voraussetzungen einer Erdmassenberechnung sind oft noch aus anderen Gründen sehr unterschiedlich und folglich rechnerisch kompliziert. Meistens muss neben dem vorhandenen Bauaushub, dessen Menge relativ einfach zu bestimmen ist, auch noch das bestehende Gelände verändert werden. Dazu ist die zu verändernde Fläche grob in Länge und Breite auszumessen und mit der ebenfalls grob geschätzten durchschnittlichen Abtragungs- oder Aufschüttungsdicke zu multiplizieren. Beides zusammen, zu lagernder Boden und Reliefveränderung, ergibt die zu bewegende Erdmenge.

Gelingt es Ihnen, auf diese Weise eine Gesamtmenge zu errechnen, ergibt sich die Frage: Was tun, wenn zu viel oder zu wenig Erde vorhanden ist, um die Modellierung plangerecht durchzuführen? Ist es sinnvoll, eine Planänderung vorzunehmen, um einen Massenausgleich zu erreichen oder gegebenenfalls überschüssiges Material ab- oder anzufahren? Manchmal geht das gar nicht mehr, weil das Grundstück mit Maschinen nicht zugänglich ist (kein Seitenabstand Haus – Grenze oder Steilhang). In einer solchen Lage sind Sie dann gefordert, das vorhandene Erdmaterial komplett zu verarbeiten und dabei sinnvoll zu formen. Eine nicht immer einfache Lösung, weil auch der Plan nur noch bedingt gilt. Weiß man durch überschlägige Berechnungen jedoch vorher, wie viel Erdmaterial gebraucht wird, lassen sich Transporte während der Gebäudebauzeit oft besser bewerkstelligen (z. B. einen vorhandenen Kran oder andere Maschinen). Schon deshalb und auch wegen möglicher Kosteneinsparung lohnt eine Planung der Erdbewegung. Auch frühzeitige Aufschüttungen haben Zeit sich zu setzen, bis der Garten angelegt wird.

Arbeits- und Materialkosten

Bei einer Unternehmerkalkulation auf der Grundlage ermittelter Erdmengen, die zu bewegen sind, ist in der Regel mit folgenden Positionen und Einzelpreisen zu rechnen, wobei selbstverständlich Wirtschaftsstandort, Marktlage, Grundstückszugänglichkeit und damit verbundener Maschineneinsatz sowie Transportwege und Bodenverhältnisse eine große Spannweite der Kosten ergeben können. Die hier genannten Summen stammen aus Ballungsgebieten Süddeutschlands.

Wie schon erwähnt, können Sie, wenn Ihnen Kostensicherheit wichtig ist, sowohl aus den m³-Preisen als auch aus den Zeitaufwandskosten eine Pauschalvergütung aushandeln, die als Festpreis vertraglich vereinbart wird. Allerdings muss dabei beachtet werden, dass bei eventuellen größeren Nacharbeiten des neuen Geländereliefs, wenn es beispielsweise noch nicht Ihren Vorstellungen entspricht, Nachforderungen des Unternehmers nicht auszuschließen sind. Es kann zu Streitigkeiten kommen, wenn kein Plan als kalkulierte Grundlage der Pauschale zugrunde liegt. In solchen Fällen ist Verhandlungsgeschick gefragt.

GELÄNDEMODELLIERUNG KALKULIEREN

Beispiel einer Unternehmerkalkulation auf Grundlage der zu bewegenden Erdmengen
Die folgenden Preise sind jeweils netto ohne Mehrwertsteuer und nur als Anhaltspunkt für Größenordnungen zu sehen.

- Vorhandenen Oberboden von den Modellierungsflächen 20–30 cm dick abheben und zur Wiederverwendung seitlich lagern (falls nicht schon bei Baubeginn erfolgt) — je m³ — *14 bis 27 €*

- Vorhandenen gelagerten Unterboden planmäßig einbauen und profilieren — je m³ — *14 bis 27 €*

- Fehlenden Unterboden, lehmig-sandiges Material liefern, transportieren und profilieren (Bedarfsposition) — je m³ — *22 bis 32 €*

- Überschüssigen Unterboden laden und abfahren einschl. Deponiegebühren (Bedarfsposition) — je m³ — *28 bis 65 €*

- Lockern der Vegetationsfläche vor Auftrag des Oberbodens — je m² — *0,60 bis 1,20 €*

- Gelagerten Oberboden auf Vegetationsflächen 20–30 cm dick wieder aufbringen — je m³ — *14 bis 27 €*

Beispiel einer Unternehmerkalkulation, wenn nach Zeitaufwand modelliert wird
Die Vergütungssätze gliedern sich in der Regel nach folgenden Arbeitskräften und Gerätearten, aber auch hier schwanken die Ansätze im Garten- und Landschaftsbau je nach Tarifvergütung, Unternehmerzuschläge und Geräteeinsatz. Mit folgenden Vergütungssätzen jeweils netto, also ohne Mehrwertsteuer je Arbeitsstunde müssen Sie rechnen:

- Vorarbeiter — *45 bis 55 €*
- Facharbeiter — *40 bis 46 €*
- Hilfsarbeiter — *35 bis 42 €*
- Radlader mit Bedienung — *65 bis 80 €*
- Minibagger mit Bedienung — *55 bis 75 €*
- LKW ab 5 t mit Fahrer — *47 bis 67 €*

BAUSTEIN 2: WEGE UND SITZPLÄTZE

Peter Wirth

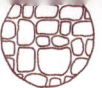

SCHÖNES MIT PRAKTISCHEM VERBINDEN

In jedem Garten brauchen wir Wege, um bestimmte Punkte zu erreichen. Darüber hinaus dienen Wege der Strukturierung des Gartens. Über die Erschließungsfunktion der Wege hinaus bildet das Belagsmaterial mit seiner Oberflächenstruktur, Fugenlinien und Farbgebung ein wichtiges Gestaltungselement im Garten. Das gilt in ähnlicher Weise natürlich auch für Sitzplätze.

Die folgenden Kapitel wollen dazu ermuntern und anleiten, gut gestaltete und funktionstüchtige Wege und Sitzplätze selbst zu planen. Eine solide Planung bildet auch die Grundlage, um die zu erwartenden Kosten im Voraus abschätzen zu können. Die Planungsanlässe können dabei ganz verschieden sein. Sie reichen von der umfassenden Weg- und Sitzplatzgestaltung des noch leeren Gartens bis zum Umbau oder der Erweiterung im vorhandenen Garten. Einige der am häufigsten vorzufindenden Situationen und Gestaltungsprinzipien werden deshalb mit einfachen Zeichnungen so dargestellt, dass damit eine Ableitung auf Ihre jeweilige Grundstückssituation möglich ist. Maßstab aller Beispiele ist es, einfach Gestaltetes und Gebrauchsfähiges auf lange Zeit anzubieten, das sich harmonisch mit der Gartenvegetation verbindet und somit ein einheitliches Ganzes ergibt.

GEH- UND FAHRWEGE

- GRUNDLAGEN DER PLANUNG
- GEH- UND FAHRWEGE ENTWERFEN

Grundlagen der Planung

Wege bringen uns sauberen und sicheren Fußes von A nach B. Mit Linienführung, Wegbreiten, Materialwahl und Materialfarbe sowie Flächenstruktur können wir den Garten maßgeblich gestalten. Übertreiben Sie es aber nicht – zu viele Wege bringen wieder Unruhe und Unordnung.

Gartenwege – wozu? wie viele? wie befestigen?

Die Hauptfunktionen befestigter Wege sind die Verbindung von der Straße zum Haus und in den Garten, die Verknüpfung verschiedener Garteneinrichtungen untereinander und die Erschließung oder Trennung von Pflanzungen und Rasenflächen. Einem Garten ohne Wege, bei Sandböden durchaus möglich, fehlt oft auch ein entscheidendes Gliederungselement, das außerdem Ordnung in die vielgestaltige Formen- und Farbenwelt der Pflanzen bringt. Wege können durch ihre Geradlinigkeit ein klares Ordnungsprinzip im Garten erkennen lassen, durch eine

Ein geschwungener Weg, der zum langsamen Gehen und betrachtenden Verweilen animiert.

Gerade Wege gliedern diesen kleinen Stadtgarten in praktische gut pflegbare Quadrate.

geschwungene Führung zum geruhsamen Gehen animieren, aber auch einfachen praktischen Pflegebedürfnissen dienen. Sie können abgrenzen, ohne trennend zu wirken. Wege können den Charakter des Gartens mitbestimmen.

Vom häufig begangenen Hauptweg bis zum schmalen Pfad, vom dicht geschlossenen Belag bis zum Schrittplattenweg – je nach Bedarf gibt es die verschiedensten Gestaltungsmöglichkeiten. Beläge, bei denen das Gras durchwachsen kann, wie Rasengitterplatten, Lochklinker oder Pflaster mit breiten Fugen sind ebenfalls erhältlich und haben ihren Reiz. Zu beachten ist natürlich auch die Gehsicherheit bei Regen, Schnee und Eisglätte, bestimmt vom Gefälle und der Griffigkeit der Oberfläche. Bei ganzjährig begangenen Hauseingangswegen ist das besonders wichtig. Der „Schönwetterweg" im Garten ist davon weniger betroffen.

Die geplante Wegeführung ist bei der späteren Materialwahl von Bedeutung. Rechtwinklige große Platten eignen sich für gerade Wege, während man mit rechteckigen kleinen Pflastersteinen auch eine geschwungene Wegeführung ohne großen Versatz erreichen kann. Kleinteilige Beläge haben den weiteren Vorteil, einen Weg oder Platz problemlos zu verbreitern oder schmaler umzubauen, wenn sich das nach einiger Zeit als nützlich erweist. Bei Gartenumbauten lässt sich manchmal auch das Material vorhandener Wege wieder verwenden.

Die Anzahl der Wege spielt ebenfalls eine große Rolle. Zu viele Wege zerstückeln die Gartenfläche unnötig und nehmen ihr die ruhige Wirkung. Fahrwege, meist in die Garage, aber gelegentlich auch weiter ins Grundstück hinein sowie Stellflächen zum Parken weiterer PKW werden immer gebraucht. Hier darf aber kein Straßencharakter durch hohe Bordsteine und dichtem bituminösen Schwarzbelag entstehen. Es ist möglich, das Material der Gesamtkonzeption der Gehflächen anzupassen. Eine wichtige Grundvoraussetzung: Die Stabilität bei Belastungen durch Fahrzeuge ist eine Frage des verstärkten Unterbaus und der Auswahl einer kleinteiligen, wenig bruchgefährdeten Belagsart.

Grundformen der Wegeführung

Die Möglichkeiten, bestimmte Wegeführungen zu verwirklichen, sind im ebenen Gelände natürlich viel größer als im Hanggarten. So erweist sich am Hang die geschwungene Variante als die Brauchbarste. Sie passt sich am bestem dem Gelände an. Bei Fahrwegen ist hier die Serpentine oft die einzige Lösung, während reine Gehwege durch den Bau von Treppen leichter einzufügen sind.

Es ist schon deutlich geworden, dass es bei der Wahl der Wegeführung auch darauf ankommt, ob das Ziel schnell erreicht werden soll, oder aber der Weg das Ziel ist. Im Vorgarten steht die Verbindung zwischen Haus und Straße sowie Garage im Vordergrund, außerdem ist die Fläche oft begrenzt – die Vorgaben sind eigentlich klar. Im Wohngarten ist die Situation anders. Hier können Wege auch zum Verweilen und Betrachten der Pflanzen einladen und nicht nur zum zügigen Erreichen des Sitzplatzes oder Nutzgartens angelegt werden. Man sollte sich aber in seiner Planung für ein Grundprinzip entscheiden, um Formengewirr zu vermeiden.

Steht die Wegeführung fest, wird dadurch mitunter auch die Materialauswahl beeinflusst. So können gerade Wege aus jedem Material gebaut werden, hingegen geschwungene, etwa mit rechtwinkligen Platten, nur im angenäherten Linienverlauf.

Wenn Sie verschiedene Materialien kombinieren wollen, erweitert sich das Formenspiel. Fantasievolle Muster können sich ergeben und so für Abwechslung sorgen. Um aber nicht Formlosigkeit zu produzieren, ist planerische Disziplin notwendig. Solche Patchwork-Beläge aus unterschiedlichsten Baustoffen gelingen nämlich nur mit viel Einfühlungsvermögen und Können, sonst ist eine optische Unruhe das Resultat der Bemühungen. So etwas ist auch schwierig im Voraus zu planen, weil man von der verfügbaren Materialmischung abhängig ist. Ein weiterer Nachteil des ständigen Materialwechsels: Die Gehsicherheit ist gefährdet.

Materialformen

Die wichtigsten Grundformen der Wegeführung sind aus den folgenden Zeichnungen zu erkennen und werden mit verschiedenen Materialtypen veranschaulicht:
① = Rechtwinklige Platten
② = Unregelmäßige Platten
③ = Natursteinpflaster
④ = Rechtwinkliges Betonpflaster
⑤ = Kies, Splitt oder Rindenmulch

WEGE PLANEN 87

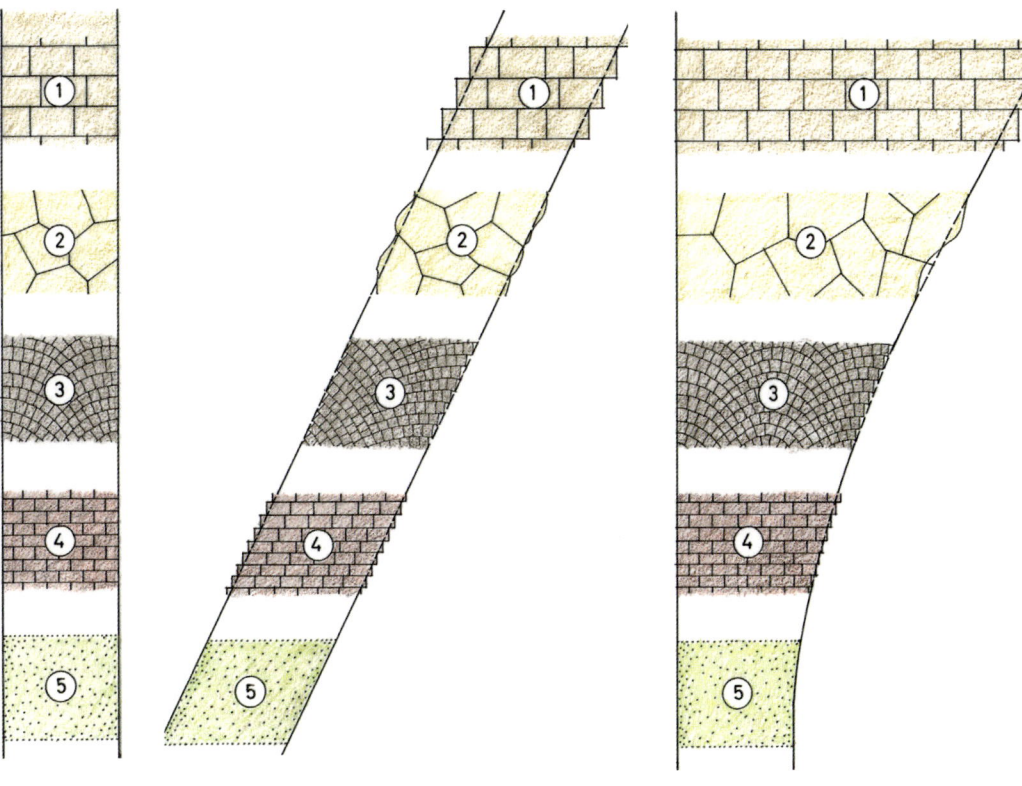

1 Gerade Wege mit parallelen Kanten: Alle Materialien sind einsetzbar, um gerade Randlinien zu bauen: Rechtwinklige oder unregelmäßige Platten (letztere mit entsprechend bearbeiteter Außenkante), ebenso alle Pflastersteine, Kies, Splitt oder Rindenmulch. Bei dieser Wegführung sind die geplanten Wegkanten bei allen Materialien identisch

2 Schräge Wege mit parallelen Kanten: Bei rechtwinkligen Platten entsteht ein versetzter Wegrand, da die Wegeführung schräg zu den Platten verläuft und die Ränder dementsprechend (gestrichelte Linie) angepasst werden müssen. Je schräger der Verlauf umso stärker der Versatz, dabei schrumpft auch die nutzbare Gehbreite. Unregelmäßige Platten können ihre unbehauenen kanten beibehalten. Bei Pflasterung entsteht eine fein gezackte Wegkante. Mit Kies, Splitt oder Rindenmulch lassen sich die geplanten Linien genau verfolgen.

3 Einseitig aufgeweitete Wege: Wenn der Weg einen kontinuierlich aufgebauten Übergang, Beispielsweise in einen Platz hinein erhalten soll, kann eine Wegseite gerade bleiben, die Gegenseite jedoch der Aufweitung folgen. Bei rechtwinkligen Platten ist wieder ein starker Versatz unumgänglich. Je kleiner das Steinmaterial desto geringer wird das Versatzmaß. Bei Kies, Splitt und Rindenmulch entsteht keine Abweichung von der geplanten Weglinie.

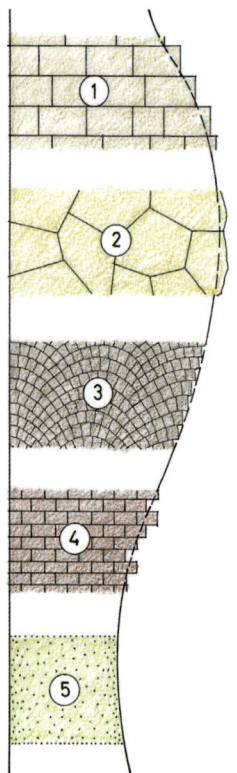
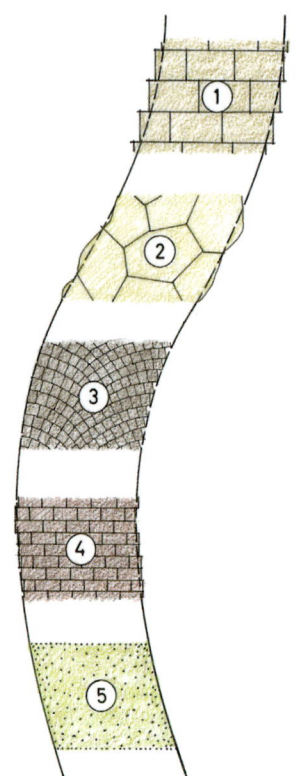
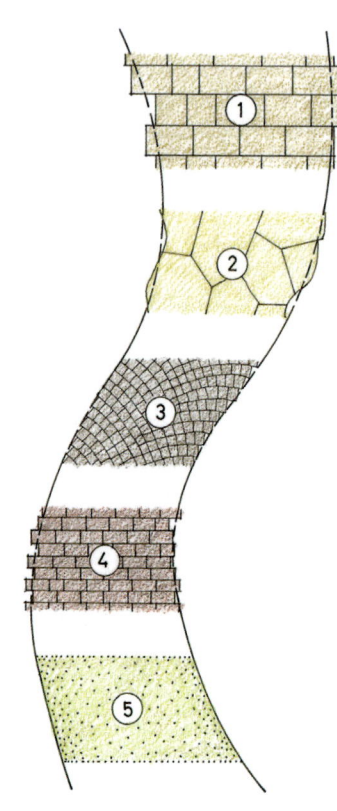

4 Gerade Wege einseitig geschwungen: Wenn ein gerader Weg zu starr erscheint, kann eine Wegkante auch variabel geschwungen verlaufen. Es entstehen ungleiche Wegbreiten. Die breiten Bereiche bieten sich für eine Bank, blühende Töpfe oder andere Dekorationsgegenstände an. Damit lassen sich aufweitende und verengende kleinräumige Gartenbilder erzeugen. Die Randausbildung der Materialien entspricht der beim einseitig aufgeweiteten Weg.

5 Geschwungene Wege mit parallelen Kanten: Die Wegränder versetzen sich bei rechtwinkligen Platten, um der theoretischen Wegkante (gestrichelte Linie) zu folgen. Unregelmäßige Platten müssen an den Außenkanten nicht zwangsläufig nachbearbeitet werden. Pflastersteine ergeben einen fein gezackten Wegrand, wenn sie diese nicht mit einer zusätzlichen Pflasterzeile als Randstütze fassen wollen. Kies, Splitt und Rindenmulch folgen dem Wegrand exakt.

6 Geschwungene Wege mit unterschiedlichen Wegbreiten: Wege können auch „schwingen", wenn Sie die Wegbreiten ungleich gestalten und beidseitig einen unterschiedlichen Kantenverlauf planen. Am schönsten wird so etwas mit unregelmäßigem Natursteinpflaster oder einem Kies-Splittbelag. Mit Platten oder Betonpflastersteinen entstehen wieder mehr oder weniger stark versetzte unregelmäßige Kanten, die sich aber auch gut mit anschließendem Rasen oder Pflanzungen verbinden können.

Wegbreiten, Gefälle, Tragschichten

Wegbreiten

Für Wegbreiten und Gefälle gibt es einige Richtwerte, die die Planung erleichtern. Sie haben sich in der Planungspraxis herausgebildet und geben den minimalen Platzbedarf wieder. Bei normalen Gehwegen hängt es natürlich davon ab, wie viele Personen sich nebeneinander bewegen. Um möglichst bequem gehen zu können muss der Weg für eine Person 40–60 cm breit sein, für zwei Personen 120 cm, für drei Personen 180 cm. Wollen Sie nur zur Wäschehänge oder zum Kompostplatz, genügen sicher Schrittplatten. Der Weg muss durchgehend befestigt sein, wenn er mit dem Schubkarren befahren werden soll. Darüber hinaus spielt die Größe des Gartens selbst eine Rolle. Je kleiner der Garten ist, umso schmaler sollten die Wege sein.

Führen Wege an Sträuchern, Hecken oder Mauern vorbei, ist es günstiger, den Weg mindestens 30 cm breit davon abzurücken, um so genügend Bewegungsfreiheit für die Arme zu schaffen.

Für PKW-Stellplätze ist eine Fläche von 230 cm Breite und 500 cm Länge vorzusehen, wobei nur nötig ist, 450 cm zu befestigen, der Rest ist Fahrzeugüberhang vorn.

Liegen sich Stellplatzreihen gegenüber, soll die Fahrgasse mindestens 600 cm breit sein, um ein bequemes Ein- und Ausparken zu ermöglichen.

Gehwege

Regelbreiten: Für Hauseingänge und Hauptwege im Wohngarten genügen 120–150 cm Wegbreite. Für Nebenwege sollten 40–80 cm eingeplant werden. Schrittplattenwege mit 40 cm Breite reichen für selten begangene Wege. Der Abstand in der Reihe von Mitte zu Mitte der Platten sollte 65 cm betragen.

Fahrwege

Regelbreiten für einspurige Fahrwege müssen mit 225 cm eingeplant werden, bei zweispurigen Wegen mit Begegnungsverkehr auf geraden Strecken benötigt man 450 cm. In Kurven ist wenigstens ein Außenradius von 650 cm für PKW erforderlich, um angrenzende Vegetationsflächen nicht zu beschädigen.

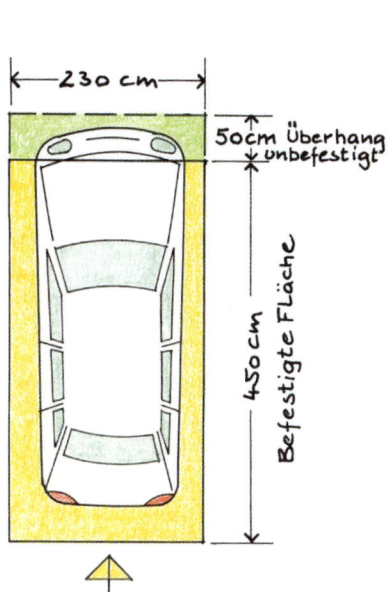

Mindestmaße für einen PKW-Stellplatz.

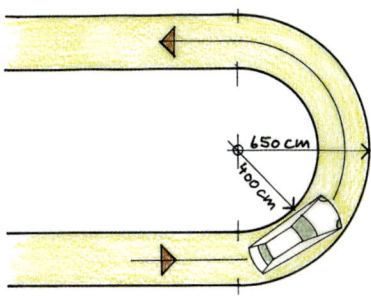

Mindestradien für PKW-Fahrwege.

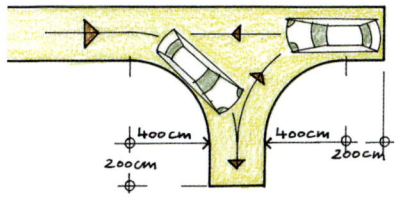

Mindestmaße für bequeme PKW-Wendeplätze.

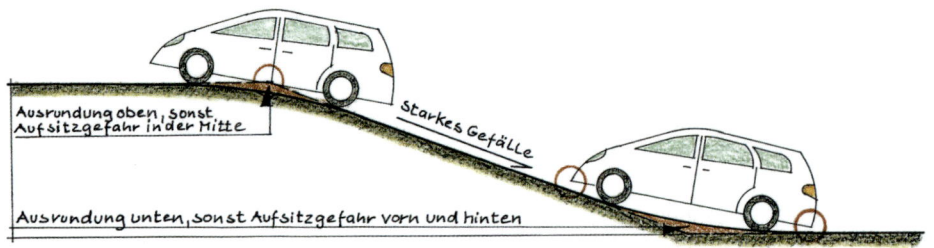

Wichtig bei Gefällewechsel ist die Ausrundung oben und unten, sonst besteht Aufsitzgefahr.

Nur wenn die Stellplätze breiter als 230 cm angelegt sind, kann die Fahrgasse um das Mehrbreitenmaß verschmälert werden.

Erhöhte Bordsteine als Kurvenschutz sollten im Garten nur unter bestimmten Voraussetzungen gebaut werden, sonst wird der Straßencharakter zu sehr deutlich. Auch auf nicht zu knapp bemessene Wendemöglichkeiten ist zu achten, um häufiges Rangieren zu vermeiden. Grasdurchwachsene Steinflächen sind eine optisch empfehlenswerte Lösung für Fahrflächen, die kleiner erscheinen sollen. Die eigentliche Wegeführung ergibt sich dann über die gesamtheitliche Gestaltung, also auch über die Wahl des Belagsmaterials (siehe S. 86–88).

Gefälle

Im Freien muss Niederschlagswasser stets von befestigten Oberflächen in eine bestimmte Richtung abfließen können, sonst bilden sich Pfützen und im Winter Eisglätte – auch wenn Sie einen sickerfähigen Belag (Kies, Splittdecke mit durchlässigem Schotterbett) planen. Ergibt sich aus dem Gelände ein Längsgefälle, muss das Wasser am Tiefpunkt des Wegendes verschwinden können. Unter 1%, also 1 cm Höhendifferenz auf 1 m Weglänge, sollte das Gefälle nicht sein, sonst läuft kein Wasser auf rauem Belag. Ist das Gefälle steiler als 7% müssen Treppenstufen eingeplant werden. Bei Fahrwegen am Hang mit starkem Gefälle in Längsrichtung muss auf genügend Ausrundungsstrecke geachtet werden, damit die Fahrzeuge nicht aufsitzen (s. Zeichnung oben). Das Längsgefälle kann bei Fahrwegen maximal 15% sein, 10% sind aber anzustreben.

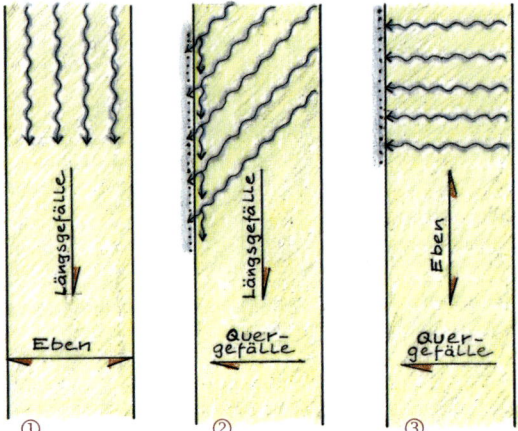

Gefälleprinzipien zur Wegeentwässerung:
① Regenwasser läuft auf ganzer Wegbreite gleichmäßig zum Tiefpunkt und versickert dort oder geht über einen Ablauf in einen Kanal
② Regenwasser läuft diagonal über den Weg und sammelt sich am Rand, versickert teilweise oder läuft weiter
③ Regenwasser läuft quer über den Weg und kann gleichmäßig am Rand versickern

Entsteht kein Längsgefälle, ist ein Quergefälle von mindestens 2% vorzusehen, damit Niederschlagswasser einseitig am Wegrand versickern kann. Deshalb sollten Wege seitlich bündig abschließen, sodass die Belagshöhe mit der Geländehöhe gleich ist. Erhöhte Wegkanten behindern nur die Versickerung. Eventuell zusätzliche Entwässerungseinrichtungen müssen Sie nur an Tiefpunkten des Geländes bei Anstau- und folgender Überschwemmungsgefahr einplanen, oder wenn aufgrund etwaiger behördlicher Auflagen keinerlei Wasser von privaten auf öffentliche Flächen laufen darf.

Dazu noch ein Hinweis über die Höhenanschlüsse bei Türen, die aus dem Haus heraus ins Freie führen: Eine Stufe vor der Tür verhindert, dass auf Außenbelägen stauendes Regenwasser ins Haus eindringt. Schöner und bequemer ist es aber, wenn Innen und Außen ein gleiches Höhenniveau bilden. Für Rollstühle ist dies ohnehin unerlässlich. Um bei solchen Anschlusslösungen eindringendes Niederschlagswasser abzuwehren, bietet sich mit einer gitterrostabgedeckten Rinne vor der Tür, die an die Kanalisation – oft genügt das Regenrinnenfallrohr – angeschlossen ist, ein konstruktiv wirkungsvoller Ausweg an.

Tragschichten

Unter dem Belag sind sie später unsichtbar, aber stabilitätssichernd. Deshalb können Beläge nicht einfach auf den Erdboden verlegt werden. Selbst bei Gehflächen können Sie aus Stabilitätsgründen auf eine Tragschicht oft nicht verzichten. Das geht allenfalls bei großen Platten, aber auch diese werden sich allmählich verschieben.

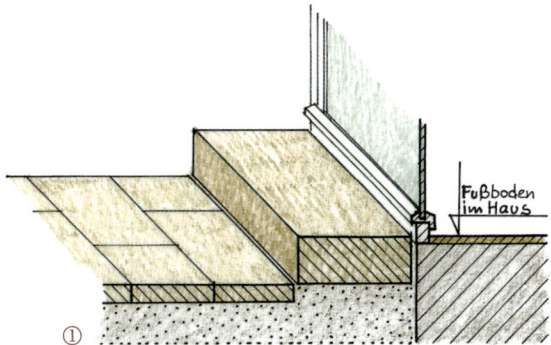

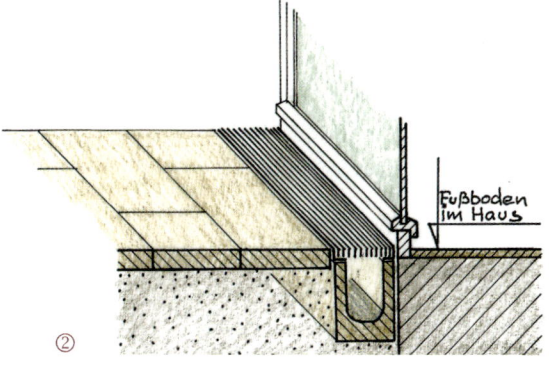

Schutz vor Regenwasser am Gartenausgang:
① Stufe am Gartenausgang
② Entwässerungsrinne mit Gitterrost am Gartenausgang

Pflastersteine oder Splitt- beziehungsweise Kiesflächen sinken im regenweichen Boden unter Belastung ein und die Erde kommt durch Fugen und Streuschichten nach oben. Nicht selten sacken ältere Beläge bei einer unzureichend eingebauten Tragschicht ab, einzelne Steine wackeln und werden zu Stolperfallen. Ein Verzicht auf besondere Tragschichten im Garten ist eigentlich nur im reinen Sand- oder Kiesboden ohne Erdanteile möglich. In unseren vorwiegend lehmigen Gartenböden, die Wasser speichern oder gar stauen, sollten aber Tragschichten aus mineralischem Material wie beispielsweise Kies, Schotter oder recycelter Bauschutt eingebaut werden, deren Dicke an der künftigen Belastung zu messen ist. Um die künftige Belagssohle planieren und verdichten zu können, muss Erde abgehoben werden. Nur für Schrittplatten genügt ein Sandbett von 3–5 cm ohne Tragschicht. Alle anderen Gehflächen erhalten eine 20–25 cm dicke Tragschicht, bei Fahrflächen muss die Schicht 30–35 cm dick sein. Das Ganze muss so tief unter den fertigen Belagshöhen enden, dass noch eine Platten- oder Pflasterdicke einschließlich 5 cm Sandbettung, beziehungsweise dünne Deckschichten aus Kies, Splitt oder Rindenmulch, in der Regel 3–5 cm dick, darauf passen. Auch das Gefälle muss bereits in der Tragschicht berücksichtigt werden.

Belagsränder gestalten

Bei der Entscheidung, ob der Geh- oder Fahrbelag bündig mit dem angrenzenden Gelände abschließt oder ein erhöhter, zusätzlich gebauter Rand die Begrenzung sein soll, stehen vor allem funktionelle Gründe im Vordergrund.

Entwässerungstechnisch ist der bündige Abschluss (siehe S. 90 ff.) besser, denn das ablaufende Niederschlagswasser kann schneller versickern. Ein weiterer Vorteil ist die erleichterte Rasenpflege. Außerdem verwachsen die Ränder etwas mit der angrenzenden Vegetation, sodass die harten Konturen mit der Zeit verwischen. Erhöhte Randbegrenzungen aus Pflastersteinen oder Kantensteinen vertiefen den Belag, das Regenwasser versickert, je nach Belagsart und Material nur ganz allmählich oder läuft bei Längsgefälle an den tiefsten Punkt. Letzteres ist nur dann günstig, wenn am Tiefpunkt das Wasser schadlos versickern kann oder ein Ablauf eingebaut ist, der Kanalisationsanschluss hat.

Günstig ist die erhöhte Kante bei starkem Hanggefälle, um Erdabschwemmungen durch seitlich ablaufendes Wasser entlang der Wege zu vermeiden. Bei geringem Längsgefälle ist das unerheblich, sodass auf erhöhte Kanten verzichtet werden kann.

Ein weiterer Aspekt der Randgestaltung ist die Stabilisierung gegen das angrenzende Erdreich. Platten liegen dank ihrer Fläche sicher, wenn die Tragschicht seitlich etwas vorsteht. Sie benötigen deshalb keine zusätzlichen Maßnahmen. Bei kleinformatigen Pflasterungen dagegen wandern mit den Jahren die Steine am Rand etwas auseinander. Gras wächst

Aufbau einer Tragschicht (Schnitt):
① Endbelag (Platten oder Kies, Splitt, Rindenmulch)
② Bettung Sand oder Splitt (nur bei Platten und Pflaster)
③ Tragschicht Kies oder Schotter
④ Planiertes Gelände

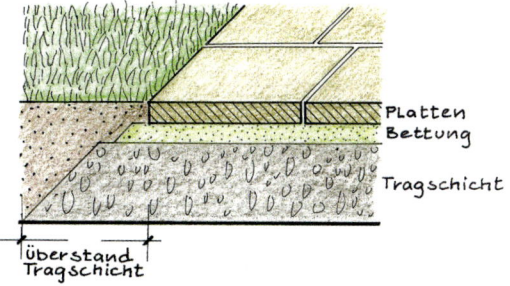
Ein Plattenbelag braucht keine zusätzliche Randstütze.

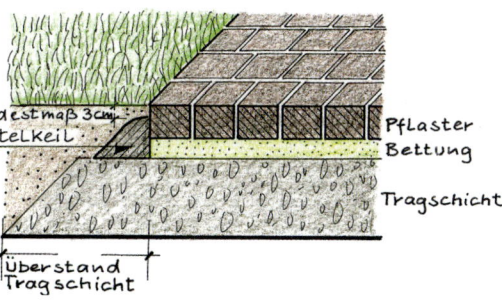
Pflasterbelag mit verdecktem Mörtelkeil als Randstütze.

Pflasterbelag mit bündiger Pflasterzeile im Betonfundament als Randstütze.

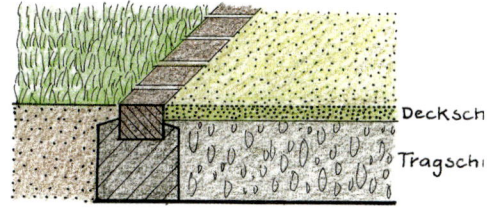
Kies- oder Splittbelag mit bündiger Pflasterzeile im Betonfundament als Randstütze.

herein, festigt damit allerdings auch wieder die Einzelsteine. Wer das nicht will, muss den Rand mit Beton stabilisieren. Entweder durch einen extra gebauten bis auf die Wegsohle betonierten Fundamentstreifen mit aufgesetzter Pflasterzeile oder Kantenstein – eine sehr dauerhafte Lösung – oder mit einem einfachen Mörtelkeil entlang der Belagskante, die auf der Tragschicht aufliegt. Das ist nicht ganz so haltbar, vor allem, wenn die anschließende Erde immer gelockert wird und keine feste Rasennarbe bildet. Bei Kies- Splittdecken, die dünne Belagsschichten bilden, ist eine zusätzliche Begrenzung mehr eine Gestaltungs- als Stabilitätsfrage: Will ich eine präzise Kante oder kann das Gras soweit hereinwachsen, wie es nicht abgetreten wird? Bituminöse Schwarzbelagsflächen brauchen immer eine stabile fundamentierte Kante, weil sich sonst Risse bilden und die Ränder allmählich zerbröseln. Aber diese Beläge sollten Sie im Garten eigentlich nicht verwenden. Das strukturlose Material mit dem tristen Schwarz ist für kleinteilige Belagsflächen nicht geeignet. Nachträgliche Änderungen sehen wie eingesetzte Flicken aus. Das Material kann bei Setzungen auch nicht wieder verwendet werden, wie es bei Platten oder Pflastersteinen der Fall ist. Bituminöser Schwarzbelag lässt kein Regenwasser durch. Dieses heiß einzubauende Material überlassen wir besser den öffentlichen Verkehrsflächen.

Wegränder mit zusätzlicher Kante bei:
- Starkem Hanggefälle
- Stabilisierung gegen das angrenzende Erdreich
- Präzise gewünschter Wegkante

Geh- und Fahrwege entwerfen

Nun gilt es, das bisher theoretisch Angeeignete in den wichtigsten Teilen auf der Grundlage Ihrer konkreten Gartensituation in einen Entwurfsplan umzusetzen.

TIPP
Wichtig ist der Maßstab der Zeichnung, der mit der Durchzeichnung des Architektenplanes in der Regel auf 1:100 festgelegt ist. 1 cm auf dem Lineal sind 1 m in der Natur. Für größere Gärten wird der Maßstab 1:200 verwendet, der alles nochmals um die Hälfte kleiner darstellt als bei 1:100.

Vorbereitungen

Tragen Sie, bevor Sie mit dem Aufzeichnen beginnen, alles bisher Überlegte gedanklich oder besser auf dem Papier nochmals zusammen. Vielleicht haben Sie sich auch Anregungen aus anderen Gärten, öffentlichen Grünanlagen oder Zeitschriften geholt, die im eigenen Garten verwirklicht werden können?

Was Sie zum Zeichnen brauchen
- 1 Block Transparentpapier, Din A 4 oder größer
- ein Blatt Millimeterpapier
- Lineal mit Maßeinteilung
- Bleistift
- Radiergummi
- Farbstifte
- eventuell Zirkel
- Tesakrepp zum Fixieren auf dem Tisch
- Klappmeterstab für draußen
- Geduld, Zeit, Ruhe

Zum Entwerfen brauchen Sie das Baugesuch des Architekten, aus dem der Gebäudegrundriss, das Gartengrundstück mit seinen Grenzen und die Straße erkennbar sind. Auf ein darüber gelegtes Transparentpapier werden Erdgeschoss, Grundstück und Straßenbegrenzung abgezeichnet. Auch müssen Sie besonders auf die Eintragung des richtigen Maßstabs achten, ohne den ein Plan wertlos ist. Im Gelände wird geprüft, was im Baugesuch nicht enthalten ist und noch ergänzt werden muss: Gibt es vorhandene Bäume oder anderes das bleibt oder vielleicht sogar noch wächst und zu beachten ist? Ist eine Geländeneigung vorhanden, fällt die Fläche vom Haus ab oder steigt diese an? Wenn ja, wie steil? Werden Treppenstufen nötig? Meist können Sie das mit einem Klappmeterstab selbst ausmessen. All das müssen Sie auf der Zeichnung vermerken. Es muss nicht besonders schön gezeichnet sein aber maßstäblich genau und gut lesbar. Nun kann am Tisch mit ersten Planskizzen für die Wege begonnen werden. Je ein Beispiel für den Vorgarten und den Wohngarten sollen im nächsten Abschnitt über Wege im Vorgarten und Wohngarten verdeutlichen, welche prinzipiellen Möglichkeiten es gibt, denn jedes Grundstück birgt andere Schwierigkeiten, aber auch einmalige Chancen. Die dargestellten Lösungsansätze der Gestaltungsbeispiele sind angenommen, entsprechen aber in der Wirklichkeit häufig auftretenden Bebauungs- und

WEGE ENTWERFEN

Grundstückssituationen. Die Ergebnisse lassen deshalb erhoffen, dass die resultierenden Entwürfe sinngemäß auf Ihre eigenen Verhältnisse anwendbar sind. Zuvor sollte nochmals die Schrittfolge veranschaulicht werden. Dazu als Beispiel ein Reihenendhaus am Hang. Das Erdgeschoss mit Hauseingang, Wohnraum und Balkon liegt auf Straßengehwegniveau; das Untergeschoss ein Stockwerk tiefer mit Gartenausgang.

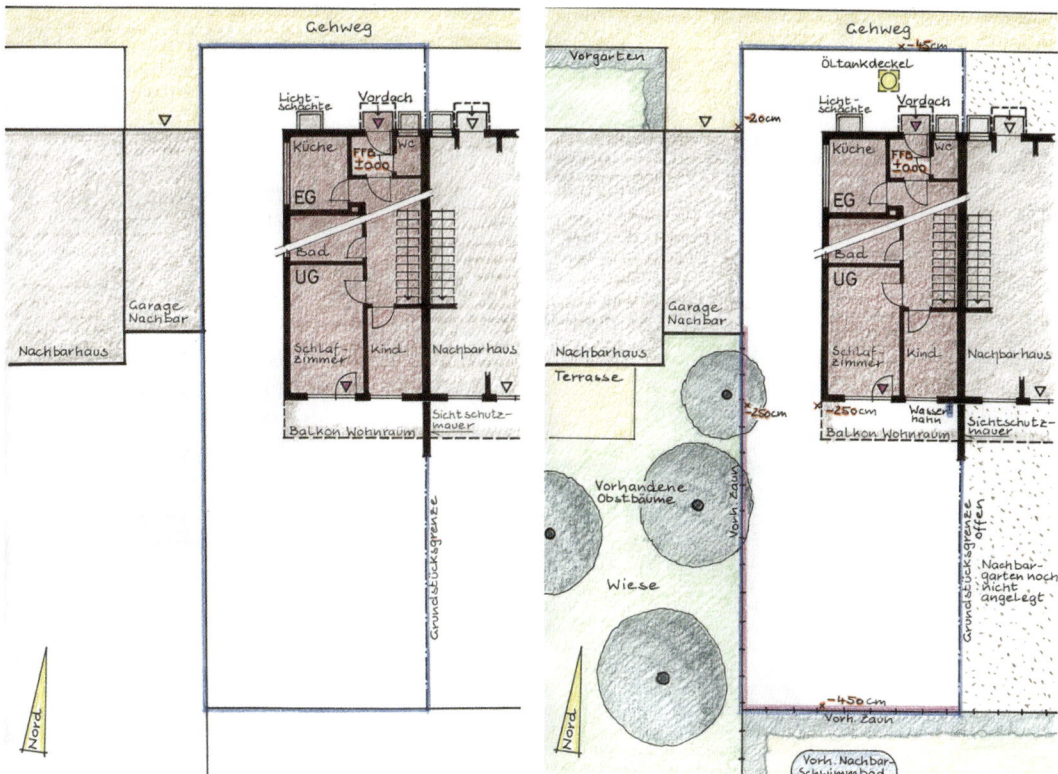

1. Legen Sie ein Blatt Transparentpapier auf den Architektenplan und zeichnen das Erdgeschoss, das Grundstück, die Nachbarhäuser und die Straßenbegrenzung des Baugesuches durch. Damit haben Sie das Grundlagenblatt für die weitere Arbeit. Auch der Nordpfeil darf nicht fehlen, um die Himmelsrichtung zur Sonne zu wissen.

2. Auf der so vorbereiteten Zeichnung wird nun ergänzt, was nicht im Baugesuch enthalten ist. Am Hang sind auch die Geländehöhen wichtig. Hier ist der Erdgeschossfußboden ± 0,00. Das Gartengechoss 250 cm tiefer. Das Gartengrundstück endet 450 cm tief unter dem Erdgeschoss.

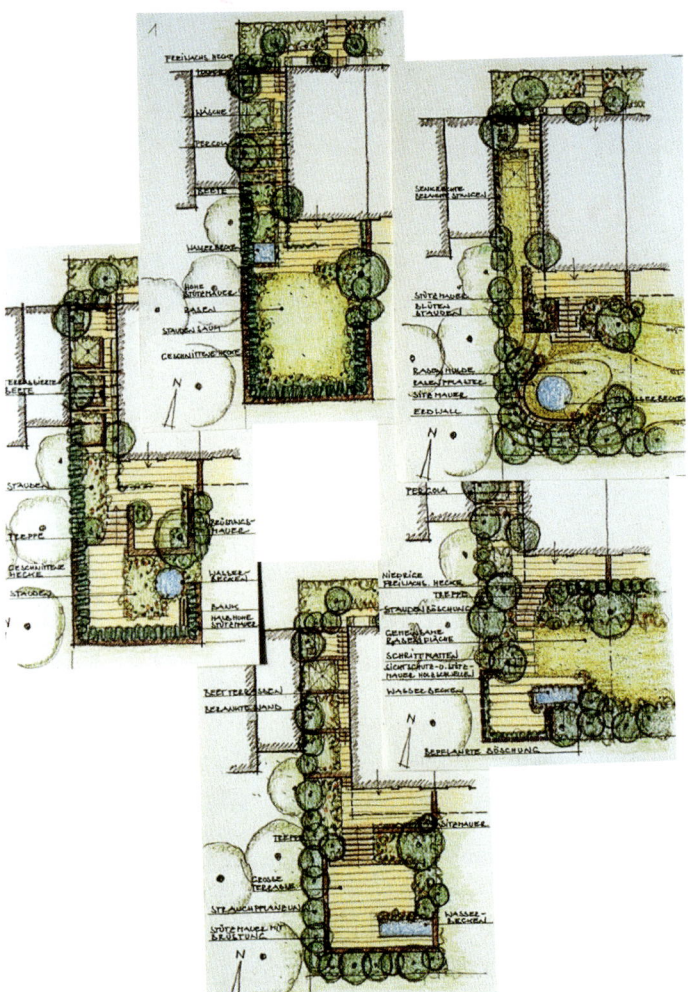

3. Alle folgenden Entwurfsalternativen werden immer wieder neu auf Transparentpapier ausprobiert, ohne ständig radieren zu müssen. So erhalten Sie sich alle Vorstufen Ihrer skizzenhaften Ideen, manchmal stellt sich nämlich heraus, dass der erste Entwurf der beste war.

Wege entwerfen

Vorgarten

Für den Vorgarten steht meistens nicht so viel Platz zur Verfügung. Es gilt also Nützliches, Praktisches und Schönes miteinander zu verbinden. Es bieten sich einige Möglichkeiten an, wobei die auf Seite 97 vorgestellten Grundprinzipien fast immer auf die vorhandene Situation anwendbar sind.

Im **Entwurf 1** sind die Garageneinfahrt und der Eingangsweg getrennt. Dadurch ergibt sich eine direkte Verbindung zum Hauseingang mit Querweg zur Garage. Das scheint die schlüssigere Lösung zu sein. Außerdem kann der separate Hauseingangsweg mit kleinen Bäumen, Sträuchern, Stauden oder Rankbögen besonders einladend gestaltet werden. Es entstehen aber verschieden große Grundstückszuschnitte, die den Vorgarten kleiner wirken lassen.

Das kombinierte Prinzip in **Entwurf 2** spart befestigte Flächen, weil Geh- und Fahrweg zum Haus zusammengelegt sind und die Grünfläche zusammenhängend erhalten bleibt. Der Zugang zur Haustür ist dafür allerdings etwas umständlicher und der Garageneinfahrtsbelag ist längsgeteilt. Natürlich können in beiden Ansätzen auch die Gehwege leicht geschwungen verlaufen.

Welcher Ansatz ist nun zu empfehlen? Beides kann richtig sein, hat jeweils Vor- und Nachteile. Generell jedoch ist eine möglichst großzügige Lösung zu bevorzugen und das sind wenig geteilte Flächen. Dadurch wirkt der Vorgarten größer und besser zur Straße hin abgeschlossen.

Entwürfe für den Vorgarten (Grundriss)

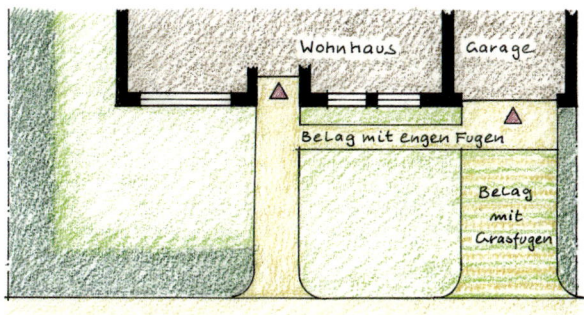

1 Getrennte Fahr- und Gehflächen. Vorteil: direkte Verbindungen. Nachteil: Die Grünfläche wird zerschnitten. Günstig liegt die offene Fläche jedoch für einen möglichen zusätzlichen PKW-Stellplatz

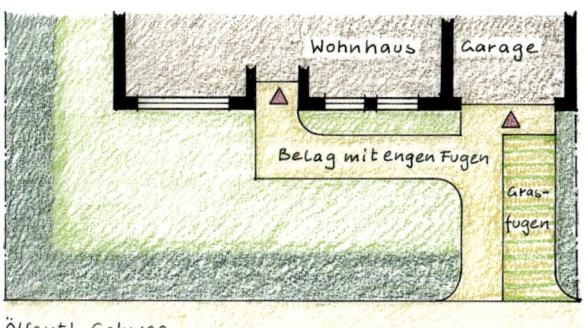

2 Zusammengelegte Geh- und Fahrfläche. Vorteil: Zusammenhängende Grünfläche, weniger befestigte Flächen. Nachteil: Etwas umständlicher Hauszugang. Ein zusätzlicher PKW-Stellplatz wäre nur links vom Hauseingang möglich. Der Vorgarten danach leider zerstückelt.

Wohngarten

Im Wohngarten sollen ebenfalls zwei Grundprinzipien die verschiedenen Gestaltungsmöglichkeiten aufzeigen: Entweder entscheidet man sich für einen rund um den Garten führenden Wegeverlauf zurück zum Ausgangspunkt oder alternativ ein frei gewähltes Gegenüber als einen oder mehrere Zielpunkte, zu dem man hin- und zurückgehen kann. Aus diesen beiden Funktionsprinzipien entstammen die meisten Ansätze zur Wegegestaltung für einen Hausgarten. Eine spannungsvolle Wegeführung lässt sich auch mit Kombinationen aus strengwinkligen und geometrisch-geschwungenen Gestaltungsansätzen erzielen. Wegeverläufe mit unterschiedlichen Aufweitungen verändern das Bild ebenfalls. Vor allem, wenn der Grundstückszuschnitt vom üblichen Rechteck abweicht oder steiles Hanggefälle in Verbindung mit Treppen und Mauern besondere Entwurfslösungen erfordert. Zu welchem Gestaltungsansatz Sie sich entscheiden wird letztlich von vielen Faktoren beeinflusst. Das Grundstück spielt eine Rolle, genauso wie die Gartennutzung. Vor allem prägt aber auch die Lebenseinstellung der Gartenbewohner das spätere Erscheinungsbild des Gartens, zu dem auch die Wegeführung beiträgt. Je kleiner der Garten, umso sinnvoller ist eine strenge Wegeführung. So kann eine klar gebaute Ordnung ins Spannungsverhältnis zu einer lockeren Pflanzenwelt gesetzt werden. Ich habe daraus für Sie nachfolgend in den **Schemaentwürfen 1–4** vier Grundformen als „Prototypen" dargestellt, die sich im ebenen Gelände anbieten und aus denen sich individuelle Lösungen ableiten lassen.

Entwürfe für den Wohngarten (Grundriss)

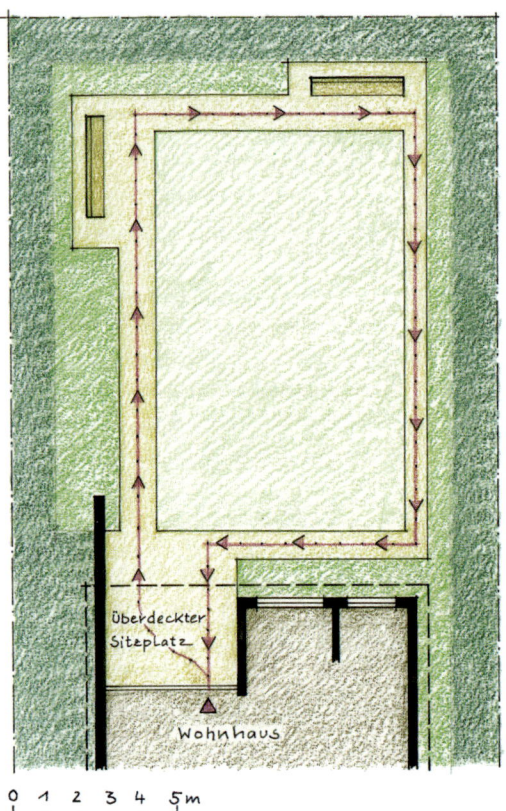

1 Beginnend an der Hausterrasse folgt ein Rundumweg in wechselnden Breiten mit Abstand den Grundstücksgrenzen und führt zum Ausgangspunkt zurück. Es ergibt sich eine klare Aufteilung: Die Ränder können Pflanzungen und andere Einrichtungen aufnehmen, die Mitte ist Rasen. Auch Wasserflächen sind dort denkbar. Das entstandene Raumgefüge ergibt mit dieser Wegeführung klare Verhältnisse: die Ränder können sich höher entwickeln, die Mitte bleibt dauerhaft niedrig.

2 Von der Terrasse führt ein Hauptweg durch den Garten zu einem Platz (Hauptziel), rechtwinklig abzweigende Seitenwege (Nebenziele) erschließen kammartig ein oder beidseitig die Vegetationsflächen. Auf solchen „Verkehrsadern" können Sie alles gut erreichen. Diese Aufteilung eignet sich gut für den Nutzgartenbereich. Der Platz am Hauptwegende kann zweiter Sitzplatz, Gartenhaus, Wasserbecken oder Spielfläche sein. Im Vergleich zu Skizze 1 gibt es keine zentrierte Mitte, der Gartenraum wirkt kleinräumig erschlossen mit einer gewissen Unübersichtlichkeit.

WEGE ENTWERFEN 99

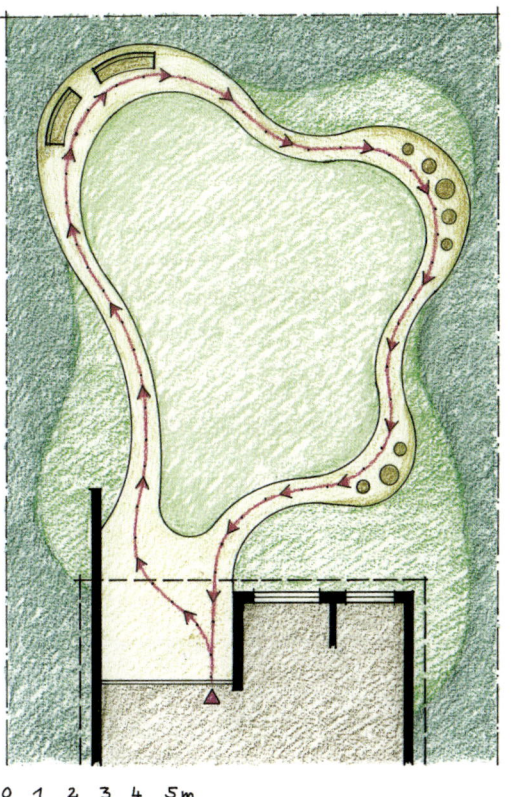 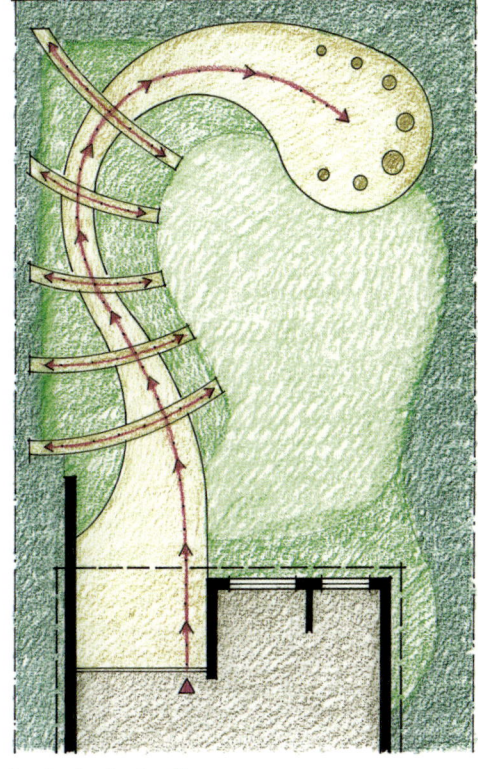

3 Wird das Rundwegschema mehr oder weniger geschwungen entworfen und zu einem Prinzip mit wechselnden Wegbreiten weiterentwickelt, führt das zu einem romantisch-natürlichen Erscheinungsbild des Gartens. In den kleinen platzartigen Aufweitungen können besondere Gegenstände wie Brunnen, bepflanzte Töpfe, schöne Steine oder Bonsaigewächse Platz finden: Für Sammler ein ideales Konzept.

4 Das zielgerichtete Prinzip lässt sich ebenfalls mit der geometrisch-geschwungenen Grundform verwirklichen. Unter dem Thema: Großer Schwung mit markantem Endpunkt ist eine Erschließung vor allem im nicht ganz ebenen Gelände leicht abgestuft besser möglich. Auch hier können Nebenziele sinnvoll eingefügt und das gesamte Wegesystem harmonisch mit der begleitenden Vegetation verknüpft gestaltet werden.

Wege am Hang

Ein Garten am Hang ist ohne Wege kaum begehbar. Überhaupt ist am Hang alles anders als in der Ebene: zu Länge und Breite kommt ein Oben und Unten hinzu. Das macht jede Planung komplex. Die Wegekonzeption muss im Verbund mit Stützmauern und Treppen überlegt werden. Folglich wurde bereits bei den bisherigen Beschreibungen über die Planung der Gartenwege immer wieder darauf hingewiesen, dass am Hang besondere Schwierigkeiten entstehen können. Darauf soll nun etwas näher eingegangen werden. Das Geländerelief gibt meist die Planung der Wegeführung vor. Je steiler es ist, desto schwieriger wird es, eine gute Lösung zu finden. So kann auf dem Plan die Wegeführung manchmal etwas seltsam aussehen, während sich im gebauten Zustand alles sinnvoll und logisch in die Topografie des Hanges einfügt. Für den Nichtfachmann ist eine Wegeplanung im Hang nicht einfach, denn Gefälle, Geländeneigungen und Kurven müssen bedacht werden. Wird das gesamte Hanggelände in schwierig zu konstruierenden Höhenschichtlinien dargestellt, bereitet das selbst Fachleuten gelegentlich viel Mühe. Einige Grundlagen lassen sich aber trotzdem für kleinräumige Grundstücksverhältnisse und nicht zu steile Hänge vermitteln, damit Sie das Richtige selbst planen können. Umfangreiche

Ein Garten am Hang birgt Herausforderungen aber auch Chancen für die Gestaltung.

WEGE ENTWERFEN

und problematische Hangsituationen, sehr steile Hänge mit Stützmauern erfordern jedoch professionelle Lösungen. Hier sollten Sie einen Fachmann zurate ziehen. Nur so finden Sie die optimalen Lösungsansätze heraus, damit auf Dauer eine reparaturfreie Gesamtanlage entsteht. Garten- und Landschaftsarchitekten sind dafür die richtigen Partner, denn so lange umzubauen oder zu reparieren, bis alles stimmt, ist aus meiner Erfahrung stets teurer, als die Planungsleistung eines versierten Fachmannes in Anspruch zu nehmen.

Entwurfsbedingte Besonderheiten am Hang

Zuerst ist zu klären, ob der Hang mit Fahrwegen erschlossen werden muss. Das ist natürlich vor allem bei Garagenzufahrten am Hang der Fall. Zwar ist wechselndes Gefälle zwischen flachen und steilen Strecken möglich, wenn die Ausrundungen des Profiles (siehe S. 90) beachtet werden. Sie müssen aber auch die Mindestradien und -maße einkalkulieren, um bequemes Ein- und Ausparken zu gewährleisten (siehe S. 89). Solche Zufahrten werden in der Regel bereits beim Hausbau durch den Architekten untersucht. Er ist in der Pflicht, das Gebäude so zu planen, dass eine brauchbare Zufahrtstraße entsteht. An weitflächigen, steilen Hängen sind nicht selten echte Serpentinenwege unumgänglich, denn geschwungene Wege vermindern durch Streckenverlängerung das Längsgefälle. Der Höhenunterschied wird allmählich überwunden. Das ist nicht nur für Fahrwege wichtig, sondern genauso für rollstuhlgerechte Wegeverbindungen, wobei hier sogar das Gefälle nicht steiler als 6 % (6 cm Gefälle auf 1 m Wegelänge) sein darf und auf langen Strecken flache Ruhepodeste einzubauen sind.

Reine **Gehwege ohne Fahrfunktion** sind stets leichter in den Hang einzufügen. Die freie Wahl der Wegbreiten und das Einsetzen beliebig vieler Treppen machen das Planen leichter. Mit Podesten und kleinen Plätzen lassen sich auf einfache Weise „Gelenke" zur Richtungsänderung einfügen und Sie können neben gerundeten auch eckige Wegkehrungen planen, da kein Fahren zu berücksichtigen ist. Solche Wegkehrungen lassen sich im Hang zu willkommenen Ruhepunkten mit Aufenthaltsqualität weiter entwickeln. Vorgeschobene ummauerte „Bastionen" oder in den Hang eingezogene mauergestützte Nischen bietet ein Hanggelände, wenn die Chancen planerisch genutzt werden. Nischen mit Rückendeckung gegen den Hang, vielleicht noch mit einer Pergola oder einem Dach versehen, erlauben seitlich gering eingegrenzt oder nach vorn offen ein angenehmes „Einschmiegen" in den Hang. Die aus dem Hang vorgeschobene Bastion dagegen ist weit offen, zum abfallenden Hang idealerweise durch eine niedrige Mauer oder durch Hecken gefasst. Sie erlaubt ein „Hinaustreten" aus dem Hang.

Stufen und Treppen: Bei kurzen Strecken und weniger begangenen Wegen sind oft in den Hang gestaffelte Schrittplatten ausreichend, sodass auf Treppen verzichtet werden kann. Sind Treppenstufen unumgänglich, weil der Weg sonst zu steil würde (in der Regel mehr als 7 % Längsgefälle = 7 cm Höhendifferenz auf 1 m Weglänge), lässt sich neben den normalen Stufenblöcken auch mit Stellstufen (siehe

Bei Stellstufen kann der Wegebelag über die Treppe fortgeführt werden. Es entsteht ein großzügiger Zusammenhang zwischen Weg und Treppe.

Seite 50) arbeiten. Bei dieser Konstruktion kann der Wegebelag als Auftritt über die Stufen geführt werden. Mit einer solchen Lösung entsteht eine Kontinuität des Weges, dessen Belag nicht durch stark optisch trennende Treppen unterbrochen wird (s. Bild oben). Probieren Sie vor der Planung verschiedene Treppen aus – bei Freunden oder in öffentlichen Anlagen können Sie testen, bei welcher Stufenhöhe das Steigen Spaß macht. Ab Seite 48, finden Sie alle Informationen zum Treppenbau.

In manchen Fällen erscheint es erforderlich, befahrbare Trassen trotz Treppeneinbau vorzusehen, beispielsweise für Fahrräder und Kinderwagen. Trassen, die in die Treppen integriert sind, wirken unangenehm steil und sind oft nur schwer befahrbar. Besser sind unabhängig von den Treppen geführte Rampen. Die Wegstrecke lässt sich auf diese Weise meist verlängern und damit flacher gestalten. Nutzgarten- oder Blumenbeete, Staudenrabatten und Steingärten, dies und noch einiges mehr können Sie in Ihrem Hanggarten als Terrassierungen anlegen. Die Beete sollten aber durch Stützmauern oder durch gestufte Zwischenböschungen abgestützt werden. Außerdem sind für die Pflegemaßnahmen hangparallel verlaufende Zugangswege unverzichtbar. Diese genügen als schmale, aber auf Dauer befestigte Pfade. Sie unterscheiden sich nicht in der Bauweise von Wegen in der Ebene. Solche Wege sind ebenfalls in größeren Böschungen empfehlenswert, weil die Zugänglichkeit zur Pflege erleichtert wird.

Technisch bedingte Besonderheiten am Hang

Für die Planung von Wegen im Hang gelten nicht nur die bisher beschriebenen Bautechniken und Regeln wie für Wege in der Ebene. Der Hang stellt darüber hinaus besondere technische Anforderungen, die bei der Planung zu beachten sind.

So ist das Quergefälle von Wegen in der Regel zur Bergseite hin geneigt. Auf dieser Seite sind eventuelle Randausspülungen weniger schadensträchtig als auf der Talseite. Dort kann es zu Böschungserosionen führen. Je breiter der Weg, umso wichtiger ist die Querneigung zum Hang. Hinzu kommt noch, dass naturgemäß auf langen Weggefällen mehr abfließendes Niederschlagswasser anfällt als auf kurzen. Lediglich bei schmalen Wegen mit weniger Wasseransammlung spielt die Querneigung zum Hang eine untergeordnete Rolle.

Wie wichtig Tragschichten für Wege sind, wurde bereits beschrieben (siehe S. 91 ff.). Um Geländesetzungen am Hang zu vermeiden wird oft anstelle der Schotterschichten zu einer starren Unterbetonschicht gegriffen. Die erhoffte Setzungssicherheit ist aber trügerisch: Einmal kann durch den Oberbelag sickerndes Oberflächenwasser nicht vertikal durch die Schotter- oder Kiestragschicht aussickern, sondern „kriecht" jeweils unsichtbar auf der Betonschicht zu den Tiefpunkten und staut sich an. Dort sickert es aus dem Belag heraus und verschmutzt die Fläche. Außerdem friert an solchen Punkten bei Minusgraden der Belag auf. Auch ergeben die Übergänge zwischen starrer Betonplatte und wechselfeuchtem und deshalb schwindenden oder aufquellenden Geländeanschlüssen im Belag stets deutlich sichtbare und sich verändernde Unebenheiten.

Natürlich sollten Sie bei der Auswahl des richtigen Belagsmaterials darauf achten, dass Formen und Farben mit der gesamten Gartengestaltung harmonieren, sich in das Konzept einfügen und keinen Kontrast bilden.

Eine richtige **Ableitung des Oberflächenwassers** ist besonders bei Hangwegen von Bedeutung. Dazu gibt es zwei Grundprinzipien, die man in diesem Zusammenhang wissen sollte:

1. Jede längsgeneigte Belagsfläche am Hang führt Niederschlagswasser beschleunigt zum jeweils tiefsten Punkt ab. Bleibt es beim Längsgefälle, läuft

> **Hangwege**
> Führen Hangwege an Mauern vorbei, ist es günstig, diese mindestens 20 cm von der Mauer abzurücken. So ergibt sich genug Armfreiheit beim Gehen entlang der Mauer. Sie können den Weg schmaler halten und es entsteht ein willkommener Pflanzstreifen, von dem aus die Mauer berankt werden kann.

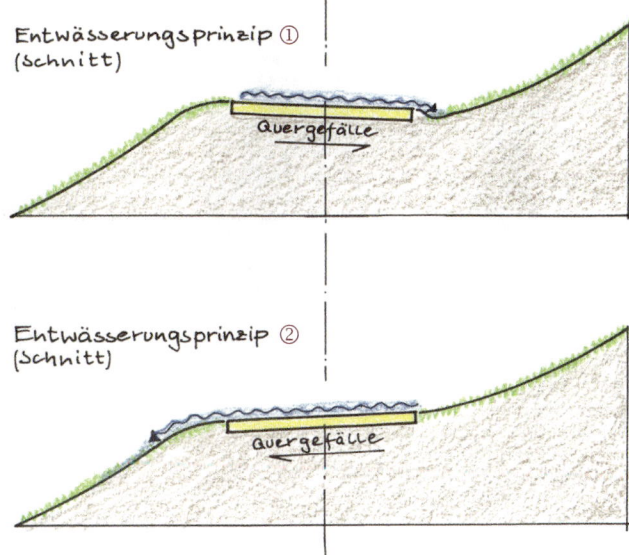

Quergefälle von Hangwegen:
① Zur Bergseite. Vorteil: Eventuelle Erosionsschäden sind weniger spürbar. Nachteil: Optisch hohe talseitige Wegkante stört den Hangverlauf.
② Zur Talseite. Vorteil: Optisch niedrige talseitige Wegkante passt besser ins Gelände. Nachteil: Schadensträchtige Randerosionen der Talseite.

das Wasser auf der ganzen Flächenbreite relativ gleichmäßig. Quer dazu liegende Entwässerungsrinnen nehmen das Wasser gleichmäßig auf und führen es unterirdisch durch Rohre ab. Die Belagsränder können bündig gefasst sein, denn der Abfluss an den Rändern ist nicht stärker als in der Mitte. Randausspülungen sind kaum zu erwarten (Zeichnung links).

2. Tritt jedoch zum Längsgefälle ein Quergefälle hinzu, entsteht eine wasserführende Kante am Belagsrand mit der Gefahr verstärkter Ausspülungen des anschließenden Geländes. Es ist folglich eine erhöhte Kante zu bauen, um das Wasser schadlos abfließen zu lassen. Die Sammelpunkte müssen dann auch Ablauftöpfe sein, die in der Fließrichtung liegen und punktuell das Niederschlagswasser aufnehmen und nicht breitflächig wie die Rinnen. Dieses zweite Prinzip hat den Vorteil, dass der Wasserabfluss planerisch besser zu steuern ist und sowohl Geh- als auch Fahrflächen nicht so breit „überschwemmt" werden. Auch bilden sich durch die doppelte Gefällerichtung (längs und quer) bei kleineren Setzungen weniger häufig Pfützen (Zeichnung rechts).

Bei der Auswahl der **Belagsmaterialien** ist am Hang ebenfalls manches anders. Während auf ebenen Flächen alle gebräuchlichen harten und weichen Belagsmaterialien möglich sind, sowie weitgehend durch formale Gestaltung und geplante Nutzung entschieden werden, gelten am Hang technische Einschränkungen. Je nach Gefälle und Flächengröße ist bei allen Materialien zu prüfen, ob durch schnell abfließendes Oberflächenwasser eine erhöhte Erosion und damit häufiger Reparaturaufwand zu erwarten ist. Hierzu zählen die wassergebundenen Kies-, Splitt-, Sand- oder Rindenmulchdeckschichten. Auf gefällelosen oder schwach geneigten Wegen und Plätzen können diese Materialien selbstverständlich ohne Einschränkung verwendet werden.

Steile Rasenwege sind zumindest bis zum Erreichen einer stabilen Gräserdecke stark erosionsgefährdet. Diese Ausführung wird ohnehin wegen der mühsamen Mäharbeit am Hang selten erwogen. Selbst die beständigen Platten- oder Pflasterbeläge dürfen bei starken Steigungen keine zu glatten Oberflächen ergeben, um die Geh- und Fahrsicherheit nicht zu beeinträchtigen. Bei Betonpflasterungen sind Formate günstig, deren Einzelsteine sich verklammern und deshalb

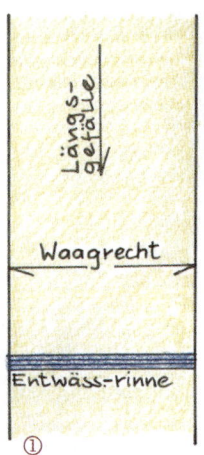
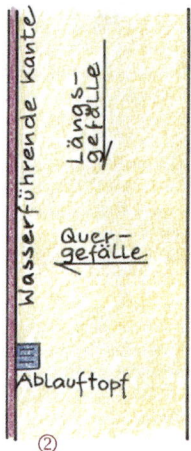

Entwässerung von Hangwegen:
① Wasser fließt gleichmäßig breit. Ableitung über gesamte Wegbreite (Rinne).
② Wasser fließt am Rand. Ableitung punktuell (Ablauftopf) seitlich.

nicht so leicht in Bewegung geraten. Grüne Steinbeläge sind immer möglich, wenn die Steine den Belastungsdruck aufnehmen und die Ränder stabilisiert sind.

Kurvenreiche Pflasterwege erreichen eine ruhige Wirkung, wenn die Steinreihen in Längsrichtung und nicht quer verlaufen. Auch technisch ist es eine gute Lösung, weil nicht mit Versätzen gearbeitet werden muss. Die Fugen verlaufen gleichgerichtet in Gehrichtung und der Weg erhält eine gleichmäßige Breite mit klaren Rändern. Allerdings ist bei dieser Steinanordnung eine stabile Randbefestigung notwendig, besonders wenn er befahren wird, um im Laufe der Zeit klaffende Fugen zu vermeiden. Bituminöse Schwarzbeläge werden am Hang besonders bei Fahrwegen öfters verwendet, obwohl das Straßendeckbaumaterial nicht sehr attraktiv und gartengemäß ist. Der Vorteil liegt in seiner beliebigen Formbarkeit unabhängig von wechselnden Wegrichtungen, wie es vor allem bei Serpentinen der Fall ist. Außerdem wird das Material nicht abgeschwemmt und bei entsprechender Splittbeimischung ist es auch griffig genug. Durch wählbare Splittbeimischungen (z. B. Kalkstein) ist es auch möglich, hellere Oberflächen herzustellen. Das Ganze ist aber technisch sehr aufwändig und deshalb für kleine Gärten nicht empfehlenswert.

Am flach geneigten Hang ist Splittbelag für schmale Wege ohne Abschwemmgefahr noch möglich.

Die Verklammerung von Betonsteinen ist am rutschgefährdeten Hang günstig, auch ohne Randstein.

SITZPLÄTZE

- GRUNDLAGEN DER PLANUNG
- SITZPLÄTZE ENTWERFEN

Grundlagen der Planung

Plätze zum Ausruhen und Entspannen, zum Essen, Feiern, Träumen und manchmal auch zum Arbeiten – solche Sitzplätze brauchen wir auch im kleinsten Hof, um das Gartenjahr genießen zu können!

Was zeichnet gelungene Sitzplätze aus?

Erreicht man den Sitzplatz für den täglichen Gebrauch schnell und stufenlos und verfügt er womöglich noch über ein Dach, können Sie einen großen Teil des Gartenjahres draußen verbringen.

Der Sitzplatz besteht aber nicht nur aus Fläche sondern ist immer ein Raumgebilde, denn ein ringsum freier Platz wird oft gemieden. Es muss ein Schutz vorhanden sein, der gleichzeitig das Gefühl der Geborgenheit vermittelt. Eine eng mit dem Haus verbundene räumliche Seitenbegrenzung wie Gebäudewinkel, hohe Mauern,

Hausfassade und Terrasse als Materialeinheit. Das Plansymbol „Wand" wird auf der einen Seite vom Haus und auf der anderen Seite von hohen Sträuchern gebildet.

Vom Haus abgerückter Sitzplatz. Der Schirm dient als mobiles „Dach".

dicht berankte Holzgitterwände oder Sichtschutzhecken genauso wie eine Pergola oder Laube sind also von großer Bedeutung. Schützende Wände und ein eventueller Abschluss nach oben sind somit entscheidende Qualitätsmaßstäbe für den praktischen Gebrauch.

Beim Entwerfen müssen die Plansymbole „Fläche" – „Wand" – „Dach" immer aufeinander bezogen und als Gesamtheit überlegt werden. Die Plansymbole „Wand" und „Dach" möchte ich nur kurz vorstellen und auf die „Fläche" im Weiteren näher eingehen.

„Wand": Transparente „Wände", beispielsweise Hecken, sind bei genügend weitem Abstand zum Nachbarn oft ausreichend. Blickdichte „Wände" bieten sich bei geringer Distanz an. Eine relativ schalldämmende „Wand" ist beispielsweise bei Reihenhäusern sinnvoll, wenn die Terrassen nur durch schmale Abstände getrennt sind. Die Nachbarrechte der einzelnen Bundesländer regeln zwar Abstände und Höhenentwicklung, bei Anlagen dicht an den Grundstücksgrenzen ist aber trotzdem auch zum Einvernehmen mit den Nachbarn zu raten.

„Dach": Oft sind bereits bauliche Voraussetzungen gegeben, wie Balkon- oder Dachüberstände, die den Wetterschutz erfüllen. Kann man sich nicht zu einem dauerhaften „Dach" entschließen, ist der gleiche Zweck auch mit mobilen Überdachungen beispielsweise Markisen, Zeltdächer oder Schirmen erreichbar. Selbstverständlich zählen auch transparente Schattengerüste, wie Pergolen oder Baumkronen und der offene Himmel zum „Dach".

Nicht zuletzt prägt auch das atmosphärische Umfeld einen Gartensitzplatz. Wechselnde Wuchshöhen,

Faustregel
Tischbreite zuzüglich 100–120 cm pro Sitzreihe = Platzbreite. Für Rollstühle von Körperbehinderten werden mindestens 4,50 m² Freifläche angesetzt.

Licht- und Schattenwirkung der Vegetation, Farbspiele der Blüten und Blätter, das alles schafft eine besondere Nähe zur Natur.

Gliedert man einen Garten geschickt, so lassen sich oft außer dem hausnahen Platz noch andere Sitzplätze anordnen. Das hat den Vorteil, je nach Jahreszeit den günstigsten Aufenthaltsort auswählen zu können. Dazu ist nicht unbedingt ein großer Garten nötig; auch bei kleinem Außenbereich ergeben sich mitunter nutzbare Möglichkeiten. So kann beispielsweise das Ausweichen aus akustischen Gründen bei enger Wohnbebauung ein Argument sein, um mit einem weiteren Sitzplatz vom Haus abzurücken. Oft ergeben sich zusätzliche Plätze mit zunehmend schützendem Wachstum der Gehölze. Auf vielen nach Süden orientierten Sitzplätzen wird es trotz Beschattungsmöglichkeiten manchmal im Hochsommer zu heiß. Ost- und Westlage sind besser, können aber im Frühjahr und Herbst vielleicht schon zu schattig und damit zu kühl sein. Wahlmöglichkeiten sind deshalb günstig, um das Gartenjahr in voller Länge zu nutzen.

Zusammenfassend ist festzustellen: Ein Sitzplatz ist immer gelungen, wenn er zum Bleiben einlädt, vertraut wirkt und einen unaufdringlichen Charme ausstrahlt. In der Summe ist das stets mehr als reine Funktionserfüllung.

Platzgrößen und Flächenformen

Die Abmessungen eines Sitzplatzes ergeben sich aus den Mindestanforderungen für Möbelstell- und Bewegungsflächen. Die Flächenform hängt von der jeweiligen Platzsituation ab. Die kleinste Sitzplatzeinheit ist der Einzelsitz. Er kann als Beobachtungsplatz am Gartenteich, in einer interessanten Pflanzung oder als abgesonderter Rückzugpunkt meist ohne Schwierigkeiten Platz finden. Für Tische und Stühle brauchen Sie mehr Platz.

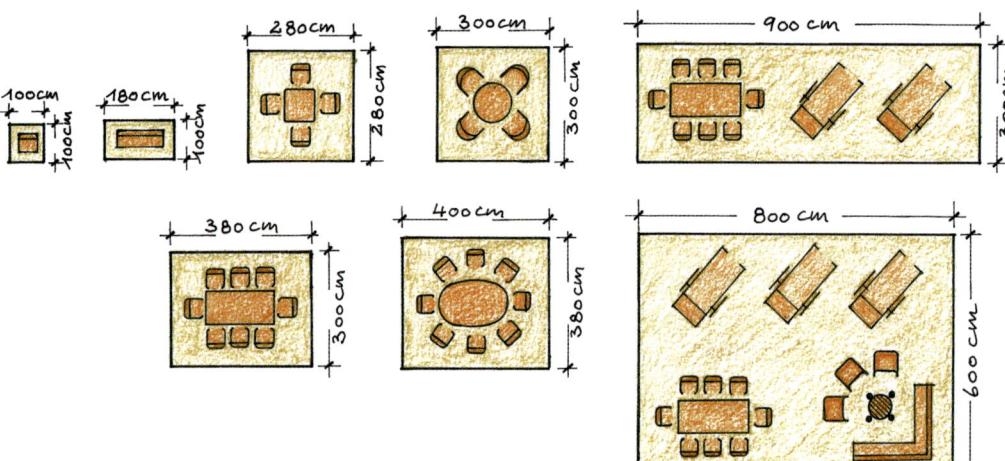

Mindestgrößen für Sitzplätze (Grundrisse).

Gesellen sich Wünsche nach Liegestühlen, Gartengrill und anderem hinzu, so müssen die Flächen entsprechend größer sein. Selbstverständlich können die befestigten Flächen auch großzügiger ausgedehnt werden. Das ist jedoch sehr stark von der Gartensituation, der räumlichen Eingliederung und dem Flächenzuschnitt abhängig. An eine weitflächige Terrasse sollte sich beispielsweise auch eine größere Rasenfläche anschließen, damit der Maßstab gewahrt bleibt. Auch Flächengliederungen beeinflussen die Größenwirkung von Plätzen. Eine lebhafte Gliederung lässt den Platz kleiner erscheinen als eine homogen gestaltete Fläche. Möchten Sie einen Sitzplatz, bei dem man zwischen Schatten- und Sonnenbereich wählen kann, müssen Sie zwangsläufig eine größere Fläche einplanen. Im Zweifelsfall sollten Sie aber die kleinere Fläche wählen, denn bei unzureichender Möblierung kann ein zu großer Platz verlassen und leicht öde wirken. Bei großer Gesellschaft ist ein Ausweichen auf den Rasen sicher auch möglich. Eine offene Rasenseite, die geländegleich an den Sitzplatz anschließt, bringt deshalb auch eine höhere Nutzungsflexibilität.

Der Flächenzuschnitt des Platzes ist jedoch manchmal entscheidender für die Nutzbarkeit als die absolute Quadratmeterzahl. Aus diesem Grund überwiegen die quadratischen und rechteckigen Formen, weil diese am rationellsten und variationsreichsten zu möblieren sind. Aus gestalterischen Gründen können mitunter aber auch runde oder dreieckige Formen, vieleckige oder ganz unregelmäßige Flächenzuschnitte angebracht sein, das hängt von der jeweiligen Situa-

Ein Klappstuhl aus Holz hat Platz im kleinsten Garten.

Kriterien für die Gartenmöbelauswahl
- Einfache, robuste Konstruktionen ohne scharfe Kanten und Ecken sind zu bevorzugen.
- Komplizierte und gefährliche Klappmechanismen vermeiden (Verletzungsgefahr).
- Leichte, auch von Kindern bewegbare Produkte verbessern die Mobilität.
- Raumsparendes Zusammenklappen oder Ineinanderstapeln für das Winterquartier.
- Holzmöbel möglichst imprägniert aussuchen, um bei Bedarf nur nachzustreichen.
- Metallgitterstühle erscheinen grazil und leicht.
- Kunststoffstühle wirken schnell abgeschabt und zerkratzt.
- Korbmöbel oder textile Bespannungen sind nur für trockene, überdachte Plätze geeignet.
- Die Farbgebung sollte bei bunter Pflanzung generell zurückhaltend sein.
- Tische müssen fest und sicher stehen, deshalb möglichst keine klappbaren Produkte auswählen. Tischplatten sollen sich nicht verziehen oder verfärben. Beim runden Tisch ist ein Mittelfuß wegen der besseren Beinfreiheit zu bevorzugen.

tion ab. Sehr oft sogar muss ein Sitzplatz um vorhandene Bäume herum entworfen werden. Grundsätzlich gilt: Prüfen Sie immer zuerst die Möblierbarkeit und leiten Sie daraus Flächengröße und -form ab.

Weil zu einem gelungenen Sitzplatz die richtigen Gartenmöbel gefunden werden müssen, hier noch einige Hinweise zur Anschaffung. Bei dem riesigen Angebot des Handels ist die Auswahl nämlich nicht einfach und deshalb nach praktischen Gesichtspunkten vorzunehmen.

Die Sitzplatzwahl: Sonne und Schatten

Sonne und Schatten sind wichtige Faktoren bei der Auswahl und Gestaltung des Sitzplatzes, denn unser individuelles Wohlbefinden im Freien hängt sehr von Wärme und Licht ab. Nicht jeder Mensch liebt es, sich in der prallen Sonne aufzuhalten, andererseits kann zu viel Schatten als unangenehm empfunden werden. Bei der Sitzplatzgestaltung sollten Sie ebenfalls daran denken, dass sich im Laufe des Jahres die Intensität der Sonneneinstrahlung verändert. Auch die Übergänge zwischen Sonne und Schatten, die je nach Tages- und Jahreszeit ganz unterschiedlich sein können, sollten bedacht werden, denn gerade dieses Zwielicht ist oft sehr stimmungsvoll.

Ein wichtiger Ansatz für die Planung des Sitzplatzes liegt in der Tatsache, dass Bauten stets gleich bleibende, gleichmäßige und scharf abgegrenzte sowie je nach Jahreszeit von Anfang an genau berechenbare Schattenwürfe ergeben. Pflanzenschatten dagegen erzeugen Streulicht und weiche Schattenränder. Bei Laubgehölzen kommt noch eine unterschiedlich dichte und im Winter fehlende Belaubung dazu. Wichtig ist hier außerdem, dass sich der Schatten von Bäumen und Sträuchern durch Wachstum mit den Jahren verändert und zum Zeitpunkt der Pflanzung nur abgeschätzt werden kann. So müssen bei Neuanpflanzungen die vorübergehend zu sonnigen Sitzplätze durch temporäre Einrichtungen, wie Sonnenschirme oder einem Zeltdach geschützt werden. Die noch zu kleinen Bäume oder die noch nicht ausreichend bewach-

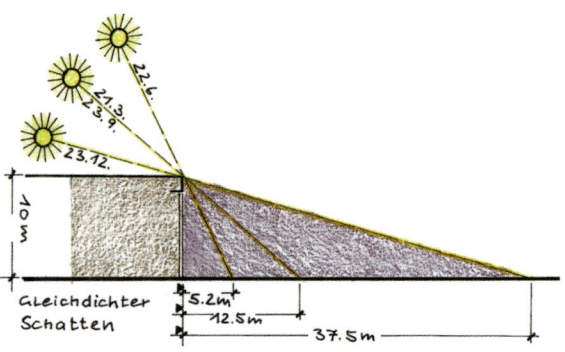

Scharf abgegrenzter und gleichmäßig dichter Schatten bei Gebäuden. Sonnenstand mittags 12 Uhr.

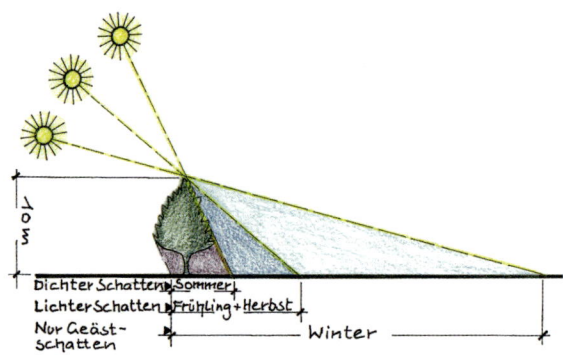

Weiche Schattenränder und Streulicht bei Laubbäumen. Sonnenstand mittags 12 Uhr.

Die schattige Loggia bietet „Wand" und „Dach" als baulichen Schutz. Wird mehr Sonne gewünscht, reicht die Sitzfläche in den Garten hinaus.

sene Pergola spenden dann erst nach einigen Jahren den optimalen Schatten. Entscheiden Sie sich für einen Sitzplatz unter Bäumen treffen Sie keine schlechte Wahl: Durch kontinuierliche Laubentwicklung und Laubabfall ist die Sonneneinstrahlung immer genau richtig. Im Frühjahr wird reichlich Sonne durch die Blätter gelassen, im Sommer bietet das dichte Blätterdach genügend Schutz und im Herbst kann man noch eine lange Zeit im Freien genießen, wenn die Blätter allmählich abfallen und die Sonne durchlassen. Schatten lässt sich also weitgehend herstellen, entweder durch bauliche Einrichtungen oder Gehölze, die Sonne dagegen ist ein unveränderbarer Faktor. Die Lage des Grundstückes, die Gebäudestellung zur Himmelsrichtung und auch die nähere Umgebung sind meistens feste Größen und somit die Sonneneinstrahlung oft nur im Detail beeinflussbar. Ideal sind natürlich Plätze für morgens, mittags und abends am Haus und weiter im Garten liegende für den Schatten im Hochsommer. Solche paradiesischen Zustände sind aber selten.

Die Süd-West-Lagen sind für Sitzplätze am besten geeignet, Ost- oder gar Nordlagen sind eher schattig und kalt. Um lange Gartenabende zu genießen eignen sich die Westlagen. Diese sind im Sommer bis in die Nacht hinein und auch noch im Spätherbst nutzbar. Sitzplätze in Ostlagen eignen sich für das nicht allzu frühe Frühstück und als Schattenplatz im Hochsommer, wenn Süd- und Westlagen zu heiß werden. Die Südlage kommt ohne Beschattung im Hochsommer nicht aus. Allerdings hat diese Lage den großen Vorteil einer langen Nutzung vom zeitigen Frühjahr bis in den Spätherbst hinein.

Die Lage
Schatten lässt sich herstellen, mit der Sonne ist das schwieriger: Die ideale Lage für Sitzplätze ist die Süd-West-Lage, Ost- und Nordlagen sind meist schattig und kühl, Westlagen eignen sich besonders, wenn man sich häufig abends im Garten aufhält.

Sitzplätze entwerfen

Bevor mit dem Aufzeichnen begonnen werden kann, sind noch viele Fragen hinsichtlich technischer Belange und der Aufenthaltsqualität des Sitzplatzes zu klären. Anschließend sollen zeichnerisch dargestellte Standardsituationen die eigene Planung erleichtern.

Faustregel
Sitzplatzflächen am Haus immer mit mindestens 2% Gefälle aus Richtung Haus in Richtung Garten anlegen. Steileres Gefälle ist zwar entwässerungstechnisch noch besser, aber für Suppenteller oder Kaffeetassen ungünstig. Sie können nicht ganz gefüllt werden.

Besonderheiten beim Entwerfen eines Sitzplatzes

Alles was Sie an „Handwerkszeug" für die Entwicklung der Ideen brauchen, finden Sie im Kapitel „Geh- und Fahrwege entwerfen" auf Seite 94 ff. Allerdings stellen sich darüber hinaus noch andere Fragen: Sind Sitzplatzflächen und Hausboden gleich hoch zu bauen oder ergeben sich Stufen? Ist ein Gefälle vom Haus in Richtung Gelände vorhanden? Fällt das Gelände weiter über die künftige Sitzplatzfläche hinaus, sodass Regenwasser gefahrlos ablaufen kann oder steigt der Hang nach dem Platz an, sodass gefährliche Wasserstaubereiche entstehen können, die bauliche Entwässerungsmaßnahmen erfordern? Die auf Seite 90 ff. beschriebenen technischen Grundlagen treffen hierbei in den wesentlichen Teilen genauso auf Sitzplätze zu. Stimmen die Verputzhöhen des Mauerwerkes? Geht es nämlich nicht tief genug schaut das Mauerwerk heraus. Wie sehen die Isolierungen gegen Feuchtigkeit aus? Werden Stützmauern gebraucht, um den Sitzplatz beispielsweise am Hang ausreichend groß bauen zu können oder lässt sich genug Erde auffüllen?

Neben diesen technischen Belangen sollte aber auch die Aufenthaltsqualität geprüft werden: Was liegt im Blickfeld? Sind Abschirmungen vorzusehen oder kann mit einer Lageveränderung des Platzes darauf reagiert werden? Ist der Schutz vor nachbarlichen Einblicken ausreichend? Ist es möglich, durch Bauliches oder Pflanzungen eine angenehme räumliche Situation herzustellen? Müssen zuerst einmal Provisorien dafür sorgen bis etwas gewachsen ist? All das muss registriert und im Plan sorgfältig notiert werden. Dann sollten Sie Gegebenheiten und Wünsche bewerten und abwägen. Mit Pflöcken können Sie auch schon mal abstecken, welche Sitzplatzgröße und -form die örtlichen Verhältnisse zulassen und welche Voraussetzungen und Konsequenzen der Vorarbeit daraus eventuell erwachsen. Die technischen Grundlagen im Abschnitt „Gefälle, Tragschichten" und „Belagsränder gestalten" gelten für Sitzplatzflächen in gleicher Weise. Mit all diesen Erkenntnissen und Einschätzungen können Sie praxisnah planen (S. 90 ff.).
Die folgenden Beispiele sollen Ihnen bei der eigenen Planung behilflich sein und verschiedene Möglichkeiten aufzeigen (Grundrissdarstellung).

SITZPLÄTZE ENTWERFEN   115

1 **Sitzplätze dicht am Haus**: Der unmittelbar am Gartenausgang anschließende Sitzplatz ist der Normalfall, unabhängig von der Gartengröße. Die Nähe am Haus erlaubt flexible Nutzung. Schnell ist man draußen, kann sich aber auch leicht zurückziehen. Sind in die Gebäudefassade Winkel (linke Zeichnung) eingezogen oder Loggien vorhanden (rechte Zeichnung), ist eine geschützte Lage in vielen Fällen vorgegeben. Diese Voraussetzungen bedingen aber gleichermaßen eine Fixierung der verfügbaren Fläche. Der Garten ist nur von einer Seite erlebbar, die Blickrichtung immer die gleiche.

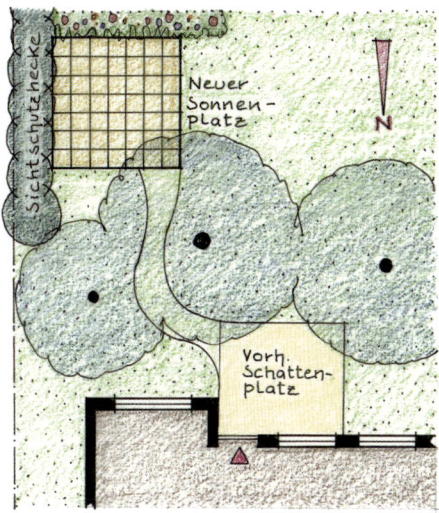

2 **Sitzplätze vom Haus abgerückt**: Mitunter sind Situationen vorzufinden, die es sinnvoll erscheinen lassen, den Sitzplatz nicht unmittelbar am Ausgang in den Garten anzuschließen oder zum vorhandenen hausnahen einen etwas weiter entfernten Sitzplatz anzulegen. Ansätze zu solchen Überlegungen ergeben sich, wenn das Gelände am Haus nicht die nötige Fläche bietet. Entfernungen zwischen Haus und Gartensitzplatz werden, wenn sie möglichst stufenlos und räumlich geschützt gestaltet sind, gar nicht unbedingt als Nachteil wahrgenommen. Im Beispiel rechts waren die großen Bäume vorhanden und sollten auch stehen bleiben.

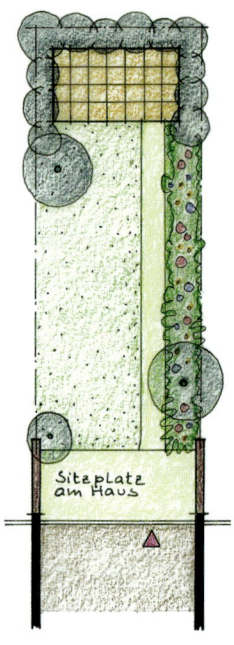

3 **Sitzplätze weit in den Garten gerückt:** Die Ausnutzung des verfügbaren Gartenraumes kann wesentlich gesteigert werden, wenn Sitzplätze möglichst weit vom Haus entfernt liegen. Selbst im Reihenhausgarten (links) ergibt der entgegengesetzte Sichtbezug zum Haus ein völlig neue Perspektive. Kleine Gärten gewinnen damit an räumlicher Tiefe. Zunächst kann auch eine Bank genügen, denn oft sind sie erst nach Jahren, wenn der Gehölzrahmen Schutz bietet, richtig „lauschig". Die Perspektive ist hier ganz anders als vom hausnahen Bereich aus, das kann sich auch in Verbindung mit einer differenzierten Pflanzung, einem Gartenteich oder auch nur als stiller Winkel darstellen. In einer Diagonallage kann Spannung liegen (rechts). Die Verbindung zum Gebäude kann unscheinbar und untergeordnet verlaufen, oft genügt ein herausgemähter Rasenweg, grasdurchwachsenes Pflaster oder Schrittplatten.

4 **Mehrere Plätze in unterschiedlichen Entfernungen:** Lässt das Gartengrundstück eine solche Variabilität der Anordnung zu, können Sie alle zuvor gezeigten Lageprinzipien optimal kombinieren. Es entstehen sowohl unterschiedliche Betrachtungen des Gartenraumes, als auch wechselnde Himmelsrichtungen mit der Auswahl von Sonne und Schatten, abgestimmt auf die Jahreszeiten. Selbstverständlich müssen nicht alle Plätze zur gleichen Zeit gebaut werden, zumal oft die raumbildende und schützende Randvegetation zunächst zu klein ist. Aber die Option sollte planerisch wahrgenommen werden.

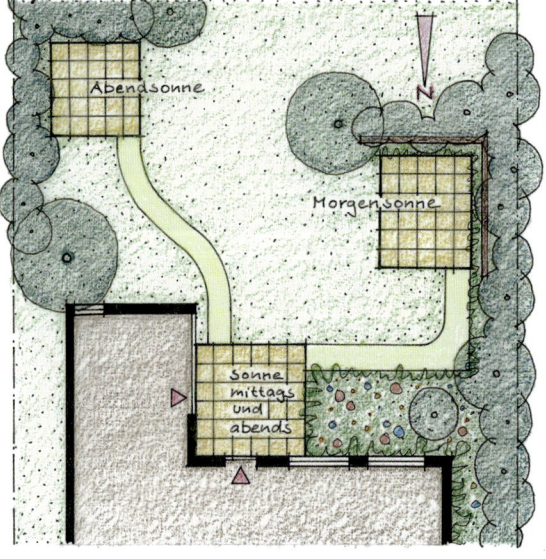

Ein hochgelegener Sitzplatz am Haus. Geschickt wurden verschiedene Bereiche und Sitznischen geschaffen.

Sitzplätze im Hanggelände einpassen

Während die bisherigen Konzeptionsbeispiele auf ebenem Gelände, das gleich hoch am Haus anschließt, relativ freie Wählbarkeit zulassen, sieht das am Hang mitunter ganz anders aus.

Das Gelände kann sofort nach dem Haus steil ansteigen oder aber rasch abfallen. Eventuell kann es dann besser sein, Sitzplätze mit etwas Abstand zum Haus dort einzugliedern, wo sich eine größere ebene Fläche bietet. Auch das ist nicht immer realisierbar, manchmal muss die hausnahe Lage sogar völlig aufgegeben werden. Zusätzliche Schwierigkeiten ergeben sich gelegentlich auch mit hoch über dem Gelände liegenden Hausausgängen in den Garten. Das ist leider oft bei Häusern mit herausgehobenem Sockelgeschoss der Fall. So entstehen dann die nach drei Seiten abgeböschten „Maulwurfshügel" mit der Terrasse obendrauf. Die für eine Aufenthaltsqualität so wichtige räumliche Einbindung fehlt – man fühlt sich wie auf dem Präsentierteller. Wird ein Gehölzsichtschutz um die Terrasse gepflanzt, hat das eine unbefriedigende Einengung und Düsternis zur Folge und der restliche Garten wird optisch ausgesperrt. Um das zu vermeiden, sind kreative Gestaltungslösungen gefragt. Es gibt immer mehr Spielräume für eine gute Konzeption als man zunächst denkt. Je schwieriger die Verhältnisse, umso intensiver müssen Sie nachdenken und planerisch ausprobieren. Später so lange umzubauen, bis alles stimmt, ist mit höheren Kosten und Mehrarbeit verbunden.

Dazu wieder einige prinzipielle Entwurfsbeispiele, diesmal jedoch nicht als reiner Grundriss, sondern in dreidimensionaler Ansichtsdarstellung, damit die topografischen Geländebesonderheiten anschaulicher werden.

①

②

1 Hochgelegene Sitzplätze: Die Situation ergibt sich fast immer aus einem Gebäudeanschluss, der über dem ursprünglichen Gelände liegt, aber verbunden mit dem Wunsch, nach einem Gartenausgang zum Sitzplatz ohne Höhendifferenzen. Um bei den zwangsläufig notwendigen Erdaufschüttungen den „Präsentiertellereffekt" ① zu vermeiden, ist eine räumliche Fassung unverzichtbar. Das kann bei engen Verhältnissen eine den Sitzplatz teilweise umfassende Stützmauer mit Brüstung in Sitzhöhe sein ②, die zu einer gefühlten Geborgenheit führt und durch die gestalterische Asymmetrie eine optisch befriedigende Gebäudeeinbindung zur Folge hat. Die Alternative bei einem großen Grundstück kann eine weit verzogene, weich ausgeformte Geländeanfüllung sein ③.

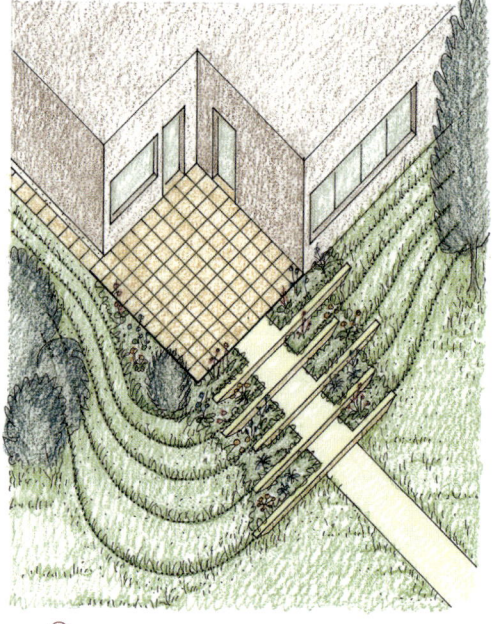

③

SITZPLÄTZE ENTWERFEN

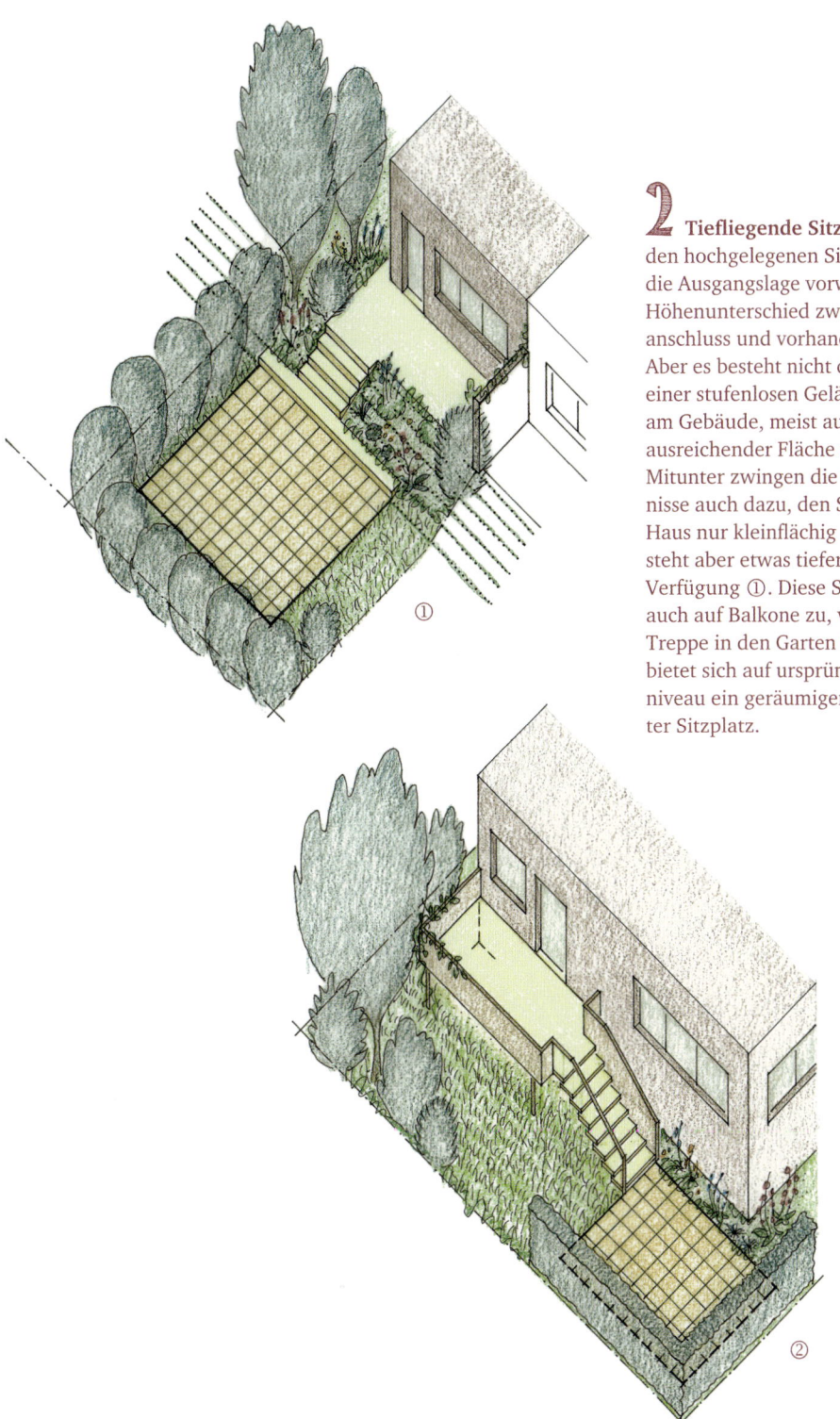

2 **Tiefliegende Sitzplätze:** Wie bei den hochgelegenen Sitzplätzen ist die Ausgangslage vorwiegend der Höhenunterschied zwischen Gebäudeanschluss und vorhandenem Gelände. Aber es besteht nicht die Möglichkeit einer stufenlosen Geländeangleichung am Gebäude, meist aus Mangel an ausreichender Fläche zur Erdanfüllung. Mitunter zwingen die Geländeverhältnisse auch dazu, den Sitzplatz direkt am Haus nur kleinflächig anzulegen, dafür steht aber etwas tiefer mehr Fläche zur Verfügung ①. Diese Situation trifft auch auf Balkone zu, von denen eine Treppe in den Garten führt ②. Dort bietet sich auf ursprünglichem Geländeniveau ein geräumiger heckengeschützter Sitzplatz.

3 **Mehrere Plätze auf verschiedenen Geländeebenen:** Gut gebaute Häuser am Hang haben auch viele Ausgänge in den Garten, die entsprechend der Gebäudeebene unterschiedlich hoch ausfallen können. Das eröffnet Chancen für Sitzplätze in verschiedenen Höhenlagen. Im Zusammenspiel mit Treppen und Mauern lassen sich so Ebenen aus dem Hang herausarbeiten. Auch wenn das nicht gerade billig ist, lohnt sich in vielen Fällen der Aufwand, schon wegen der besseren Zugänglichkeit solcher Terrassen für die Pflanzenpflege. Bei dem Beispiel dieses Reiheneckhauses sind der Sitzplatz vor dem Erdgeschoss oben und das 2,70 m tiefer liegende Gartengeschoss über die Gebäudeecke durch niedrig gestaffelte Mauerterrassen und integrierte Stufen verbunden. So kann sich ein weiterer kleiner Platz auf mittlerer Höhe einfügen.

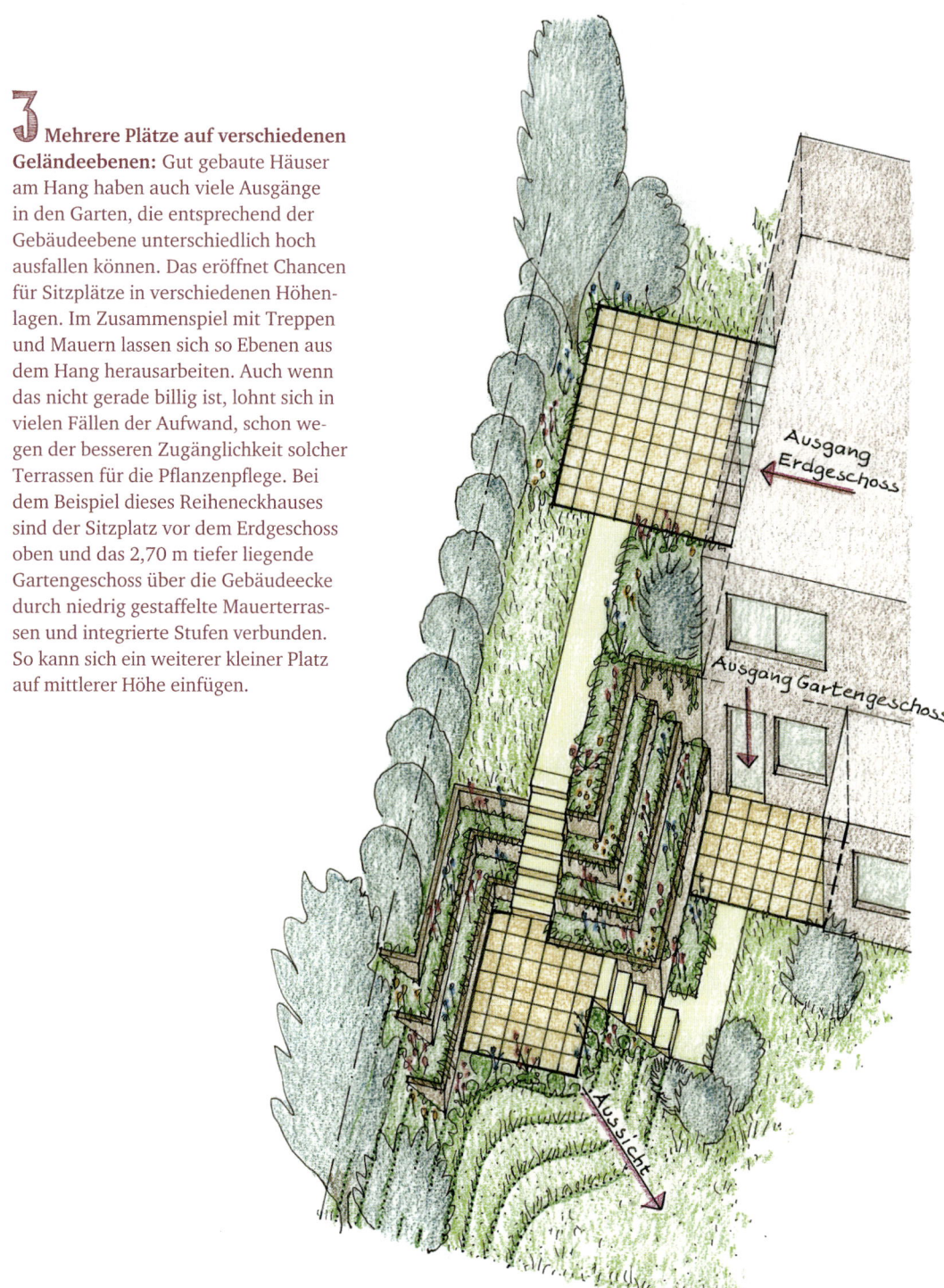

BELAGSMATERIALIEN FÜR WEGE UND SITZPLÄTZE

- BELAGSMATERIALIEN KENNENLERNEN
- BELAGSMATERIALIEN AUSWÄHLEN

Belagsmaterialien kennenlernen

Nachdem Sie sich nun über die Wege- und Sitzplatzgestaltung planerisch klar geworden sind sowie die richtige Lage im Gelände ausgewählt und aufgezeichnet haben, muss entschieden werden, welche Beläge zur Ausführung kommen.

Harte Beläge mit engen Fugen

Bereits während der Ideensuche und des Entwerfens haben die Belagsmaterialien eine Rolle gespielt – nun müssen die Gedanken konkretisiert werden.
Die beiden bisher planerisch getrennt behandelten Themen Wege und Sitzplätze lassen sich nun wieder zusammenführen, denn für beides sind prinzipiell die gleichen Materialien für Bodenbeläge verwendbar. Allerdings sind Wege und Sitzplätze oft einer unterschiedlichen Beanspruchung ausgesetzt, sodass die endgültige Auswahl nach verschiedenen Kriterien verläuft.

Die geschickte Kombination aus verschiedenen Belagsmaterialien fügt sich in das Gestaltungskonzept des Gartens ein.

Betonsteine einer Musterfläche im Baumarkt.

Zunächst soll gezeigt werden, welche Kategorien es gibt und wodurch sich die Belagsarten unterscheiden. Im Rahmen dieses Buches kann aber nicht jedes Produkt vorgestellt werden, zumal der Markt ständig Neues produziert. Entscheidend ist vielmehr ein bestimmtes begriffliches Grundwissen, das ein sicheres Planen erlaubt. Die Baustoffhändler bieten oft vielfältige Musterflächen an, die während der Planung begutachtet werden können. Steinstruktur und Farbe lassen sich so am besten vergleichen und dazu natürlich auch der Preis. Die entsprechende Auswahl nach funktionalen und gestalterischen Kriterien wird im nächsten Schritt vorgenommen.

Die Belagskategorie „Harte Beläge mit Fugen" bietet die meisten Möglichkeiten. Platten und Pflastersteine aus Naturstein, Beton, gebranntem Ton oder Holzflächen zählen dazu.

Natursteine gelten als das wertvollste, aber auch teuerste Belagsmaterial. Ein vielfältiges Sortiment steht zur Verfügung und viele inländische und ausländische Gesteinsarten sind im Handel. Haltbarkeit und Frostbeständigkeit schränken die Verwendung im Freien allerdings teilweise ein. Als härtestes Material gelten Urgesteine wie Granit, Porphyr, Gneis und Quarzit. Die Farbpalette reicht von Weißgrau über Rotgrau und alle Grauschattierungen, eingeschlossen einem grünlichen Ton. Bei Porphyr dominiert der braunrote Farbton.

Sedimentgesteine wie Muschelkalk, Travertin, Sandsteine oder Grauwacke sind durch Schichtungen gekennzeichnet. Muschelkalk ist grau bis bläulich oder auch gelblich, Travertin mehr gelbbraun. Beide sind gegen normale Witterungseinflüsse unempfindlich. Die Farben von Sandstein reichen von hellgelb über gelbgrün bis

Natursteinplatten aus Gneis mit bruchrau gespaltener Oberfläche.

Natursteinplatten aus Granit. Die allseits gesägten Platten ergeben einen präzise gefügten Belag.

Unregelmäßige Natursteinplatten aus rotgrauem Porphyr, bruchrau gespalten.

rotbraun und grau. Die Widerstandsfähigkeit gegen Zerfall ist bei diesem Stein vom Bindemittel abhängig. Am dauerhaftesten sind mit Kieselsäure verkittete Sandsteine. Eine stark poröse Struktur kann durch hohe Wasseraufnahme auch im Winter zu Frostschäden führen.

Natursteinplatten werden glatt gesägt oder rau gespalten, als regelmäßig gesäumte Formate beispielsweise quadratisch oder rechteckig sowie in unregelmäßigen, das heißt polygonalen Formaten gehandelt. Die regelmäßigen Formate können fertig zugerichtet in Längen von etwa 30–80 cm oder als „Bahnen", das heißt in festen Breiten, aber unterschiedlichen Längen bezogen werden. Polygonale Platten werden grundsätzlich an Ort und Stelle zugerichtet. Der „Verschlag" ist mit etwa 20–30% bei der Materialbestellung zu berücksichtigen. Es ist selbst bei günstigen Einkaufspreisen des Materials jedoch die lohnintensivste Verlegeart. Die Plattengrößen aller Formate sollten nicht unter etwa 40 × 40 cm liegen, um eine feste Lage zu gewährleisten. Die Plattendicke beträgt in der Regel 4–6 cm für Verlegung im Sandbett.

Betonplatten werden in vielen Ausführungen und unterschiedlichen Formen, Farben und Oberflächen angeboten.
Sie sind billiger als Naturstein, das Material bei guter Qualität nahezu unbegrenzt haltbar. Es überwiegen regelmäßige, quadratische oder rechteckige Formate. Sechseckige oder runde Platten ergeben neben oft ornamentaler Aufdringlichkeit auch Probleme an Anschlüssen und Rändern. Regelgrößen sind 40 × 40 cm und 40 × 60 cm oder 50 × 50 cm. Die

Plattendicke beträgt 5 cm. Die Flächen sollten ebenflächig und ausreichend griffig sein. Neben der normalen Betonfarbe, die durch Bearbeitungstechniken verschönert werden kann, sind zahlreiche Oberflächenvorsätze aus Natursteinsplitt im Handel. Das sind meist zweischichtige Platten, auf deren Oberfläche ein mindestens 1 cm dicker Vorsatzbeton aufgepresst wird. Herstellbar sind alle Natursteinfarben, meist als griffige Splittoberfläche. Mit Auswaschungen oder Aufrauungstechniken kann zusätzlich strukturiert werden. Die Vorsätze sind sehr farbbeständig. Einfärbungen dagegen bleichen mit der Zeit unter Witterungseinwirkungen aus.

Pflastersteine aus Naturstein ergeben immer kleinformatige, fugenreiche Beläge. Nahezu alle geometrischen oder freien Flächenformen sind herstellbar. Natursteinpflasterungen gehören zu den teuersten Belägen. Natürliche Hartgesteine wie Granit, Porphyr, Melaphyr oder Basalt sind das Ausgangsmaterial. Kalksteine oder Sandsteine werden nur in Ausnahmefällen verwendet. Die normale Pflastersteinform ist der Würfel mit allseits gebrochenen Kanten, also etwas unregelmäßig. Es werden drei Regelgrößen gehandelt: Mosaikpflastersteine mit 4–6 cm, Kleinpflastersteine mit 8–10 cm und Großpflastersteine mit einer Kantenlänge von 12–16 cm. Die Farbpalette reicht von Weißgrau über alle Graustufen bis dunkelgrau und rötlich bei Graniten. Porphyr ist meist violettbraun bis grau-rötlich, Basalt tiefschwarz, Melaphyr rotbraun oder grüngrau. Die Haltbarkeit dieser Hartgesteine ist nahezu unbegrenzt.

Pflaster aus Beton ist eine billigere Alternative zum teureren Natur-

Betonplatten werden in unterschiedlichen Farben und Formen hergestellt.

Natursteinpflaster aus grauem Granit in Reihen verlegt. Es zeigt die Maßtoleranzen der Steine durch unterschiedlich breite Fugen.

Natursteinpflaster aus braunrotem Porphyr, in Bögen verlegt. Durch diese Verlegeart entsteht eine stabile Decke.

steinpflaster. Durch die maschinelle Steinherstellung ergeben sich immer technisch exakte Belagsflächen und alle Steine sind maßgenau. Trotz mancher Betonprodukte mit abgerundeten und variablen Kanten besteht zum unregelmäßigen Flächenbild des Natursteinpflasters aber immer ein deutlicher Unterschied. Neben den quadratischen und rechteckigen Formaten mit genormten Abmessungen werden auch abgerundete Formen und unzählige Sonderformen angeboten. Die genormten Abmessungen bewegen sich zwischen 6 × 6 × 6 cm und 16 × 16 × 14 cm bei den Quadratformen, sowie zwischen 10 × 20 × 10 cm und 16 × 24 × 14 cm bei rechteckigen Steinen. Betonpflaster gibt es sowohl mit gebrochenen Kanten als auch scharfkantig. Neben den normalen Betonfarben werden, wie bei den Betonplatten, auch Oberflächenvergütungen mit Natursteinvorsätzen sowie behandelten Oberflächen – in der Regel ausgewaschen oder sandgestrahlt – angeboten. Für Einfärbungen gelten die gleichen Kriterien wie bei Betonplatten. Betonpflasterungen sind durch die raue Oberfläche sehr gehsicher. Das Material ist frostbeständig und von hoher Druckfestigkeit.

Als **Klinker** werden bis zur Sinterung hart gebrannte Vollziegel aus Tonerde bezeichnet. Die Normformate sind rechteckig in den Größen 24 × 11 cm und 20 × 10 cm. Solche Steine werden scharfkantig oder mit gebrochenen Kanten hergestellt. Die Mindestdicke beträgt 4 cm. Darüber hinaus werden zahlreiche Sonderformate, wie Verbundsteine oder quadratische Kleinsteine, beispielsweise 5 × 5 × 5 cm, aber auch plattenähnliche Formate 30 × 30 cm groß gehandelt. Natürliche Färbungen reichen von Gelb über Rot bis Dunkelbraun mit allen Zwischenstufen und Schattierungen. Sehr wichtig ist die frostbeständige Qualität. Dichte und Härte des Materials sind von hohen Brenntemperaturen abhängig. Die Wasseraufnahme darf sechs Gewichtsprozente nicht überschreiten, sonst ist die Frostbeständigkeit gefährdet. Es kann sowohl flach als auch hochkant gestellt (Rollschicht) verlegt werden. Mit geschicktem Wechselspiel lassen sich variationsreiche Belagsstrukturen aus dem gleichen Material

Betonpflaster mit aufgerauter Oberfläche. Trotz unterschiedlicher Steingrößen ergibt sich ein einheitliches Bild.

Klinkerpflaster aus hart gebranntem Ton in Kombination mit grauem Granitpflaster.

entwickeln. Außerdem sind Kombinationen mit anderen Materialien, vor allem Platten reizvoll. Griffigkeit und Ebenflächigkeit sind gut.

Pflasterungen aus Holz bestehen aus quadratisch oder rechteckig geschnittenen, vorwiegend aber rund belassenen Holzklötzen von 10–15 cm Höhe und Breiten von 8–30 cm. Das Material muss tief reichend gegen Fäulnis imprägniert sein. Das Hirnholz ist stets die Belagsoberseite, sodass die Jahresringe im Blickfeld liegen. Überwiegend verwendete Holzarten sind Eiche oder Kiefer. Je nach Imprägnierung ist das Holz grünlich bis braun. Die Haltbarkeit ist trotz chemischem Holzschutz begrenzt.

Holzroste können aus meist quadratischen Brettfliesen oder einzelnen langen Brettern hergestellt werden. Das Material, meist Kiefer, Lärche oder Douglasie, muss ebenfalls gegen Fäulnis imprägniert sein. Kennzeichnend für derartige Beläge ist, dass ihre Montage abgehoben vom Erdboden erfolgen muss, damit die Rückseite stets abtrocknen kann. Im Handel sind fertige Holzfliesen in den Maßen 120 × 60 cm, 60 × 60 cm oder 100 × 50 cm und 50 × 50 cm. Es können aber auch Holzdecks aus durchgängigen langen Brettern montiert werden. Das wirkt großzügig. Allerdings ist hier mit Schwind- und Trocknungsrissen zu rechnen. Güteklasse I, das heißt Bauschnittholz mit besonders hoher Tragfähigkeit sollte stets gewählt werden. Gesunde Äste, wenig Holzgallen, kaum Risse und möglichst kein Bläuepilzebefall sind weitere Merkmale für gute Holzqualität.

Keramikmaterial würde sicher mancher gerne in seinem Garten verwenden, denn diese schönen farbigen

Holzpflaster aus Rundholz hat eine sehr naturnahe Wirkung.

Holzroste müssen immer vom Boden abgehoben montiert sein, damit die Luft zirkulieren kann.

Mosaikböden mediterraner Länder haben ihren besonderen Reiz. Leider hält jedoch das keramische Material unseren Wintern nicht stand. Feuchtigkeit durchdringt die vielen Mörtelfugen und das Mörtelbett, das für einen sicheren Halt der meist kleinen Steine unverzichtbar ist. Da das Ganze auf einer absolut starren Betonschicht verlegt werden muss, kann dieses Sickerwasser nicht in den Untergrund abfließen, sondern staut sich unter dem Keramikbelag. Der winterliche Frost hebt den Belag an, der dann auseinander fällt.

Pflaster mit Grasfugen. Der Unterschied zwischen Belägen mit grünen und mit engen Fugen wird hier deutlich.

Rasengitterplatten aus Beton mit großen begrünten Erdkammern sind weniger gut zum Gehen, aber für Fahrzeuge hoch belastbar.

Rasengitterwaben aus Recyclingkunststoff mit schmalen Stegen. Es fehlt noch die Raseneinsaat.

Harte Beläge mit grünen Fugen

Naturstein- oder Betonpflaster mit Grasfugen erreicht man durch das Auseinanderrücken der Einzelsteine. Auf diese einfache Weise kommt es zu einer zusätzlichen Begrünung der Fugen in den Belagsflächen. Für das Hauptmaterial Pflaster gilt die oben besprochene Materialbeschreibung. Lediglich die Steingrößen dürfen nicht unter 10 cm Kantenlänge liegen, denn die Grasfugen sind in der Regel 3 cm breit, da geraten kleinere Pflastersteine bei Belastung leicht in eine unstabile Lage. Am besten sind Steinformate von etwa 16 × 16 cm. Mit Abstandshaltern aus Kunststoff oder Holz bei Betonsteinen lassen sich gleichmäßige Fugen erzielen und die Steine liegen sofort fest. Es gibt auch Produkte mit angeformten Abstandsnoppen. Eine variable Anordnung der Fugenbreiten ohne Abstandshalter erlaubt dagegen eine wechselnd breite Durchgrünung. Damit bietet sich ein bewusst einsetzbares Gestaltungsmittel an. Die Fugen erhalten eine mit Sand vermischte feinkrümelige Oberbodenverfüllung und anschließende Graseinsaat.

Bei **Rasengitterplatten** handelt es sich um Betonplatten in Größen von etwa 40 × 60 × 10 cm mit mehr oder weniger großen Perforationen, die mit Erde gefüllt und mit Gras eingesät werden. Inzwischen gibt es solche Platten auch aus Recycling-Kunststoff mit Sechseckwaben.

Rasenklinker eignet sich im Hausgarten oft besser als Rasengitterplatten. Es handelt sich hierbei um Hartbrandklinker mit vielen kleinen Löchern. Stein und Grün verschmelzen bei diesem Belag zu einem feinstrukturierten

Bild. Der braunrote Farbton passt sehr gut zum Ton des Bodens. Die Steingrößen entsprechen den auf Seite 128 besprochenen Klinkern. Auch bei diesem Material ist die Beständigkeit gegen Frost gewährleistet.
Fugenlose harte Beläge sind Ortbeton und Bitumenflächen. Ortbeton bedeutet, dass Frischbeton als Belagsfläche eingebaut wird und in seiner endgültigen Lage erhärtet. Es entsteht ein Belag, wie Sie ihn von Autobahnen kennen. Bitumen gebundene Beläge kennen Sie von Straßen. Das Material wird heiß eingebaut und gewalzt. Beide Produkte sind für den kleinen Garten wegen des technischen Aufwandes und Witterungsabhängigkeit bei der Herstellung ungeeignet.

Weiche, wasserdurchlässige Beläge

Bei diesem Material spielt die vorgegebene Wegeführung keine Rolle – alles ist möglich! Der Pflegeaufwand ist zwar, vor allem beim Rasen, etwas höher, dafür beeindruckt der günstige Preis.
Rasen ist die einzige begehbare Vegetationsdecke. Voraussetzung dafür ist ein nicht zu weicher Boden, der auch durch eine gute Drainage erreicht werden kann. Durch regelmäßiges, häufiges Mähen wird die Grasnarbe kurz und dicht und damit trittfest und belastbar.
Ist der Boden weich und nachgiebig, bietet sich auch eine Lösung als **Schotterrasen** an. Zu diesem Zweck wird ein hohlraumarmes Gemisch aus etwa 75 Schotter und etwa 25% Oberboden ca 15 cm dick aufgebracht und mit Rasen angesät. Die Rasen-

Rasenklinker mit schmalen Stegen ergeben eine gleichmäßige Stein-Gras-Struktur.

Schotterrasen: Ein Steingerüst mit dazwischen wurzelnden Gräsern bildet belastbare grüne Flächen.

Rasen ist gut begehbar, wenn die Bodenverhältnisse stimmen und regelmäßig gemäht wird.

gräser wurzeln zwischen den Schottersteinen, die als festes Gerüst die Belastung aufnehmen. Schotterrasen schafft, ähnlich wie der Magerrasen, eine widerstandsfähige und dauerhafte Begrünung beanspruchter Flächen.

Streudecken aus Kies oder Splitt zählen zu den Belagsdecken ohne Bindemittel und sind einfach und billig herzustellen. Auf die Tragschicht aus Schotter wird die Deckschicht aufgestreut und unter Wasserzugabe festgewalzt.

Solche Decken bestehen aus einem Kies-Sand-Gemisch 0/8 mm oder einem Splitt-Sand-Gemisch 0/11 mm. Die Schichtstärke beträgt 2 cm im verdichteten Zustand. Quarzkies kann als Rundkorn (Flusskies) und gebrochen verwendet werden. Als Splittmaterial werden vorwiegend Kalkstein, Lava oder Granit eingebaut. Je nach Deckmaterial sind bewusste Farbgebungen der Flächen möglich.

Für **Rindenmulch** gilt bezüglich des Unterbaues das Gleiche wie für Kies oder Splitt. Lediglich die Deckschicht besteht aus grob zerkleinerter Baumrinde. Mit dieser Deckschicht wird ein brauner, weicher und leicht federnder Belag hergestellt. Allerdings verwandelt sich das organische Mittel allmählich zu Humus, sodass solche Beläge bei nassem Wetter matschig werden und die sich allmählich zersetzende Decke erneuert werden muss. Geben Sie den Rindenmulch ohne vorherige Tragschicht direkt auf den planierten Erdboden, sind die Beläge allerdings bald unbrauchbar. Der Zersetzungsprozess beschleunigt sich.

Streudecken-Weg aus grauem Splitt. Die Wegbreite variiert entsprechend der Bepflanzung.

Rindenmulch bildet eine leicht federnde Wegdecke. Leider wird allmählich Humus daraus.

Belagsmaterialien auswählen

Bei der Materialauswahl ist zunächst die Funktion von Bedeutung, genauso wichtig ist aber das äußere Erscheinungsbild. Neben Haltbarkeit, Pflegeleichtigkeit und Langzeitverhalten müssen Material, Form und Farbe zur Gestaltungsart des Gartens passen.

Vor- und Nachteile verschiedener Belagsmaterialien

Plattenflächen

- Natursteinplatten
- Betonplatten

Empfehlung
Platten sollten möglichst nur für Gehflächen ohne Fahrverkehr verwendet werden. Die Oberflächen sollten dabei leicht rau sein. Für Sitzplätze sollten Sie ebenflächige Platten mit wenigen Fugen bevorzugen. Ob Natur- oder Betonstein – das ist auch eine finanzielle Frage.

Vorteile Platten sind grundsätzlich geeignet für alle Wege. Sie wirken stets großzügig und weitflächig wegen der wenigen Fugen. Aus diesem Grund sind sie auch besonders ebenflächig und am besten für Sitzplätze zu verwenden.
Raue Oberflächen bewirken gute Gehsicherheit. Bei Naturstein sind alle Urgesteine wie Granit, Porphyr, Gneis am stabilsten gegenüber Belastung. Befahrbar allerdings auch nur bei dicken Querschnitten (8–12 cm je nach Material). Urgesteine weisen ein dichtes Gefüge auf, deshalb ist auch die Verschmutzung durch Staubablagerungen gering. Auch Moose und Algen siedeln sich kaum an, weil die Wasserspeicherung gering ist. Bei Betonplatten erfüllt die angebotene Palette der Oberflächen in Farbe und Struktur alle Wünsche. Erfordernisse an die Haltbarkeit sind gewährleistet. Befahrbare Plattenwege müssen auch hier dickere Querschnitte aufweisen beziehungsweise mit Stahl armiert sein. Für Sitzplätze sind beim Material Naturstein gesägte Platten für die Möbelaufstellung besser geeignet. Die Möbel wackeln nicht im Vergleich zum spaltrauen Material.

Nachteile Zu glatte Oberflächen sind zu vermeiden, sonst besteht bei Nässe und Eisglätte Unfallgefahr. Je rauer eine Platte, desto sicherer das Gehen, aber umso schneller auch die Verschmutzung durch Staub, Pflanzen- und Erdreste. Platten aus Sandstein und Kalkstein sind auch bei dicken Querschnitten nicht zu befahren, weil das Material zu brüchig ist. Sandstein neigt an beschatteten und feuchten Stellen zu schnellerer Moos- und Algenansiedlung mit der Folge erhöhter Rutschgefahr. Vermeiden sollten Sie zu helle Beläge wegen der Blendung bei Sonne und deutlich sichtbarer Verschmutzung. Kontinuierliche Gefällewechsel sind wegen der Größe der Einzelplatten schwierig herzustellen.

Pflastersteine und Klinker mit engen Fugen

- Natursteinpflaster
- Betonpflaster
- Klinkerpflaster

Empfehlung
Pflastersteine sind gut für Fahrwege oder Kombinationen mit Gehflächen verwendbar. Natursteinpflaster sind für Sitzplätze oft zu uneben. Ob Naturstein- oder Betonpflaster entscheidet auch die finanzielle Situation. Klinkerpflaster in angenehmen Farbtönen bietet sich als gestalterischer und finanzieller Mittelweg an.

Vorteile Sie eignen sich besonders gut für Wege, die auch befahren werden sollen, denn die Vielfugigkeit sorgt für eine bessere Druckverteilung. Spätere Setzungen oder Hebungen verlaufen kontinuierlicher als bei Platten. Gefällewechsel sind leichter zu gestalten, ebenso sind alle Wege- und Sitzplatzformen möglich, da die Ränder mehr oder weniger feingezackt der Weglinie folgen (siehe S. 87–88). Bei Sitzplätzen lassen sich auch grafisch interessante Kombinationen von Platten und Pflasterflächen herstellen. Die Oberflächenstruktur von Pflastersteinen ist lebhafter und variationsreicher, besonders bei Naturstein. Je kleiner das Steinformat umso filigraner das Fugenbild. Natursteinpflaster sieht am längsten „frisch" aus.

Nachteile Natursteinpflaster ist mehr oder weniger rau, Betonpflaster und Klinker etwas glatter aber immer noch unebener als Platten. Deshalb sind sie nur eingeschränkt für Sitzplätze verwendbar. Vor allem wenn Sie Materialien zu stark mischen oder Pflaster zu sehr kombinieren leidet möglicherweise die sichere Begehbarkeit und es entsteht optische Unruhe. Die Vielfugigkeit fördert die „Begrünung" der Flächen, was einen erhöhten Pflegeaufwand zur Folge hat. Außerdem können sich in Schattenzonen Moosfugen bilden und über die Steinflächen ausbreiten, da kann es leicht rutschig werden. Im Vergleich zu Platten müssen die Wegränder in der Regel zusätzlich stabilisiert werden (siehe S. 92–93).

Holzpflaster und Holzroste

- Holzfliesen
- Holzdecks
- Rundholzpflaster

Empfehlung
Holzbeläge nicht für den ganzen Garten planen, allenfalls für kleine hausnahe und besonders zu gestaltende Flächen.

Vorteile Holzbeläge werden durch ihre „naturnahe" Ausstrahlung im Garten sehr geschätzt. Sie lassen sich leichter als Stein bearbeiten und passen gut in eine grüne Umgebung. Das gilt sowohl für Holzpflaster als auch für Holzroste. Vor allem Holzdecks eignen sich gut für Sitzplätze, die frei über dem Gelände „schweben", beispielsweise weit hinaus über abfallende Böschungen oder stegartig über Wasserflächen. So etwas geht nicht mit Platten oder Pflaster.

Nachteile Holz ist trotz Imprägnierung ein vergänglicher Baustoff, der mit der Zeit zerfällt. Spätestens nach 20 Jahren haben die Moderfäulepilze die Beläge vor allem im Erde-Luft-Grenzbereich zersetzt. Zum Befahren eignet sich Holzpflaster weniger gut. Bei Nässe besteht an dauerfeuchten Stellen im Schatten erhebliche Rutschgefahr. Holzfliesen oder Holzdecks eignen sich für Wege nicht, weil die Holzflächen stets über dem Gelände liegen und eine Höhenstufe entsteht. Die ungleich breiten Fugen des Rundholzpflasters sind für Sitzplätze zur sicheren Möbelaufstellung ungünstig.

Grüne Steinbeläge aus Pflastersteinen und Gitterplatten

Empfehlung
Gut geeignet für Wege, die Rasenflächen nicht zu sehr abgrenzen sollen oder große Flächen, die nicht öde und trist erscheinen sollen. Natürlich auch, wenn eine Mischung aus Stein und Vegetation ausdrücklich erwünscht ist.

Vorteile Bautechnisch sind sowohl Wege zum Gehen und Befahren als auch Sitzplätze damit herstellbar. Das grüne Linienspiel sorgt dafür, dass Steinflächen und Vegetation etwas ineinander laufen und so eine krasse Trennung gemildert wird. Durch einfaches Übermähen wird der Bewuchs, meist Gras, es können aber auch Kräuter sein, niedrig gehalten. Generell sind Gitterplatten im Garten nur für größere Fahrflächen oder Stellplätze, die kleiner erscheinen sollen, vorzusehen. Bei Rasenklinkern werden nicht nur die Fugen, sondern durch die feine Perforation auch die Flächen grün.

Nachteile Bei ständiger Möblierung am gleichen Platz, verdorrt durch die fehlende Feuchtigkeit das Gras. In solchen Fällen ist dort ein Wechsel von grasfreien Fugen im Möbelbereich und begrünten Fugen auf den freien Flächen empfehlenswert. Das Gleiche gilt für überdachte Sitzplätze. Bei Rasengitterplatten aus Beton eignen sich Fabrikate mit glatten Oberflächen und möglichst vielen kleinen Einsaatkammern. Wenige große ergeben polsterartigen Graswuchs mit der Folge eingeschränkter Möbelaufstellung. Gehölzsämlinge müssen frühzeitig ausgerissen werden, sonst verschiebt sich das Belagsgefüge. Rasengitterplatten aus Kunststoff sind wegen der schmalen Stege für Sitzplätze nicht geeignet.

Rasen

Empfehlung
Rasen ist nur geeignet, wenn nicht immer die gleichen Stellen betreten werden.

Vorteile Als Gehbelag geeignet, wenn keine sichtbare „Erschließungsstruktur" erkennbar sein soll, dafür möglichst viel Grün. Rasen kann in jeder Richtung begangen werden, wenn regelmäßig kurz gemäht wird.

Nachteile Durch häufiges Mähen entsteht ein erhöhter Pflegeaufwand. Als Gehbelag ist Rasen nur sinnvoll, wenn der Boden nicht zu lehmig oder sumpfig ist, sonst entsteht Bodenverdichtung und das Gras stirbt ab. Die Neuanlage ist allerdings erst nutzbar, wenn sich eine stabile Gräserdecke gebildet hat, also nichts für Hauszugänge, die sofort gebraucht werden.

Schotterrasen

Empfehlung Schotterrasen ist eine kostengünstige Alternative, sollte aber nur für Fahrflächen geplant werden.

Vorteile Rasengräser wurzeln zwischen Schottersteinen und ertragen so eine höhere Belastung als unbefestigter Rasen. Für Fahrflächen deshalb sehr gut geeignet. Die Ränder sind kaum sichtbar. Geringer Pflegeaufwand, da nur einmal im Jahr gemäht werden sollte und nur selten gewässert werden muss.

Nachteile Zum Gehen etwas zu steinig. Gartenmöbel brauchen dicke Möbelfüße oder Kufen. Unter Möbeln, Dachvorsprüngen und anderen dauertrockenen Stellen kann das Gras dürr werden, wenn nicht künstlich bewässert wird. Oft wird auch der Schotterrasen falsch hergestellt, indem auf eine Schottertragschicht 10 cm dick Oberboden mit Rasenansaat aufgetragen wird. Die Belastbarkeit ist reduziert. Reifenspuren drücken sich auch später ein. Die Begehbarkeit ist anfangs eingeschränkt. Besser ist die gleichmäßige Vermischung von Schotter und Oberboden. Natürlich bleiben Steine oberflächlich dabei sichtbar (siehe Foto S. 131), aber es entsteht ein durchgängiges stabiles Steingerüst.

Streudecken aus Kies, Splitt oder Rindenmulch

Empfehlung Wenn Sie naturnahe Beläge wollen und etwas mehr Aufwand für die Pflege in Kauf nehmen, kann dazu geraten werden. Für dauerhafte Beläge ist Rindenmulch schlecht geeignet, denn es entsteht keine feste Belagsdecke wie bei Kies oder Splitt.

Vorteile Sie sehen naturnah aus und können jede Farbe und Struktur, entsprechend dem Streumaterial, erhalten. Wege und Plätze sind gleichermaßen herstellbar. Die begehbare Fläche sollte aber immer relativ fest sein, sonst ist das Laufen durch Kies oder Rinde sehr unangenehm. Beim Rindenmulch ist bei starker Sonneneinstrahlung ein intensiver Holzgeruch spürbar. Vorteilhaft ist, dass verschiedene unfermentierte Inhaltsstoffe der Rinde, wie Gerbsäure und Harze, das Keimen und Wachsen von „Unkräutern" hemmen.

Nachteile Unter Dach- und Balkonüberstände, also an sehr trockenen Plätzen, kann es staubig werden. Ohne den Belag zu schädigen ist ein Kehren kaum möglich. An starken Geländeneigungen können Auswaschungen eintreten, die dann ständig auszubessern sind. Auch bewachsen sich die Flächen überall dort, wo kein Begehen oder Befahren stattfindet. Wenn keine feste Kante gebaut wird, entstehen ausgefranste Belagsränder, die Haltbarkeit ist aber nicht eingeschränkt.

WEGE UND SITZ-PLÄTZE KALKULIEREN

- KOSTENGRUNDLAGEN ERMITTELN
- BAUKOSTEN BERECHNEN

Kostengrundlagen ermitteln

Jeder, der etwas bauen will, möchte vorher wissen, was es kosten wird.
Nur so kann abgewogen werden, welche Materialien infrage kommen und
was zu teuer ist.

Nachdem Sie die für Ihre Situation passende Planung entwickelt haben, verfügen Sie über eine sichere Grundlage, um die Herstellungskosten zuverlässig zu veranschlagen. Da für Wege und Sitzplätze prinzipiell die gleichen Materialien verwendbar sind, gelten die angeführten Preise jeweils für beides.

Zunächst müssen die **Mengen ermittelt** werden. Dabei sind die Flächenformen leicht aus dem Plan ablesbar. Kommen Randeinfassungen hinzu, werden diese nach dem laufenden Meter (lfm) herausgemessen.

Alle folgenden Materialpreise und Arbeitsleistungen beziehen sich auf diese drei Größenordnungen: m², lfm, m³, wobei die m³ Erdbewegung in die m² der Tragschicht umgerechnet sind, denn das ist verständlicher darstellbar (s. Kasten auf S. 142).

Als nächstes müssen die Baukosten erfragt werden. Eine Differenzierung zwischen „echten" und „unechten" Kosten verdeutlicht den Unterschied zwischen den entstehenden Kosten bei Eigenleistung und bei Beauftragung einer Firma.

„Echte" Kosten: Wenn Sie Wege oder Sitzplätze nicht selbst bauen, fordern Sie zwei oder drei qualifizierte Firmen des Garten-und Landschaftsbaues aus Ihrer näheren Umgebung zur Angebotsabgabe auf. Die Firmen erhalten dazu die errechneten Mengen und den Berechungsplan. Sie kalkulieren damit ein differenziertes Angebot mit nachvollziehbaren Leistungspositionen und Einzelpreisen, die am Schluss eine Gesamtsumme ergeben. Aus den Angeboten können Sie nach Prüfung das wirtschaftlichste auswählen und den Auftrag erteilen. Die Einzelpreise sind für den Unternehmer verbindlich.

„Unechte" Kosten:: Wenn Sie Wege oder Sitzplätze selbst bauen wollen, brauchen Sie nur Material- und Transportkosten zu ermitteln. Diese Preise erfahren Sie beim Baustoffhändler. Weil Ihr eigener Arbeitsaufwand nicht bezahlt werden muss, erscheint das Selbstbauen billiger.

Grundlage
Grundlage jeder Berechnung sind die Flächenmaße, also
Länge × Breite = Quadratmeter (m²),
bei anderen geometrischen Formen wie beispielsweise für Kreis, Dreieck, Trapez die jeweiligen Berechnungsformeln.
Für Erdaushub der künftigen Flächen gilt Länge × Breite × Aushubtiefe
= Kubikmeter (m³).

WEGE UND SITZPLÄTZE KALKULIEREN

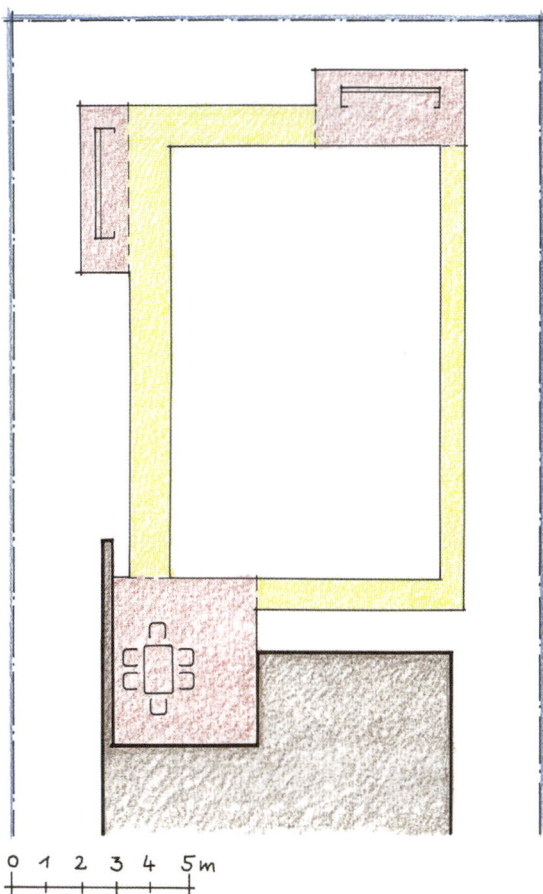

Massenermittlung 1
Auf der Grundlage von Entwurf 1,
Seite 98, ein Wohngarten als Beispiel.

Wegeflächen	29 m²
Sitzplatzflächen	32 m²
	61 m²
Tragschicht für Gehflächen	61 m²
Eventuelle Randstützen	90 lfm

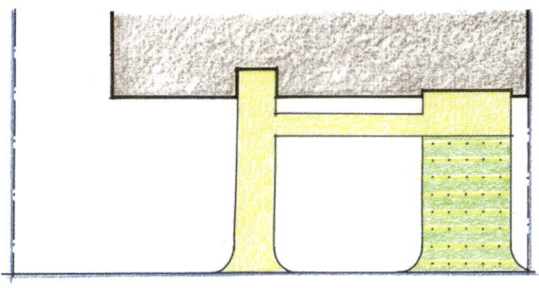

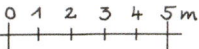

Massenermittlung 2
Auf der Grundlage von Entwurf 2,
Seite 97, ein Vorgarten als Beispiel.

Wegeflächen:	
Enge Fugen	9 m²
Grasfugen	10 m²
Tragschicht für Gehflächen	9 m²
Tragschicht für Fahrflächen	10 m²
Eventuelle Randstützen	23 lfm

Baukosten berechnen

Unabhängig von einer Unternehmer- oder Selbstausführung müssen Sie zwischen festen und variablen Kosten unterscheiden. Außerdem entstehen noch technisch bedingte Kosten.

Erdarbeiten und Tragschichten
Für Erdarbeiten und Tragschichten rechnet man durchschnittlich bei Gehflächen mit etwa 21,00 €/m², bei Fahrflächen mit etwa 27,00 /m² einschließlich Mehrwertsteuer. Das ist selbstverständlich nur ein grober Orientierungswert, der erst mit einem Unternehmerangebot präzisiert wird.

Bei den **festen Kosten** sind alle Arbeiten zusammengefasst, die unter dem Oberflächenbelag ausgeführt werden müssen und zunächst unabhängig von der Belagsart später der reinen Funktionserfüllung dienen. Dazu zählen die erforderlichen Erdarbeiten wie Aushub, Planieren, Sohle verdichten und eventuell auch die Erdabfuhr. Die Kosten für die Tragschicht aus Schotter oder Kies fallen auch unter die Position „feste Kosten". Die Tragschicht muss natürlich jeweils der zu erwartenden Belastung und den Bodenverhältnissen angepasst sein: In der Regel 20–25 cm dick für Gehflächen, 30–35 cm dick für PKW-Fahrflächen bei lehmigen Böden. Hier können Sie nichts einsparen, es sei denn auf Kosten der Belagsstabilität. Unternehmerpreise schwanken je nach Geländeschwierigkeit und Zugänglichkeit des Grundstückes, wenn also teure Handarbeit nötig wird.

Bei den **variablen Kosten** ist der finanzielle Aufwand entscheidend vom ausgewählten Belagsmaterial und den Verarbeitungskosten abhängig. Über eine nüchterne funktionelle Kosten-Nutzen-Gebrauchsrechnung hinaus spielen auch die ästhetischen Wertmaßstäbe eine wichtige Rolle: Was will ich mir leisten? Was gefällt mir am besten? Was sieht am längsten schön aus? Das ist eine ganz individuelle Entscheidung.

Technisch bedingte Kosten entstehen beispielsweise dann, wenn zu den Kosten des oberflächlichen Belagsmaterials noch Aufwendungen für eine Randstabilisierung gerechnet werden müssen, wobei das nur bei Pflasterflächen nötig ist, wenn das allmähliche Auseinanderwandern der Einzelsteine verhindert werden soll. Bei Kies-, Splitt- oder Rindenbelägen ist eine stabile Randkontur nur erforderlich, wenn eine exakte Randbegrenzung erwünscht ist. Andernfalls wachsen Rasen oder Stauden zu weit in die Streuflächen ein.

Die folgende Übersichtstabelle soll die wichtigsten Preisunterschiede bei Ausführung durch einen Unternehmer des Garten- und Landschaftsbaues deutlich machen, wobei die Preisangaben nur ungefähre Orientierungswerte darstellen, die je nach Wirtschaftsraum und Marktlage stark schwanken können.

WEGE UND SITZPLÄTZE KALKULIEREN

Belagspreise

Übersichtstabelle für Belagspreise ohne Erdarbeiten, ohne Tragschichten und ohne zusätzliche Randstützen

Belagsart	Preis in Euro je m2 fertig eingebaut einschl. MwSt	zuzüglich Erdarbeiten + Tragschicht	zuzüglich Randstütze
Natursteinplatten rechtwinklig	ab 90,00 €	ja	nein
Natursteinplatten polygonal	ab 112,00 €	ja	nein
Betonplatten mit bearbeiteter Oberfläche	43,00 €	ja	nein
Betonplatten mit Vorsatz aus Natursteinsplitt	50,00 €	ja	nein
Natursteingroßpflaster 12/16 cm mit engen Fugen	112,00 €	ja	nein
Natursteinkleinpflaster 8/10 cm mit engen Fugen	88,00 €	ja	ja***
Betongroßpflaster mit bearbeiteter Oberfläche 16/16 cm	37,00 €	ja	nein
Betonkleinpflaster mit bearbeiteter Oberfläche 10/10 cm	38,00 €	ja	ja***
Klinkerpflaster 20/10 cm	49,00 €	ja	ja***
Holzpflaster rund und eckig	68,00 €	ja	nein*
Holzfliesen 50/50 cm	110,00 €	ja	nein
Holzdecks aus langen Brettern mit Unterkonstruktion	145,00 €	ja	nein
Natursteingroßpflaster 12/16 cm mit Rasenfugen	102,00 €	ja	nein
Betongroßpflaster 16/16 cm mit Rasenfugen	41,00 €	ja	nein
Rasengitterplatten aus Beton 40/60 cm	37,00 €	ja	nein
Rasengitterplatten aus Kunststoff 40/60 cm	43,00 €	ja	nein
Rasenklinker	52,00 €	ja	nein
Gebrauchsrasen	8,00 €	nein	nein
Schotterrasen	4,50 €	ja	nein**
Wassergebundener Kies- oder Splittbelag	7,00 €	ja	nein**
Rindenmulch	2,80 €	ja	nein**

*** Randstütze verzichtbar, wenn kleinere Verschiebungen der Steine toleriert werden.
**   Randstütze nur bei gestalterisch gewünschter klarer Trennung von Belag und Vegetationsfläche erforderlich.
*   Keine Randstütze wegen Quellen und Schwinden des Holzes.

Preise für Randstützen

Die aus dem Plan ermittelten Randlängen = lfm werden für die Ermittlung der technischen Kosten jeweils mit den folgenden Preisen multipliziert und den Kosten der Belagsflächen hinzugerechnet. Die Einzelpreise sind wiederum einschließlich Mehrwertsteuer.

Randstütze als Mörtelkeil bei Pflasterflächen	etwa 11,00 €/lfm
Randstütze aus Natursteinkleinpflaster 8/10 cm mit Betonfundament	etwa 23,00 €/lfm
Randstütze aus Betonkleinpflaster 10/10 cm mit Betonfundament	etwa 22,00 €/lfm

Mit dieser Einzelpreisübersicht können Sie nun ganz einfach die „echten" Gesamtkosten ermitteln, indem Sie die Tragschicht einschließlich Erdarbeiten, ausgewählter Belagsart und eventuell notwendigen Randstützen mit den jeweiligen Einzelpreisen multiplizieren. Die folgende Seite enthält eine solche Beispielrechnung. Daraus ist zu erkennen, dass die Gesamtpreisunterschiede doch beträchtlich voneinander abweichen können und die Materialauswahl in dieser Hinsicht entscheidend ist. Ein Sparpotenzial ergibt sich aus der Wahl der Belagsart und der Entscheidung zu eventuellen Randstützen.

Selbstverständlich muss, wie auf jeder Baustelle, dazu immer noch einiges Zusätzliches einkalkuliert werden, mit dem man vorher nicht gerechnet hat. Sind die Wege oder der Sitzplatz fertig, müssen noch die anschließenden Vegetationsflächen angepasst oder wieder hergerichtet und Materialreste beseitigt werden. Dafür muss eine kleine Finanzreserve verfügbar sein. Nach diesem dreigeteilten Schema (Tragschicht/Belag/ Randstütze) lassen sich genauso die Material- und Transportkosten feststellen, falls Sie die Beläge selbst bauen wollen. Das Ganze wird dann zwar erheblich billiger, aber für das ständige Arbeiten in gebückter Haltung und das Heben der schweren Platten brauchen Sie unbedingt noch gesunde Bandscheiben. Wägen Sie also in Ruhe ab, wie genau die fertige Planung dann wirklich auch umgesetzt werden soll.

Kostenvergleich für Belagsalternativen

Kostenberechnung 1
Auf Grundlage der Massenermittlung „Wohngarten" Seite 141 oben.
Man erkennt daraus, dass die Unterschiede der Gesamtsummen erheblich sind.

Belagsalternativen jeweils mit Tragschichtkosten einschl. Erdarbeiten	Gehflächen	Einzelpreis Euro	Gesamtpreis Euro
Natursteinplatten polygonal	61 m²	133 €	8113 €
Betonplatten mit Vorsatz aus Natursteinsplitt	61 m²	71 €	4331 €
Natursteinkleinpflaster + Randstütze	61 m² 90 lfm	109 € 11 €	6649 € 990 €
Betonkleinpflaster + Randstütze	61 m² 90 lfm	59 € 11 €	3599 € 990 €
Klinkerpflaster + Randstütze	61 m² 90 lfm	70 € 11 €	4270 € 990 €
Kies oder Splitt	61 m²	28 €	1708 €

Kostenberechnung 2
Auf Grundlage der Massenermittlung „Vorgarten" Seite 141 unten.

Belagsalternativen jeweils mit Tragschichtkosten einschl. Erdarbeiten	Gehflächen	Einzelpreis Euro	Gesamtpreis Euro
Natursteinkleinpflaster + Randstütze	9 m² 23 lfm	109 € 11 €	981 € 253 €
Betonkleinpflaster + Randstütze	9 m² 23 lfm	59 € 11 €	531 € 253 €
	Fahrflächen	Euro	Euro
Natursteingroßpflaster mit Rasenfugen	10 m²	129 €	1290 €
Betongroßpflaster mit Rasenfugen	10 m²	68 €	680 €

BAUSTEIN 3: ZÄUNE, SCHUTZMAUERN & HECKEN

Peter Hagen

PARADIES HINTERM GARTENZAUN

Einfriedungen bieten Schutz und geben dem Garten gleichzeitig einen gestalterischen Rahmen. Der Vorgarten wird meist mit einer optisch verschönernden, der Wohngarten eher mit einer schützenden Einfriedung versehen. Was kann es angenehmeres geben, als hinter einer bunten Zierstrauchhecke oder einem Flechtzaun im Garten zu sitzen und vom Nachbarn oder vorbeilaufenden Passanten nicht gestört zu werden? Die Möglichkeiten hierzu sind sehr vielfältig und können oft einfach umgesetzt werden. Bei sehr frei liegenden Grundstücken übernimmt eine geschickt geplante Umfriedung auch die Aufgabe des Windschutzes. Dabei kommt es beispielsweise auf die Wahl der richtigen Pflanzen an. Innerhalb von Städten oder bei Grundstücken, die an stark befahrenen Straßen liegen, übernehmen Einfriedungen auch die Aufgabe des Lärmschutzes.

ZÄUNE

- GRUNDLAGEN DER PLANUNG
- HOLZZÄUNE ENTWERFEN
- MIT DEM MATERIAL HOLZ PLANEN
- METALLZÄUNE PLANEN
- ZÄUNE KALKULIEREN
- DAS PASSENDE TOR ZU ZAUN UND MAUER

Grundlagen der Planung

Eine Zaunanlage zu errichten ist immer mit einem hohen Kosten- und Arbeitsaufwand verbunden. Daher ist eine genaue Planung ein wichtiger Schritt.

Welcher Zaun passt zu meinem Garten?

Zäune sind unabhängig von ihrer Bauart eine Form der Eigentumsmarkierung. Sie sollen ungebetenen Gästen das Betreten des Geländes verwehren und legen Grenzen fest. Je nach Bauart und Material und natürlich Standort erfüllen sie zudem auch gestalterische Zwecke. Wenn man aufmerksam durch Wohngebiete streift und dabei sorgsam zwischen alten, neueren und neuen Baugebieten unterscheidet, so fallen einem sofort die sehr unterschiedlichen Stilrichtungen auf. Früher wurden gerne kleine Mauern in Verbindung mit mehr oder weniger kunstvoll verzierten Gittern gebaut. Dann kam die Ära der Jägerzäune. In Baugebieten neueren Datums fällt auf, dass auf eine Zaunanlage im Vorgartenbereich verzichtet wird und man sich eher auf eine schöne Bepflanzung konzentriert.

Ein klassischer, abgestufter Lattenzaun in Pfosten-Riegel-Konstruktion.

Ein abgestufter schmiedeeiserner Pfeiler-Gitter-Zaun mit Ausgleichsockel.

Worauf zu achten ist

Es wird vor der Errichtung eines Zaunes immer sinnvoll sein, zunächst mit dem oder den betroffenen Nachbarn über das Bauvorhaben zu reden. Zäune und Einfriedungen sind bauliche Anlagen, müssen bestimmten Sicherheitsvorschriften genügen und sollen sich dem Gesamtbild angrenzender Gärten einfügen. Somit sind sie mitunter genehmigungspflichtig. In besonderen Fällen kann die Bauaufsichtsbehörde Höhe, Beschaffenheit und Material einer Einfriedung vorgeben. Ob das in Ihrem Fall so ist, kann bei den örtlichen Bauordnungsämtern nachgefragt werden. Beim Zaunbau gilt es also, seinen persönlichen Geschmack, ein klare Gestaltungsrichtung sowie Funktionalität in Einklang zu bringen.

Zäune am Hang

Ein Problem, das beim Zaunbau schon planerisch auftreten kann, bereitet beim Bau erst recht Schwierigkeiten. Es geht um den Zaunverlauf bei unebenem oder ansteigendem Geländeverlauf. Die einfachste Version ist, den Verlauf des Zaunes mit dem Gelände zu führen. Das sieht optisch jedoch nur mit einem einfachen Zaun wie etwa dem Maschendrahtzaun oder Lattenholzzaun gut aus. Pfosten und Lattung stehen dabei senkrecht im Lot. Bei anderen Zaunarten sollten die Zaunfelder einzeln oder auch in gleichmäßigen Gruppen abgetreppt, d. h. abgestuft werden. Hierbei bleibt die Zaunoberkante immer waagrecht. Mit senkrechten Pfosten in unterschiedlichen Längen ist das auf einfache Weise möglich.

Das Grundstück vermessen

Die genauen Maße und die Lage eines jeden Grundstücks sind auf einem exakten Lageplan beim Katasteramt hinterlegt und können vom Besitzer dort jederzeit eingesehen bzw. der Plan kann kopiert werden. Der häufig angewendete Maßstab 1:500 vermittelt zwar einen Überblick, eignet sich aber wenig, um damit planerisch zu arbeiten. Es ist deshalb besser, sich den Plan größer zu zeichnen, z. B. Maßstab 1:100, und dann die Einfriedung dort einzutragen.

Grenzsteine beachten

Mithilfe des Grundstücksplans vom Katasteramt lässt sich die Lage der Grenzsteine sehr genau bestimmen. Diese sollte man vor Baubeginn einer Einfriedung genau wissen. Der Bau einer Zaunanlage ist zwischen dem Verlauf der einzelnen Grenzsteine unmittelbar auf der Grenze mit wenigen Ausnahmen, z. B. zu landwirtschaftlich genutzten Grundstücken (Abstandsvorschriften nach Nachbarrecht), möglich. Etwas anders verhält sich das mit Pflanzen. Hier sind laut Nachbarrecht grundsätzlich Pflanzabstände einzuhalten. Die im Boden eingelassenen Grenzsteine dürfen unter keinen Umständen herausgenommen oder verändert werden. Um sie für die Vermessungsarbeiten über Distanzen sichtbar zu machen, schlägt man am besten kurze Holzpflöcke oder Eisenstangen in unmittelbarer Steinnähe in den Boden ein und verbindet diese mit einer Maurerschnur. Bei Grenzsteinen gilt stets die Steinmitte als Grenzverlauf. Dieser Mittelpunkt legt den genauen Eckpunkt eines jeden Grundstücks fest (nebenstehende Zeichnung). In öffentlichen Gehwegen oder Mauern sind Grenzpunkte auch als Metallmarken eingelassen.

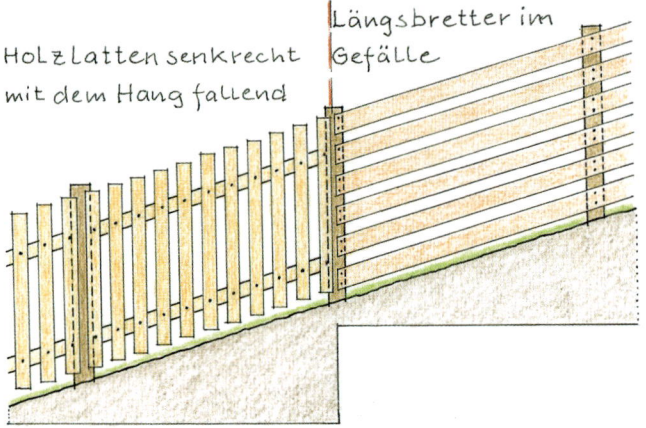

Zäune am Hang:

Zwei Bauarten mit gleichmäßig fallender Zaunoberkante im Vergleich. Die Latten bleiben senkrecht oder die Längshölzer sind dem Hang angepasst.

Zwei Bauarten im Vergleich für einen abgestuften Lattenzaun. Die Oberkanten der Zaunfelder zwischen den Pfosten bleiben waagrecht. Am Boden können offene Dreiecke entstehen oder die Latten reichen bis zum Boden.

Mit dem Nachbarn reden

Bei offen zur Umgebung liegenden Grundstücken ohne Gartennachbarn sind die Verhältnisse einfach. Anders ist das bei eng aneinandergereihten Grundstücksparzellen. Bevor ein Grundstücksbesitzer sich hier durch hohe Zaunanlagen gegenüber seinen Nachbarn verbarrikadiert, sollte er zuvor mit ihm (oder ihnen) reden, meist sind es ja sogar 2–3 direkte Nachbarn. Mit einer geschickt gelösten Anpflanzung und der Auswahl der richtigen Pflanzen könnte der Grenzverlauf im beiderseitigen Einverständnis zwischen den Grundstücken wesentlich schöner als mit jeder Zaunanlage gelöst werden. Oft sind aber bereits Nachbarzäune vorhanden und dann entfällt die Diskussion.

Die Ausführungsreihenfolge überlegen

Beim Errichten einer Zaunanlage ist zu überlegen, wie weit die Eigenleistung reicht, denn diese ist sicherlich von der Einfriedungsart selbst abhängig und vom eigenen Können. Während Eigenkonstruktionen großes handwerkliches Geschick voraussetzen (abhängig vom Material und der Konstruktion), dürfte beim Kauf vorgefertigter Zaunteile die eigentliche Zaunmontage für den Hausbesitzer nur wenige Probleme bereiten. Bei der Vorfabrikation besteht die größte Kunst darin, die geplante Zaunstrecke genauestens zu vermessen und die einzelnen Punkte für die notwendigen Pfosten zentimetergenau festzulegen und zu markieren. Der Abstand zwischen den Pfosten muss stimmen, sodass Zaunfeld, Rahmenkonstruktion oder die Zaunriegel einschließ-

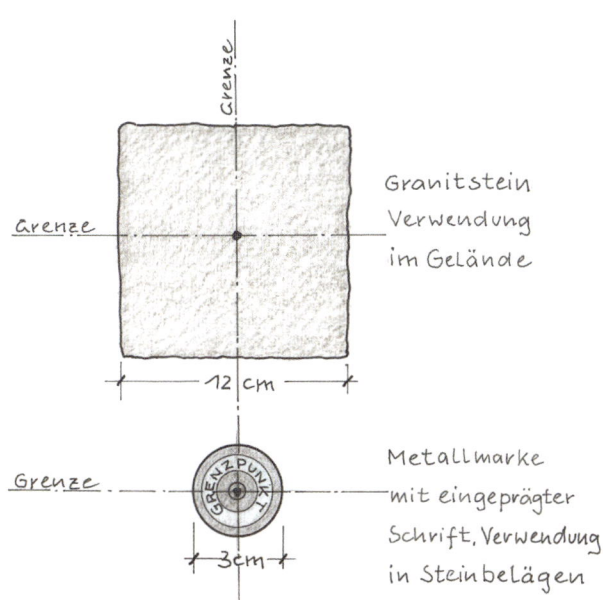

Grenzsteine markieren die Grundstücksgrenzen. Eine genaue Bestimmung des Grenzverlaufs ist vor dem Zaunbau unerlässlich.

In Baumärkten und im Holzhandel sind zahllose vorgefertigte Zaunelemente vorrätig.

TIPP

Werkzeuge zum Festlegen des Zaunverlaufs
- Maurerschnur
- Eisenstäbe
- Hammer
- Meterstab
- Bandmaß
- Wasserwaage

Werkzeuge für die Montage
- Vorschlaghammer
- Erdbohrer
- Spaten
- Schaufel
- Betonmischer
- Akkuschrauber
- Maulschlüssel
- Handsäge

lich evtl. vorgegebener Haltevorrichtungen genau in den Zwischenraum passen. Die wirklich exakte Einhaltung der benötigten Pfostenabstände ist besonders wichtig, denn gerade bei vormontierten Zaunelementen ist kaum Spielraum für evtl. notwendige Korrekturen möglich. Das Aufstellen der einzelnen Pfosten dürfte unter Einhaltung der Montageregeln und etwas Erfahrung mit dem Umgang einer Wasserwaage, Meterstab, Bandmaß, Hammer, Markierungsstäbe und Schnur zu bewältigen sein. Lattenholzzäune, die nicht vormontiert sind, können als Riegel oder Rahmenkonstruktion selbst zusammengebaut werden, wenn man sich hierbei zuvor Hilfsmittel wie eine Schablone herstellt. Diese Schablone hat eine obere und untere Begrenzung für das zu erstellende Zaunfeld und gibt genau die Länge des Feldes vor. Markierungen mit einem Filzstift geben die genaue Position der Zaunriegel vor. Der Abstand einzelner Zaunbretter wird durch einen Abstandhalter festgelegt, der ebenfalls genau in die Schablone passt. Die „Zaunschablone" ist eine Holzplatte, an deren oberer und unterer Kante ein Anschlag in Form einer Dachlatte befestigt ist. Die Längenbegrenzung wird durch die Länge der Schablone gleich vorgegeben. Der Abstandhalter für die Lattenabstände sollte über einen Griff verfügen, so kann er besser aus den Zwischenräumen entnommen werden.

Eine schöne Berankung macht diesen Holzzaun besonders attraktiv.

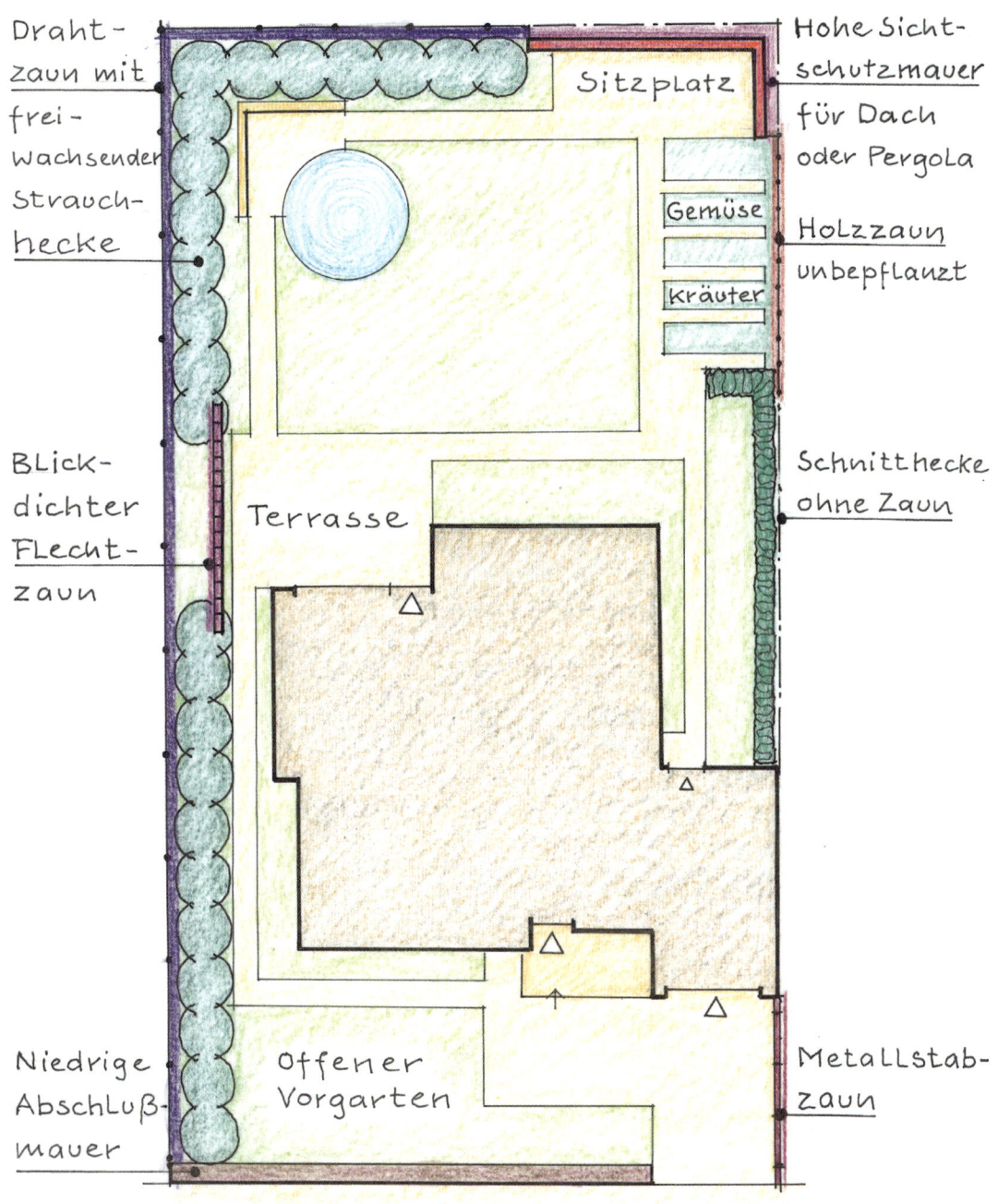

Planungsbeispiel für zweckbedingte, unterschiedliche Einfriedungen eines Grundstücks.

Einfriedungsarten im Überblick

Einfriedungen können je nach Funktion, planerischem Konzept, örtlichen Gegebenheiten und optischen Gesichtspunkten aus unterschiedlichen Materialien bzw. Pflanzen hergestellt werden. Nachfolgend eine ausführliche Tabelle mit allen wichtigen Einfriedungsmöglichkeiten einschließlich Materialbeschreibung.

	Verwendetes Material	Bemerkung
Lebende Einfriedungen		
Hecken, frei wachsend oder geschnitten	Immergrüne und nicht immergrüne Gehölze sowie viele versch. Koniferen	nur in Verbindung mit einer Zaunanlage als sichere Zaunanlage zu bezeichnen
	Weidenstecklinge	uralte Zaunform, heutzutage selten verwendet, schön für naturnahe Gärten
	geflochtene Weidenruten	eine grüne Wand lässt sich am besten mit schmalblättrigen Arten erzielen
Einfriedungen aus Holz		
Flechtzaun	frisches Holz, Haselruten etc.	traditionelle Zaunart, die heutzutage noch gerne in Bauerngärten verwendet wird
Palisaden	Rundhölzer, Holzpfähle, Palisaden	massive Einfriedung, die aus gestalterischen Gründen gerne angelegt wird. Wegen Bodenkontakt der Hölzer nur zeitlich begrenzte Haltbarkeit
Hanichelzaun	ungeschälte Rundholzstangen von geringer Qualität	wird in ländlichen Bereichen noch gelegentlich verwendet
Stangenzaun	Rundhölzer, die im Zaunfeld in Längsrichtung eingesetzt werden	relativ einfache Zaunart, ohne dichte Füllung. Ausführung mit Qualitätshölzern kann sehr dekorativ sein
Staketenzaun	Halbrundhölzer, deren Oberkanten abgerundet oder angespitzt sind	einfacher, traditioneller Zauntyp. Wird meist aus bereits bearbeiteten Hölzern erstellt. Die Latten sind gefräst, gesägt, gestrichen und werden genagelt oder verschraubt
Lattenzaun	senkrecht oder parallel verlaufende Latten oder Kanthölzer mit unterschiedlichem Querschnitt	klassischer Zauntyp, der je nach Zaunhöhe an zwei bis drei Zaunriegeln montiert wird
Jägerzaun	vormontierte Zaunanlage aus Halbrundhölzern	bis heute aktuelle Zaunform, die etwa in den 30er-Jahren ins Leben gerufen wurde
Rancherzaun	waagerecht verlaufende Bretter, die auch einen gebogenen Verlauf haben können	Modeerscheinung, die im ländlichen Bereich noch öfter anzutreffen sind

Bretterzaun	senkrecht oder auch waagerecht verlaufende Bretter	je nach Höhe ein guter Sichtschutz, als Zaun jedoch wenig attraktiv
Sichtschutzwand	geflochtene, dünne Holzstreifen, die in senkrechter, waagerechter oder in Mustern gelegten Formen verarbeitet werden	viele vorgefertigte Modelle können in Holzbaumärkten zusammen mit dem notwendigen Zubehör erstanden werden
Paneelenzaun	diagonale oder rautenförmig geflochtene Drahtgeflechte aus verzinktem oder kunststoffüberzogenen Material	sehr weit verbreitete Zaunart, die kostengünstig erstellt werden kann
Paneelenzaun	schwere Holzzaunart aus unterschiedlichen Hölzern	sehr dekorative Zaunart in unterschiedlichen Holzdekoren, Holzarten und Verarbeitungen, vorwiegend als Sichtschutz und Gartendekoration eingesetzt

Einfriedungen aus Metall

Maschendrahtzaun	diagonale oder rautenförmig geflochtene Drahtgeflechte aus verzinktem oder kunststoffüberzogenen Material	sehr weit verbreitete Zaunart, die kostengünstig erstellt werden kann
Mattenzäune	vorgefertigte und in der Regel eingefärbte Metallzäune aus unterschiedlichen Drahtprofilen	industriell gefertigte Zaunteile für alle Bereiche liefer- und einsetzbar. Sehr einfache Montage
Gitterzäune	Metallstäbe, Metallprofile, unterschiedliche Metalle	individuell nach Plan gefertigte Zaunelemente, auch als Bausatz erhältlich
Schmiedeeisenzäune	in Handarbeit geschmiedetes Eisen	kunstvoll und sehr individuell gefertigte Zaunanlage. Früher weit verbreitet, sehr wertvoll und entsprechend teuer

Einfriedungen aus Stein

Trockenmauer	Bruchsteine, vorzugsweise Kalk- oder Tuffsteine, aber auch andere Steine wie Sandstein	zeitlos schönes Mauerwerk, in Verbindung mit geeigneten Pflanzen ein natürliches und zweckmäßiges Gartenelement
Sichtmauerwerk	aus Natur- oder Kunststeinen	je nach Bauart eine statisch notwendige Mauer, deren Bau immer eine sichere Konstruktion darstellt
Betonmauer	Fertigteile oder in Formen mit entsprechender Armierung gegossener Beton	selten gut anzusehen, stellt aber einen guten Schutz gegen etwaige Geländeverschiebungen dar, Aussehen kann durch Verblendungen oder Verkleidungen aufgewertet werden. Hier werden auch dekorative Elemente mit gerundeten Kanten und verschiedenen Farbgebungen verwendet.

Holzzäune entwerfen

Auch bei Holzäunen gilt: Vor dem Bauen ist es gut, richtig zu planen. Das gilt schon deswegen, weil es eine riesige Auswahl auf dem Markt gibt.

TIPP

Vor dem Bau eines Holzzaunes beachten:
- die jeweilige Situation sowie die geplante Funktion
- die daraus resultierende Proportion und Dimensionierung
- die geeignete Materialwahl
- den geeigneten Holzschutz
- die Geländeverhältnisse

Das richtige Vorgehen

Holzzäune sind zwar relativ einfach zu bauen, aber auch sie müssen zuvor entworfen und sorgfältig geplant werden, denn es ist einiges zu beachten (siehe Tippkasten).
Die Bandbreite möglicher Konstruktionen reicht vom einfachen Bretterzaun über lackierte Anlagen bis zu tropischen Hölzern. Die Auswahl ist riesig und die holzverarbeitende Industrie bietet eine bunte Palette unterschiedlichster Produkte an. Sicherlich macht es daher nur in besonderen Situationen Sinn, einzelne Zaunelemente selbst herzustellen, da man ohne Probleme Fertigteile im Handel kaufen kann. Einen Holzzaun selbst zu bauen, würde nicht nur sehr viel mehr Arbeit verursachen, es würde auch deutlich teurer werden, das Material einzeln dafür zu kaufen und zusammenzusetzen.
Holzzäune bestehen in ihrer Grundkonstruktion immer aus zwei Elementen. Das stützende Element sind die Zaunpfosten und das tragende die Zaunfelder. Je nach Bodenverhältnissen können die Pfosten direkt in den Boden gerammt werden. Sicherer ist es gegen vorzeitiges Verrotten im Boden, die Pfosten mit Eisen-„Schuhen" in kleine Punktfundamente zu setzen. Am haltbarsten sind einbetonierte Metallpfosten, an denen die Holzkonstruktion befestigt wird. Dabei sind allerdings erhöhte Kosten und Mehraufwand zu berücksichtigen.

Holzzäune richtig befestigen

Zur Befestigung der Felder bieten sich wiederum zwei Möglichkeiten. Werden die einzelnen Zaunfelder zwischen den Pfosten befestigt, bleiben sie als gliederndes Element beidseitig des Zaunes sichtbar. Diese Methode sollte immer dann angewendet werden, wenn die Zaunpfähle besonders attraktiv sind. Bei einfacheren Haltekonstruktionen werden die Zaunfelder vor den Pfosten als durchlaufendes Band befestigt. Die Pfosten sind dann nur von der Grundstücksinnenseite sichtbar. Diese Art der Konstruktion ist in der Regel einfacher und ergibt von der Außenseite her ein einheitliches Zaunbild.
Bei den Zaunfeldern unterscheidet man zwischen einer Riegelkonstruktion und einer Rahmenkonstruktion. Bei ersterer werden je nach Zaunhöhe 2–3 Querriegel als Verbindung zwischen den Pfosten gerechnet. Der

Stoß der Riegel ist jeweils die halbe Pfostendicke. Auf den waagrecht verlaufenden Zaunriegeln werden Bretter, Latten, Halbrundhölzer oder Kanthölzer im senkrechten Verlauf befestigt. Hierdurch ergibt sich ein durchgehendes Zaunfeld. Zäune mit waagrechten Brettern, wie man es beim Schwartenholzzaun oder dem Ranchzaun kennt, benötigen keine zusätzlichen Querriegel. Diese Holzzaunart wird wegen der niedrigen Bauhöhe oft im Vorgartenbereich verwendet.

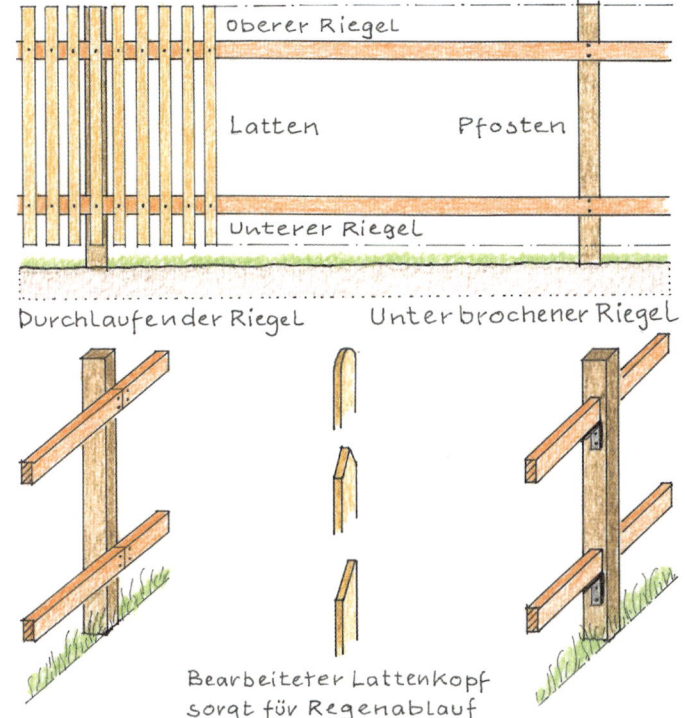

Zwei grundsätzliche Bauweisen für Holzzäune:
① Riegelkonstruktion
② Rahmenkonstruktion

Zäune aus Rahmenkonstruktionen

Die verbindenden Elemente zwischen den einzelnen Zaunpfählen bei dieser Bauweise sind die Rahmenfelder, die mit speziellen Befestigungselementen zwischen den Pfosten befestigt werden. Auf Querriegel kann verzichtet werden. Die einzelnen Rahmenfelder können auf die unterschiedlichste Art gebaut sein. So bieten sich senkrechte, waagerechte, diagonale, lamellenartige Feldfüllungen oder Flechtwerk aus schmalen Holzstreifen an. Die einzelnen Felder können auch Öffnungen aufweisen, farbig gestaltet sein oder aus unterschiedlichen Hölzern bestehen. Besonders diese Konstruktion ist geeignet, um mit einem Carport oder einer Pergola verbunden zu werden.

Unabhängig davon, dass man für den Bau eines Holzzaunes auf viele vorgefertigte Teile zurückgreifen kann, ist Zaunbau aus Holz auch technisch einfacher als der Umgang mit anderen Materialien und ohne große Sachkenntnisse leicht zu bauen. Ein Nachteil ist die in der Regel öfters zu wiederholende Holzpflege, ohne die sich verarbeitetes Holz durch Witterungseinflüsse rasch verändert und Schaden nehmen kann.

Welche Zaunart soll es sein?

Weit verbreitet ist der sogenannte Diagonal- oder auch Polygonalzaun, auch **Jägerzaun** genannt. Er besteht aus gesägten Halbrundhölzern, die diagonal befestigt sind. In der Regel kauft man sich hier vormontierte Felder, die dann auf ihre Wunschhöhe auseinander gezogen und auf zwei Querriegeln befestigt werden. Eine

Vorteile von Holzzäunen

Der Vorteil eines Holzzaunes ist naheliegend, denn Holz ist ein Stück Natur und integriert sich somit besser als andere Baustoffe in den Garten.

Jägerzäune erfreuen sich nach wie vor großer Beliebtheit.

Hölzerne Lattenzäune wirken klassisch und natürlich.

Veränderung der Höhe ist später nicht mehr möglich. Die Auszugslänge gibt automatisch die Zaunhöhe vor (und umgekehrt), die wiederum vom Abstand der Zaunpfosten abhängig ist. Im Normalfall wird ein Pfostenabstand von 2,50 m gewählt, was eine durchschnittliche Zaunhöhe von 70 cm ergibt, eine Angabe, die von Hersteller zu Hersteller leicht schwanken kann. Jägerzäune stellen allerdings keinen Sichtschutz dar.

Lattenzäune können aus den unterschiedlichsten Holzformen gefertigt sein. Ähnlich wie beim Jägerzaun bestehen sie aus zwei Querriegeln, auf denen dann aber senkrecht verlaufende Latten befestigt sind. Im unteren Bereich sind die Hölzer mit einem geraden Schnitt versehen. Der obere Bereich wird in der Regel abgeschrägt, angefräst oder gekegelt. Hierdurch wird verhindert, dass Wasser und Feuchtigkeit in das Holz eindringen können. Lattenzäune mit ihren freien Zwischenräumen wirken locker. Die schlichte Konstruktion ist in den meisten Fällen mit ihrer einfachen Ordnung der Teile eine optisch gute Entscheidung, bietet aber ebenfalls keinen Sichtschutz.

Flechtzäune sind aus dünnen Holzstreifen dicht bei dicht gefertigt. Die einzelnen Streifen sind vor und hinter den senkrechten Verstrebungen durchgezogen. Flechtzäune mit ihrer Höhe von ab 150 cm ergeben einen besonders guten Sichtschutz. Die einzelnen Elemente werden in ihrer Rahmenkonstruktion zwischen Pfosten eingebaut. Hierzu gibt es im Handel spezielles Befestigungsmaterial. Qualitativ hochwertige Flechtzaunelemente erkennt man an den Abschlusskanten. Die Kanten sollten abgerundet sein und die unteren Rahmenteile müssen aufgebohrt sein, sodass das Wasser ablaufen kann.

TIPP

Jägerzäune sollten kesseldruckimprägniert sein. In den meisten Fällen werden sie später mit einer Holzschutz-Lasur behandelt und erhalten dann ihre typische schwarz-braune Färbung. Früher wurde dafür Karbolineum verwendet. Das auf Teerbasis beruhende Mittel ist inzwischen verboten.

Flechtzäune bieten guten Sichtschutz.

Paneelzäune gibt es in sehr verschieden Variationen.

Eine gute Holzimprägnierung ist ebenso wichtig. Die Befestigung der benötigten Pfähle ist ganz besonders wichtig. Sie sollte auf kleinen Punktfundamenten mit darin verankerten Stahlstäben erfolgen. Einfacher geht es mit Erdspießen, deren oberes Ende eine Passform des Pfahls aufweist. In beiden Fällen wird verhindert, dass die tragende Konstruktion vorzeitig durch Feuchtigkeit zerstört wird, denn nur so wird das Holz ohne Bodenberührung richtig befestigt.

Paneelzäune sind eine relativ einfache Holzzaunart. Sie bestehen aus Latten mit einseitig angefrästen Kanten. Die dicht gesetzten vertikalen und gelegentlich auch überlappenden Paneele werden je nach Zaunhöhe an zwei bis drei Querhölzern befestigt. Die dicken Kanten liegen über den dünnen Kanten. Diese Zaunart kann relativ einfach selbst fertiggestellt werden. Allerdings gilt auch hier zu bedenken, dass man diese Teile auch bereits mit vorgefertigten Rahmen kaufen kann. Paneelwände zeichnen sich durch ihre Konstruktion und durch eine hohe Stabilität aus und stellen einen guten Sichtschutz dar. Abhängig von der Länge eines Paneelzaunes kann in seinem Verlauf gelegentlich ein Feld mit Öffnungen eingebaut werden.

Bohlen- oder Ranchzäune bestehen aus sägerauen oder auch gehobelten Brettern oder Bohlen. Bei dieser Zaunart werden 2–5 Bohlen je nach Zaunhöhe waagrecht mit einem frei gewählten Zwischenraum übereinander an sehr stabilen Pfosten montiert. In ländlichen Gegenden können hierzu auch schon mal ungesäumte sägeraue Bohlen verwendet werden, was der Zaunanlage ein rustikales Aussehen verleiht. Die Brettstärke sollte 2,5–3 cm und die Abstände der Pfosten 2,50 m betragen. Ein solcher Zaun ist robust sowie einfach zu montieren. Wegen der Schwere der Holzkonstruktion sollen die dazu benötigten Pfosten nicht unter 10 cm Durchmesser und fest im Boden befestigt sein. Mit Holzlasuren behandelte oder imprägnierte Hölzer sind lange Zeit haltbar. Wenn bei dieser Zaunbauweise normale Bohlen zu glatt erscheinen, können auch solche mit einer Längsrillung verwendet werden. Auch tropische Hölzer aus Plantagenanbau wie z. B. Bangkirai-Holz sind geeignet, aber teuer.

Palisaden sind im Garten- und Landschaftsbau bei Spielplätzen und ähnlichen Anlagen beliebt, im Privaten kommen sie seltener zum Einsatz. Sie bestehen aus gleichmäßig starken, glatten, kesseldruckimprägnierten Rund- oder auch Kanthölzern. Sie stecken ohne Zwischenraum senkrecht im Boden, dafür muss vorher ein Graben ausgehoben werden. Eine besondere gestalterische Wirkung lässt sich mit einem Palisadenzaun erzielen, wenn dieser im Verlauf leicht differierende Höhen aufweist, besonders wenn der Zaun lang ist. Die Einbautiefe der einzelnen Palisaden ist abhängig von deren Höhe. Um eine wirkliche Stabilität zu erreichen, sollte beispielsweise eine etwa 150 cm lange Palisade zwischen 40 und 50 cm tief im Boden stecken. Um vorzeitiges Abfaulen zu verhindern, muss das Holz sehr gut imprägniert sein. Für die Standfestigkeit freistehender Wände genügt eine Grabenverfüllung mit Schotter an Stelle eines Betonfundamentes.

Tipps für Holzverbindungen
- Möglichst nicht nageln, sondern schrauben
- Nur nichtrostende Schrauben einsetzen
- Bei stärkeren Verschraubungen unbedingt vorbohren
- Bei notwendigen Holzschnitten scharfe Säge verwenden und Holzschnitt nachimprägnieren
- Hölzer nach Möglichkeit bodenfrei verarbeiten („Eisenschuhe")
- Verbindungen abdecken oder nicht auf der Wetterseite vornehmen

Vor allem in ländlichen Gebieten sieht man solche Bohlenzäune.

Der Wohngarten liegt zwar zur Straße hin, aber die Wand aus Rundholzpalisaden bietet guten Sichtschutz.

Mit dem Material Holz planen

Holzzäune können aus unterschiedlichen Holzarten bestehen. Jede Art hat ihre ganz eigenen Merkmale, Haltbarkeit und Qualität und letztlich auch ihren Preis. An dieser Stelle sollen neun verschiedene Holzarten, die sich für den Holzzaunbau eignen, kurz beschrieben werden.

Holzarten im Vergleich

Eiche ist ein hell- bis dunkelbraunes Hartholz mit einer ausgezeichneten Festigkeit und auch Elastizität. Es lässt sich gut verarbeiten und ist sehr hart. Auch nach jahrelangem Gebrauch zeigt es wenig Abnutzung durch Witterungseinflüsse und ist sehr resistent gegen Insektenbefall und Pilze.

Robinie wird zunehmend mehr verwendet und ist ebenfalls ein sehr hartes Holz. Es hat eine hellgelbe Farbe und hält auch ohne Konservierung über den Zeitraum von mehreren Jahren. Leider hat es eine Tendenz zum Reißen.

Douglasie gehört zu den mittelharten Hölzern und kann sehr gut verarbeitet werden. Durch den hohen Harzanteil im Kernbereich wird dieses Holz sel-

Holzoberflächen – was auf dem Markt angeboten wird:
- Ungeschälte Rund- bzw. Halbrundhölzer (nur für Zäune in der Landschaft)
- Geschälte, gefräste, unbehandelte Rund- und Halbrundhölzer (unregelmäßige Hölzer, kurzlebig bei Weichhölzern)
- Gefräste, imprägnierte Rund- und Halbrundhölzer (gleichmäßige Hölzer, lange Zeit haltbar)
- Ungehobelte Bretter mit Rindenanteil (Schwartenholz) (wer „Rustikales" liebt)
- Gehobelte Kanthölzer und Bretter, unbehandelt gegen Fäulnis (nur lange Zeit haltbar bei harten Hölzern)
- Gehobelte Kanthölzer und Bretter, kesseldruckimprägniert (hält am längsten und sieht natürlich aus)
- Bretter mit Rillung oder strukturierter Oberfläche (wer „Dekoratives" liebt)
- Gehobelte Kanthölzer und Bretter mit eindringender Farblasur (muss gelegentlich nachgestrichen werden)
- Gehobelte Kanthölzer und Bretter mit farbiger Lackierung (Farbschicht reißt auf, ständige Erneuerung)
- Hölzer mit Kunststoffüberzug (hat kaum noch etwas mit Holz zu tun)

HOLZZÄUNE PLANEN

ten von Insekten oder Pilzen befallen. Das Holz der Douglasie hat allerdings eine Neigung sich zu verziehen und bei schwächeren Holzstärken auch zu verdrehen.

Red Cedar (Rot-Zeder) stammt aus Kanada, ist sehr leicht und dennoch sehr fest. Dadurch ist es extrem verwindungsarm und auch ohne jede Behandlung absolut wetterbeständig. Seine anfänglich rötliche Farbe bleicht rasch aus und wird silbergrau. Der natürliche Holzschutz bleibt jedoch erhalten.

Lärche ist eines der wenigen heimischen Hölzer mit einer recht guten Wetterfestigkeit. Leider hat Lärchenholz eine starke Neigung zum Reißen und Splittern.

Kiefer zählt zu den mittelharten Hölzern und ist bei der Holz verarbeitenden Industrie sehr weit verbreitet. Diese Holzart ist sehr anfällig gegen Pilz- und Schädlingsbefall und muss daher regelmäßig mit Holzschutzmitteln behandelt werden.

Tanne ist ein sehr helles Holz, das nur sehr bedingt wetterfest ist. Zudem splittert es gerne oder reißt. Es muss regelmäßig mit Holzschutzmitteln behandelt werden.

Fichte ist sehr preiswert und gehört zu den eher weichen Hölzern. Es ist kaum wetterbeständig und muss daher auch regelmäßig behandelt werden.

Bangkirai hat als tropische Holzart eine Festigkeit, die etwa 50% über der von Eichenholz liegt. Es verformt sich nicht und hat kaum Neigung zur Rissbildung. Obwohl die Verwendung exotischer Hölzer umstritten ist, kann Bangkirai-Holz aus zertifiziertem Plantagenanbau empfohlen werden. Es hat allerdings auch seinen Preis.

Auf was Sie beim Holzeinkauf achten sollten:
- Nur abgelagerte, trockene Hölzer verwenden
- Nur Hölzer ohne Verwindungen und Risse einsetzen
- Hölzer mit geringem Astholzanteil verwenden
- Möglichst große Holzstärken einsetzen
- Bei Fertigteilen auf glatte Oberflächen achten
- Auf abgerundete Kanten achten
- Bei schweren Bauteilen wetterbeständiges Schichtholz (geleimtes Holz) einsetzen

Der Holzhandel bietet eine Fülle von Holzarten und Aufbereitungen. Die Auswahl sollte allerdings auch mit einem kritischen Blick erfolgen.

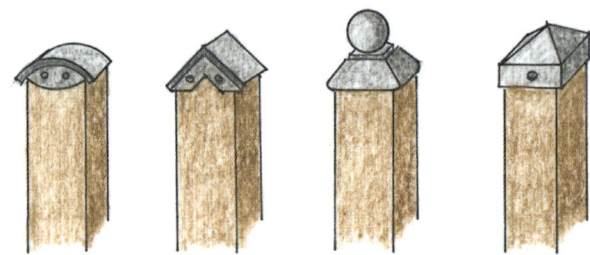

Vier Beispiele für Wetterschutzkappen aus Metall.

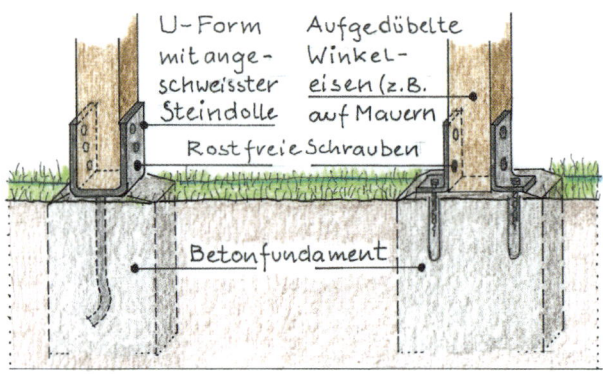

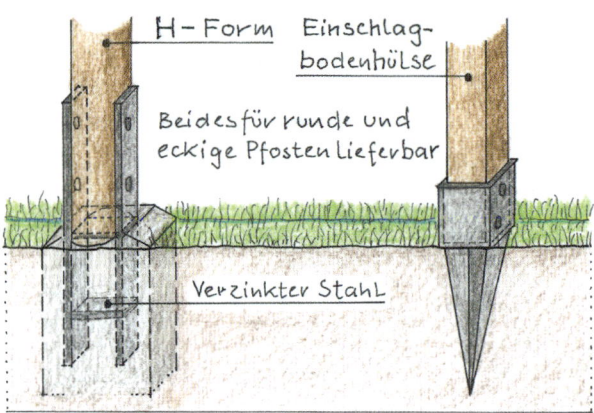

Unterschiedliche Befestigungsarten für verschiedene Zaunpfosten, die je nach Untergrund eingesetzt werden.

Stabile Pfosten garantieren Haltbarkeit

Zur Befestigung eines Holzzaunes ist es am einfachsten, Pfosten in den Boden einzurammen. Die Pfostenlänge, die aus dem Boden ragt, ist identisch mit der Zaunhöhe. Man rechnet mit etwa der halben Zaunhöhe für die Versenktiefe im Boden (also etwa ein Drittel Pfostenlänge im Boden). Bei festen Böden kann es auch weniger sein. Damit es lange Zeit hält, muss der Pfosten imprägniert sein (siehe hierzu Holzzaunpflege S. 167 ff). Werden die Pfosten bei lockeren Böden in Magerbeton gesetzt, wird die gesamte Zaunanlage haltbarer und kann mehr belastet werden. Zur Verwendung kommen Rund- oder Kanthölzer mit einem Durchmesser zwischen 8–12 cm, je nach Zaunhöhe und Feldergewicht. Für Zaunanlagen, die als Riegel- oder Rahmenkonstruktion aufgebaut werden, sind die Pfosten voll sichtbar. Die Oberkanten solcher Pfosten können gerundet, gerade gekappt und angefräst sein. Ferner können sie mit einer Abdeckung aus Zinkblech oder Buntmetall versehen sein oder das Pfostenende wird mit einer Kugel verziert.

Diese hochwertigen Pfosten werden nicht einfach in den Boden gerammt, sondern auf spezielle Pfostenträger gesetzt. Für eckige Pfosten erhält man für alle passenden Kantholzgrößen U-förmige Pfostenträger („Eisenschuhe"), die in Punktfundamenten eingelassen oder auf Mauern und Fundamenten mit Dübeln befestigt werden.

Es gibt auch Einschlaghülsen aus Metall in verschiedenen Längen, die im Boden eingeklopft werden. Im oberen Bereich dieser Hülsen befinden sich

Halterungen, in denen der Pfosten eingepasst wird. Pfostenträger, Einschlaghülsen oder auch Aufschraubhülsen verfügen über Bohrlöcher, durch die der Pfosten verschraubt wird. Bei richtiger Montage ergeben Pfostenträger stets eine Bodenfreiheit zwischen Zaun und Boden, sodass Pfahl und Zaunanlage weitgehend immer trocken stehen und nicht durch Bodenfeuchtigkeit geschädigt werden. Für einen Jäger- oder Lattenzaun werden auch Pfosten aus Metall verwendet, wobei T-Eisen, U-Profile und Vierkantstäbe oder Rohre besonders geeignet sind. An den Pfosten werden zwei beidseitige Laschen mit Bohrung angeschweißt, an denen später die Zaunfelder eingehängt und verschraubt werden. Für diese Pfosten ist immer ein betoniertes Punktfundament vorzusehen. Die Pfosten sind nur feuerverzinkt zu verwenden, um das Eisen vor Rost zu schützen. Die obere Öffnung bei Vierkant- oder Rundrohren sollte unbedingt mit Plastikkappen verschlossen werden, um das Eindringen von Wasser zu verhindern.

Solche Metallschuhe lassen sich auch auf eine Steinunterlage schrauben.

Holzzaunpflege

Am günstigsten ist es für Holzteile für den Gartenbereich, wenn diese fertig imprägniert geliefert werden. Man unterscheidet zwischen zwei unterschiedlichen Verfahren: Kesseldruck- oder Vakuum-Ölimprägnierung. Bei der Kesseldruckimprägnierung werden unter hohem Druck Salze in das Holz gepresst und fixiert. Dies ergibt einen dauerhaften Schutz gegen Fäulnis und Schädlingsbefall. Kesseldruckimprägnierte Hölzer sollen zu Beginn nicht mit zusätzlichen Holzschutzmitteln behandelt werden. Erst nach 1- bis 2-jährigem Gebrauch unter Witterungseinflüssen können solche Hölzer mit Pflegeölen für druckimprägnierte Hölzer nachbehandelt werden. Eine andere Methode ist die Vakuum-Ölimprägnierung. Hierbei werden ölhaltige Imprägnierungsmittel in das Holz eingebracht, die dann durch die verminderte Wasseraufnahme sehr gut gegen Pilzbefall schützen. Verdrehung und Rissbildung sind dadurch zusätzlich eingeschränkt. Da das Holz bei der Ölimprägnierung seine natürliche Farbe weitgehend behält, kann es zusätzlich mit Holzlasuren behandelt werden. Das hat den Vorteil, dass die natürliche Holzmaserung besonders gut sichtbar wird. Ölimprägnierte Hölzer sind aber für den Erdverbau nicht geeignet. Je nach Höhenlage (UV-Strahlung), Umwelteinflüssen (Feuchtigkeit) wird eine

Patina kann schön sein, ein neuer Anstrich ist aber holzerhaltend.

Nachbehandlung der Holzoberflächen früher oder später notwendig, denn die Schutzwirkung ist zeitlich begrenzt. Matt- und stumpfwerdende Oberflächen sollten nachbehandelt werden, spätestens bevor sich Risse gebildet haben. Hierbei ist möglichst ein auf die Beschichtung abgestimmtes Produkt zu verwenden. Bei farbig deckenden Beschichtungen sollte der Farbanstrich mit feinem Schleifpapier angeschliffen und danach gründlich entstaubt werden. Im Anschluss 1–2-mal streichen. Bei Lasierungen verfährt man ähnlich, sollte man aber 2–3-mal nachstreichen. Man unterscheidet zwischen Dünnschicht- und Dickschichtlasuren. Wasserlöslichen Präparaten ist gegenüber lösungsmittelhaltigen der Vorzug zu gewähren. Lasuren schützen Hölzer vor intensiver UV-Strahlung, Temperaturschwankungen und Feuchtigkeit. Problematisch ist jedoch jeglicher Nachanstrich bei berankten Zäunen. Das muss folglich bei der Planung bereits überlegt werden.

Metallzäune planen

Metallzäune wirken, bis auf wenige Ausnahmen, sehr technisch und tragen nur selten zur Verschönerung eines Grundstücks bei. Bei ihrer Planung und auch beim Bau sind eine ganze Reihe unterschiedlicher Gegebenheiten zu beachten.

Drahtzäune

Das Drahtgeflecht ist die einfachste Umzäunung aus Metall. Solche Zäune sind sehr zweckmäßig, einfach zu bauen, in unterschiedlichen Höhen lieferbar, aber auch nicht besonders schön, allerdings kann das Erscheinungsbild eines Drahtzaunes durch eine davor gepflanzte Hecke oder Berankung kaschiert werden. Mehr dazu lesen Sie im Kapitel „Hecken" (siehe S. 199 ff.).

Ein **Maschendrahtzaun** besteht aus einem rautenförmig angeordneten Drahtgeflecht, das es aus verzinktem oder kunststoffummantelten Draht gibt. Die Ummantelung ist tannengrün in dem Farbton RAL 6005. Früher wurden Betonpfosten für die Zaun-

Ein schlichter Maschendrahtzaun wirkt sehr sachlich.

bespannung verwendet, heute greift man auf vorgefertigte Rohrpfosten zurück, die direkt in kleine Punktfundamente befestigt werden. Diese Pfosten verfügen je nach Hersteller gleich über ein integriertes Haltesystem, auf dem der Maschendraht mit Befestigungsklammern fixiert wird. Zusätzlich werden zur Befestigung der Spanndrähte Bindedraht, Drahtspanner, Geflechtspannstäbe und Schellen benötigt. Für Eck- und Endverbindungen werden zusätzliche Verstrebungen im 45°-Winkel eingezogen. Hiermit werden die Zugkräfte der an Drahtspannern befestigten Spanndrähte abgefangen. Für einen 150 cm hohen Maschendrahtzaun werden drei Spanndrähte eingesetzt. Bei sehr großen Zaunlängen ist es sinnvoll, im Abstand von 10 m zwei zusätzliche Verstrebungen an einem Pfosten anzubringen. An Stelle der Metallpfosten sind auch eingeschlagene Rundholzpfosten (siehe Holzzäune S. 166) einsetzbar.

Zaungitter aus Welldraht sind wesentlich stabiler als ein Maschendrahtgeflecht. Sie bestehen aus punktgeschweißten waagrechten und senkrechten Drähten. Bei einigen Fabrikaten sind die Maschen leicht geknickt, was die Stabilität erhöht. Der Zaun ist üblicherweise mit einer

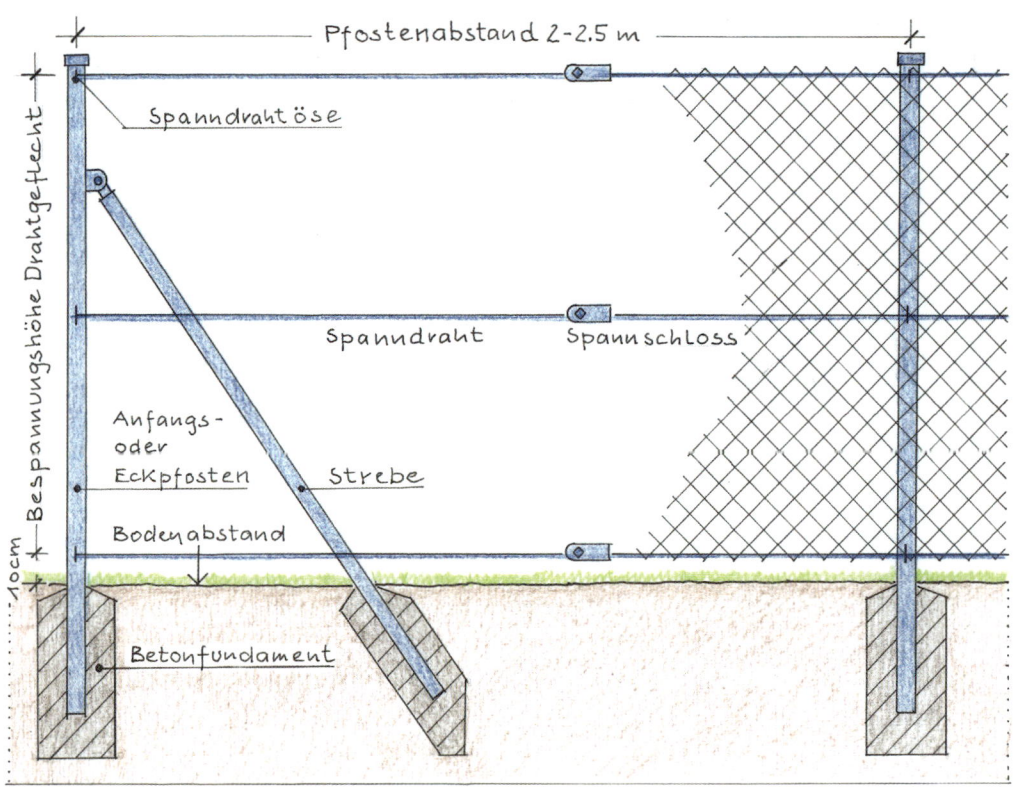

Konstruktionsprinzip eines Drahtzauns.

METALLZÄUNE PLANEN

Ein Punktfundament legen

In Punktfundamente aus Beton werden die Pfosten, die Befestigungshülsen oder die Metallpfosten eingelassen. Je nach Zaunlänge und der dazu benötigten Menge derartiger Punktfundamente macht es schnell Sinn, sich bei einem Landschaftsgärtner oder einem Maschinenverleih einen Erdbohrer zu mieten. Das Mieten verursacht zwar Kosten, das Ausgraben der Löcher für die Fundamente ist allerdings schweißtreibend. Mit einem Erdbohrer können mithilfe von zwei Personen (zur Bedienung des Gerätes) bei einem normalen, weitgehend steinfreien Boden in einer Stunde 20–30 Löcher gebohrt werden. Die Punktfundamenttiefe sollte 60–80 cm betragen (Frosttiefe). Die Breite der Fundamente ist abhängig von dem zu errichtenden Bauteil – in der Regel zwischen 25–40 cm. Die Oberfläche dieser kleinen Betonfundamente sollte etwas aus dem Boden ragen und für den Wasserablauf leicht schräg verlaufen.

Arbeitsmaterial
- Schaufel, Spaten und Hacke
- Erdbohrer oder Lochspaten (je nach Aufwand)
- Schubkarren
- Zement
- Mischkies
- Schalungsmaterial
- Betonmischer (je nach Aufwand)
- Maurerkelle

Schnitt durch ein Punktfundament.

grünen Kunststoffbeschichtung versehen oder nur feuerverzinkt. Die lieferbaren Zaunhöhen dieser industriell hergestellten Systeme reichen von 100–200 cm. Dazu sind unterschiedliche Gitterzaunstärken lieferbar, wobei für die Montage dann auch die passenden Pfostentypen eingesetzt werden müssen. Die Pfosten werden stets in Punktfundamente einbetoniert. Zusätzliche Spannpfosten sind am Anfang und Ende des Zaunes und bei jeder Richtungsänderung erforderlich.

Mattenzäune

Rundstabzäune bestehen aus etwa 2 m breiten Feldern. Die verwendete Materialstärke beträgt meist 4,5 mm und die Maschenbreite ist etwa 5 × 10 cm. Der obere Bereich der Matten ist oft bogenförmig abgekröpft. Für die Montage sind spezielle Pfosten und Montagebügel notwendig, die mit besonderen Schrauben befestigt werden. Solche Zaunsysteme können auf Punktfundamenten oder Mauern

Schlichter Gitterzaun höhengestuft dem Hang folgend.

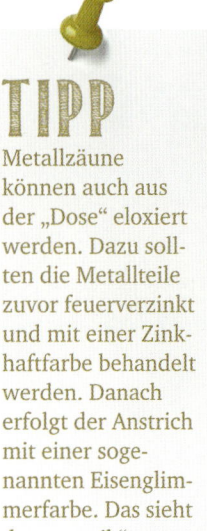

TIPP

Metallzäune können auch aus der „Dose" eloxiert werden. Dazu sollten die Metallteile zuvor feuerverzinkt und mit einer Zinkhaftfarbe behandelt werden. Danach erfolgt der Anstrich mit einer sogenannten Eisenglimmerfarbe. Das sieht dann „antik" aus.

mit speziellen Hülsen befestigt werden. Die Montage ist denkbar einfach.
Flachstabmatten bestehen aus punktverschweißten Gitterstäben mit einer Mattenlänge bis etwa 250 cm. Waagrechte Flacheisen und senkrecht aufgesetzte Rundstäbe mit einem Durchmesser von 5–6 mm bilden das Gitter. Zu diesem System gehören vorgebohrte Rechteckpfosten 60×40 mm. Die einzelnen Matten werden mit speziellen Hakenschrauben fixiert. Mit Mattenverbindern aus Edelstahl können einzelne Matten untereinander verbunden werden. Bei unregelmäßig verlaufendem Gelände können die Matten steigend oder abfallend innerhalb des Rastermaßes mit Mattenverbindern ausgeglichen werden. Alle Flachstabmatten und dazu gehörenden Pfosten sind in allen gängigen RAL-Farben lieferbar.

Sonderanfertigungen

Neben den industriell gefertigten Metallzäunen sind auch individuelle Lösungen planbar. Ähnlich der Holzkonstruktion kann man hier zwischen der Riegel- und der Rahmenkonstruktion wählen. Die aufwendigsten Metallzaunanlagen werden von metallverarbeitenden Firmen in Form von Schmiedeeisenzäunen und -toren vertrieben. Hochwertige Metallzaunanlagen sind in aller Regel Rahmenkonstruktionen. Die notwendige Pfostenbefestigung ist prinzipiell die Gleiche wie bisher beschrieben. Dekorative Elemente wie Platten, Spitzen oder Kugeln auf den Pfosten sind Geschmackssache. Rahmenlose Konstruktionen bestehen aus Hohlprofilen, Rundeisen, Profilen mit rechteckigem oder quadratischem Querschnitt, aber auch U-, T-Profile und Flachstahleisen finden Verwendung. Für die Querriegel kommen die gleichen Profile zum Einsatz, allerdings in stärkeren Ausführungen. Für die Verbindungen beider Elemente sind verschiedene Techniken möglich. Am weitesten verbreitet ist sicherlich das Schweißen. Eine andere Möglichkeit ist das Verschrauben oder das dekorative Vernieten einzelner Zaunelemente. Eine besondere Rolle spielt die Farbe eines Metallzaunes. Für den besten Schutz gegen Rost sorgt eine Feuerverzinkung, die im Anschluss je nach Geschmack passend zum Haus farbig nachbehandelt werden kann, allerdings gibt es auch eloxierte Metallzaunanlagen.

Zäune aus Flachstabmatten ergeben eine schlichte, aber durchaus ansprechende Optik.

Bei individuell gefertigten Zäunen sind der Fantasie keine Grenzen gesetzt. Auch eine Umsetzung als attraktive Rankhilfe ist möglich.

TIPP

Alternativ zu den individuell gefertigten Metallzäunen werden in Baumärkten Metallzaunelemente angeboten, die zusammengeschraubt und an Pfosten fixiert werden müssen. Dies ist eine preiswerte Alternative zu einer als Unikat gefertigten Metallzaunanlage.

Zäune kalkulieren

Ist eine Zaunplanung abgeschlossen, stellt sich die Frage der zu erwartenden Kosten. Dabei gilt als Grundsatz, dass Materialkosten in jedem Falle anfallen. Wie hoch die Montagekosten sind, hängt dagegen vom Anteil der geleisteten Eigenarbeit ab.

Ein individuell gefertigter Metallzaun gibt dem Garten eine besondere Note, hat aber seinen Preis.

Für die Kalkulation sind folgende Positionen von Bedeutung:

- Kosten für Vermessung (bei schwierigen Grundstücksgrenzen geht es nicht ohne ein Planungsbüro)
- Kosten für Zaunelemente (fixe Kosten)
- Kosten für Zubehör, Kleinteile und Befestigungsmaterial (müssen ebenfalls gekauft werden)
- Gegebenenfalls Kosten für Punktfundamente (Materialkosten, Ausführung eventuell in Eigenleistung)
- Leihkosten für Maschinen und Geräte (bei Eigenarbeit)
- Gegebenenfalls Kosten für eine Mauer, auf die der Zaun montiert wird (Sonderfall, ist extra zu kalkulieren)
- Kosten für anzuschaffendes Werkzeug (bei Eigenleistung)
- Arbeitslohn für Helfer (bei Eigenleistung unter Mithilfe anderer)

Verschiedene Zaunarten berechnen

Im Folgenden werden einige Beispiellösungen durchkalkuliert, sodass Sie eine Vorstellung davon bekommen, welche Kosten bei der Errichtung einer Zaunanlage entstehen können. Die aufgeführten Kostenaufstellungen beinhalten nur das Material ohne Mehrwertsteuer. Bei Ausführung durch eine Fachfirma sind etwa 40-45% der Materialkosten als Arbeitslohn hinzuzurechnen. Auch unterliegen die Einzelpreise regional großen Schwankungen und sind zudem auch noch mengenabhängig. Je größer die Abnahmemenge und je kürzer der Transportweg, desto günstiger wird es.

Kalkulation für Sichtschutz aus Flechtzaun, etwa 10 m lang, 180 cm hoch:

Material	Menge	Preise in Euro	Summe in Euro
Bogendichtzaun 180 × 165 cm	6	64,00	384,00
Pfosten gerundet 9 × 9 × 190 cm	7	16,50	115,50
U-Pfostenlaschen zum Einbetonieren	7	13,00	91,00
Befestigungsmaterial			28,00
Punktfundamente	7	3,95	27,65
Preis für 6-teiligen Flechtzaun auf der Terrasse			646,15

646,15 : 10 m = 64,60 je Meter Flechtzaun

Kalkulation für Rankgitter, diagonal mit überblattetem Rahmen, etwa 3 m lang, 180 cm hoch, für Kletterpflanzen an der Garagenwand:

Material	Menge	Preise in Euro	Summe in Euro
Gerades Feld 180 × 135 cm	1	154,00	154,00
S-Bogen links 90 × 180 cm	1	174,00	174,00
S-Bogen rechts 90 × 180 cm	1	174,00	174,00
Befestigungsmaterial Abstandshalter			28,00
Rasenkantensteine zur Beeteinfassung	4	2,95	11,80
Preis			541,80

541,80 : 3 m = 180,60 je Meter Gitter

Kalkulation für Holztor mit Sichtschutzzaun zwischen Haus und Garage, 5 m lang, 180 cm hoch:

Material	Menge	Preise in Euro	Summe in Euro
Preiswerte Variante			
Punktfundamente	4	3,95	15,80
U-Pfostenlasche mit Schrauben zum Einbetonieren	4	13,00	52,00
Pfosten 9 × 9 × 190 cm Kopf gerundet	4	16,50	66,00
Flechtzaunelement 200 cm lang, 180 cm hoch	2	64,50	129,00
Bogentür 100 cm breit			189,00
Beschlagssortiment	1		42,00
Befestigungsmaterial	1		18,00
Preis			511,80

511,80 : 5 m = 102,36 je Meter Zaun mit Tor

Material	Menge	Preise in Euro	Summe in Euro
Teure Variante			
Punktfundamente	4	3,95	15,80
U-Pfostenlasche mit Schrauben	4	13,00	52,00
Pfosten 11,5 × 11,5 × 190 cm	4	19,50	78,00
Rankgitter 200 cm lang 180 cm hoch	2	195,00	390,00
Tor 100 × 180 cm	1		420,00
Elementehalter Satz	2	8,90	17,80
Türbeschläge	1		120,00
Preis			1093,60

1093,60 : 5 m = 218,72 je Meter Zaun mit Tor

Kalkulation für Holzpaneelenzaun mit Tor, Länge etwa 5 m, 1,80 m hoch:

Material	Menge	Preise in Euro	Summe in Euro
Zaunelemente 90 × 180 cm	4	135,00	540,00
Tor mit Beschlägen 100 × 120 cm	1		174,00
Pfosten gerundet 9 × 9 × 190 cm	6	16,50	99,00
Pfostenträger	6	8,50	51,00
Befestigungsmaterial			20,00
Punktfundamente	6	3,95	23,70
Preis			907,70

907,70 : 5 m = 181,54 je Meter Zaun mit Tor

Kalkulation für Maschendrahtzaun, 18 m, etwa 130 cm hoch:

Material	Menge	Preise in Euro	Summe in Euro
Punktfundamente	9	3,95	35,55
4-Eck Drahtgeflecht 40 × 2,8 × 1250 mm	18	3,10	55,80
Zaunpfosten Durchmesser 60 mm, Länge 1600 mm mit Kunststoffkappe und Spanndrahthalter	7	11,90	83,30
Streben mit Montageschellen 40 × 34 × 1750 mm	2	13,00	26,00
Schellen für Geflechtsspannstäbe	6	6,50	39,00
Geflechtsspannstab	2	6,50	13,00
Spanndraht	1 Rolle		8,50
Drahtspanner	3	1,90	5,70
Preis			266,85

266,85 : 18 m = 14,83 je Meter Zaun

Kalkulation für Drahtzaun mit besonderem Design, Höhe 130 cm, Länge etwa 14 m:

Material	Menge	Preise in Euro	Summe in Euro
Drahtmatten 130 × 201 cm	7	74,00	518,00
Pfosten 170 × 5 cm	13	24,50	318,50
Punktfundamente	13	3,95	51,35
Preis			887,85

887,85 : 14 m = 63,42 je Meter Zaun

Kostenermittlung eines Punktfundamentes

Diese Kosten enthalten Material, Geräteeinsatz und Arbeitszeit. Die Mehrwertsteuer ist diesem Beispiel noch dazuzurechnen. Preise in Euro.

Durchmesser Punktfundament 30 cm, Tiefe 60 cm	Preis in Euro
25 l Beton für ein Fundament (1 m³ Fertigbeton etwa 75,00 ausreichend für etwa 40 Fundamente)	etwa 2,10
Leihgebühr Bohrer/Fundament (Ausleihen eines Erdbohrers etwa 30,00/Tag)	etwa 1,00
Zusätzliche Arbeitskraft für Bohrer Anteil je Bohrloch bei 1 Std. à 25,00€	etwa 0,85
Preis für ein Punktfundament	etwa 3,95

Das passende Tor zu Zaun und Mauer

Gartentore dienen sowohl praktischen als auch dekorativen Zwecken. Sie schützen die Privatsphäre und verwehren ungebetenen Gästen den unmittelbaren Zugang zu einem Grundstück.

Gartentore planen

Türen oder auch breite Tore sollten mit der Umfriedung eine optische Einheit bilden und nicht wie ein Fremdkörper wirken. Deshalb ist wohlüberlegte Planung für alle Details unverzichtbar, bevor gebaut wird.

Das Tor aus weißen Holzlatten, begleitet von zwei erhöhten Pfosten, macht einen edlen und einladenden Eindruck.

Passende Beleuchtungseinrichtungen runden das positive Erscheinungsbild eines Eingangsbereiches ab. Je einfacher eine Einfriedung erstellt wurde, desto einfacher ist auch die Lösung, zu einem passenden Tor zu finden. Hersteller von Metall- und Holzzäunen bieten fast immer gleichzeitig hierfür geeignete Türen und Tore an, die zum Zaun passen.

Zubehör für die Montage wie Beschläge, Befestigungsmaterial und Schließmechanismen gehört im Allgemeinen zum Lieferumfang oder ist gesondert erhältlich, wenn es als Eigenarbeit realisiert werden soll. Die Planung beginnt damit, wozu ein Gartentor dienen soll, denn neben dem Sicherheitsstreben spielen auch Gestaltungsaspekte eine Rolle. Soll es Einblicke auf das dahinterliegende Grundstück ermöglichen oder soll es eher abschirmen? Ein großzügiger Eindruck wird erreicht, wenn Einfriedung und Tor aus gleichem oder ähnlichem Material gebaut sind. Um den Eingangsbereich hervorzuheben, reichen oftmals Kleinigkeiten, wie etwas stärkere oder höhere Pfosten. Vielleicht passen auch kleine Portale oder pflanzenbewachsene Bögen. Aber das muss genau abgewogen werden. Selbst unterschiedliche Farb-

Ein romantischer grüner Torbogen mit schmiedeeiserner Türe.

Bei diesem modern gestalteten Tor steht Sicherheit und Schutz im Vordergrund.

gebung für Zaun und Tor sind eine Möglichkeit. Neben den Gestaltungsfragen muss aber alles praktisch und stabil sein und daher mechanisch einwandfrei funktionieren. Durch ständiges Öffnen und Schließen sind Türen und Tore naturgemäß starken physikalischen Kräften ausgesetzt. Als Torhalterung kommen gemauerte Pfosten, Natursteinsäulen, Betonpfosten sowie Pfosten aus Holz oder Stahl in Betracht. Sicherheit, Material und Proportionen sollten stets eine Einheit mit dem Zaun bilden. Zu wuchtig gewählte Pfosten lassen ein Tor oft klein erscheinen. Zu dünne Pfosten und mächtige Tore lassen an einer sicheren Aufhängung zweifeln.

Die Technik bei Toranlagen
Wichtig ist die Verschließtechnik. Mit dem Einbau eines Schlosses wird der Sinn und Zweck einer Toranlage erst erfüllt. Durchgesetzt haben sich Schließanlagen, die mechanisch nur von der Innenseite des Grundstücks und mit elektrischen Türöffnern oder infrarot- bzw. funkgesteuerten Fernbedienungen vom Haus oder dem Auto aus geöffnet werden können. Die Größe der dazu notwendigen Schließanlagen ist von der Größe und dem Gewicht der Toranlage abhängig. Sie bestehen aus dem mechanischen Antrieb, einem Sender und einem Empfänger.

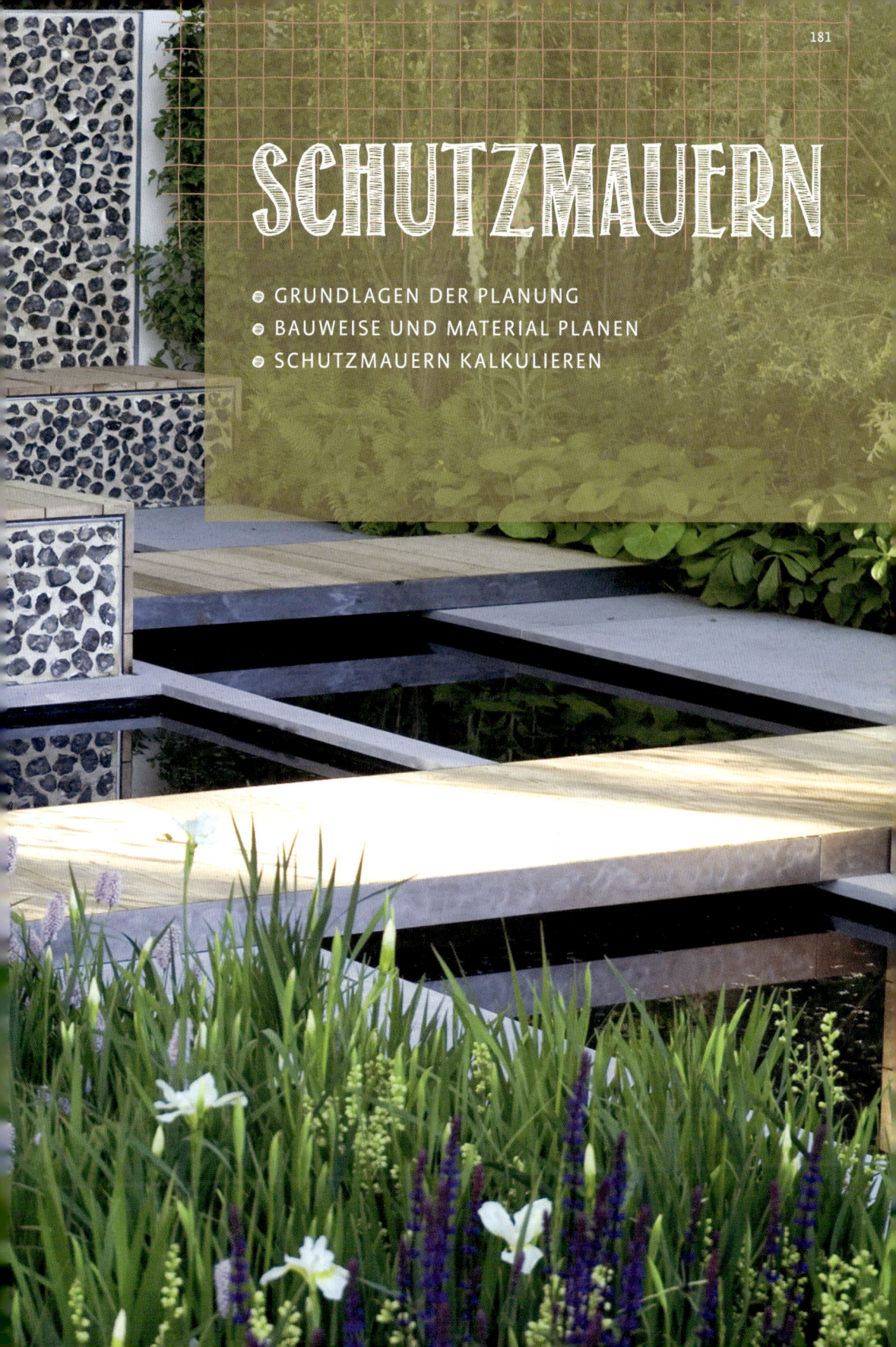

SCHUTZMAUERN

- GRUNDLAGEN DER PLANUNG
- BAUWEISE UND MATERIAL PLANEN
- SCHUTZMAUERN KALKULIEREN

Grundlagen der Planung

Mauern stellen, abhängig von ihrer Höhe sowie ihrer Bauart, die beste Sicherheitslösung als Einfriedung für ein Grundstück dar. Hohe Mauern bieten außerdem einen hervorragenden Sicht- und Windschutz und vor allem Lärmschutz.

Baurechtliches erkunden

Standort und Konstruktion einer Mauer sollten überlegt geplant werden, denn eine Mauer ist eine größere Investition und soll auch lange halten. Als erster planerischer Schritt müssen daher bei Grenzmauern eventuelle Abstandsvorschriften erfragt werden – dazu geben die einschlägigen Nachbarrechtsgesetze der einzelnen Bundesländer bereits Auskunft. Seltener ist eine Baugenehmigung erforderlich, um aber unliebsame Überraschungen zu vermeiden, sollte man sich vorsorglich bei der jeweils zuständigen Baubehörde darüber informieren. Ähnlich wie beim Bau eines Zaunes muss die geplante Strecke für die Mauer genau vermessen werden, am besten sucht man die Grenzsteine und legt diese für den Grenzverlauf frei. Die Außenkante der geplanten Mauer legt später die Grundstücksgrenze fest.

Die Bodenverhältnisse feststellen

Wenn man weiß, welcher Mauertyp infrage kommt und mit welchem Baustoff gearbeitet werden soll, dann taucht die Frage der richtigen Baumethode auf. Wird es eine gegossene Betonmauer aus einem Stück oder werden einzelne Natursteine, Betonsteine oder Klinker in Mörtel aufgemauert? Hilfestellungen zu diesen Fragen erhält man – bezogen auf das jeweilige Produkt – in gut geführten Baumärkten oder bei Baustoffhändlern.
Jede frei stehende Steinmauer muss ein Fundament haben. Deshalb sollte man das Gelände prüfen, denn der Baugrund darf sich nicht setzen. In Auffüllungen müssen die Fundamente schon deswegen tiefer reichen als auf gewachsenem Grund, bis eine sichere

TIPP
Bereits vor der Planung sollte jeder, der eine Mauer bauen will, sein Wohngebiet oder auch die weitere Umgebung erkunden und sich einmal ansehen, was denn die näheren und entfernteren Nachbarn gebaut haben. Vielleicht finden Sie auf diesem Wege ja sowohl ein für Ihre Bedürfnisse und Situation passendes – oder aber zumindest viele unpassende „Objekte". Im positiven Falle kann ein Gespräch mit dem Besitzer über seine Erfahrungen unter Umständen hilfreich sein.

Verschiedene Mauern können ein Grundstück einfrieden und Abwechslung in die Gestaltung bringen.

Auflage erreicht ist. Bei eventuell hohem Grundwasserstand muss das Wasser während des Bauens abgepumpt oder mit einer Drainage abgeleitet werden. In der Regel aber reicht eine Fundamenttiefe von 80 cm. Die Breite des Fundaments ist von der Mauerbreite abhängig.

Frei stehende Mauern entwerfen

Frei stehende Mauern werden als Grenzmauern ihrem Nutzen als Einfriedung am besten gerecht. Die Regelhöhe solcher Mauern liegt bei 180–200 cm. Sie können aus den unterschiedlichsten Materialien erstellt werden. Bauweisen mit oder ohne Abdeckung sowie verputzt oder als Sichtmauerwerk errichtet bieten sich an. Immer brauchen solche Mauern ein Frost- und setzungssicheres Betonfundament. Allerdings müssen sie nicht – wie bei einem Hanggrundstück – gegen Erddruck geplant werden. Deshalb entspricht ein schmaler Querschnitt und genau senkrechter Aufbau den statischen Erfordernissen. Bei einer freistehenden Mauer ist auch entscheidend, dass sie auf der Innen- und Außenseite gleich gut verarbeitet ist, denn sie wird immer von zwei Seiten sichtbar sein.

Die Funktionen einer Mauer

Welche Funktionen eine frei stehende Mauer übernimmt, hängt auch vom eingesetzten Material sowie ihrer Bauweise ab. In der Regel bieten solche Mauern Sicht-, Schall- und Wind-

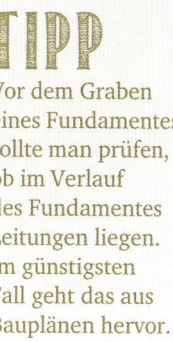

TIPP
Vor dem Graben eines Fundamentes sollte man prüfen, ob im Verlauf des Fundamentes Leitungen liegen. Im günstigsten Fall geht das aus Bauplänen hervor. Andernfalls muss bei den Ausschachtarbeiten vorsichtig gearbeitet werden.

Eine massive, frei stehende Trockenmauer schafft nicht nur Schutz, sondern bietet auch ein lebendiges Bild.

schutz und stellen zudem eine eindeutige Grenzmarkierung dar.
Sichtschutz ist bei Mauern mit entsprechender Höhe immer gewährleistet. Derartige Mauern sollten etwa bei engen Grundstücken gebaut werden sowie an Wegen und Plätzen mit viel Publikumsverkehr, um den Einblick auf das eigene Grundstück zu verwehren. Mit einer Mauer, die auf der Innenseite so gestaltet ist, dass sie ihrem Besitzer selber gefällt (z. B. durch eine nachträgliche Begrünung), können auch hässliche, unveränderbare Ausblicke auf nachbarliche Grundstücke verdeckt werden.
Lärmschutz wird an Autobahnen seit vielen Jahren mithilfe von Schallschutzmauern betrieben und kann auch im privaten Bereich an stark befahrenen Straßen praktiziert werden. Dabei muss eine solche Mauer natürlich nicht die Höhe und Größe von den an Autobahnen verbreiteten Einrichtungen erreichen. Eine einfache Betonmauer mit einem entsprechenden Pflanzengürtel wird rasch denselben Effekt erzielen.
Windschutz ergibt sich durch die geschlossene Bauweise einer Mauer

TIPP

Hangbefestigung mit Mauern ist immer dann notwendig, wenn zwischen verschiedenen Grundstücken Höhendifferenzen vorliegen oder starke Gefälle auf einem Grundstück vorkommen.
Die Betonindustrie bietet dafür unterschiedlichste Bauteile an. Natürlich kann Hangbefestigung auch mit den traditionellen Natursteinen oder Bauteilen aus Holz durchgeführt werden. Nähere Ausführungen hierzu finden Sie im ersten Teil dieses Buches von der Seite 13 bis 79 zum Thema „Mauern, Treppen, Geländemodellierung".

fast automatisch, der Wirkungsgrad ist aber von der Höhe der Mauer abhängig. Bei entsprechender Höhe stellt sich manchmal hinter der Mauer sogar ein Mikroklima in Teilbereichen eines Gartens ein, das Licht und Schatten sowie die Temperatur bis zu einem gewissen Grad verändert und bestimmten Pflanzenarten dadurch ermöglicht, dort zu wachsen.

Mauervarianten

Unterbrochene Mauerflächen werden immer dann empfohlen, wenn das Bauwerk sehr lang ist und dadurch monoton wirkt. Die Unterbrechungen können vielfältig in Material und Form gestaltet sein, die sich von der eigentlichen Mauer unterscheiden. Dies können z. B. Aussparungen im Mauerbereich sein, die sich offen oder mit Metallgittern verschlossen präsentieren. Auch können „öde" Betonmauern mit unterschiedlich farbigen Klinkersteinen aufgelockert werden. Zudem sind eingesetzte Holzpalisaden durchaus wirkungsvoll. Der Fantasie des Erbauers sind hier kaum Grenzen gesetzt.

Dekorierte Mauern

Ob eine Mauer verziert werden soll oder nicht, hängt vom verwendeten Baustoff, von der Bauart und vom Geschmack des Gartenbesitzers ab. Bei durch Flächenstruktur und Fu-

Diese hohe Natursteinmauer bietet Lärm- und Sichtschutz vor der vorbeiführenden Straße.

Eine farbige Mauer ist sicher Geschmackssache. Gerade für kleine Gärten ist Farbe aber ein wirkungsvolles Gestaltungselement.

gen abwechslungsreich gestalteten Natur- oder verschiedenen Kunststeinmauern kann auf zusätzliche Dekoration verzichtet werden, weil ihre Oberfläche bereits ansprechend genug ist. Anders ist es bei Rohmaterial, wie beispielsweise Hohlblocksteinen, Formbetonteilen, Gasbetonplatten. Solche Mauern werden in der Regel verputzt, farbig gestrichen oder durch Vormauerung edleren Steinmaterials (Naturstein, Klinker, Keramik) verschönert. Eine der klassischen Methoden, von der man inzwischen jedoch abgerückt ist, dürfte der allgemein bekannte Waschbeton sein. Bei einer bereits bestehenden, jedoch „hässlichen" Mauer, die weder durch Verputzen noch einen Anstrich verschönert werden kann, hilft meistens eine Bepflanzung mit rasch wachsenden Kletterpflanzen, um die Mauer in ein positiveres Licht zu rücken. Man unterscheidet hierbei zwischen selbsthaftenden Pflanzenarten und solchen, die eine Kletterhilfe benötigen, die als Rankgitter auf der Mauerfläche befestigt wird. Dabei sollten Sie auf die für die Pflanzen notwendigen Wachstumsvoraussetzungen wie Boden- und Lichtverhältnisse achten.

Eine Berankung durch unterschiedliche Kletterpflanzen macht aus einer unansehnlichen Mauer ein Stück grüne Oase.

TIPP

Versetzte Mauerteile unterbrechen die sehr geraden, strengen Linien einer langen Mauer. Bei einer versetzten Mauer wird jedoch wegen des gegeneinander versetzten Verlaufes mehr Grundfläche benötigt. Je nach Mauerlänge kann die Einrückbreite zwischen 10 cm und einem Meter liegen. Eine versetzte Mauer zu erstellen lohnt sich bei sehr schmalen Grundstücken nicht und macht auch nur bei langen Mauern Sinn. Die Versatzabstände können mit demselben Baumaterial oder mit anderen Bauelementen verschlossen werden. Auch ein beranktes Gitter ist empfehlenswert.

Bauweise und Material planen

Sowohl Bauweise als auch Material für Mauern sind sehr unterschiedlich und die Materialien bedürfen der unterschiedlichen Verarbeitung. Und häufig stellt sich die Frage: Selbermachen oder den Fachmann rufen?

Gemauerte Steinschichten

Unter dem Begriff „gemauerte Schichtbauweise" versteht man den Maueraufbau aus Einzelsteinen in gleichmäßigen Reihen oder verschieden großen Steinen in wechselnden Schichtstärken. Das Material ist Naturstein, Betonstein oder Klinker. Im Norden Deutschlands werden für diesen Zweck beispielsweise gerne Klinkersteine verwendet. Im Süden sind Natursteine öfters anzutreffen. Bis auf wenige Ausnahmen (Rohsteinmaterial) entstehen solche Mauern als Sichtmauerwerk, das heißt, sie werden meist nicht verputzt.

Gegossene Mauerstücke

Gegossene Mauern aus Beton – die gewissermaßen aus einem Guss sind – entstehen in Schalungen und verfügen über eine Baustahl-Armierung. Sie werden immer dann errichtet, wenn eine einheitliche Oberfläche erzielt werden soll oder wenn es darum geht, ein Hanggelände zuverlässig abzusichern und damit der Bodenerosion vorzubeugen. Das allerdings sollten Sie – wegen der Komplexität in Planung und Ausführung – einem professionellen Anbieter übertragen.

Abdeckungen

Abdeckungen auf der Mauerkrone werden nicht nur aus optischen Erwägungen gebaut, sondern sind bei

Diese Mauer wird durch Dachziegel abgedeckt, um das Eindringen von Feuchtigkeit zu verhindern.

BAUWEISE UND MATERIAL

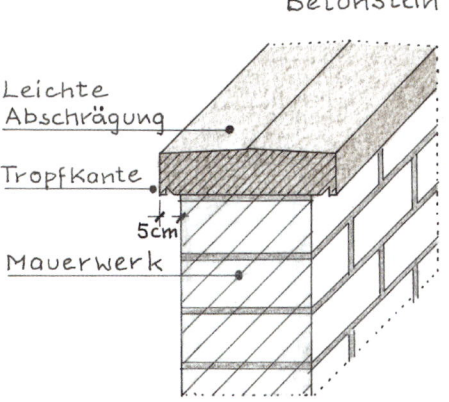

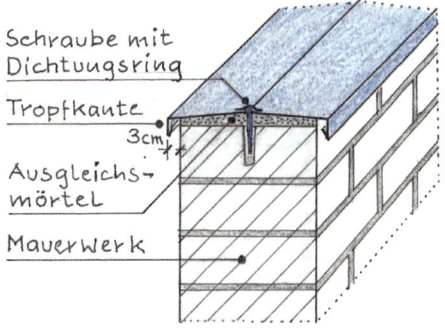

Beispiele für Mauerabdeckungen.

Frei stehende Schutzmauer aus Sichtmauersteinen.

Schichtmauerwerk oder verputzten Mauern notwendig, um ein Eindringen von Feuchtigkeit zu verhindern. Besonders gefährdet sind alle Mauerntypen, die aus Kalksandstein, Hohlsteinen oder anderem grobporigen Baumaterial gebaut wurden und die dazu neigen, Wasser und Feuchtigkeit aufzunehmen. Die Abdeckungen können aus Steinmaterial, Dachziegeln oder rostfreiem Blech bestehen.

Naturstein

Mit Natursteinen ergeben sich eigentlich die schönsten Mauern. Die Auswahl an verwendbaren Materialien ist riesengroß. Neben regional vorkommenden Gesteinsarten kann auf viele weitere Steinsorten zurückgegriffen werden, die aus aller Herren Länder stammen und die man bei Baustoffhändlern oder Gartencentern erhalten kann. Bei der Auswahl der Gesteinssorte sollte man umsichtig vorgehen.

Bruchrau solide aufgeschichtete Mauer aus Naturstein.

Allzu exotische Steine können wie ein Fremdkörper wirken, weil sie einfach nicht in das Umfeld passen wollen. Es macht daher häufig sehr viel mehr Sinn, sich mit den regional vorkommenden Steinsorten vertraut zu machen und diese dann auch einzusetzen. Natursteine werden in der Regel als regelmäßig zugerichtete Steine für den Bau von frei stehenden Mauern verwendet. Zum Errichten einer Natursteinmauer gibt es sehr viele verschiedene Gesteinsarten, die in ihrer Idealform plattenförmig sein sollten. Das heißt aber nicht, dass auch nicht mit anderen Gesteinsformen schöne Mauern zu bauen sind. Neben den präzisen Gesteinsnamen werden im Handel gerne weitere Handelsbezeichnungen verwendet, die nur bedingt Auskunft über das tatsächliche Material ergeben, daher sollten Sie im Zweifelsfall immer nachfragen.

Werkzeuge für Naturstein

Im Gegensatz zu Kunststeinen, die bereits die passende Form aufweisen, müssen Bruchsteine oder Platten für die Errichtung einer Natursteinmauer häufig noch nachgearbeitet werden. Macht man das selbst, gehört schon etwas Geschick dazu, und letztendlich hängt das Gelingen auch von der Härte des Steins ab.

Benötigt wird ein **Bossierhammer** (2000–3000 Gramm), mit der die Ansichtsfläche bearbeitet wird und Steinmaterial geteilt werden kann. Der **Maurerhammer** (1500 Gramm) besitzt eine waagerechte Schneidkante und eine hohl geschmiedete Schlagkante. Er wird zum Nacharbeiten der Steine benötigt. Der **Setzer** ist ein etwa 5 cm breiter Meißel mit glatter Schneide, der für die Bearbeitung von Kanten und zum Trennen eingesetzt wird. Ist die Schneidkante gezackt, spricht man von einem **Zahnmeißel**, der für weichere Gesteine benötigt wird. Mithilfe eines **Spitzmeißels** lassen sich härtere Gesteinsarten besser bearbeiten. Zum Führen der genannten Meißelarten setzt man einen handlichen **Fäustel** ein.

Klinker und Ziegelsteine

Diese Steine werden hauptsächlich im Norden von Deutschland für den Mauerbau eingesetzt. Eine mögliche Kombination, etwa mit Naturstein, ist Geschmackssache. Der Mauerbau aus Klinker- oder Ziegelsteinen erfordert ein hohes Maß an Vorplanung, denn Steinmaße und Fugen müssen präzise berechnet werden, um den Bau korrekt auszuführen. Auch muss das

Verschiedene Natursteinarten

Gestein	Bemerkung
Granit	bearbeitetes Gestein für Block und Verblendung, in vielen Materialstärken und Farben erhältlich
Sandstein	bearbeitetes Material oder auch unbearbeitet. Unterschiedliche Farben aus verschiedenen Regionen. Material aus Abbruchhäusern
Quarzit	hartes Gestein in unterschiedlichen Farben
Porphyr	dunkles, hartes Gestein
Kalkgestein	oft plattenförmig, unterschiedlich hart, verschiedene Farben
Tuffgestein	oft mit Aushöhlungen, Härte sehr unterschiedlich

Verschiedene Stütz- und Schutzmauern aus Ziegelstein prägen diesen formalen Garten.

Betonsteine sind häufig kaum von Natursteinen zu unterscheiden, dafür aber meist leichter zu verbauen.

Mauern aus Kalksandsteinen sollten gestrichen und nicht verputzt werden.

Material frosthart sein. Die einzelnen Steine können dann zu unterschiedlichen Mustern zusammengesetzt werden.

Formsteine aus Terrakotta

Aus solchen Steinen werden kleine Mauern zu dekorativen Zwecken errichtet. Sie bestehen aus einzelnen oder in Rahmen zusammen gefassten rohrähnlichen Strukturen. Terrakotta-Formsteine werden nicht direkt auf ein Fundament auf dem Boden gesetzt, sondern auf eine dafür angefertigte Erhöhung. Diese Art von Mauern sieht man heutzutage nicht mehr sehr häufig, dennoch sind diese Formteile aus Ton nach wie vor auf dem Markt erhältlich. Wichtig ist auch hier die Frosthärte.

Betonsteine

Betonsteine sind in vielen Formen und Farben erhältlich. Struktur und Farbgebung machen es gelegentlich schwer, derartige Steine von einem Naturstein zu unterscheiden. Häufig werden solche Steine maschinell und gelegentlich von Hand auch vom Hersteller noch nachgearbeitet, um dem Naturstein noch ähnlicher zu sein. Der Beton besteht aus eingefärbtem Material oder Beimischungen von buntem Natursteinsplitt. In vielen Systemen gibt es zu diesen Steinen, einem Baukasten vergleichbar, passende Formsteine wie Ecken, Winkel, Fuß- und Kopfteile und Endsteine. Der Aufbau ist dann relativ einfach, erfordert aber eine genaue Planung an benötigten Formteilen. Beim Materialeinkauf einer solchen Mauer lässt man sich stets vorher eine Zeichnung ausarbeiten, aus der dann die Materialmenge hervorgehen sollte. Die Steine für solche Mauern werden als fertig gespaltene Einzelsteine geliefert und müssen nur aufeinandergesetzt werden, wobei die unterste Lage natürlich auf einem setzungsfreien, frostsicheren Betonfundament aufliegen sollte. Hohlblocksteine aus Porenbeton, wie sie zum Bau von Häusern verwendet werden, können ebenso für Mauern verbaut werden. Nachteilig an ihnen ist, dass sie wenig attraktiv sind und die so erstellte Mauer dann noch verputzt werden muss. Der Vorteil an derartigen Steinen ist, dass solch eine Mauer bedingt durch die Steingröße sehr schnell aufgebaut ist.

Böschungssteine lassen sich zwar bepflanzen, aber dennoch wirken solche Mauern oft sehr massiv.

Kalksandsteine

Sie sind ebenfalls eine für den Hausbau übliche Steinvariante, die sich für Mauerbau eignet. Diese weißen Steine sind in unterschiedlichen Steinbreiten und -höhen erhältlich und leicht zu verarbeiten. Ordentlich mit Mörtel gemauert, können sie auch „naturbelassen" bleiben, auf eine Abdeckung der Mauerkrone kann wegen der Porosität dieser Steine und der hohen Wasseraufnahme aber nicht verzichtet werden.

Böschungssteine

Böschungssteine aus Beton sind nicht nur zur Hangbefestigung geeignet, mit ihnen lassen sich auch frei stehende Wände hochziehen. Es handelt sich hierbei um offene und sehr grobporige, hufeisenförmige, runde oder eckige Betonsteine, die schichtweise aufeinander gesetzt werden. Sie sind in den Farben betongrau oder sandsteinrot in unterschiedlichen Größen erhältlich. Werden mehrere dieser Steine aufeinander gesetzt, müssen die Hohlräume lediglich mit Steinmaterial oder auch Beton gefüllt werden. Wegen der Mindesthöhe einer Sichtschutzmauer von 180 cm sollte man ein frostsicheres, setzungsfreies Betonfundament auch bei dieser Ausführung vorsehen.

Gabionen

Der Begriff „Gabione" stammt vom italienischen Wort *gabbione* ab und bedeutet so viel wie großer Korb.

TIPP
Mauern aus Böschungssteinen wirken sehr massiv und „festungsartig", ein wichtiger Gesichtspunkt, der bei der Planung unbedingt zu bedenken ist.

Mauern aus Gabionen sind sehr vielfältig gestaltbar.

Kennt man sie schon bereits vom Autobahnbau her, so haben sie erst vor wenigen Jahren mit ihren vielfältigen Verwendungsmöglichkeiten Einzug in unsere Gärten gehalten. Bei der Befüllung unterscheidet man zwischen Schüttkörben und Mauersteinkörben. Insbesondere bei der Verwendung als Mauer oder Zaunersatz erweisen sie sich als besonders sinnvoll. Nicht gerade preiswert, aber dafür besonders haltbar und praktisch wartungsfrei. Gabionen werden von vielen Herstellern angeboten, ein Preisvergleich ist daher wichtig. Hier sollte man noch zwischen Eigenmontage oder einer Fertiglieferung unterscheiden.

Kosten sparen, aber wo?

Was kann man, um Kosten zu sparen, beim Bau einer Mauer selber machen? Diese Frage ist nicht ganz einfach zu beantworten, denn das hängt einerseits vom Geschick desjenigen ab, der die Mauer bauen möchte, zum anderen vom verwendeten Material. Mauern, die ohne Mörtel (also geschichtet oder geklebt) gebaut werden, müssen akkurat aufgebaut werden. Häufig verfügen Dekormauersteine aus Beton über eine Art „Nut- und Feder"-System, was den Aufbau einer Mauer ganz wesentlich vereinfacht. Etwas schwieriger wird es dann schon, wenn Klinker, Ziegelsteine oder andere dekorative Steinmaterialien Stein für Stein aufeinander gesetzt werden müssen und dann noch ordentlich verfugt werden sollen. Ohne die Hilfe einer gelernten Kraft sollte man derartig korrekt auszuführende Arbeiten besser unterlassen.

Was man in jedem Fall selber machen kann, ist der Bau des notwendigen Fundaments. Die Hauptarbeit ist das Ausschachten des Fundamentgrabens. Fast überall findet man heutzutage Firmen, bei denen man sich Baumaschinen und Geräte tageweise ausleihen kann, teils sogar gegen Aufpreis mit einem Mitarbeiter, der die Maschine bedienen kann.

Ob man dabei wirklich spart, ist reine Kalkulation: Wie viele Tage benötige ich für reine Handarbeit und was kostet mich im Gegenzug das Ausleihen einer Maschine. Bei schweren, mit Steinen durchsetzten Böden sollte man diese Frage allerdings gar nicht erst aufkommen lassen.

Die Fundamentierung vorbereiten

Für den Bodenaushub je nach Fundamentlänge und Bodenbeschaffenheit werden **Schaufel, Spaten** und **Pickel** gebraucht, eventuell sogar ein **Minibagger**.

Zu bedenken sind auch noch die anfallenden und teilweise nicht unerheblichen Bodenmassen. Bei einer Grabenlänge von 10 m, einer Tiefe von 80 cm und einer Breite von 40 cm ergeben sich immerhin 3,2 m³ Erdmasse, die in den meisten Fällen abgefahren werden muss. Es muss also ein geeignetes **Fahrzeug** oder ein **Hänger** eingeplant werden.

Eisenstäbe, Fluchtstäbe und **Maurerschnur** sind notwendige Hilfsmittel zur Einhaltung der Richtung. Bei stufig ausgeführten Fundamenten werden eine **Richtlatte, Wasserwaage** oder eine **Wasserwaage mit Laserpointer** unentbehrlich sein. Für die Gestaltung der sichtbaren Bereiche eines Fundamentes (das sind die Oberkante oder der treppenförmige Aufbau bei Stufenfundamenten) werden **Schalmaterial** und **Abstandhalter** für die Schalbretter benötigt.

Eine **scharfe Holzsäge** und einen **Zollstock** braucht man für den Zuschnitt.

Mauerfundamente sind in der Regel etwa 80 cm tief und verfügen im unteren Bereich über eine etwa 30–40 cm starke Grobkies- oder Schotterschicht (Frostschicht). Für deren Verdichtung kommt ein **Stampfer** zum Einsatz. Bei sehr langen Gräben kann man sich auch hier ein Gerät mieten. Je nach Fundamentbreite und -länge sollte man die Verwendung von kleinen **Baustahlmatten** mit einplanen. Beton für das Fundament kann aus **Zement, Kies** und **Wasser** in einem Betonmischer hergestellt werden. Bei sehr langen Fundamenten ist es zweckmäßiger, auf **Fertigbeton** zurückzugreifen, der schon ab einer Menge von 2–3 m³ per LKW angeliefert wird.

Maurerkelle, Glättebrett, Fäustel sowie **Hammer** und **Nägel** runden den notwendigen Material- und Gerätebedarf ab.

Schutzmauern kalkulieren

Haben Sie sich entschieden, welches Material verwendet wird, stellt sich die Frage: Was kostet das? Die folgenden Aufstellungen geben einen kleinen Überblick um die entstehenden Ausgaben abzuschätzen.

Kostenberechnungsbeispiel eines Streifenfundaments für Mauern

Diese Kosten enthalten Material, Geräteeinsatz und Arbeitszeit. Die Mehrwertsteuer ist noch hinzuzurechnen.

Streifenfundament	Material	Preise in Euro
Länge 10 m	Aushub mit dem Minibagger	60,00
Breite 40 cm	Schotterschicht 1,6 m³	69,00
Tiefe 80 cm	Beton C 20/25 1,6 m³	105,00
Stärke Schotterschicht 40 cm	Baustahlmatten-Stücke	30,00
Stärke Betonschicht 40 cm	Schalmaterial	30,00
	Kosten für 10 m Streifenfundament	294,00

294 : 10 m = 29,40/lfd. Meter Fundament

Kostenberechnungsbeispiel Grenzmauer Vorgarten 12,5 m lang, 50 cm hoch

Die folgenden Kosten enthalten nur das Material ohne Mehrwertsteuer. Bei Ausführung durch eine Fachfirma sind etwa 40–45% der Materialkosten als Arbeitslohn hinzuzurechnen.

Material	Menge	Preise in Euro	Summe in Euro
Kunststeinmauer, Maße der Vollsteine 25 × 24 × 12 cm	152	3,70	562,40
Maße der Halbsteine 12,5 × 24 × 12 cm	16	3,50	56,00
Kunststeine für Pfeiler 30 × 40 cm	15	5,50	82,50
Abdeckplatte für Pfeiler 60 × 32 × 6 cm	5	18,00	90,00
Schotterfundament Breite 30 cm, Tiefe 50 cm, Länge 12,5 m, benötigte Schottermene etwa 2 m³			130,00
Kosten für 12,5 m Grenzmauer			920,90

920,90 : 12,5 m = 73,67 je Meter Vorgartenmauer, 50 cm hoch

Kalkulationsbeispiel einer Trockensteinmauer

Trockenmauern oder Bruchsteinmauern verursachen einen großen Kostenaufwand, der in erster Linie durch das Material verursacht wird, wenn dieses zugekauft werden muss. Zudem ist der Arbeitsaufwand sehr groß, was weitere Kosten entstehen lässt. Durch ausreichende Informationen und mit etwas handwerklichem Geschick kann man aber auch selbst eine trocken aufgesetzte oder eine Bruchsteinmauer im Garten entstehen lassen. Rechts ein paar wichtige Gesteinsarten, deren Kosten und Ergiebigkeit. Die Kosten enthalten nur das Material ohne Mehrwertsteuer.

- Sandstein „Vogesen" rot mit gelben Einschlüssen, roh gebrochen, 1 Europalette enthält 1,5 t Steinmaterial, ausreichend für ca. 4 m² Mauer
  Preis für eine Palette: *210,00 Euro*

- Roter Quarzit dunkelbraun/rot mit Einschlüssen, roh gebrochen, Ergiebigkeit 3–4 m2/t, Preis für eine Tonne: *232,00 Euro*

- Trockenmauer aus bearbeiteten Granitsteinen, 30–40 cm lang, Höhe 8–10 cm, Gewicht/Stück ca. 15 kg
  Preis für eine Tonne: *230,00 Euro*

- Granitblöcke, hellgrau gespalten, Größe 20 × 20 × 40 cm, Gewicht ca. 50 kg, Preis für eine Tonne: *210,00 Euro*

- Kalkstein-Trockenmauerstein, unbearbeitet, 1 m³ wiegt ca. 1,1–1,2 t 1 m2 wiegt ca. 0,7 t bei Materialstärke 30 cm
  Preis für eine Tonne: *260,00 Euro*

Trockenmauer aus Pfrondorfer Sandstein mit schönem Bewuchs.

HECKEN

- GRUNDLAGEN DER PLANUNG
- VERSCHIEDENE HECKENARTEN
- HECKEN KALKULIEREN

Grundlagen der Planung

Als Hecken bezeichnen wir gereihte Pflanzungen aus Sträuchern und Bäumen, die frei wachsend oder geschnitten eine Einfriedung bilden. Als gelungen können Kombinationen aus Sicherheitszaun und Hecke bezeichnet werden, kaschieren die Pflanzen doch oft nüchtern wirkende Zäune erheblich.

Einfriedungen mit Pflanzen

Obwohl **Nadelgehölze** gleich mehrere Vorteile in sich vereinen, sind sie andererseits auch mit einigen Nachteilen behaftet. Schon deswegen ist die Auswahl der Pflanzenart ganz dem individuellen Geschmack vorbehalten. Nadelgehölze sind immergrün und bieten somit einen idealen Sichtschutz. Gegenüber einer bunt gemischten Zierstrauchhecke allerdings ist eine solche Hecke bei einigen Liefergrößen in ihrer Anschaffung teurer. Der Pflegeaufwand ist geringer, wenn man regelmäßiges Schneiden, z. B. bei Eiben, nicht berücksichtigt. Nadelgehölze sind Flachwurzler und so wirkt sich der starke Drang der Bodendurchwurzelung im oberen Bereich nachteilig aus, der später keinen anderen Pflanzenwuchs aufkommen lässt. Aus ökologischer Sicht werden zu viele Nadelgehölze gepflanzt, die vielen tierischen Mitbewohnern unserer Umwelt wenig dienlich sind. Nachteilig ist ebenfalls, dass ein Nadelgehölz im unteren Bereich kahl wird, was allerdings von der Gehölzart und dem Schnitt abhängig ist.

Laubgehölze hingegen bilden gleich ein farbenfrohes Bild, das sich von selbst durch den Wandel der Jahreszeiten ergibt. Der Anschaffungswert für eine Hecke ist bei gleicher Liefergröße in der Regel geringer als bei Nadelgehölzen, zudem sind die Gestaltungsmöglichkeiten und die Vielfalt der zur Verfügung stehenden Pflanzen beträchtlich höher. Allerdings verlieren die meisten Laubgehölze mit Einbruch der Kälte ihr Laub und sind dann über mehrere Monate kahl. Nicht unterschätzen darf man auch das Laub, das sowohl auf dem eigenen als auch dem Nachbargrundstück verteilt wird.

Nadelgehölze bieten im Sommer wie im Winter Sichtschutz.

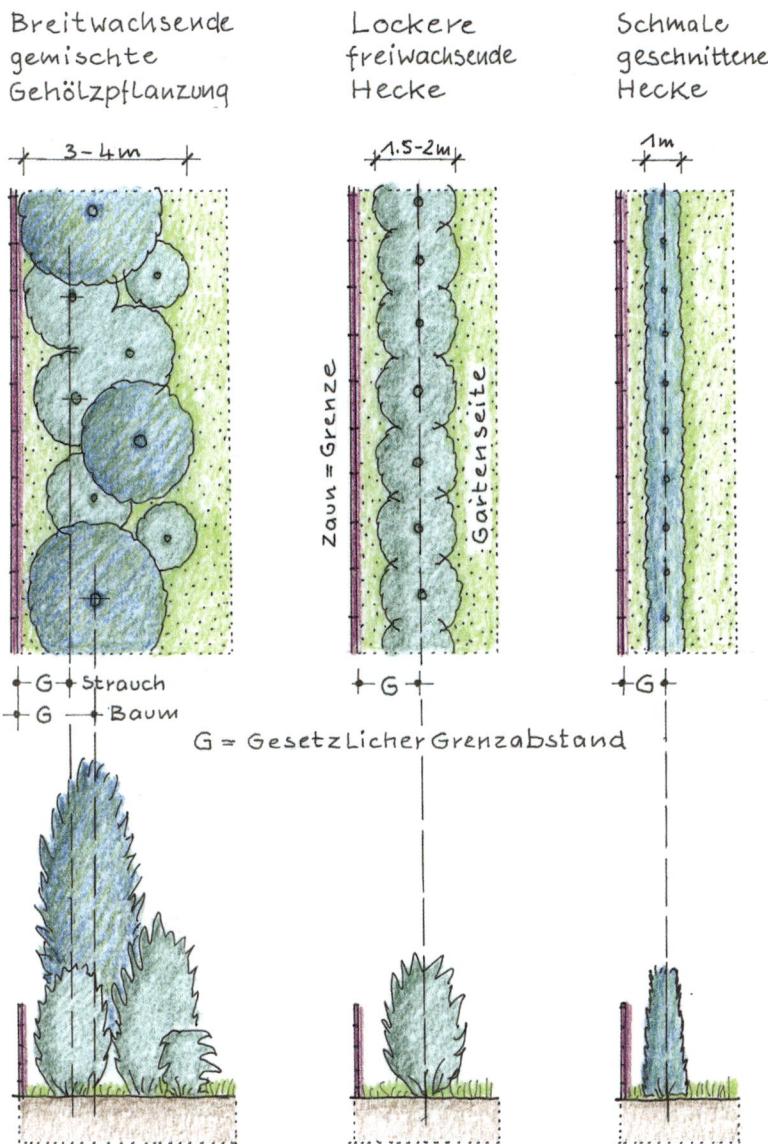

Typische Heckenarten und der gesetzliche Grenzabstand (Grundriss und Schnitt).

Wählt man eine streng geschnittene Heckenform, muss auch das artgerechte Schneiden der jeweiligen Gehölze in Betracht gezogen werden, wobei pauschale Schnittmaßnahmen sicherlich nicht der richtige Weg sind.

Grenzabstände zum Nachbarn

Vermutlich gibt es kaum mehr nachbarschaftliche Streitereien als um Hecken. Dabei genügen im Allgemeinen schon klärende Gespräche mit dem

Finanzielle Zuschüsse
Im Zuge der allgemeinen Einsparungen werden Zuschüsse zu geplanten Pflanzmaßnahmen wohl eher eine Ausnahme sein, trotzdem lohnt es sich, bei der zuständigen Gemeindeverwaltung einmal nachzufragen. Kaum jemand wird einen Zuschuss für seine 50 m lange Thuja-Hecke erhalten, denn diese Gelder sind auch an bestimmte Bedingungen geknüpft. So werden Zuschüsse generell nur für Pflanzungen mit Wildgehölzen, deren Art, Menge und Standort von vornherein festgelegt wird, von der Behörde genehmigt. Hierbei gibt es in vielen Gemeinden Auflistungen mit regional passenden Pflanzenarten.

Nachbarn, um den „Pflanzenstreit" zu umgehen. Allerdings sollten Sie auch wissen, dass Pflanzabstände im Grenzbereich gesetzlich geregelt sind. Genaue Informationen sind in den Nachbarrechtsgesetzen der einzelnen Bundesländer nachzulesen, die im Buchhandel erhältlich sind. Als Grundregel dient Folgendes, zutreffend für Bäume und Sträucher: Der erforderliche Grenzabstand richtet sich nach der Entwicklungsgröße der Pflanzen.

Je höher und breiter eine Hecke vorgesehen ist, desto größer wird der Grenzabstand. Der Abstand ist die kürzeste Verbindung zur Grenze und wird bei Bäumen von der Mitte des am nächsten an der Grenze stehenden Triebes gemessen. Näheres dazu, vor allem auch Gerichtsurteile, erfährt man bequem über das Internet.

Bodenverhältnisse und -verbesserung

Ob die gesetzten Heckenpflanzen erfolgreich wachsen, hängt stark von den gegebenen Bodenverhältnissen ab. Nachteilig wirken sich häufig zu sandige Böden aus, weil deren Wasserhaltekraft zu gering ist und die Pflanzen dann zu trocken stehen. Ebenso ungünstig wirkt sich stauende Nässe aus. In beiden Fällen sollte man versuchen, die Bodenbedingungen durch Einbringen geeigneter Bodenverbesserer bzw. Wasserableitung zu verändern. Ferner kann man schon bei der Pflanzenauswahl auf feuchtigkeits- oder trockenheitsresistente Pflanzenarten achten.

Pflanztermine

Pflanzenqualität	Frühjahr	Sommer	Herbst	Vorteil	Nachteil
wurzelnackte Ware*			■	preiswert	unsicheres Anwachsen, hoher Wurzelverlust beim Ausgraben
Ballenware	■		■	besseres Anwachsen, weil geringer Wurzelverlust	teurer als vorige Qualität
Containerware	■	■	■	sicheres Anwachsen, da kein Wurzelverlust	hoher Preis

* bei starkem Rückschnitt auch noch im Frühjahr

Verschiedene Heckenarten

Für Grundstückseinfriedungen eignen sich Pflanzen ganz besonders gut. Hier werden geeignete Pflanzen nach Gruppen geordnet vorgestellt. In den dazugehörigen Tabellen werden jeweils einige Arten näher beschrieben.

Hecken aus Wildgehölzen

Diese naturnahen Hecken werden teilweise sehr groß. Deshalb sollte nicht der gesamte Umfang des Grundstücks mit Wildgehölzen eingefasst werden. Besonders schön wirken Hecken, die nach Blühtermin, Herbstlaubfärbung, Fruchtansatz oder dekorativem Rindenschmuck zusammengestellt werden. Landratsämter, Gartenämter oder auch Umweltorganisationen sprechen zu diesem Thema regional unterschiedliche Empfehlungen aus und veröffentlichen dazu meistens auch Pflanzenlisten mit entsprechendem Pflanzenmaterial.

Eine Kornelkirsche ist ein schöner Frühlingsbote und bringt im Herbst Früchte, die in der Küche zu leckeren Spezialitäten verwertet werden können.

Eine kleine Auswahl geeigneter Wildgehölze

Botanischer Name	Deutscher Name	Bemerkung
Acer campestre	Feldahorn	Baum, 6–8 m hoch
Amelanchier ovalis	Felsenbirne	Strauch, 2–3 m hoch
Cornus mas	Kornelkirsche	Großstrauch, 4–7 m hoch, verwertbare Früchte
Cornus sanguinea	Hartriegel	Strauch, 3–4 m hoch
Ligustrum vulgare	Liguster	Strauch, bis 5 m hoch, schwarzer Beerenschmuck
Sambucus racemosa	Traubenholunder	Strauch, 3–4 m hoch, schöne Blüten, rote Früchte (giftig!)
Viburnum lantana	Wolliger Schneeball	Strauch, 2–3 m hoch, zierende Früchte (giftig!)

Laubabwerfende Zierstrauchhecken

Der Unterschied zu den Wildgehölzen besteht darin, dass es sich bei den meisten Ziersträuchern um Zuchtformen oder Hybriden handelt. Sie blühen üppiger, farbiger und mit größeren Blüten und die Blühtermine sind vielfältiger. Außerdem ist die Palette der früh- als auch spätblühenden Arten reicher. Dabei gelten auch regionale Besonderheiten. So werden z. B. im norddeutschen Raum sehr gerne blühende Hecken aus Rhododendron und Azaleen erstellt. Diese blühende und zusätzlich auch noch immergrüne Hecke sieht großartig aus, aber die Pflanzen wachsen nicht überall, weil sie keinen Kalkboden und kein trocken-warmes Klima vertragen.

Chinesischer Flieder ergibt in freiwachsender Hecke eine wahrlich schöne Blütenpracht im späten Frühjahr.

Eine kleine Auswahl geeigneter Ziersträucher

Botanischer Name	Deutscher Name	Bemerkung
Forsythia intermedia	Forsythie	Strauch, 2,5–3 m hoch, Frühjahrsblüher
Kolkwitzia amabilis	Kolkwitzie	Strauch, 3–4 m hoch, rosa blühend
Malus floribunda	Zierapfel	Kleinbaum, 4–6 m hoch, Frucht tragend
Philadelphus coronarius	Bauernjasmin	Strauch, 3–4 m hoch, Blüte einfach weiß
Philadelphus virginalis	Pfeifenstrauch	Strauch, 2–3 m hoch, gefüllte Blüte weiß
Spiraea arguta	Brautspiere	Strauch, 1,5–2 m hoch, weiß blühend
Spiraea vanhouttei	Prachtspiere	Strauch, bis 2,5 m hoch, weiß blühend
Syringa chinensis	Chinesischer Flieder	Strauch, 3–4 m hoch, Blüte hellviolett
Syringa vulgaris	Edelflieder	Strauch, 3–4 m hoch, veredelte Sorten

HECKENARTEN

Immergrüne Zierstrauchhecken

Der Nachteil einer Hecke aus Wildgehölzen oder laubabwerfenden Ziersträuchern besteht darin, dass diese Pflanzen durch den herbstlichen Laubfall kahl werden. Ein Ausweg bietet sich durch Pflanzung immergrüner Sträucher. Um der Monotonie einer solchen Bepflanzung ein wenig entgegenzuwirken, hat sich eine Mischbepflanzung mit blühenden, aber laubabwerfenden Ziersträuchern bewährt. Bei dieser Bepflanzungsart sollten dann aber Schwerpunkte festgelegt werden, wo ein Sichtschutz erwünscht ist. Zu bedenken ist bei der Planung, dass viele immergrüne Sträucher nicht unmittelbar den ganzen Tag der Sonne ausgesetzt sein möchten. Hinzu kommt noch, dass die Auswahl immergrüner Sträucher wesentlich geringer ist als die von Wildgehölzen oder blühenden Ziersträuchern.

Bambus ist immergrün und passt sehr gut in eine moderne Gartengestaltung.

Eine kleine Auswahl immergrüner Laubgehölze

Botanischer Name	Deutscher Name	Bemerkung
Buxus sempervirens	Hoher Buchsbaum	2–3 m hoch, Formschnitt möglich
Fargesia murielae	Garten-Bambus	Halme 3–4 m hoch, keine Ausläufer
Ilex aquifolium 'J.C. van Tol'	Fruchtende Stechpalme	Großstrauch, 4–6 m hoch
Ligustrum vulgare 'Atrovirens'	Liguster	bis 5 m hoch, wintergrün, schnittverträglich
Prunus laurocerasus 'Herbergii'	Aufrechter Kirschlorbeer	Strauch, 2–3 m hoch, schmale Blätter
Pseudosasa japonica	Breitblatt-Bambus	Halme 2–3 m hoch, keine Ausläufer

Nadelholzschnitthecken

Schnitthecken brauchen wenig Grundfläche. Damit das so bleibt, müssen sie in regelmäßigen Abständen und zum richtigen Zeitpunkt geschnitten werden, damit sie ihre Form behalten. Manche Nadelgehölze dürfen nicht ins alte Holz zurückgeschnitten werden, sonst bleiben diese Stellen kahl. Gemeint sind hiermit neben den Fichten die Lebensbaum- und Scheinzypressenarten, die in einer großen Sortenvielfalt auf dem Markt sind. Bei Schnitthecken werden die Pflanzen enger als üblich in eine Reihe gepflanzt.

Thujahecke *Thuja occidentalis* 'Smaragd'.

Die wichtigsten Nadelgehölze für Schnitthecken

Botanischer Name	Deutscher Name	Bemerkung
Chamaecyparis lawsoniana und Sorten	Scheinzypresse	nicht ins alte Holz schneiden, sonst Verkahlungsgefahr
Picea abies	Rotfichte	regelmäßig schneiden, nicht ins alte Holz, sonst Kahlstellen
Taxus baccata und Sorten	Eibe	einziges Nadelgehölz, das sich aus altem Holz regeneriert. Wertvolle Koniferenhecke
Thuja plicata und Sorten	Lebensbaum	schnittverträglich, nicht zu altes Holz treibt allmählich wieder aus. Starken Rückschnitt vermeiden
Thuja occidentalis und Sorten	Lebensbaum	als Heckenpflanzen geeignet, gut schnittverträglich

Laubabwerfende Schnitthecken

Solche Hecken sind in der Regel keine Blütenhecken, es sei denn, die Sträucher blühen am älteren Holz. Bei den meisten Blütensträuchern jedoch fallen die Blütentriebe dem regelmäßigen Formschnitt zum Opfer. Der „nur grüne" Eindruck bestimmt folglich das Gartenbild. Das laublose Winterbild ist auch kaum ein Nachteil, halten wir uns doch in dieser Jahreszeit nicht im Garten auf. Günstig wirkt sich auch aus, dass die geometrische Starre laubabwerfender Hecken weniger stark ausgeprägt ist als bei einer Nadelholzhecke. Mit den in folgender Aufstellung bewährten Gehölzarten, die sich schnell und zuverlässig regenerieren, kann eine dauerhafte Hecke geplant und ausgeführt werden.

Hecken bis/über 2 m Erziehungshöhe

Botanischer Name	Deutscher Name	Bemerkung
Hecken bis 2 m Erziehungshöhe		
Cornus mas	Kornelkirsche	verzweigt sich gut, bildet daher dichte Flächen. Starker Schnitt bewirkt willigen Austrieb. Kalk liebend
Ligustrum vulgare 'Atrovirens'	Liguster	robust, verträgt starken Schatten. Wintergrün. Alle Hecken können bis auf die Basis zurückgeschnitten werden, um einen Neuaufbau zu erreichen
Spiraea × arguta *Spiraea × vanhouttei*	Spiersträucher	Heckenpflanzen, die sich anfangs auch frei entfalten können und erst später geschnitten werden. Schattenverträglich. Kaum Blüten bei strengem Schnitt
Ribes alpinum	Alpenjohannisbeere	verträgt starken Wurzeldruck. Kann ebenfalls anfangs frei wachsen, bevor streng geschnitten wird
Philadelphus erectus	Heckenjasmin	blüht kaum bei strengem Schnitt. Ebenfalls schattenverträglich. Zu groß gewordene Hecken können stark zurückgenommen werden
Hecken über 2 m Erziehungshöhe		
Acer campestre	Feldahorn	sehr gute Winschutzhecke, kann im Alter nicht mehr stark verjüngt werden, deshalb regelmäßiger Schnitt erforderlich
Carpinus betulus	Hainbuche	verträgt jeden Schnitt, auch starken Rückschnitt ins alte Holz. Behält bis zum Frühjahr trockene Blätter, deshalb auch Wind- und Sichtschutz im Winter
Crataegus monogyna	Weißdorn	gute Vogelschutzhecke (dornig!). Leider in Gegenden mit Feuerbrandkrankheit nicht mehr zu empfehlen
Fagus sylvatica	Rotbuche	für höhere Hecken als Hainbuchen besonders geeignet. Behält ebenfalls bis zum Frühjahr trockene Blätter. Kein starker Rückschnitt ins alte Holz zu empfehlen

Laubabwerfende Hainbuchenhecken können sehr gut zur Gartengestaltung eingesetzt werden.

Wehrhaftigkeit und Schönheit ergänzen sich bei dieser immergrünen Feuerdornhecke.

Wehrhafte Hecken

Eine ganze Reihe von Wild- aber auch Ziergehölzen hat Stacheln oder Dornen, die bei entsprechender Wuchshöhe und Pflanzendichte das Betreten eines Grundstücks auch ohne zusätzlichen Sicherungszaun geradezu unmöglich machen. Bei entsprechender Pflege (aber nur mit Lederhandschuhen und dickem Armschutz), bieten derartige Hecken einen wirksamen Schutz. Darunter finden sich auch Arten, die gleich mehrfach optische

Eine kleine Übersicht über wehrhafte Hecken

Botanischer Name	Deutscher Name	Bemerkung
Berberis julianaea	Großblättriger Sauerdorn	Strauch, 2–3 m hoch, immergrün
Crataegus crus-galli	Hahnendorn	Großstrauch, 6–8 m hoch
Pyrancantha coccinea (Sorten)	Feuerdorn	Strauch 2–3 m hoch, immergrün
Rosa canina	Hundsrose	heimische Strauchrose, 2–3 m hoch und breit, Blüte weiß-rosa, einfach
Rosa multiflora	Büschelrose	Strauchrose, 2 m hoch, 3 m breit, Blüte weiß
Rosa rugosa	Kartoffelrose	Strauchrose, 1–1,5 m hoch, Blüte rosarot, einfach blühend, Ausläufer

HECKENARTEN

Reize bieten, in dem sie blühen, immergrün sind und dann auch noch einen Beerenschmuck aufweisen. Nachteilig ist der allgemein große Platzbedarf für einige der hoch und breit wachsenden Arten dieser Pflanzengruppe.

Frucht tragende Hecken

Anstelle einer blühenden oder immergrünen Hecke kann in Teilbereichen des Heckenverlaufs eine Pflanzung mit Nutzgehölzen eingeplant werden. Das hat den Vorteil, dass zu bestimmten Jahreszeiten Obst geerntet werden kann. Geschickt geplant, kann durch das Pflanzen unterschiedlichster Sorten über einen sehr langen Zeitraum frisches Obst geerntet werden. Zu fast allen Beerenstraucharten gibt es früh- bis spättragende Sorten.

Niedrige Einfassungshecken

Die wohl bekannteste Pflanzung zur Einfassung von Beeten oder kleinen Gartenabteilungen ist der Buchsbaum. Neben optischen Aspekten haben Einfassungshecken auch noch einen praktischen Sinn. Zum einen werden damit räumliche Trennungen zwischen einzelnen Pflanzengruppen vorgenommen, zum anderen wird mit ihnen innerhalb der Beete eine Art Mikroklima geschaffen. Neben dem Buchsbaum eignen sich eine ganze Reihe weiterer Pflanzen (auch blühende Kleinsträucher, die nicht geschnitten werden müssen) zu diesem Zweck, aber kaum eine ist so schnittverträglich wie Buchsbaum. Mit Einfassungshecken lassen sich eintönige Kleinzaunanlagen oder auch unansehnliche Mauerkronen kaschieren, wenn diese mit Erde hinterfüllt sind.

Eine kleine Auswahl Frucht tragendender Gehölze

Pflanze	Bemerkung
Brombeere	mit und ohne Dornen (möglichst ohne Dornen, Ernte- und Pflegeprobleme), muss an Gestellen angebunden werden
Großfrüchtige Haselnuss *Corylus maxima*	Haselnuss-Art, Strauch bis 6 m hoch, wird oft viel zu groß im Garten, deshalb besser klein bleibende Sorten verwenden
Himbeere	wuchert stark, unterschiedliche Erntezeiten, jährlicher Rutenrückschnitt – sonst Rutenkrankheit
Johannisbeere	rote, weiße, schwarze Sorten, nur als Büsche, keine Hochstämme, sonst keine „Hecke" möglich. Schlechter Sichtschutz, weil nicht hoch genug
Jostabeere	Kreuzung aus Johannis- und Stachelbeere, nur als Büsche, ebenfalls keine Hochstämme, sonst wie oben
Stachelbeere	weiße, grüne und rote Sorten, ebenfalls nur als Büsche, keine Hochstämme, sonst wie oben

Hecken kalkulieren

Die angesetzten Einzelpreise der Beispiele sind reine Materialkosten ohne Mehrwertsteuer. Bei Pflanzung durch eine Gärtnerfirma sind etwa 30% der Pflanzenkosten als Arbeitslohn hinzuzurechnen.

Kalkulationsbeispiel für einreihige immergrüne Hecke, 10 m lang, aus jeweils einer der gewählten Gehölzarten:

(Immergrüne Gehölze werden stets mit Ballen oder im Containertopf geliefert, wurzelnackt wachsen sie nicht an).

Botanischer Name	Deutscher Name	Menge/10 m	Preis in Euro	Summe in Euro
Heckenart Nadelgehölze:				
Taxus baccata mit Ballen 60/80 cm	Eibe	30	40,00	1200,00
Taxus baccata mit 80/100 cm	Eibe	15	68,00	1020,00
Thuja occidentalis mit Ballen 60/100 cm	Abendländischer Lebensbaum	30	15,00	450,00
Thuja occidentalis mit Ballen 80/100 cm	Abendländischer Lebensbaum	25	20,50	512,50
Heckenart immergrüne Laubgehölze:				
Buxus sempervirens mit Ballen 60/80 cm	Hoher Buchsbaum	25	87,00	2175,00
Buxus sempervirens mit Ballen 80/100 cm	Hoher Buchsbaum	15	230,00	3450,00
Prunus laurocerasus mit Ballen 60/100 cm	Kirschlorbeer	30	32,00	960,00
Prunus laurocerasus mit Ballen 80/100 cm	Kirschlorbeer	20	105,00	2100,00

(Vergleicht man die Tabellen S. 211 und 210, so zeigt sich, dass eine 10 m lange Zierstrauchhecke etwa 212 Euro kostet, wohingegen eine 10 m lange Hecke aus Laubgehölzen bis zu 3450 Euro kosten kann.)

HECKEN KALKULIEREN

Kalkulationsbeispiel für einreihige Zierstrauchhecke 10 m lang, die aus den nachstehenden Pflanzen besteht. Pflanzenhöhe 80/100 cm im Container:

Botanischer Name	Deutscher Name	Menge	Preis in Euro	Summe in Euro
Amelanchier lamarckii	Felsenbirne	1	23,50	23,50
Cotinus coggygria	Perückenstrauch	1	31,50	31,50
Cornus mas	Kornelkirsche	1	12,80	12,80
Deutzia-Hybriden	Maiblumenstrauch	1	11,80	11,80
Forsythia intermedia	Forsythie	1	10,50	10,50
Kolkwitzia amabilis	Kolkwitzie	1	15,90	15,90
Philadelphus virginalis	Falscher Jasmin	1	24,00	24,00
Syringa vulgaris (Michael Buchner)	Flieder	1	45,00	45,00
Weigela-Hybriden	Weigelie	1	37,50	37,50
Summe auf 10 m Hecke		9		212,50

212,50 : 10 m = 21,25 je Meter Hecke

Wird eine Zierstrauchhecke nur wenig geschnitten, lässt sich das Blühen erhalten.

BAUSTEIN 4: VORGARTEN UND CARPORT

Marcel Wehland

WILLKOMMEN DAHEIM!

Haus und Vorgarten erwecken schon beim ersten Hinsehen einen entscheidenden Eindruck von Geschmack und Stil des Besitzers. Leider fällt das eigene Heim oft aus Kostengründen etwas bescheidener aus als gewollt, aber durch die Gestaltung des Vorgartenbereichs kann der Charakter des Hauses unterstrichen werden. So kann man sich selbst und auch Gästen ein einladendes Willkommen bereiten – und das auf ganz individuelle Art.

Planung und Anlage des Vorgartens umfasst aber noch mehr: Die nach „außen" gewandte Seite eines Hauses soll nicht nur gestalterische, sondern muss auch ganz handfeste formale Funktionen erfüllen.

Gerade bei Neubausiedlungen sind die Grundstücke oft sehr knapp geschnitten und die dazugehörigen öffentlichen Flächen, wie Straßen, Gehwege und Wohnhöfe, ebenfalls auf ein Minimum reduziert. So muss der Vorgarten in den meisten Fällen nicht nur den Zugang zum Haus gewähren, sondern auch Platz fürs Auto, die Mülleimer und was sonst noch so gebraucht wird, bieten.

VORGARTEN

- GRUNDLAGEN DER PLANUNG
- ZUGANGSWEGE
- TREPPEN
- AUTOSTELLPLÄTZE
- FAHRRAD- UND MÜLLSTELLPLÄTZE
- BEPFLANZUNG
- EINEN VORGARTEN KALKULIEREN

Grundlagen der Planung

Ein Vorgarten kann viele Funktionen erfüllen – repräsentatives Entree, Spielplatz für Kinder, Stellplatz fürs Auto, Fahrrad oder den Mülleimer, Schutz der Privatsphäre und mehr. Bevor Sie also damit starten, den Vorplatz vor Ihrem Haus anzulegen, sind einige Grundüberlegungen sinnvoll.

TIPP

Bei der Funktionseinteilung des Gartens sollten auch die Hausinnenräume berücksichtigt werden. Es ist sinnvoll – so weit möglich – die funktionalen Aufgaben des Gartens mit ihnen zu verbinden.

Was wird benötigt?

Haben Sie die Entscheidung getroffen, ein Eigenheim zu bauen oder zu erwerben, dann ist es ratsam, einen Teil des Geldes auch für den Garten einzuplanen: In der Regel 5% der Kaufsumme, besser noch 10%, denn was nützt ein schönes Haus, wenn es im Garten nur für Rasen, Maschendrahtzaun und ein paar einsame Fichten reicht?

Möglichst früh sollte man Haus und Garten als Einheit begreifen, wobei der Garten als flexibler und sich dem Haus zuordnender Teil zu sehen ist. Für den Vorgarten wie für den gesamten Hausgarten gilt: Sie sind zusätzliche „Zimmer" des Hauses, die das Eigenheim um wertvollen Lebensraum erweitern. In vielen Wohnsiedlungen sind die Vorgärten von den hinteren Gartenteilen ganz oder teilweise getrennt und sollten daher in der Regel mit den direkt anliegenden Räumen des Hauses korrespondieren. Während der Wohngarten dem Wohn- und Lebensbereich zugeordnet wird, ist der Vorgarten zumeist dem Eingang vorgelagert.

Schon in der Planungsphase, spätestens aber sobald das Haus fertig gestellt ist, sollte man sich Gedanken über den Vorgarten als Eingangs- und Funktionsbereich machen. Neben dem repräsentativen Charakter – der so unterschiedlich ist wie die Hausbewohner – ist möglichst früh zu klären, welche Ansprüche an den Vorgarten gestellt werden. Schnell wird sich zeigen, dass man einen Kompromiss finden muss zwischen der reinen Gestaltung als Entree und den notwendigen Funktionen.

Der erste Schritt

Setzen Sie sich mit Ihrer Familie zusammen und beginnen Sie mit Papier und Skizzenblock festzulegen, wer was benötigt oder wünscht. Wie soll der Zugangsweg zum Haus aussehen? Soll das Auto auf der Straße stehen oder auf dem Grundstück? Werden die Fahrräder im Haus untergebracht oder erhalten sie einen separaten Unterstand? Wohin mit den Mülltonnen? Wie sollen Besucher empfangen werden?

Es wird wahrscheinlich eine lange Liste, die anschließend auf das Nötigste reduziert werden muss. Aber lassen Sie Ihrer Fantasie zunächst einmal freien Lauf, denn oft ergeben sich gute Ideen zur reinen Gartengestaltung oder es lassen sich einige Wünsche ohne großen Aufwand unter einer Hut bringen. So verspricht ein an der Stirnseite des Carports angebrachter Basketballkorb die Aussicht auf ein Korbballspiel. Auf einer kleinen Sitzbank neben dem Hauseingang können Besucher auch einmal kurz warten. Fragen nach der Gartenbeleuchtung sind ebenso zu klären wie Art und Umfang einer Einzäunung. Soll der Postbote am Haus klingeln oder sind Klingel und Briefkasten am Zaun vorgesehen?

Wichtiges nach vorn
In der Regel wird man die Punkte nach ihrer Wichtigkeit sortieren: Zuerst kommen also die befestigten Wegeflächen zum Haus, die Fahrflächen fürs Auto und dann die Nebenflächen wie Fahrradstellplätze. Erst die Wegeflächen ermöglichen es, den Vorgarten sinnvoll zu nutzen, ohne z. B. Schmutz ins Haus zu tragen, weil die Wege unbefestigt sind. Der Unterstellplatz fürs Familienauto schützt das Fahrzeug vor Witterungseinflüssen und Schnee. Als Barriere zur Straße bietet sich ein Zaun an, der für den nötigen Abstand gegenüber Fremden sorgt. Schon ein kleiner Zaun wirkt als „psychologische" Barriere, ein höherer dagegen kann eventuell vor Dieben schützen.

Neben der funktionalen Seite des Vorgartens sollte man die gestalterische Seite nicht vernachlässigen. Schon mit der Wahl der Materialien wie Beton- oder Natursteinpflaster, Holz- oder Metallzäunen wird der Charakter des Gartens festgelegt. Zum Schluss

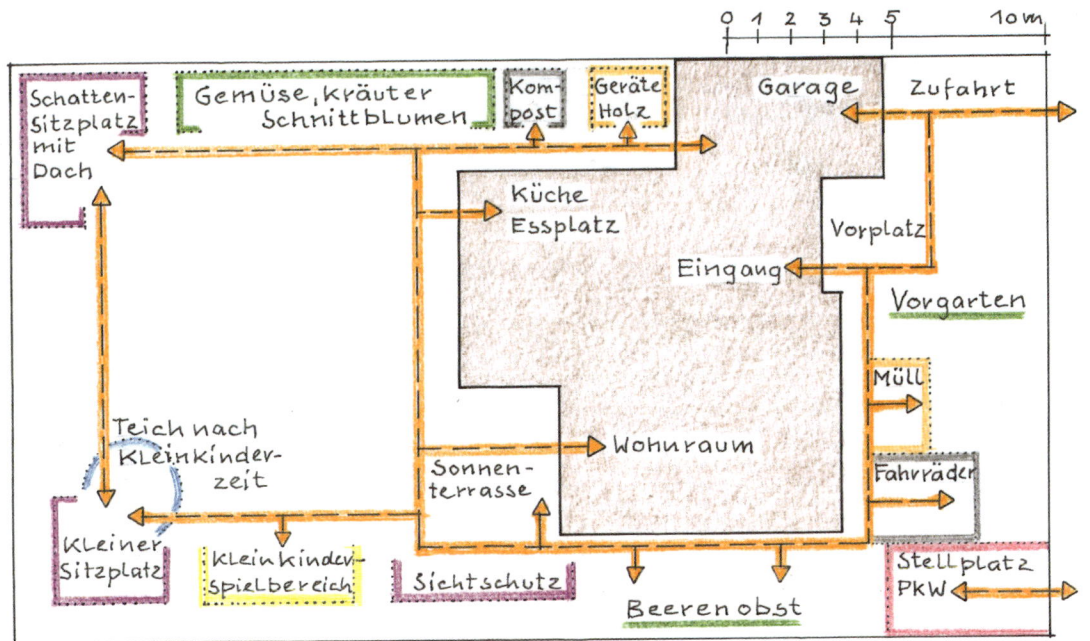

Verschiedene Nutzungsbereiche eines Hausgartens.

bleibt noch Zeit, über Dekoratives nachzudenken, um den Vorgarten unverwechselbar zu gestalten, so z. B. mit bepflanzten Töpfen.

Wie teilt man den Vorgarten sinnvoll ein?

Sind alle Ideen und Gedanken gesammelt, geht es an die Einteilung des Vorgartens. Zunächst erstellt man dazu auf der Grundlage eines Katasterauszuges oder eines Vermessungsplanes eine maßstabsgerechte Bestandzeichnung. Sehr wichtig: Prüfen Sie, ob ein Bebauungsplan vorliegt und welche Einschränkungen er mit sich bringt!

Ein Maßstab von 1:50 (2 cm auf dem Papier = 1 m draußen) genügt. Prüfen Sie aber die Längen und Breiten im Plan mit der Realität, denn nicht immer stimmen die Pläne mit dem

Checkliste Vorgarten

Dieses Beispiel zeigt die Checkliste einer Familie mit Kindern, die ihre Wünsche formuliert hat. Aus der „Brainstorming-Liste" wird im Anschluss ausgesucht und abgewogen, was man verwirklichen will oder kann.

Wunsch	Umsetzung
Spielfläche für Kinder	Mischfläche aus Zugangsweg und Autostellplatz Spielgeräte fest installiert
Großzügiger Zugang zum Haus	breite Wege, kein Zaun oder Tor
Viel Grün	Staudenbeete und Sträucher, Rasenflächen Kletterpflanzen, Hausbaum
Autostellplatz	separate Pflasterung oder Mischfläche mit Carportüberdachung
Müllstellplatz	gepflasterte Stellfläche Sichtschutz, mit Überdachung
Fahrradstellplatz	mit Fahrradständer mit Überdachung, abschließbar
Sitzplatz vor dem Haus	Erweiterung des Zugangsweges zu einem kleinen Platz mit Sitzbank und Blumenkübeln
Einladender Eingangsbereich	niedrige Hecken, vielgestaltige Bepflanzung, lebendiges Pflaster
Sichtschutz zum hinteren Garten	hohe immergrüne Hecke, blickdichter Holzzaun, Mauer
Beleuchtung	Haustür und Zugangsweg, Carport Müllstellplatz, Fahrräder

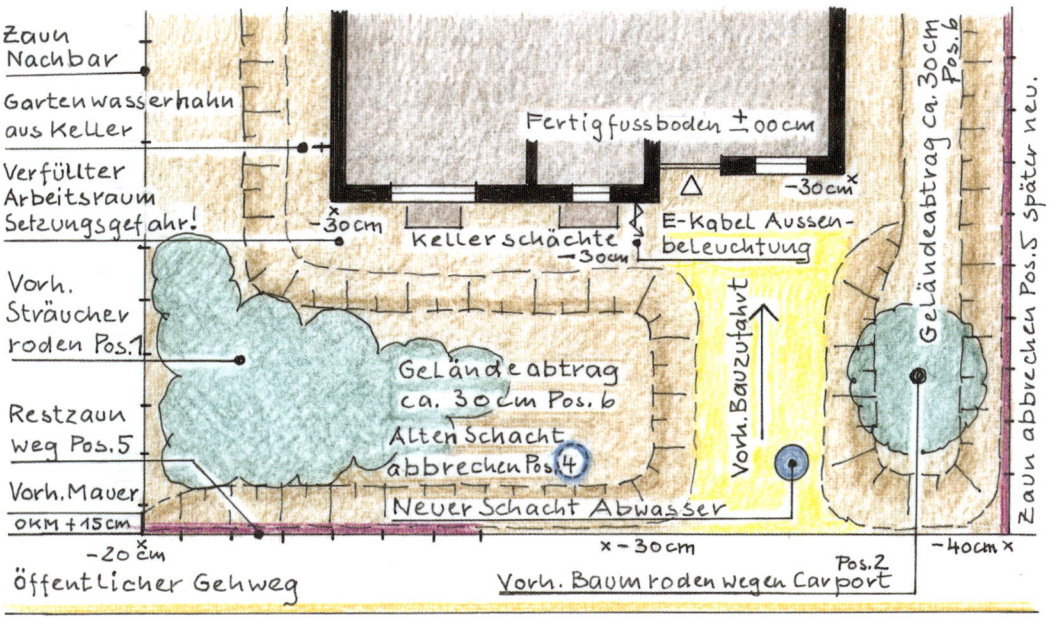

Bestandsaufnahme des Planungsbeispiels für einen Vorgarten (Entwurfsplan auf Seite 247).

Grundstück überein. Zeichnen Sie alle im und außerhalb des Gartens gelegenen Dinge ein, die sich nicht verändern lassen und Einfluss auf Ihren Garten haben. Dazu gehören Bäume (auch die des Nachbarn) und Sträucher, Schachtdeckel und Versorgungsleitungen, Kellerschächte, außen liegende Wasserhähne etc. Welche Höhenunterschiede weist das Gelände auf, welche Anschlusshöhen an Ein- oder Ausgängen, Bürgersteigen oder Einfahrten müssen eingehalten werden? Je genauer Sie den Bestandsplan zeichnen, umso weniger Überraschungen können Sie später erleben. Ist der Bestandsplan komplett, legen Sie transparentes Skizzenpapier über die Grundlage und teilen den Vorgarten nach den von Ihnen ermittelten Grundfunktionen ein. Versuchen Sie mehrere Varianten. Bei kleineren Vorgärten merkt man schnell, dass die Einschränkungen durch das Grundstück oft nur wenig Spielraum lassen. Der Eingang des Hauses lässt sich ja nicht einfach verschieben und die Stellfläche für den Carport wird oft durch Platzmangel oder den Bebauungsplan diktiert.

Bei der Einteilung geht es zunächst um ein Verteilen bestimmter Funktionen. So kann ein Zugangsweg beispielsweise mit der Fahrfläche zum Carport kombiniert werden. Das spart Pflasterfläche und sorgt später für

TIPP

Beachten Sie bei der Vorgartenplanung, welche Dinge auf Dauer angelegt werden sollen, wie z. B. Wege oder Fahrflächen, und welche Einrichtungen, wie z. B. Carport oder Beleuchtung, später noch hinzukommen.

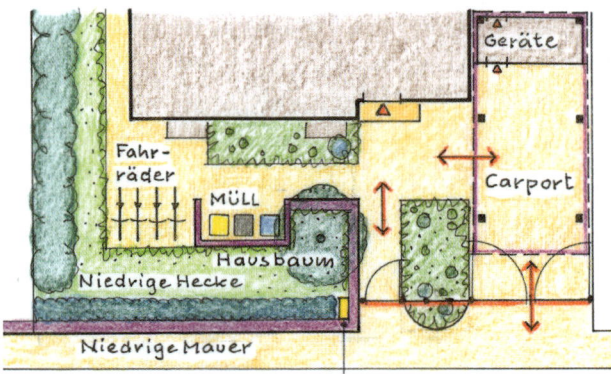

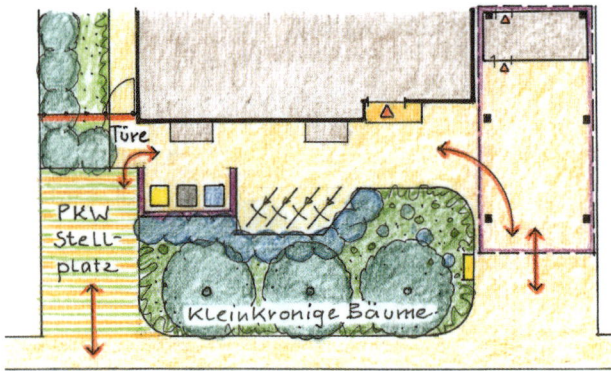

Beispielhafte Planungen für die Vorgartengestaltung.

TIPP

Sinn und Zweck der Zeichnung auf Seite 217 ist es, eine geordnete Struktur im Vorgarten zu finden, damit man sich nicht verzettelt und frühzeitig Reibungspunkte auf die Spur kommt. Bereits jetzt kann man in Grundzügen auch den gestalterischen Charakter des Vorgartens festlegen.

eine großzügige Bewegungsfläche im Vorgarten. Der Platz für Mülltonnen oder Fahrräder sollte nahe am Haus und schnell erreichbar sein. Auch einen Weg zum hinteren Teil des Gartens kann man jetzt als Verlängerung des Zugangsweges einplanen.

Auch die spätere Ausgestaltung des Vorgartens will überlegt sein. Man kann Zugangsweg und die Fahrfläche zu einer sogenannte Mischfläche zusammenlegen, die dann unterschiedlichen Ansprüchen genügt: Auf ihr führt der Weg zur Haustür, man überfährt sie mit dem Auto, nutzt sie als Spielfläche oder Reparaturstelle für die Mopeds. Trennt man hingegen Weg und Fahrfläche, eröffnen sich andere Möglichkeiten: Der Weg zur Haustür kann ganz individuell „inszeniert" werden oder der Carport wird durch eine höhere Bepflanzung versteckt.

Stellenwert der Bepflanzung

Wegeflächen, Pflanzflächen – welcher Flächentyp im Vorgarten überwiegt, ist in der Regel von der Gesamtfläche, die zur Verfügung steht, abhängig. Je größer der Vorgarten, desto mehr Rasen kann man vorsehen. Bei kleinen Vorgärten kommt jedoch irgendwann der Punkt, an dem man auf Rasen verzichten sollte. Auch hier gilt: Je kleiner der Garten, desto mehr Aufmerksamkeit sollte man dem Detail schenken. Für den Vorgarten ist daher Art und Auswahl der Bepflanzung von entscheidender Bedeutung – sowohl gestalterisch als auch in Fragen der Standortwahl. Versuchen Sie ein optisch ausgeglichenes Verhältnis zwischen Wegeflächen, Pflanzflä-

EINEN VORGARTEN PLANEN

Gestalterische Konsequenzen

- Wer sich mit dem Gedanken an eine Gartenplanung trägt, sollte mit offenen Augen durch die Nachbarschaft laufen. In kurzer Zeit schon bekommt man einen Eindruck davon, welche Möglichkeiten es gibt und welcher Typus von Vorgarten einem am besten gefällt. Manche Gärten erwecken mit ihrem ungeschnittenen Rasen, den wild wuchernden Sträuchern und Stauden vielleicht einen ungepflegten Eindruck, der Besitzer sieht dies jedoch als romantisch an. Geschnittene Hecken, streng geformte Rabatten und rechteckige Wege mögen vom Ordnungssinn des Gartenbesitzers zeugen, der Nachbar nennt den Garten dagegen spießig.

- Je kleiner der Vorgarten ist, desto anspruchsvoller und enger wird das Zusammenspiel von Gestaltung und notwendigen Funktionen und es lohnt sich, ausreichend Zeit in die Vorplanung zu investieren. Bei schmalen und nicht sehr tiefen Vorgärten erübrigen sich oft die Überlegungen zur Funktionstrennung. Hier macht es mehr Sinn, eine große Mischfläche anzulegen und diese optisch anspruchsvoll zu gestalten, als darauf zu bestehen, dass alles hübsch getrennt nebeneinander steht.

- Ein Rezept für die „richtige" Vorgartengestaltung gibt es nicht, denn zumeist gibt es kein Richtig oder Falsch, sondern nur ein Gefallen oder Nicht-Gefallen. Trotzdem gibt es aber ein paar Regeln: Die Wege nicht zu klein wählen, die Fahrräder nicht vergessen, die richtigen Pflanzen für den Standort aussuchen.

Eine Magnolie prägt diesen modernen Vorgarten.

Ein blühender Willkommensgruß.   Auch ein schmales Beet am Haus kann attraktiv gestaltet werden.

TIPP

Auf die Reihenfolge der Bepflanzung kommt es an: zuerst die Bäume, dann Sträucher und zum Schluss die Stauden erst die Zwiebelpflanzen und dann die Rasenansaat, aber: erst die Strauch- und Staudenpflanzung, dann die Zwiebelpflanzen.

chen und Rasen zu finden. In einem winzigen Vorgarten muss vielleicht der meiste Platz für die Wegeflächen geopfert werden, aber bereits einige große Blumentöpfe mit Sommerblumen oder einem Buchsbaum neben dem Eingang lockern den Vorgarten auf. Ein Blauregen, der entlang eines Klettergerüstes wächst und nach und nach auch das Dach des Carports erobert, kann während der Blüte prachtvoll wirken.

Nicht nur in einem großen Garten sollten große Bäume gepflanzt werden. Selbst wenn der Vorgarten relativ klein ausgefallen ist, kann man über das Pflanzen eines passenden Baumes nachdenken. In früheren Zeiten gab es die Sitte, jedem Haus seinen „Hausbaum" zur Seite zu stellen. Abgesehen von der Verschönerung des Gartens, helfen die Pflanzen auch bei der Erfüllung verschiedener Funktionen: Geschnittene Hecken grenzen den Garten von der Umgebung ab oder fassen innerhalb des Vorgar-

tens z. B. die Müllplatzfläche ein. Sich wiederholende Pflanzenelemente rhythmisieren den Weg zum Haus. Ein kleiner Baum vor dem Küchenfenster spendet im Sommer Schatten und Sichtschutz.

Ausbau des Vorgartens Schritt für Schritt

Wenn Sie keine Möglichkeit haben, Ihren Vorgarten auf einmal komplett herzurichten, überlegen Sie sich eine sinnvolle Abfolge bei dessen Ausgestaltung. Nicht alles wird sofort benötigt, manches lässt sich auch nachträglich einbauen oder die Ansprüche ändern sich mit der Zeit.

Wünscht man sich für das Familienauto eine Unterstellmöglichkeit, scheut aber im Moment noch die Kosten, so kann man immerhin schon die Stellplatzfläche bauen. Der Einbau von Punktfundamenten für den Carport ist mit wenig Aufwand auch

EINEN VORGARTEN PLANEN

nachträglich möglich. Bedenken Sie bei Ihrer Planung auch, dass sich Ihre Ansprüche mit der Zeit wahrscheinlich ändern werden. So lassen sich zum Beispiel größere Pflasterflächen vor dem Haus nutzen, um am eigenen Auto zu basteln, oder als willkommene Spielfläche für die heranwachsenden Kinder. Sinnvoll ist es auch, eine Seitenfläche nur mit kleinen Gehölzen zu bepflanzen, die später problemlos zu roden sind, falls doch ein zweiter Stellplatz benötigt wird. Betrachten Sie dies jedoch nicht als festes Schema. Planen Sie die einzelnen Bauschritte Ihres Vorgartens immer so, dass jede Arbeit möglichst nur einmal zu machen ist. Geringe Überschneidungen wird es wohl trotzdem geben.

Richtig planen: von unten nach oben!

Prüft ein Architekt die Statik eines Hauses, beginnt er mit dem Dach, denn erst wenn er weiß, wie schwer dies ist, kann er darüber Auskunft geben, wie tragfähig und dick die Wände im Erdgeschoss sein müssen. Er „denkt" sozusagen von oben nach unten.
Im Garten ist es umgekehrt: Man beginnt von unten nach oben. Bevor man an die Gestaltung des Vorgartens denkt, sollten noch fehlende Leitungen, wie Stromkabel für die Gartenbeleuchtung oder Entwässerungsleitungen, verlegt werden. So wird ein Zerstören der bereits verlegten Wege vermieden. Es folgen Pflasterflächen, Treppen, Mauern sowie Zäune, danach wird der Oberboden aufgebracht und dann ist die Pflanzung an der Reihe.

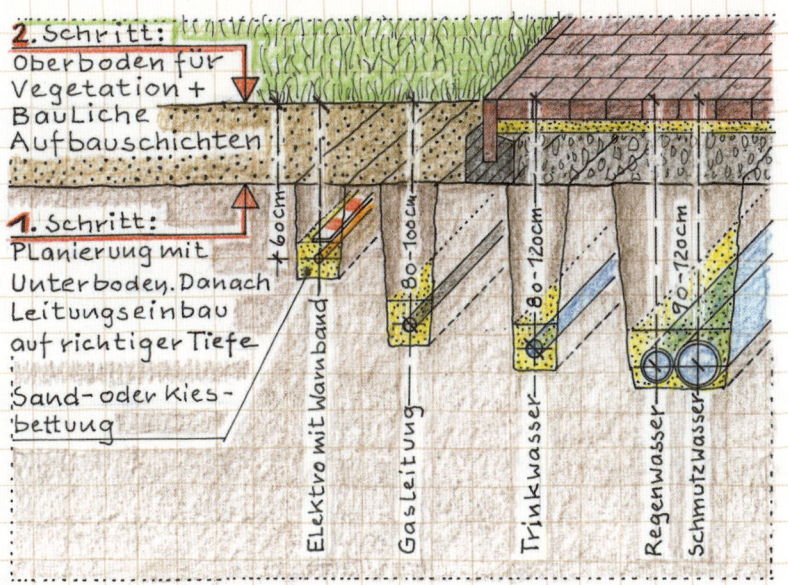

Arbeitsablauf für den Leitungseinbau im Vorgarten.

Zugangswege

Der Zugangsweg zur Haustür wird breiter und einladend ausgeführt, der Weg zum Müllplatz breit genug für den Transport der Mülltonnen. Der Hauptweg zur Tür sollte in der Regel die Begegnung von zwei Personen als Mindestbreite ermöglichen.

TIPP

Bei Mischflächen sollte man die gedachten Hauptlaufrichtungen in der optimalen Breite planen, zwischendurch kann die Wegbreite aber durchaus auch einmal nur das erforderliche Mindestmaß aufweisen.

Richtig Maß nehmen

Setzt man pro Person 60 cm an, so ergibt sich eine Gehwegbreite von 120 cm als Minimum – dies bedeutet aber, dass sich die Menschen aneinander vorbeidrehen müssen. Um eine bequeme Passage zu ermöglichen, sollte man also noch ca. 30 cm zugeben. Da in einem Dreifamilienhaus auch schon mal mehrere Personen unterwegs sind, gilt hier für beispielsweise drei Personen: 60 + 60 + 60 = 180 cm Gehwegbreite.

Richtig planen

Planen Sie Ihre Gartenwege so, dass sie Ihnen lange Zeit Freude machen, denn durch die Wahl der falschen Bauweise kann es schon nach nur ein oder zwei Jahren zu erheblichen Mängeln kommen. Um Pflastersenkungen zu vermeiden, werden zwei Vorkehrungen getroffen. Zum einen werden die Wegeflächen „eingespannt", das heißt, sie weisen rundherum Einfassungen wie ein Korsett auf wie z. B. Bordsteine. Zum anderen werden unter den Wegen verdichtete Schottertragschichten eingebaut.

Jeder befestigte Weg sollte mit einer Einfassung umgeben werden, die ihn seitlich stabilisiert. Man kann sie bewusst auffällig und breit bauen, wie z. B. Großpflastersteine als ein- oder zweireihige Zeilen, oder unsichtbar, wie Metallbänder aus Stahl oder Aluminium. Diese empfehlen sich be-

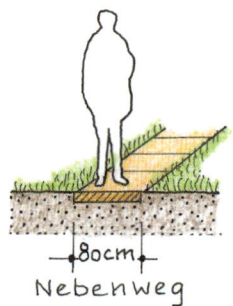
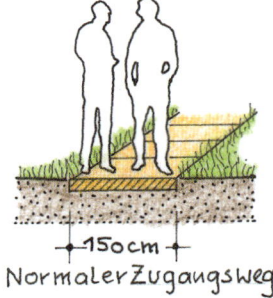

Übliche Wegbreiten für Vorgärten.

ZUGANGSWEGE

Die richtige Dimension

- Die Wahl der richtigen Größen, Längen und Breiten für Zugangswege, Einbauten, Aufbauten und Ausstattung unterliegt im eigenen Garten keiner Einschränkung wie im Straßen- und Wegebau, wo örtliche Bauvorschriften diverse technische Normen, Regelwerke und Empfehlungen die Fahrbahn- und Gehwegbreiten bestimmen. An diese sogenannten „anerkannten Regeln der Technik" muss man sich im eigenen Vorgarten nicht halten, aber sie bieten gute Anhaltspunkte und sollten auch hier in der einen oder anderen Weise Verwendung finden.
- Wenn sich auf dem Weg zur Haustüre zwei Personen begegnen, eine in die anliegenden Beete ausweichen muss und die blühenden Tulpen niedertrampelt, ist das mehr als störend. Überlegen Sie sich daher bei der Dimensionierung Ihres Vorgartens genau, was hier alles geschehen kann. Kommen häufig Besucher mit Fahrrädern ins Haus, ist ein bequemes Plätzchen zum Abstellen der Drahtesel sinnvoll. Oder denken Sie an Umzüge – Sofas, Schränke ...
- An den Hanglagen ist es notwendig Treppen oder Stufen vorzusehen. Da aber Treppen oft eine Stolpergefahr darstellen, ist es dringend erforderlich, diese in einem gleichmäßigen Schrittmaß auszuführen und gegebenenfalls mit einem Geländer zu versehen.

Eine Treppe im Vorgarten sollte ausreichend breit sein, um auch Umzüge zu bewältigen.

Ein leicht geschwungener Weg wirkt einladend. Seine Ränder müssen aber gut stabilisiert werden.

Bautechnik und Klima
In unseren Klimabereichen kommt es im Laufe des Jahres zu erheblichen Temperatur- und Feuchtigkeitsschwankungen im Boden. Im Winter gefriert das alle Bodenteilchen umhüllende Wasser und dehnt sich aus. Die Bodenteilchen rücken dabei etwas auseinander, was je nach Bodenbeschaffenheit zu einer leichten Anhebung des Bodens führt. Im Frühjahr taut der Boden wieder auf und die Bodenteilchen setzen sich – man spricht von der Frostempfindlichkeit des Bodens. Je schwerer und lehmiger der Boden, desto empfindlicher ist er. Sandiger Boden dagegen weist keine oder nur eine geringe Frostempfindlichkeit auf. Dieser fortwährende Vorgang von Frost- und Tauwechsel findet in geringem Maße auch in den Tragschichten von Gehwegen statt. Er lässt sich nicht völlig vermeiden, aber durch die Verwendung von ausreichend dicken frostsicheren Schotter- oder Kiestragschichten minimieren.

sonders bei geschwungenen Wegen, auch wenn diese stark versetzte und unregelmäßige Kanten aufweisen. Bord- oder Kantensteine aus Beton oder Naturstein hingegen eignen sich besser bei geraden und eher architektonischen Wegeverläufen. Nach dem Erdaushub verdichtet man mit einem Plattenrüttler die Wegesohle, setzt die Wegeeinfassungen, füllt anschließend den Zwischenraum mit Tragschichtmaterial auf und verdichtet diesen erneut.

Die Tragschicht ist immer auch eine Frostschutzschicht. Wenn Sie also lehmigen Boden auf Ihrem Grundstück vorfinden, müssen die Tragschichten stärker sein. Bei sandigem und gut verdichtbarem Boden kann man unter Umständen auf sie verzichten, jedoch auf keinen Fall bei befahrbaren Flächen. Für einfache Gehwege reicht eine ca. 20 cm starke Tragschicht. Dies genügt in der Regel, um die Wegebeläge fest und dauerhaft bauen zu können. Um der Belastung beim Befahren mit dem Pkw standzuhalten, müssen die Tragschichten mindestens 30–35 cm betragen. Bei frostgefährdeten Böden sollten Sie 5–10 cm mehr einplanen.

Wegebeläge
Die Wegebeläge werden in mehrere Gruppen zusammengefasst:
- Plattenbeläge aus Beton oder Naturstein
- Natursteinpflaster als Groß-, Klein- oder Mosaikpflaster
- Rechtwinklige Pflasterbeläge aus Beton, Klinker oder geschnittenem Naturstein
- Wege aus Splitt oder Kies sind für stark genutzte Vorgartenbereiche nicht geeignet
- Holzpflaster

ZUGANGSWEGE

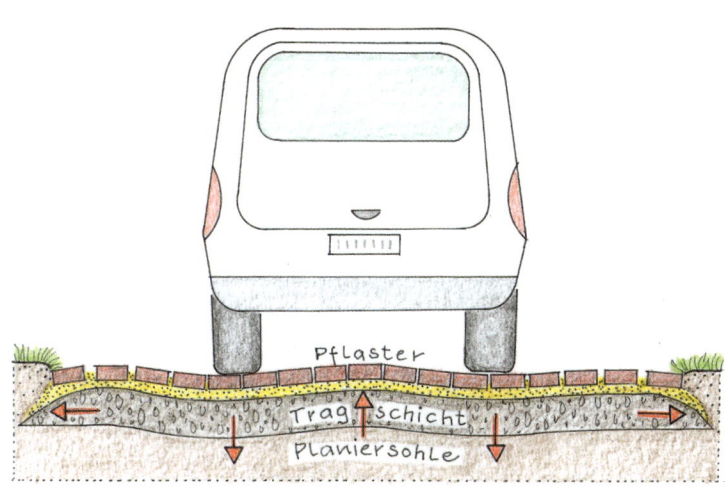

TIPP

Bei ca. 8–10 cm dickem Pflaster können Sie den Betonkantenstein 3 cm tiefer setzen als das fertig verdichtete Pflaster, dann kann der Kantenstein unter dem Rasen „verschwinden", ohne seine stabilisierende Funktion als Einfassung zu verlieren.

Auf stark belasteten Fahrflächen kann es bei zu sparsamer Tragschicht und aufgeweichter Planiesohle zu Absenkungen und Aufwölbungen der Belagsfläche kommen. Auch „wandern" die Belagsränder auseinander, wenn keine Randbefestigung gebaut wird.

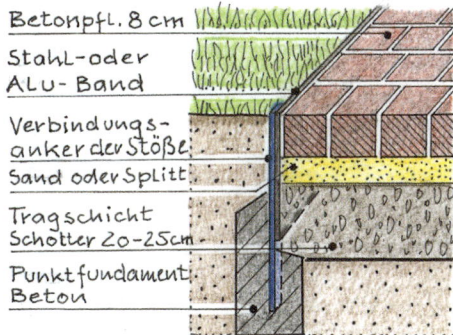

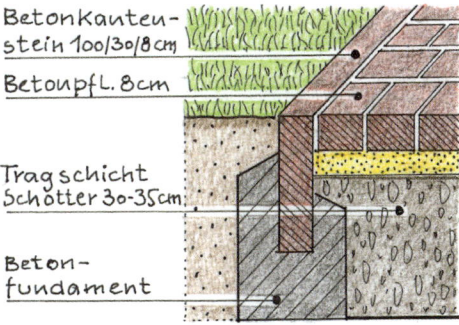

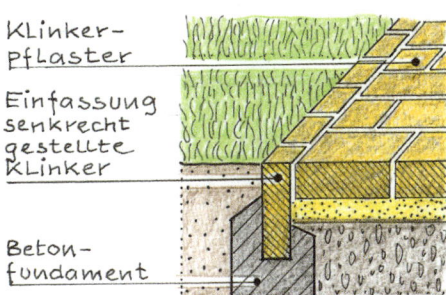

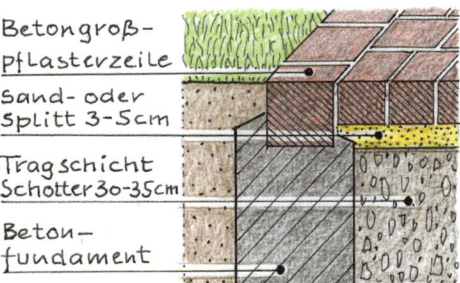

Aufbau gering belasteter Fahrflächen und Gehwege.

Aufbau stark belasteter Fahrflächen.

Das Angebot an Pflasterbelägen aus Betonsteinen ist unüberschaubar. Lassen Sie sich von einem Landschaftsgärtner beraten oder besuchen Sie mehrere Baustoffhändler und Baumärkte. So sollte z. B. bei stark frequentierten Zugangswegen die Oberfläche des Weges möglichst glatt und engfugig sein wegen der Stolpergefahr. Zudem sollte man auf eine griffige Oberfläche achten, da geschliffene oder polierte Oberflächen bei Feuchtigkeit, Laubfall oder Frost gefährlich glatt werden können.

Überlegt einkaufen

Das Tragschichtmaterial beziehen Sie am besten von Ihrem örtlichen Baustoffhändler. Die angebotenen Materialien und Preise sind regional unterschiedlich. Drei Arten werden unterschieden: Rundkorngemische

Der ruhige Weg aus Altpflaster lädt zum Verweilen ein.

TIPP

Bei größeren Bauvorhaben lohnt es sich, ein oder zwei Proben des Materials zu entnehmen und in einem Baustofflabor untersuchen zu lassen. Das ist nicht teuer (etwa 100 bis 150 €) und bringt die Gewissheit. Ob das richtige Material verwendet wurde.

Notwendige Gefälle für Pflasterflächen

Jede Pflasterfläche braucht ein Gefälle, damit kein Wasser auf ihm stehen bleibt. Je rauer die Oberfläche, desto stärker sollte das Gefälle sein. In der Regel werden folgende Gefälle eingeplant:

Belagsart	Regelgefälle	in Ausnahmefällen
Glattes Betonpflaster	2,0%	bis 1,0%
Betonplatten	2,0%	bis 1,0%
Raues Betonpflaster	2,0–2,5%	bis 1,0%
Klinkerpflaster	2,0%	bis 1,0%
Mosaikpflaster	2,0–3,0%	bis 1,5%
Kleinsteinpflaster	3,0%	bis 1,5%
Großpflaster (Kopfsteinpflaster)	3,0%	bis 2,0%
Splitt-/Lehmkieswege	1,0–2,0%	bis 1,0%
Rasenfugenpflaster	1,0–2,0%	bis 1,0%

wie Kiese und Sande, Brechkorngemische wie Splitte und Schotter sowie Recyclingbaustoffe aus zerkleinertem Beton- und Bauschutt. Im Straßenbau wird gewöhnlich ein Schotter oder Recyclingschotter der Körnung 0/32 mm verwendet. Er bietet Frostbeständigkeit und die höchste Tragfähigkeit. Fragen Sie nach zertifizierten Baustoffen – Tragschichtmaterialien, die bestimmte „Sieblinien" aufweisen müssen. Das Tragschichtmaterial hat dabei eine Körnung, die eine dichte Packung und Verzahnung der Schotter- oder Kiesteilchen gewährleistet und damit die Frostbeständigkeit und Verdichtungsfähigkeit garantiert.

Als Bettung für den Wegebelag wird in der Regel 5 cm gewöhnlicher Bausand verwendet. Es gibt auch Varianten mit Splitt der Körnung 1/3 oder 2/5 mm. Vor Bettungen mit Trasskalk oder Mörtel ist abzuraten. Dabei wird nämlich eine Betonplatte als Trageschicht notwendig, die aufgrund von undichten Fugen und Sickerwasser bald Frostschäden aufweisen kann.

Vor- und Nachteile verschiedener Wegebeläge

Material	Vorteile	Nachteile
Betonplatten, z. B. 50 × 50 × 5 cm Natursteinplatten, z. B. 40 × 60 × 6 cm	glatter Wegebelag, gute Laufeigenschaften	nicht verwendbar für befahrbare Flächen, da sonst Bruchgefahr
Klinkerpflaster, z. B. 24 × 11, 5 × 7,1 cm	glatter Wegebelag, gute Laufeigenschaften	Sollte nur hochkant verlegt als Fahrfläche verwendet werden, da sonst Bruchgefahr
Betonpflaster, z. B. 16 × 24 × 8 cm	glatter Wegebelag, gute Laufeigenschaften, verwendbar für befahrbare Flächen fast universell einsetzbar und in großer Vielfalt verfügbar	oft eher steif und künstlich wirkend
Mosaikpflaster 5/7 aus Naturstein	sehr guter Laufbelag, vielseitig verwendbar	nicht geeignet für befahrbare Flächen
Kleinsteinpflaster 8/10 aus Naturstein	etwas rau, jedoch noch gut begehbar	gut geeignet für befahrbare Flächen, griffig
Großsteinpflaster 14/16 aus Naturstein	stabile Unterlage für Fahrflächen (Straßenbau)	meist zu unregelmäßig, um bei Gehwegen angenehm belaufen zu werden
Splitt- oder Lehmkieswege	preiswerter und glatter Wegebelag, richtig hergestellt auch befahrbar	pflegeaufwendig, kann zu Schmutzeintrag ins Haus führen
Holzpflaster	wenn trocken, dann „warmes" Material	durch Bodenkontakt meist feucht, wird dann glitschig und verrottet
Mulchwege	sehr angenehmes Laufgefühl, geeignet für untergeordnete Wege	verrotten in einigen Jahren, nicht befahrbar

Treppen im Vorgarten

Bei geneigten Grundstücken oder Hanglagen ist es oft sinnvoller, den Weg mithilfe von Stufen oder Treppen besser begehbar zu machen. In vielen Vorgärten liegt der Hauseingang erhöht und die Treppe ist ein wichtiges Gestaltungselement.

Steigung und Schrittmaß

Wird ein Weg im Längsgefälle steiler als 6–7 %, dann sollte man das Gefälle reduzieren und eine Stufenanlage dazwischen setzen. Wichtig dabei ist ein gleichmäßiges Schrittmaß. Als Grundlage dient ein Maß von 63 cm. Dieses geht davon aus, dass bei einem Schritt auf der Treppe zwei Stufenhöhen und ein Auftritt überwunden werden müssen. Je nach Bundesland oder Gemeinde wird bei mehr als drei Stufen ein Handlauf erforderlich, fragen Sie beim örtlichen Bauordnungsamt.

Der langgezogene Stufenweg führt in leichtem Schwung zum Hauseingang. Die Stufen aus Straßenbordsteinen und Granitpflaster passen gut zusammen.

Drei Differenzstufen genügen, um das Weglängsgefälle zu reduzieren.

Treppenbau

Treppen im Garten werden heute meist mit Blockstufen aus Beton gefertigt, die 100 cm lang, 35 cm breit und 15 cm hoch sind. Größere Treppenanlagen dürfen sich auch nach langer Zeit nicht bewegen, damit sie nicht zur Stolpergefahr werden. Sie sollten daher ein frostsicheres, also etwa 80 cm tiefes Fundament erhalten. Bewährt hat sich eine Frostschutzschicht aus 30 cm verdichteter Schottertragschicht und 20 cm Beton. Bei den Stellstufen übernimmt ein in Beton gesetzter Kantenstein oder Ähnliches die Aufgabe, die Höhe zu überwinden, während der Auftritt ausgepflastert wird. Auftritte zwischen Stellstufen mit Mulch- oder Splittbelag sollte man vermeiden, denn wenn der Belag ausgetreten ist, entstehen Stolperfallen hinter den Stellstufen.

Klinker kann hochkant zu Klinkerrollschichten aufgemauert werden, so sind auch geschwungene Treppenanlagen machbar. Weitere Angaben zum Treppenbau finden Sie im Kapitel „Treppen" auf Seite 48-59.

Autostellplätze

Einfach nur auf das Grün vors Haus stellen, das bietet sich beim Auto nicht an, denn bald wäre da kein Grün mehr. Autostellplätze müssen mehreren Anforderungen gerecht werden, als nur der Größe des abgestellten Fahrzeugs zu entsprechen.

Vorüberlegungen

In Neubaugebieten muss man in der Regel keine separate Genehmigung mehr einholen, da heute Stellplätze auf dem Grundstück zumeist bereits in der Bauleitplanung vorgesehen sind. Ist das Haus jedoch schon einige Jahre alt, auf dessen Vorgartengrundstück man einen Stellplatz einrichten will, ist beim Bauordnungsamt der zuständigen Gemeinde eine Gehwegüberfahrt zu beantragen. Rufen Sie zunächst einfach formlos beim zuständigen Sachbearbeiter an und informieren Sie sich.

Ist Ihr Antrag erfolgreich, muss der öffentliche Gehweg umgebaut werden. Der Bordstein wird auf mehreren Metern Länge abgesenkt, die Tragschicht verstärkt und die Gehwegplatten werden zum Beispiel gegen Kleinpflaster mit Betontragschicht ausgetauscht. Diese Arbeit machen meist Baufirmen, die vom zuständigen Tiefbau- oder Straßenbauamt beauftragt werden. Die Kosten dafür, die je nach den örtlichen Bauvorschriften mehr als 1000 € betragen können, muss der Antragsteller zahlen.

Stellplatzgrößen (Grundriss).

Richtig Maß nehmen

Als Mindestgröße für den Stellplatz eines Mittelklassewagens gelten 500 cm Länge und 225 cm Breite – bei großen Wagentypen stellt das schon mal eine Herausforderung an das Einparken dar. Nutzen Sie es deshalb ruhig aus, wenn Ihnen mehr Platz zur Verfügung steht.

STELLPLÄTZE

Ein seitlich herangeführter Gehweg kann zum Beispiel die Zugänglichkeit zum Stellplatz enorm verbessern. Bei wenig genutzten Stellplätzen eine gute Möglichkeit, Platz zu sparen: Die Länge des gepflasterten Stellplatzes wird bis auf ca. 450 cm reduziert, sodass die Front des Wagens bis zu den Vorderrädern über die Pflasterfläche hinausragt. Die eingesparte Fläche wird mit bodendeckenden Gehölzen bzw. Stauden bepflanzt oder mit Kies besteut.

Richtig planen

Der Stellplatz für ein Auto stellt höhere Ansprüche an die Stabilität der befestigten Fläche. Empfohlen ist eine 30–35 cm starke Schottertragschicht. Hier zu sparen, hieße am falschen Ende sparen, denn schon nach wenigen Jahren könnten Sie sonst Spurrillen im Belag haben. Eine stabile Einfassung, am besten ein in Beton gesetzter Kantenstein, verhindert das seitliche Wandern der Pflastersteine, das durch den Druck der Räder verursacht wird (siehe S. 227).

Plattengröße

Maximal können ca. 30 × 30 cm große Platten eingebaut werden, die mindestens 8, besser 10 cm dick sein sollten. Verwenden Sie die üblichen Betonsteine in den Größen von 10 × 20 cm bis etwa 16 × 24 cm in einer Stärke von 8 cm, dann können Sie eigentlich nichts falsch machen. Der Handel bietet Steine in vielen Formen und Farben an. Verlegt werden sie möglichst engfugig und verzahnend, Kreuzfugen sollten vermieden werden. Spezielle Betonpflastersteine unterstützen durch ihre Form diese enge Verzahnung – bekanntestes Beispiel hierfür ist das sogenannte Doppelverbundpflaster. Es bietet die größte Verzahnung, bildet aber leider das gestalterische Schlusslicht im Betonpflastersortiment.

TIPP

Durch das Befahren mit dem Auto treten große Druck- und Scherkräfte auf, die der Belag aushalten muss. Normale Gehwegplatten 50 × 50 cm oder 40 × 40 cm sollten Sie nicht verwenden, denn ihr Brechen ist vorprogrammiert.

Einparkhilfe Anschlagsschwelle

Ein kleiner Trick verhindert, dass man am Haus, am Carport oder in den Pflanzbeeten Schaden anrichtet, wenn man zu forsch mit dem Wagen nach Hause kommt: Dort, wo üblicherweise beim Parken die Vorderräder zu stehen kommen, wird ein zusätzliches Bord – Flachbord genannt – in Fahrzeugbreite eingebaut, das nur um wenige Zentimeter über die Pflasterfläche hinausragt. Wenn die Räder an das diese Anschlagsschwelle fahren, dann hat man die optimale Parktiefe erreicht. Vorsicht ist bei Fahrzeugen mit tiefen Frontspoilern geboten, die könnten Schaden nehmen.

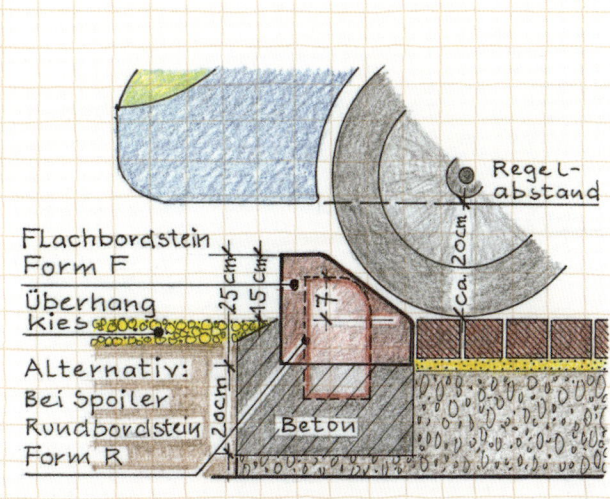

Anschlagsschwelle für den Parkplatz.

Klinkersteine

Möchten Sie Klinkersteine verwenden, so sollten Sie diese im Stellplatzbereich nur hochkant verlegen. Das verdoppelt zwar die erforderliche Anzahl der Steine, gewährleistet aber einen bruchsicheren und stabilen Einsatz. Kleinstein- und Großsteinpflaster werden mit einer Fugenbreite von ca. 1,0 cm verlegt. Um hier den Scherkräften vorzubeugen, sollte man die Verfugung mit einem Gemisch aus Splitt und Steinmehl, fein vermahlenes Kalkgestein, (50:50) vornehmen. Dies füllt die Fugen äußerst stabil.

Rasenfugenpflaster

In der Regel werden die Stellplätze heute mit wasserdurchlässigem Rasenfugenpflaster gebaut. Ist keine Carportüberdachung vorgesehen, kann man die große Pflasterfläche durch Rasenaufwuchs optisch verkleinern. Beachten Sie aber: Selbst bei Fugenbreiten von 2 cm verlieren diese Beläge auf Dauer etwa 90% ihrer Durchlässigkeit und je breiter die Rasenfugen sind, desto schlechter ist die Pflasterverzahnung. Die Scherkräfte, die besonders stark auftreten, wenn mit dem Auto enge Kurven gefahren werden, können dann dazu führen, dass sich das Pflaster mitdreht – bei schlecht verlegten Pflasterbelägen und besonders bei Rasenfugenpflaster bis zu 30–40 Grad. Befährt man die Stellplatzfläche vorwiegend gerade, besteht im Allgemeinen keine Gefahr.

Ölverlust und Versiegelung

Alle Fahrzeuge verlieren Öl, mitunter nur Tropfen. Das Rasenfugenpflaster hilft mit, das Grundwasser zu schützen, denn in der Vegetationsschicht (und nur dort!) kann das Öl organisch abgebaut werden. Bei großem Ölverlust kann der Belag jedoch ein Einsickern in den Untergrund begünstigen.

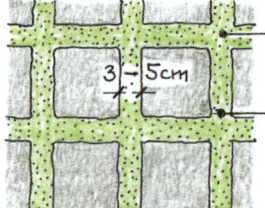

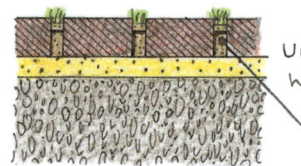

Verschiedene Rasenfugenpflaster.

Schlicht, funktionsfähig und so „grün" wie möglich ist diese gelungene Vorgartengestaltung.

Oft wird behauptet, Rasenfugenpflaster sei ökologisch wertvoll, um Flächenversiegelung und Grundwasserabsenkung zu vermeiden, doch jede Art von Pflaster stellt eine Versiegelung dar. Gibt die Stellplatzfläche das Regenwasser über ihr Gefälle an einen Straßenablauf in die Kanalisation ab, ist es für das Grundwasser der Umgebung verloren. Wird dagegen das Regenwasser bei geschlossenen Pflasterdecken seitlich in die Vegetationsflächen geführt, bleibt es dem Grundwasser erhalten.

TIPP

Durch die unterschiedliche Verlegung des gleichen Pflasters kann man dessen Stabilität erhöhen. Wird beispielsweise im Gehweg ein Rechteckpflaster in Reihe gelegt und in der Fahrfläche im Fischgrätmuster, erhöht dies die Verzahnung und mindert die Gefahr des Verdrehens. Auch der Einsatz von Abstandshaltern oder Steinen mit angeformten Nocken hilft gegen das Verdrehen von Rasenpflaster aus Betonsteinen (siehe nebenstehende Zeichnung).

Fahrrad- und Müllstellplätze

Fahrräder und Mülltonnen sollten auch ein Plätzchen bekommen, denn während die einen nicht gerade zur Zierde des Vorgartens gereichen, sind die anderen – je nach Qualität – das Ziel von Dieben und – je nach Familiengröße – ein mehrrädriges Hindernis.

Fahrradstellplätze

Fahrräder stehen im Weg oder werden geklaut. Bei einer vierköpfigen Familie sollte man davon ausgehen, dass jedes Mitglied der Familie ein Fahrrad hat. Stehen weder Garage, Keller oder Schuppen zur Verfügung, muss man sich überlegen, wie man die Zweiräder dauerhaft und vor der Witterung geschützt unterbringen will. Dabei spielt nicht nur der Wetterschutz eine Rolle.

Unter dieser praktischen Überdachung sind die Fahrräder der Familie gut aufgehoben.

STELLPLÄTZE 237

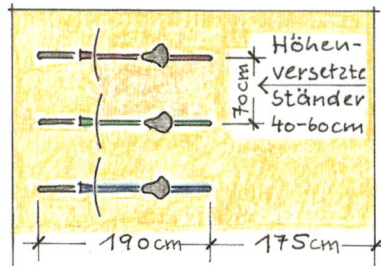

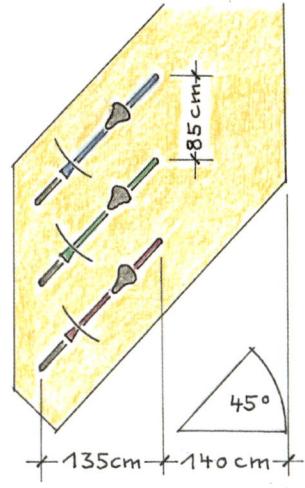

Grundmaße für Fahrradabstellplätze.

Auf das Material kommt es an
Fahrradständer sollten grundsätzlich feuerverzinkt oder noch besser aus dem etwas teureren Edelstahl sein. Rostender Stahl sieht nicht schön aus und hinterlässt braune Flecken auf dem Pflasterbelag. Ob feuerverzinkt oder nicht, durch die tägliche Benutzung werden lackierte Fahrradständer schnell ramponiert und unansehnlich durch absplitternde Lackflächen. Die reine Materialoberfläche (also Zink oder Edelstahl) bietet die optisch besten und langlebigsten Möglichkeiten.

Platzbedarf
Bevor Sie über das Aussehen einer passenden Unterkunft nachdenken, ist der erforderliche Platzbedarf festzustellen. Die Fahrräder, die Besucher oder Freunde mitbringen, sollten dabei auch nicht vergessen werden. Teilen Sie den vorhandenen Platz in zwei Teile: Für die Fahrräder Ihrer Familie eine feste Unterbringung und für die der Besucher direkt vor dem Haus ein eigener kleiner Parkplatz. Gehen Sie bei der Stellplatzplanung von einem Mindestplatzbedarf von 190 × 70 cm pro Fahrrad aus, damit mehrere Fahrräder bequem nebeneinanderstehen können.

Fahrradständer und -bügel
Fahrradständer im Vorgarten schaffen Ordnung und bieten die Möglichkeit, die Räder auch einmal über Nacht vor dem Haus stehen zu lassen. Im Handel gibt es die unterschiedlichsten Ständertypen. Vorgefertigte Mehrfachständer geben den Platzbedarf schon aufgrund ihrer Konstruktion vor. Manche sind jedoch unbequem, weil man sich zum Anschließen tief bücken muss oder weil die Radfelgen in Mitleidenschaft gezogen werden. Bei diesen „Felgenkillern" wird das Vorderrad in einen kleinen Metallbügel gestellt und das Anschließen des Fahrrades gestaltet sich als gymnastische Verrenkung.
Fahrradbügel hingegen bieten ein bequemes Anlehnen des Fahrrades und ein Anschließen des Rahmens, ohne sich zu bücken. Für zwei Räder ist dabei ein Anlehnbügel vorzusehen, der bei einem Einfamilienhaus auch meist völlig ausreichend ist.

TIPP
Der Fahrradstellplatz sollte in der Nähe des Hauses sein. Nicht nur der kurze Weg zur Haustür bei Regen wird von Besuchern dankbar registriert, sondern die Fahrräder sind vom öffentlichen Gehweg weiter entfernt und durch einen Sichtschutz, gleich welcher Art, neugierigen Blicken besser entzogen (siehe S. 220).

TIPP

Verwenden Sie für die Stellfläche der Mülltonnen das gleiche Wegematerial wie für die Zugangswege. Damit wird der Stellplatz optisch mit einbezogen und auch gestalterisch aufgewertet.

Müllstellplätze

In jeder Stadt oder Gemeinde gibt es andere Bestimmungen zur Größe und Anzahl der Mülltonnen, zum Rhythmus der Abholung und den Wegestrecken, die zwischen Müllstellplatz und Entsorgungsfahrzeug noch unentgeltlich von den Müllmännern überbrückt werden.

Für einen 4-Personenhaushalt sollte man mit etwa 2–3 Mülltonnen von 120 Liter Fassungsvermögen rechnen. In Mehrfamilienhäusern werden hingegen oft große Müllcontainer mit 1100 Liter Inhalt eingesetzt. Wir wollen hier ein Einfamilienhaus als Grundlage betrachten.

Der richtige Platz

Gibt es für die Mülltonnen keinen geeigneten Ort im Haus, dann muss leider im Vorgarten ein Platz für sie gefunden werden.

Offen sichtbar aufgestellte Tonnen sind alles andere als eine Zierde für den Garten. Abschließbar müssen die Müllstellplätze nicht sein, denn je nachdem, wie es in Ihrer Gemeinde geregelt ist, werden die Tonnen vom Müllmann direkt vom Stellplatz weg entsorgt. Diese Rahmenbedingungen gilt es bei der Planung zu berücksichtigen.

Bei 3 Mülltonnen mit je 120 l sollte man für jede Tonne etwa 80 × 80 cm reine Aufstellfläche vorsehen. Hinzu kommt der Bewegungsraum, der beim Befüllen und Entleeren der Tonnen benötigt wird. Achten Sie darauf, dass auch noch die hinterste Tonne ohne Schwierigkeiten an den anderen vorbei vom Platz gerollt werden kann, denn nicht jedes Mal müssen alle Tonnen entleert werden. Werden die Tonnen nebeneinander aufgestellt, dann ist es ausreichend, wenn davor ein ca. 80 cm breiter Bewegungsraum zur Verfügung steht. In einigen Kommunen und Landkreisen ist die Mülltrennpflicht weit fortgeschritten und drei Tonnen pro Haushalt reichen nicht mehr (Plastikmüll, Biomüll, Papier, Restmüll). Also eher großzügiger planen, als zu knapp. Werden in Mehrfamilienhäusern große 1100 l-Container benutzt, ist von einem reinen Platzbedarf von 120 × 80 cm pro Container auszugehen. Entsprechend breiter muss der Bewegungsraum werden.

Diese Einfriedung der Mülltonnen aus Granit wirkt sehr edel.

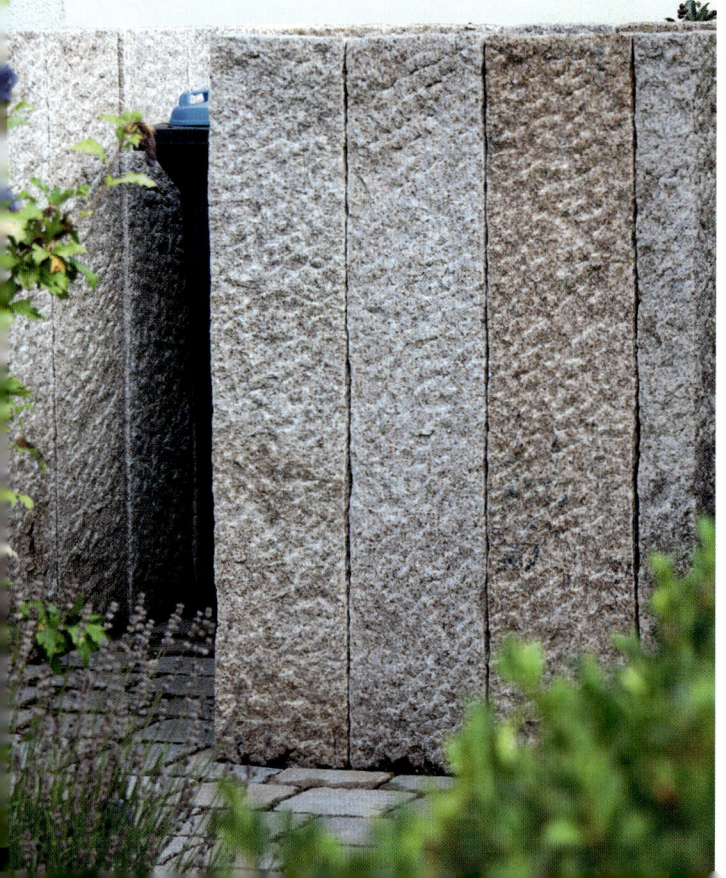

Der gut geplante Müllabstellplatz stimmt mit der Architektur überein.

Eine gute Lösung: die Tonnen sind nicht zu sehen und stehen doch zentral.

Bepflanzung eines Vorgartens

Ist man sich darüber klar geworden, wie und in welchem Umfang der Vorgarten befestigte Flächen erhalten soll, bleiben die „Rest"-Flächen der Vegetation vorbehalten. Bäume, Sträucher, Kletterpflanzen – je nach der Größe des Vorgartens und Ihren eigenen Vorstellungen lassen sich hier viele Ideen verwirklichen.

Bäume

Selbst in einem kleinen Vorgarten sollte ein größeres Gehölz als Leitpflanze nicht fehlen, denn es gibt dem Raum vor dem Haus eine vertikale Gliederung und rückt dessen Maßstab zurecht. Früher wurden Hausbäume gepflanzt – Kastanien, Eichen oder Linden. Im Laufe der Zeit überwuchs der Baum das Haus, beschirmte es und es entstand ein harmonischer Gesamteindruck. Leider wird dies vom heutigen Nachbarrechtsgesetz in kleinen Vorgärten weitgehend unterbunden. Aber warum nicht eine im

Hier stimmen die Maßverhältnisse der Bäume zu Grünfläche und Haus.

BEPFLANZUNG  241

Falsche Wuchsgrößen:

Sommer- oder Winterlinde
16-18 m / 11-12 / 6-7
Jahre 10 20 50

Spitz- oder Bergahorn
16-18 m / 9-11 / 4-6
Jahre 6 20 80

Einheimische Fichte
18-20 m / 10-12 / 4-5
Jahre 10 25 50

Richtige Wuchsgrößen:

Japanischer Ahorn
6-8 m / 4-5 / 3-4
15 25 50

Kanzan-Zierkirsche
10-11 m / 7-8 / 4-5
10 25 40

Tulpenmagnolie
6-7 m / 4-5 / 2-3
10 20 50

Wachstumsdynamik einiger Bäume im Vergleich. Bei der Auswahl ist für den Vorgarten stets die ausgewachsene Größe mitzudenken, um spätere Verstümmelungen oder Rodungen zu vermeiden.

Alter bis zu 6 m hohe Tulpenmagnolie (*Magnolia* × *soulangiana*) oder eine Nelken-Kirsche (*Prunus serrulata* 'Kanzan')? Auch sie werden groß genug, um sich auf dem Weg zum Haus beschützt und geleitet zu fühlen. Zudem entfalten sie im Frühjahr ihre prachtvolle Blüte und sind der Blickfang der ganzen Straße.

Baumwurzeln

Pflanzen von Großgehölzen, wie z. B. Ahorn oder Kastanie, sollen dicht neben Wohngebäuden zu Schäden an den Kellerwänden oder Hebungen des Hausfundaments führen – das ist stark übertrieben. Bei heutigen Neubauten werden die Kellerwände mit Schutzanstrichen und Schutz-

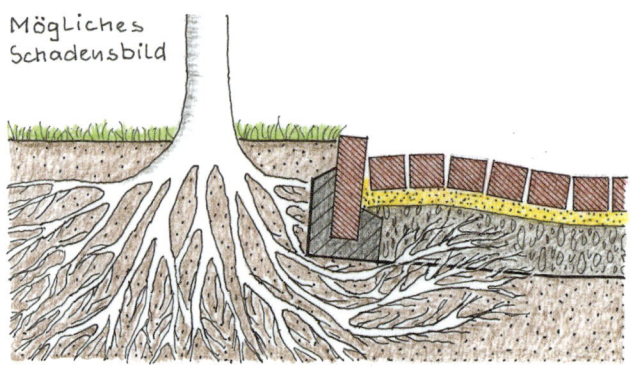

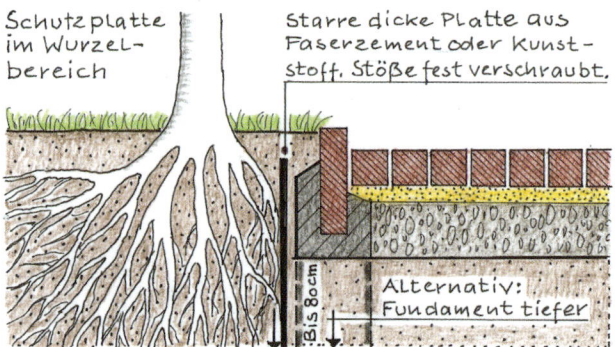

Belagsschäden durch Baumwurzeln kann durch Schutzplatten vorgebeugt werden.

Wurzelschäden vorbeugen
Pflanzt man Bäume nahe an Wegeflächen, muss man mit Hebungen rechnen, da die Wurzeln unter die recht flachen Einbauten der Wege wachsen. In beengten Verhältnissen ist hier der vorbeugende Einbau einer stabilen Wurzelschutzsperre bis in ca. 80 cm Tiefe senkrecht neben dem Weg zu empfehlen oder das Randsteinfundament zu vertiefen (siehe Zeichnung oben).

dämmungen versehen, und so ist bei baulich korrekter Ausführung in der Regel nichts zu befürchten. Wollen Sie auf Nummer sicher gehen, lassen Sie eine Wurzelschutzfolie direkt vor der Kellerwand einbauen.

Nachbarschaftsrecht für Gehölze

In fast jedem Bundesland gibt es ein eigenes Nachbarrechtsgesetz, das auch die Grenzabstände von Bäumen und Sträuchern regelt. Sich diese zu besorgen ist sinnvoll, um Fragen der Grenzabstände zu klären und auch, um Streit mit den Nachbarn zu vermeiden.
In der Regel werden für stark wachsende Bäume Grenzabstände von 400 cm gefordert (in Berlin z. B. 300 cm), für andere Bäume 200 cm, für Sträucher mindestens 50 cm. Groß wachsende Hecken müssen bis zu 100 cm von der Grenze des Nachbarn entfernt bleiben. Diese Zahlen sollte man im Hinterkopf behalten, aber wo ein Wille ist, findet sich auch der richtige Baum.

Sträucher

Sträucher, die im Alter eine stattliche Größe erreichen, stellen eines der Hauptprobleme in eingewachsenen Gärten dar. Die Standorte entsprechen oft nicht der Wachstumsdynamik. Deshalb sollte man stets weit genug von Wegrändern Abstand halten, um die oft schöne Wuchsform nicht durch Schnitt zu verstümmeln. Bei den in der Liste auf Seite 244 aufgeführten Sträuchern ist mindestens 1,5 m bei Wuchshöhen bis 3 m und mindestens 2 m bei höheren Exemplaren vorzusehen.

Kleine Auswahl für Laubbäume, die in der Regel nicht über 10 m hoch werden und deshalb für die meisten engen Vorgärten geeignet sind.

Deutscher Name	Botanischer Name	Wuchsform	Eigenschaften
Japanischer Fächerahorn	*Acer palmatum*	breite Krone, locker schirmförmig, mehrstämmig	Blattschmuck, Herbstfärbung langsam wachsend
Katsurabaum	*Cercidiphyllum japonicum*	schmale Krone, locker, oft mehrstämmig	Blattschmuck Herbstfärbung
Chinesischer Blumenhartriegel	*Cornus kousa*	Etagenwuchs, mehrstämmig	langsam wachsend Herbstfärbung
Echter Rotdorn	*Crataegus laevigata* 'Paul's Scarlet'	Hochstamm, kegelförmige Krone	Rote gefüllte Blüten langsam wachsend
Gold-Gleditsie	*Gleditzia triacanthos* 'Sunburst'	Hochstamm, Krone locker, transparente Belaubung	gelbe Fiederblätter keine Dornen und Früchte, trockenheitsverträglich
Goldregen	*Laburum watereri* 'Vossii'	Stammbusch, schmaler aufrechter Wuchs	reiche, Blüte, Pflanzen allerdings giftig, schnell wachsend
Amberbaum	*Liquidambar styraciflua*	Hochstamm, Krone aufrecht, später schirmartig	Herbstfärbung schnell wachsend
Magnolien-Arten	*Magnolia liliiflora* *Magnolia soulangeana* *Magnolia kobus*	baumartige Großsträucher, breit wachsend, kleiner Baum 8–10 m	blütenreich rosa-rot-weiß Blüte weiß
Zierapfel-Arten	*Malus* 'Evereste' *Malus floribunda* *Malus* 'John Downie' *Malus sylvestris*	Hochstämme und Großsträucher, lockere Kronen	reich blühend, weiß bis rot Früchte im Herbst gelb bis rot
Zierkirschen-Arten	*Prunus* 'Accolade' *Prunus sargentii* *P. serrulata* 'Kanzan' *P. subhirella* 'Fukubana' *Prunus yedoensis* *P. serrulata* 'Amanogawa'	Hochstämme und Stammbüsche, Kronen mehr breit als hoch, schirmartig ausgebreitet Wuchs extrem schmal	reich blühend, weiß bis rosarot einfach und gefüllt, z. T. schöne Rinde, mittelstark wachsend
Eberesche Vogelbeerbaum	*Sorbus aucuparia*	Stammbusch oft mehrstämmig Krone mehr hoch als breit, lockerer Wuchs	weiß blühend, rote Früchte Herbstfärbung

Sträucher für den Vorgarten

Liste einiger zuverlässig wachsender Schmucksträucher, die für Einzelstellung in Vorgärten aufgrund von Wuchsform, Größenentwicklung, Blüte oder Laubfärbung im Herbst zu empfehlen sind. Sie sind zum Teil zu Unrecht wenig bekannt.

Deutscher Name	Botanischer Name	Höhe	Eigenschaften
Felsenbirne	Amelanchier laevis	5 m	zierlicher Wuchs, weiß blühend, V. Herbstfärbung. Sonne bis Halbschatten
Zierquitte	Chaenomeles Hybriden	1–2 m	rote Blüte, V, gelbe Quittenfrüchte im Herbst, langsam wachsend, sonnig
Blumen-Hartriegel	Cornus kousa	4–5 m	Blüte weiß, VI, etagenartige Äste, langsam wachsend. Halbschatten bis Schatten
Kornelkirsche	Cornus mas	3–5 m	Blüte gelb, III, rote Früchte im Herbst, langsam wachsend, schnittverträglich, verträgt Schatten
Niedrige Scheinhasel	Corylopsis pauciflora	1–2 m	breitbuschig, gelbe Blüte, III–IV. Herbstfärbung gelb. Sonne bis Halbschatten
Perückenstrauch	Cotnus coggygria 'Royal Purple'	3–5 m	schwarzrote Blätter. Perückenartige Fruchtstände. Sonne, nicht zu nasser Standort
Korkflügelstrauch	Euonymus alatus	3 m	Korkleistenrinde, rote Herbstfärbung, rote Früchte
Zaubernuss	Hamamelis intermedia	2–3 m	langsam wachsend, Blüte gelb, I–II. Herbstfärbung
Strauch-Efeu	Hederix helix 'Arborescens'	1–1,5 m	nicht rankend. Duftende Blüte, X–XI, schwarze Kugelfrüchte, immergrün
Samt-Hortensie	Hydrangea sargentiana	2 m	behaarte Triebe und Blätter. Breite Blütendolden, rosa-weiß, VII–IX. Halbschatten
Johannisstrauch	Hypericum 'Hidcote'	1–1,5 m	wintergrün. Große, gelbe Blüten, VIII–X
Gefüllter Ranunkelstrauch	Kerria japonica 'Pleniflora'	1,5–2 m	grüne rutenartige Triebe. Gelbe Blüte, V–VI. Schattenverträglich
Perlmutstrauch	Kolkwitzia amabilis	3–4 m	eleganter lockerer Wuchs. Blüte rosa, V–VI. Sonne
Stern-Magnolie	Magnolia stellata	3 m	Blüte weiß, III–IV, vor Laubaustrieb
Duftjasmin	Philadelphus 'Erectus'	2 m	dichter, schmaler Wuchs, Blüte weiß, VI–VII, schattenverträglich
Braut-Spiere	Spiraea arguta	1,5–2 m	zierliche, überhängende Zweige, Blüte weiß, üppig, IV, trockenheitsresistent, anspruchslos, sonnig
Pracht-Spiere	Siraea vanhouttei	3 m	lockerer Wuchs, schattenverträglich, Blüte weiß, V–VI
Edel-Flieder	Syringa vulgaris Hybriden	5 m	bekannter Bauerngartenstrauch. Blüte weiß bis violett, aufrechter Wuchs. Sonne bis Halbschatten
Duftender Winter-Schneeball	Viburnum bodnantense 'Dawn'	3–4 m	aufrecht wachsend, Blüte rosa-rot, XI–III. Herbstfärbung rot-violett

Stauden für den Vorgarten

Liste bewährter bodendeckender, für Vorgärten geeigneter Stauden, die zuverlässig ab dem 2. Pflanzjahr einen 15–35 cm hohen Bodenschluss bilden und deshalb in späterer Zeit leichter zu pflegen sind. In dieser Pflanzdecke können sowohl Einzelsträucher als auch höhere Stauden einzeln oder in Kleingruppen sowie verwildernde Blumenzwiebeln (Schneeglöckchen, Krokus, Blaustern, Winterling) angesiedelt werden.

Deutscher Name	Botanischer Name	Eigenschaften
Günsel	*Ajuga reptans* 'Atropurpurea'	Blüte violettblau, IV–V, braunrotes Blatt, nur kleinflächig verwenden. Ausbreitung durch Ausläufer, wintergrün. Sonne bis Halbschatten, feucht
Teppichspiere	*Astilbe chinensis* var. *pumila*	Blüte violettrosa Kerzen, VIII–IX. Graziles Laub. Herbstschnitt Blütenstängel. Halbschatten bis Schatten
Steinsame	*Buglossoides pupurocaerulea*	sehr wüchsig, rasche Ausbreitung, Gefahr für andere Stauden! Kräftiges Blau der Blüte, VI–VII. robust. Sonne bis Halbschatten
Dalmatiner Glockenblume	*Campanula portenschlagiana*	wüchsig bis in Ritzen, wintergrün. Blaue Blütenranken, VI–VII. Sonne bis Halbschatten
Bleiwurz	*Ceratostigma plumbaginoides*	späte blaue Blüte, VIII–IX, rote Blattfärbung Herbst. Ausläufer, sonnig. Rückschnitt zeitiges Frühjahr
Elfenblume	*Epimedium perralchicum* 'Frohnleiten'	robust, starke Ausbreitung, wintergrün, gelb blühend, IV–V, unverwüstlich. Halbschatten bis Schatten
Storchschnabel Hybride	*Geranium wallichianum* 'Rozanne'	Dauerblüher, violettblau, V–IX! Sonne bis Halbschatten
Balkan Storchschnabel	*Geranium macrorrhizum* 'Spessart'	wintergrün, aromatischer Duft der Blätter, Blüte weiß-rosa, VI–VII. Sonne bis Halbschatten
Goldnessel	*Lamiastrum galeobdolon* 'Florentinum'	starke Ausbreitung, gelb blühend, V–VI. Weiß gezeichnetes Blatt, wintergrün. Halbschatten bis Schatten. Unter Gehölzen gut
Pfennigkraut	*Lysimachia nummularia*	nur kleinflächig verwenden, gelbe Blüte, V–VII, kriechend. Sonne bis Halbschatten
Ysander	*Pachysandra terminalis*	wintergrün, langsam wachsend, Ausläufer, saure Böden bevorzugt. Keine Sonne, sonst Vergilbung! Nicht betreten zur Pflege. Blüte weiß, IV
Beinwell	*Symphytum grandiflorum*	robust, Ausläufer, dichte Bodendecke. Blüte rahmgelb, V. Halbschatten bis Schatten
Waldschaumkerze	*Tiarella cordifolia*	zierliche Blätter, Herbstfärbung, Blüte weiß, V–VI. Nur für humose Böden ausdauernd. Halbschatten bis Schatten
Immergrün	*Vinca minor*	stark wüchsig, Ausbreitung mit bewurzelten Trieben, Blüte blauviolett, IV–V, wintergrün
Golderdbeere	*Waldsteinia ternata*	Ausläuferbewurzelung, wintergrün, Blüte gelb, IV–VI, zuverlässig dicht. Zur Verdrängung anderer neigend

Auch auf kleiner Fläche kann eine üppige Pflanzenfülle den Vorgarten verschönern.

ßere Rahmenpflanzung als Grundgerüst des Gartens. Einige Immergrüne Rhododendren oder kleinwüchsige Eiben sorgen für ein abwechslungsreicheres Erscheinungsbild im Winter. Vor diesen Rahmen – je nach Platz – werden kleinere Sträucher und Stauden gepflanzt. Auch wenn nicht gleich ein fertiges Bild zu sehen ist, Pflanzen sind Lebewesen: Sie wachsen und sorgen in der Zukunft mit Sicherheit für Überraschungen. Eine abgestufte Pflanzung muss für Jahre nicht oder nur wenig geschnitten werden. Gegen die Rutschgefahr, die im Herbst von dem nassen Laub auf den Gartenwegen ergibt, hilft nur fegen. Das Laub bringt man auf den Komposthaufen, man kann es unter der Strauchpflanzung des Gartens verteilen oder als Mulchabdeckung für angrenzende Vegetationsflächen nutzen. Das Laub unterdrückt den Aufwuchs von Unkräutern, bewahrt die Bodenfeuchte im Sommer und sorgt bei der langsamen Zersetzung für die Rückführung von Nährstoffen und Humus in den Boden.

Bäume, Sträucher, Stauden richtig einplanen

Damit Sie lange Freude an Ihrem Garten haben, ist eine sorgfältige Planung und Auswahl der Pflanzen erforderlich, besonders bei kleinen Gärten. Große Baumschulen bieten gegen eine Schutzgebühr oft umfangreiche Kataloge an, mit ausführlichen Preislisten, praxisgerechten Beschreibungen und Abbildungen der einzelnen Pflanzenarten.

Beginnen Sie Ihre Planung mit einem oder wenigen Leitgehölzen, die Sie optimal zum Haus und zum Grundstück positionieren, danach folgt die grö-

Kletterpflanzen

Ein Haus ohne Kletterpflanzen ist eigentlich nackt, aber beachten Sie die artspezifischen „Gewohnheiten" dieser Kletterer. Weit verbreiteter Irrtum: Efeu füge der Hausfassade Schaden zu. Die Haftwurzeln des Efeus (wie auch des Kletterweines) weisen kein Dickenwachstum auf und sind daher bei unbeschädigtem Mauerwerk unbedenklich. Lediglich bei geschädigtem Putz oder Mauerwerk kann Efeu zu Schäden führen, da die jungen Triebe Dunkelheit suchen und jede

Spalte oder Ecke finden. Unter Umständen können sie sogar Dachschindeln anheben. Die starkwüchsige Glyzine oder Blauregen *(Wisteria sinensis)* braucht für ihre 12–15 m langen windenden Triebe Rankhilfen wie Drahtseile oder Spaliere. Für die Vorgärten von Einfamilienhäusern und den vorgelagerten Carports eignen sich schwachwüchsige Kletterpflanzen wie das wohlriechende Geißblatt *(Lonicera caprifolium)*, der Baumwürger *(Celastrus orbiculatus)*, die sehr empfehlenswerte rosa Anemonen-Waldrebe *(Clematis montana* 'Rubens') oder als langsamwüchsiger Haftwurzler die prachtvolle Kletterhortensie *(Hydrangea petiolaris)*. Diese Kletterpflanzen sind wenig oder nicht aggressiv und vertragen auch mal einen kräftigen Rückschnitt, sollten sie nach vielen Jahren doch einmal zu voluminös werden.

Stauden

Stauden sollten in keinem Garten fehlen, sei es als unübersehbare Prachtstaude, die jedem Blütenstrauch Konkurrenz macht, wie der fast 200 cm hohe einheimische Waldgeißbart *(Aruncus sylvestris)*, als Boden deckende Staude wie der Pyrenäen-Storchschnabel *(Geranium endressii)* oder als unscheinbare Nischenbewohner wie die Hauswurz *(Sempervivum-*Arten). Im Winter ziehen sie sich wenn nicht wintergrün (Waldsteinie, Immergrün) in die Erde zurück, um im nächsten Frühjahr von dort erneut aus Knospen zutreiben. Stauden entwickeln im Unterschied zu Gehölzen eine jährlich gleichbleibende Wuchshöhe.

Bei großflächig gepflanzten robusten Bodendeckern tragen Stauden zu einem vitalen und pflegeleichten Garten bei (s. Liste Seite 245). Falsch ausgesuchte Pflanzen dagegen, verursachen einen erheblichen Mehraufwand an Zeit und das gestalterische Ergebnis wird unbefriedigend bleiben.

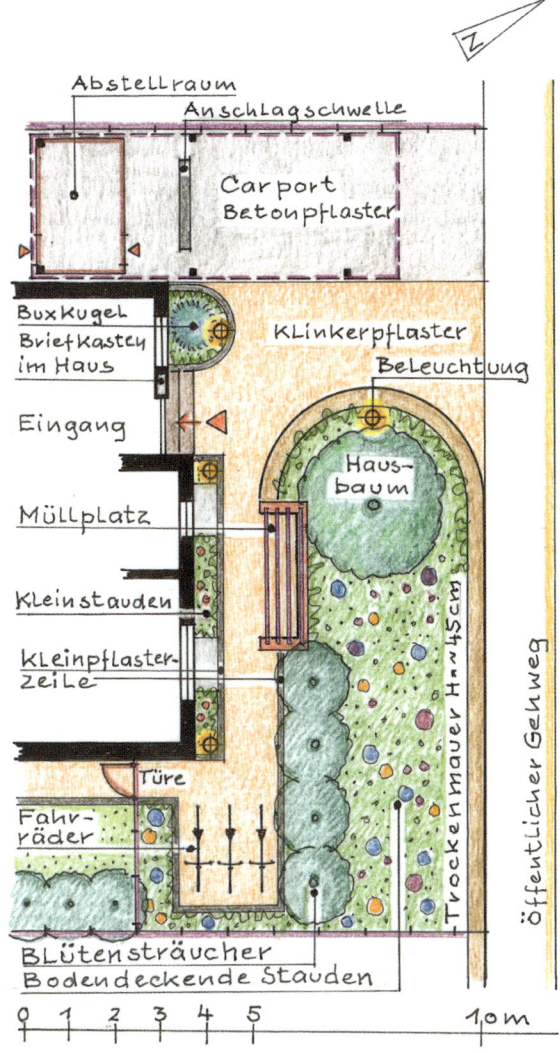

Planungsbeispiel für einen bepflanzten Vorgarten: Entwurfsplan.

Einen Vorgarten kalkulieren

Unternehmer- oder Eigenleistung? Das ist eine zentrale Frage. Welche Arbeit man als Eigenleistung vollbringen will, hängt letztendlich von der eigenen Erfahrung und Geschicklichkeit ab. Bei aufwendigen und risikoreichen Vorgärten ist es jedoch empfehlenswert, einen gewerblichen Landschaftsgärtner hinzuzuziehen.

TIPP
Die Kostenersparnis bei Eigenleistungen liegt erfahrungsgemäß bei 20–30% gegenüber reinen Unternehmerleistungen.

Was ist machbar, was nicht?

Bei etwas Geld und durchschnittlicher Geschicklichkeit ist es sinnvoll, Arbeiten, die einen hohen maschinellen oder körperlichen Aufwand erfordern, an den Profi abzugeben, wie zum Beispiel das Einplanieren des Grundstücks, einschließlich der An- und Abfuhr von Boden und der Bodenmodellierung mit Maschinen (Radlader, Bagger, Lkw etc.).

Den Erdaushub kann man in geringerem Umfang selbst vornehmen und dem Landschaftsgärtner die Wegebauarbeiten überlassen. Vorteil: Die Arbeiten werden schnell und fachgerecht durchgeführt und je nach Vertrag gibt es sogar zwei oder fünf Jahre Garantie für die Flächen (Gewährleistung). Diese Garantie gibt es natürlich auch, wenn Sie sich den ganzen Vorgarten von einem Fachmann anlegen lassen.

Von allen Elektroarbeiten sowie von Arbeiten an Trinkwasser, Abwasser-, Gas- und Starkstromleitungen ist jedoch abzuraten. Zwar ist der Bau einer Regenwasserleitung vom Fallrohr zum grundstücksseitigen Abwasserschacht nicht schwierig, aber bei den Anschlussarbeiten am Schacht können Fehler hohe Folgekosten verursachen.

Hat ein Landschaftsgärtner den Wegebau durchgeführt, bietet sich zur Eigenleistung an: Humusreichen Oberboden aufbringen, Bäume, Sträucher und Stauden pflanzen, den Rasen aussäen. Auch der Einbau von Fahrradständer, Klettergerüst, Zäunen und die Ausstattung z. B. mit Bänken lassen sich in der Regel gut bewältigen.

TIPP
Regenwasser fließt bei getrennten Entsorgungssystemen nur in die Regenwasserleitungen und nicht in die meist parallel verlegten Schmutzwasserleitungen, und der Anschluss von Leitungen ans öffentliche Kanalnetz unterliegt der Genehmigungspflicht.

EINEN VORGARTEN KALKULIEREN

Kostenaufstellung zum Entwurfsplan

Hier werden die Kosten für die Herrichtung des geplanten Vorgartens (siehe Seite 247) mit Erdarbeiten, Wegebauarbeiten und der Bepflanzung exemplarisch aufgeführt. Holen Sie unbedingt mehrere Angebote bei anerkannten Firmen des Garten- und Landschaftsbaus ein und vergleichen Sie. Die in Klammern gesetzten Preise und mit „a" und „b" gekennzeichneten Positionen Absätze sind Alternativen zu den vorherigen Positionen. Dies ermöglicht Ihnen bereits in der Angebotsphase einen direkten Preisvergleich.

Pos.	Leistung	Menge	Einzelpreis in Euro	Gesamt in Euro
	Herrichten der Baustelle			
1	Strauchpflanzung roden, Höhe bis 2 m	20 m²	12,50	250,00
2	Baum fällen, Stammdurchmesser 30 cm	1 St.	300,00	300,00
3	Bauschutt und Unrat aufsammeln und entsorgen	5 m³	45,00	225,00
4	Alter Entwässerungsschacht, Durchmesser 120 cm, abbrechen und entsorgen, Tiefe 200 cm	1 St.	300,00	300,00
5	Maschendrahtzaun, Höhe 80 cm, einschließl. Pfosten abbrechen und entsorgen	15 m	15,00	225,00
	Erdarbeiten			
6	Unterboden lösen, laden, abfahren (Geländeaushub 10 m³, Aushub Vegetationsflächen 20 m³)	30 m³	17,00	510,00
7	Zuvor Oberboden 20 cm maschinell lösen und lagern	12 m³	7,50	90,00
7a	alternativ manuell	12 m³	35,00	(420,00)
8	Planierung der Aushubsohle Vegetationsflächen	54 m²	2,80	151,20
9	lagernden Oberboden maschinell wieder einbauen	12 m³	7,50	90,00
9a	alternativ manuell	12 m³	35,00	(420,00)
10	neuen Oberboden liefern und einbauen	5 m³	35,00	175,00
11	Bodenverbesserung mit 5 cm Kompost	54 m²	5,50	297,00
12	Düngen der Vegetationsflächen	54 m²	0,60	32,40
13	Oberbodenplanum zur Vorbereitung der Pflanzung	35 m²	2,80	151,20
14	Erdaushub, im Mittel 30 cm, für Wegeflächen maschinell laden und abfahren (Pos. 15 x 30 cm)	21 m²	28,00	588,00

	Wegebauarbeiten			
15	Herstellen des Erdplanums und Verdichten	70 m²	5,50	385,00
16	Betonbord Form F 15/30/100 cm als Rammbord einbauen in Beton mit Rückenstütze	2 m	28,00	56,00
17	Betonkantensteine 8/30/100 cm, grau, liefern und 30 cm breit einbauen in Beton mit Rückenstütze	13 m	21,00	273,00
17a	einzeilige Großpflastersteine in Beton mit Rückenstütze	13 m	45,00	(585,00)
18	einzeilige Kleinpflasterzeile, liefern und 30 cm breit einbauen in Beton mit Rückenstütze	23 m	38,00	874,00
18a	Tiergartenband aus Stahl, feuerverzinkt liefern und einbauen	23 m	28,00	(644,00)
19	10 cm Schottertragschicht liefern, einbauen und verdichten	29 m²	9,50	275,50
20	20 cm Schottertragschicht liefern, einbauen und verdichten	30 m²	18,00	540,00
21	Klinkerpflaster liefern und einbauen auf 3 cm Sandbettung	29 m²	42,00	1 218,00
21a	Betonplatten 40/40/6 cm liefern und einbauen auf 3 cm Sandbettung	29 m²	28,50	(826,50)
21b	Granit-Mosaikpflaster 5/7 liefern und einbauen auf 5 cm Sandbettung	29 m²	85,00	(2465,00)
22	Betonpflaster 16/24/8 cm liefern und einbauen auf 3 cm Sandbettung, mit Granitvorsatz	30 m²	33,00	990,00
22a	Rasenfugenpflaster aus gebrauchtem Großpflaster mit Raseneinsaat, Fugenbreite 2,0 cm	30 m²	90,00	(2700,00)
22b	Granit-Kleinpflaster 9/11 liefern und einbauen auf 5 cm Sandbettung	30 m²	75,00	(2250,00)
23	Betonschnitt mit Steinsäge für Klinker und Pflaster	25 m	12,50	312,50
24	Betonblockstufen mit Granitvorsatz, einschließlich 20 cm Betonfundament und 20 cm Schottertragschicht	4 m	75,00	300,00
25	Trockenmauer aus Naturstein, roh behauen, Höhe 45 cm, Breite 30 cm, einschl. Erdarbeiten	16 m	250,00	4 000,00

	Pflanzarbeiten			
26	Pflanzenlieferung Gehölze: Wert 1300 € nach Katalogpreis der Baumschule xy abzüglich 20% Rabatt	1 Baum 5 Sträucher	1 040,00	1 040,00
27	Pflanzenlieferung Stauden: Wert 1200 € nach Katalogpreis der Staudengärtnerei yz abzüglich 10% Rabatt	430 Stck.	1 080,00	1 080,00
28	Pflanzarbeit für Gehölze: 40% der Pflanzenlieferungssumme Gehölze		416,00	416,00
29	Pflanzarbeit für Stauden: 50% der Pflanzenlieferungssumme Stauden		540,00	540,00
30	Abdecken der Vegetationsflächen mit Rindenmulch 5 cm dick im gesetzten Zustand	54 m²	9,50	513,00
31	Fertigstellungspflege für eine Vegetationsperiode	54 m²	12,00	648,00

Gesamt, netto (ohne „a" und „b" Positionen):		16 845,80
Mehrwertsteuer 19%:		3 200,70
Gesamt, brutto:		20 046,50
Preis pro Quadratmeter Gartenfläche (= 124 m²)		161,67 €/qm

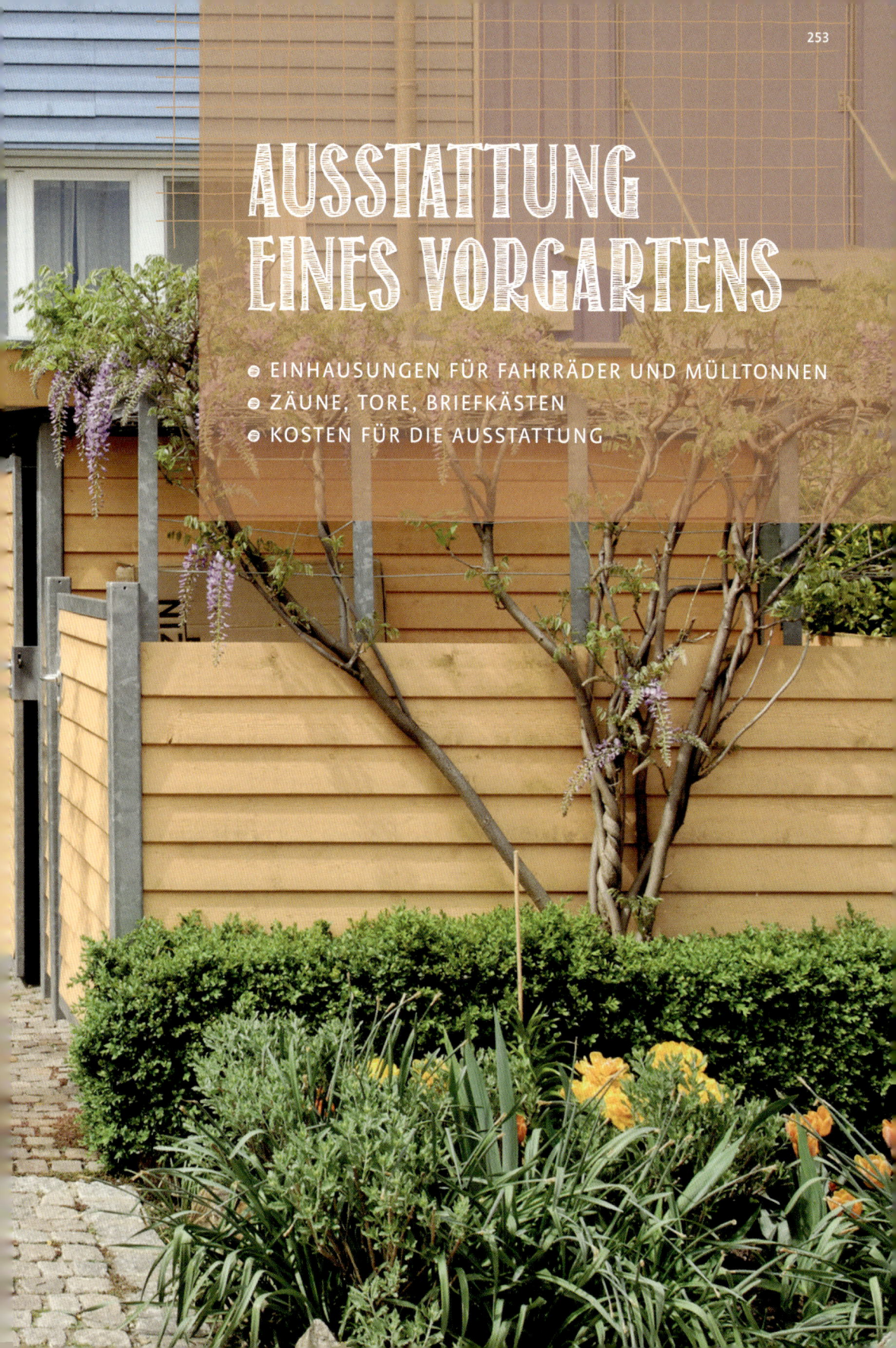

AUSSTATTUNG EINES VORGARTENS

- EINHAUSUNGEN FÜR FAHRRÄDER UND MÜLLTONNEN
- ZÄUNE, TORE, BRIEFKÄSTEN
- KOSTEN FÜR DIE AUSSTATTUNG

Einhausungen für Fahrräder und Mülltonnen

Manchmal mangelt es im und um das Haus an geeigneten Abstellmöglichkeiten. Dabei sind besonders zwei Dinge für Schutz gegen Regen und andere Unbilden der Natur dankbar: Mülltonnen und Fahrräder.

Fahrradeinhausungen

Drahtesel, ob eigene oder fremde, sind zwar genügsam, dennoch nehmen sie es einem mit der Zeit schon übel, wenn sie bei Wind und Wetter immer nur im Freien stehen müssen. Daher ist ein ausreichender Schutz vor Sonne, Regen und Schnee die beste Garantie für ein langes Fahrradleben.

Aus den Augen …

Gerade teure Fahrräder sollten aus den Augen sein, um keine Begehrlichkeiten zu wecken, und die Unterstellmöglichkeit sollte möglichst auch fest verschließbar sein. Zwei Möglichkeiten bieten sich im Vorgarten an: Ist ein Carport geplant und entsprechend Platz vorhanden, kann bei den meisten Systemherstellern zusätzlich ein

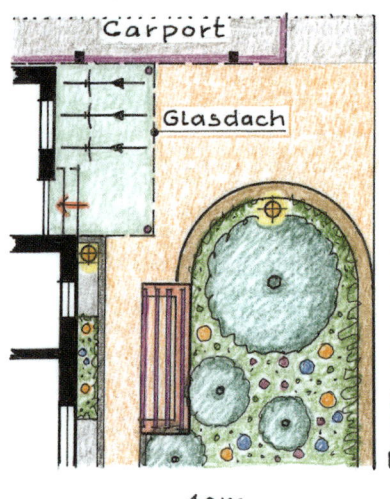

Stellplätze für Fahrräder. Varianten zum Entwurf des Vorgartens auf Seite 247.

Abstellraum eingebaut werden. Eine andere Lösung ist eine Fahrradbox, die man in den unterschiedlichsten Größen und auch Formen kaufen oder selbst bauen kann.

Will man die eigenen Fahrräder möglichst fest verschlossen wissen, ist für die Gästefahrräder aber eine Kombination aus Fahrradständer und Niederschlagsschutz ausreichend, dann benötigen Sie keine feste Umgrenzung. In diesem Fall gewährleisten bereits etwa 120 cm hohe Einfassungshecken oder Ähnliches einen ausreichenden Sichtschutz – Türen sind überflüssig. Genauso wie beim Carport kann man zuerst die Aufstellfläche mit dem Fahrradständer schaffen und anschließend bei Bedarf eine leichte Bedachung hinzufügen.

Schutz von oben und der Seite

Stehen die Fahrräder direkt am Haus, so genügt es, wenn man an der Fassade eine leichte Stahlkonstruktion, die aus dünnen Profilstählen mit Glaseindeckung besteht, befestigt – schon ist der Wetterschutz fertig. Mehr als der Schutz von oben ist direkt am Haus nicht erforderlich, da hier die Windgeschwindigkeit in den meisten Fällen nachlässt und der Regen nicht seitlich auf die Fahrräder trifft.

Bei frei stehenden Fahrradstellflächen muss man unter Umständen einen seitlichen Schutz mit einplanen und dabei auch unbedingt auf eine ausreichende Kopfhöhe von mindestens 190–200 cm achten – sich beim Abstellen des Fahrrades immer vorsichtig zu bewegen, um nicht den Kopf anzuschlagen, ist auf die Dauer unbefriedigend.

Bei der Wahl der Bedachung ist der Fantasie kaum eine Grenze gesetzt

Ein solides und hübsches Häuschen für Fahrräder und Mülltonnen.

– Holz, Stahl, oder auch Glas, alles ist möglich. Neben Eigen- oder Sonderkonstruktionen bieten auch hier verschiedenste Hersteller die unterschiedlichsten Fertigprodukte an.

Herberge

Sehen Sie beim Hausbau oder dessen Nachrüstung einen leichten Glasvorbau vor der Eingangstür vor, der groß genug ist, ein oder zwei Fahrräder seitlich zu beherbergen. Dies wirkt wie eine einladende Geste und man bleibt bei Regenfall erst einmal trocken.

Durch die freundliche Farbe wirken diese vorgefertigten Müllboxen weniger massiv.

TIPP

In manchen Gegenden fallen immer wieder Waschbären über die Mülltonnen her und schaffen es, selbst mit Gummibändern oder Schlössern gesicherte Plastiktonnen zu plündern. Verwenden Sie bei Unterstellplätzen als Türgriff einen drehbaren Knauf, denn sonst könnte ein gewitzter Waschbär oder Hund noch immer an die Tonnen gelangen.

Während bei Mülltonnen sowohl gestalterisch als auch funktional eine gewisse Notwendigkeit zum Verstecken und Schützen besteht, so muss die Frage nach einem Regendach für Besucherfahrräder jeder für sich beantworten – ein Zeichen von Gastfreundschaft ist es jedoch allemal.

Müllplatzeinhausungen

Auf Seite 238 wurde schon beschrieben, welchen Platz man für die häuslichen Mülltonnen einplanen muss. Aber warum ihnen eigentlich eine eigene Behausung anbieten? Die handelsüblichen Kunststofftonnen sind doch regendicht? Geschützt vor Regen und Schnee lassen sie sich jedoch sauberer befüllen oder entleeren und wenn sie im Schatten stehen, kommt es im Sommer nicht zur einer unangenehmen Geruchsbildung.

Passende Unterstellplätze

Der Handel bietet vorgefertigte Müllboxen, zum Beispiel aus Beton mit Stahltüren an, die vor Ort mit einem kleinen Ladekran an die richtige Stelle gesetzt werden. Diese Boxen wirken allerdings als massive Klötze und sind nur durch kräftige Anpflanzungen mit Hecken oder Kletterpflanzen einigermaßen zu kaschieren. Es gibt durchaus elegantere und leichtere Lösungen.

So lässt sich etwa durch die Verwendung des gleichen Baustoffs (oder der Fassade) wie am Haus eine kleine U-förmige Mauer errichten, die dann mit einer passenden Abdeckplatte aus Beton oder Holz und einer zweiflügeligen Tür aus Metall oder Holz geschlossen wird. Dieser Unterstellplatz wirkt zwar auch recht massiv, lässt sich aber wesentlich individueller an Haus und Garten anpassen.

Weniger steinern, aber immer noch deutlich als Bauwerk zu erkennen ist eine Holzzaun-Konstruktion. Welchen Zauntyp man dabei auch immer wählt, die Abstände zwischen den Latten, Brettern oder Staketen müssen so eng sein, dass keine größeren Tiere eindringen können.

Wer es praktisch mag, der kann auch eine Einhausung aus Stabgitterzaun errichten. Dann werden die Tonnen regelrecht in einen Käfig gesperrt, den man hinter einer gleich hohen Hecke fast zum Verschwinden bringen kann. Oder versuchen Sie es mit dem Immergrünen Geißblatt (*Lonicera henryi*), das die Drahtgitterstäbe gerne als Klettergerüst nutzt und Schatten spendet.

AUSSTATTUNG

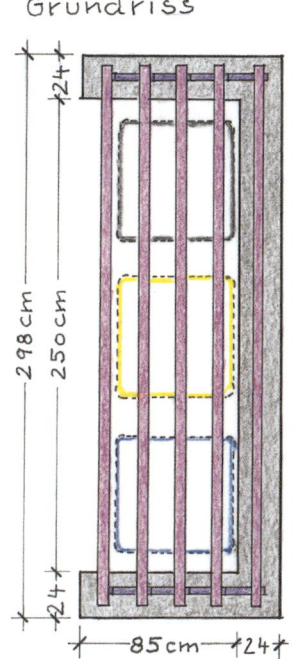
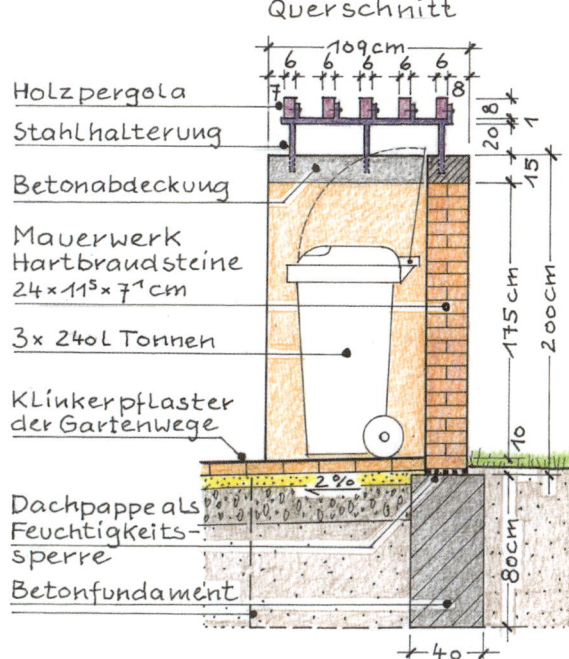

Bauzeichnung für die Müllplatzeinhausung zum Entwurfsplan auf Seite 247.

Beispiel für eine Müllplatzeinhausung

Oben auf dieser Seite sehen Sie das Beispiel einer Müllplatzeinhausung, die als aufgemauerte, U-förmige Klinkermauer gestaltet wurde. Das Rankgerüst ist aus Kanthölzern erstellt, die kesseldruckimprägniert wurden und auf einer feuerverzinkten Vollstahlkonstruktion stehen.

Diese Bauweise ist nach oben offen gehalten. Auf der Mauerrückseite kann auch ein Klettergehölz zum Rankgerüst hochgeführt werden. Durch eine Änderung der Konstruktion kann man aber auch nach ganz individuellen Wünschen noch eine Abdeckung aus z. B. Stahlblech aufbringen.

Müllschrank und Zaun als gelungene Baueinheit

Daran sollten Sie bei der Vorgartenplanung denken

Fahrradstellplätze/-einhausungen:
- Vermeiden Sie dichte Einhausungen, eine Durchlüftung verbessert das Trocknen nasser Fahrräder.
- Die Pflasterflächen unter dem Dach sollten zur Entwässerung ein leichtes Gefälle aufweisen.
- Bei stabilen, gemauerten oder metallenen Einhausungen kann man auf die Fahrradständer verzichten und die Tür durch ein Sicherheitsschloss sichern.
- Bei Eindeckungen aus Glas sollte man Einscheiben-Sicherheitsglas verwenden. Falls es kaputt geht, entsteht nur Glas-Grus und keine scharfen Scherben.

Müllstellplätze/-einhausungen:
- Verwenden Sie für den Weg vom Müllplatz zum Entsorgungsfahrzeug möglichst glatte Wegebeläge ohne starke Fasen und Fugen oder raues Material wie Kleinpflaster. Beim Rollen der Tonnen wird das Entleeren sonst zur Lärmbelästigung.
- Müllstellplatzeinhausungen sollten nicht abschließbar sein, damit die Müllmänner direkt an die Tonnen gelangen können.
- Sehen Sie Rammborde für die Mülltonnen vor, damit diese nicht gegen die Wände oder Zäune der Einhausungen schlagen und zu Beschädigungen führen.
- Vermeiden Sie am Müllstellplatz Materialien wie Kies, Schotter oder offenen Boden, damit die Aufstellfläche immer leicht durch Fegen zu reinigen ist.

Allgemein:
- Vermeiden Sie Wellblech oder ähnliches Material als Eindeckung. Dies führt bei starkem Regen zu erhöhter Lärmbelästigung.
- Binden Sie alle separat vom Haus stehenden Einhausungen in dichte Bepflanzung ein, sonst entstehen im Winter bei fehlendem Laub unschöne „Solitärbauten".
- Bei Eingrünung von Einhausungen mit Kletterpflanzen sollte man langsam wachsenden Pflanzen den Vorzug geben (z. B. Kletterhortensie, *Hydrangea petiolaris*). So hat zum Beispiel der oft verwendete Schling-Knöterich (*Polygonum aubertii*) ein Längenwachstum von mehreren Metern (!) pro Jahr. Auch Wilder Wein (*Parthenocissus* in Arten) wäre fehl am Platz.

Zäune, Tore, Briefkästen

Neben der sicheren und gelungenen Unterbringung von Fahrrädern, Mülltonnen und Autos sollten Sie sich rechtzeitig Gedanken über die „optische Einfassung" des Ganzen machen. Dabei sind der Fantasie fast keine Grenzen gesetzt.

Umgrenztes Reich

Der Vorgarten ist „halb öffentlicher" Raum. Während man hinten auf der Terrasse seine Privatheit genießt, wird dieser auch ohne Wissen des Hausherrn betreten, durch den Postboten, die Müllmänner oder einfach durch Besucher. Es heißt also abwägen, ob man dies ohne weiteres zulassen will

Dieses Tor mit Gegensprechanlage hat eine starke Schutzfunktion.

TIPP

Nehmen Sie sich die Zeit, vor Ihr Haus auf die Straße zu treten und zu prüfen, welche Einzäunung wirklich erforderlich ist, zum Haus und dessen Charakter passt und auch ein harmonisches Ganzes mit der Nachbarschaft erzeugt.

oder nicht. Wenn nicht, dann muss man eine relativ feste und hohe Abgrenzung wählen, zum Beispiel durch einen massiven Stahlzaun mit einer mindestens 120 cm hohen Hecke, dazu ein verschlossenes Tor mit Klingel und Gegensprechanlage.

Soll das Haus jedoch einladend wirken, ist ein niedriger, leichter Zaun oder eine kleine Einfassungshecke ausreichend, mit einer breiten Lücke zum Hindurchgehen. Will man trotz des frei zugänglichen Vorgartens andere Gartenbereiche schützen, so führt man Zaun samt Tor seitlich an das Haus heran und erreicht damit eine Zweiteilung. Damit der Zaun nicht überstiegen werden kann, sollte er mindestens 180 cm hoch sein. Relativ häufig wird auch eine Mauer mit Durchgangstor gezogen, die bis zum Nachbargrundstück führt und dort in eine Zaunbauweise übergeht.

Beleuchtung

Das i-Tüpfelchen im eigenen Garten ist eine gute Lichtregie. Vorgarten und Haus lassen sich mit Licht in Szene setzen. So kann mit versteckt eingebauten Spotlights, die über eine Zeitschaltuhr geschaltet werden, das Haus, ein auffälliger Baum oder Teile des Gartens angestrahlt werden. Wichtiger ist es aber, den Garten in der Nacht nutzbarer und sicherer zu machen. Eine Beleuchtung für den Carport und die Mülleinhausung, vielleicht auch für den Fahrradstellplatz, sind sinnvoll. Bei längeren Zugangswegen oder Treppenstufen führt ein kleiner Lichtpoller zu größerer Trittsicherheit.

Bewegungsmelder

In Baumärkten findet man häufig Außenleuchten mit integrierten Bewegungsmeldern. Abgesehen von ih-

Links: Tor und Mauer wirken einladend. Rechts: Die Lichtrichtung kann mit dieser einfachen Leuchte blendfrei und variabel einjustiert werden.

Oben links: Beleuchtung und Briefkasten sind hier aus einem Guss. In den Briefkasten passen große Briefe und Buchsendungen bequem hinein. Unten links: Der amerikanische Briefkasten ist zwar kultig, aber dicke DIN A4 Briefe müssen leider geknickt werden. Rechts: Eine klassische Vorgartengestaltung in Norddeutschland.

rem oft zweifelhaften gestalterischen Wert können diese Leuchten recht nützlich sein. Ansprechender sind jedoch meist Einzelleuchten, an denen man nachträglich einen Bewegungsmelder anbringen kann.

Briefe & Co.

Jedes Haus hat einen Briefkasten: Einen Einwurfschlitz in der Haustür, einen Kasten neben der Haustüre oder am Zaun neben dem Eingangstor. In den allermeisten Fällen sind die Briefkästen aus Metall oder Kunststoff, entweder in industriellem Einheitslook oder auf rustikal getrimmt. Die Integration des Briefkastens mit Klingel und Sprechanlage in eine Mauer, wie auf Seite 260 links zu sehen, ist immer noch die optimalste Lösung.

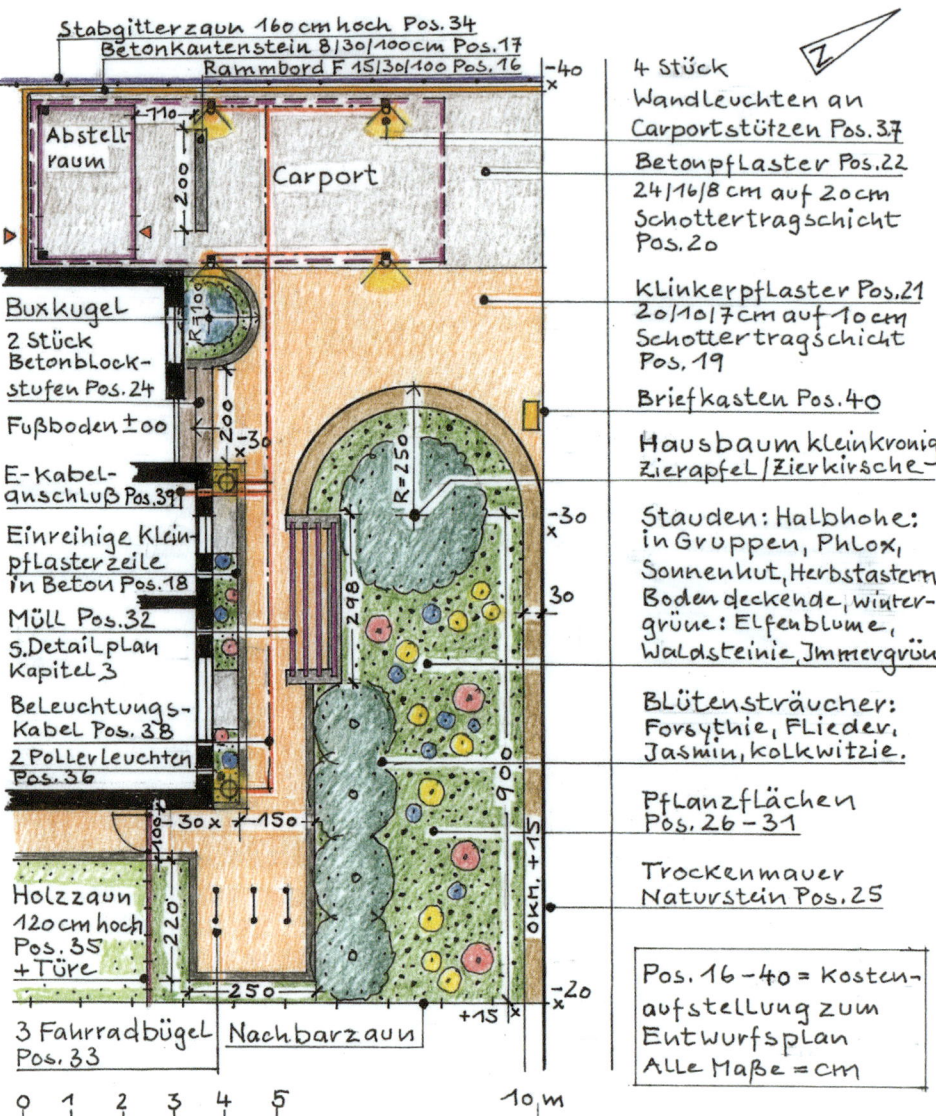

Endgültiger Ausführungsplan für das Planungsbeispiel (Entwurfsplan auf Seite 247). Dieser Plan ist Grundlage für die Baustelle. Er enthält alle Maße und Geländehöhenpunkte sowie Materialangaben. Pflanzanweisungen aber nur bei einfacher Vegetation. Für differenzierte Pflanzungen ist ein gesonderter Plan sinnvoll.

Kosten für die Ausstattung eines Vorgartens

Bei der Ausstattung Ihres Vorgartens müssen Sie ungefähr mit folgenden Kosten rechnen:

Pos.	Leistung inklusive Einbau und Montage	Menge	Einzelpreis in Euro	Gesamt in Euro
	Müllplatzeinhausung			
32	Bestehend aus U-förmiger Klinkermauer, Höhe 200 cm auf Betonstreifenfundament. Abdeckung aus 5 Vollholzpfetten in Pergolenbauweise auf Stahlunterkonstruktion	1 Stück	pauschal	1500,00
	Fahrradbügel			
33	Breite 60 cm, Einbauhöhe 80 cm, feuerverzinktes Rohr, Durchmesser 63 mm	3 Stück	85,00	255,00
33a	wie vorher, jedoch aus Edelstahl	3 Stück	115,00	
	Stabgitterzaun			
34	feuerverzinkt, Höhe 160 cm	10 m	65,00	650,00
	Holzstaketenzaun			
35	Höhe 120 cm einschl. Türe	3,5 m	70,00	245,00
	Beleuchtung			
36	Pollerleuchte, Stahl feuerverzinkt, schwere Ausführung	2 Stück	550,00	1100,00
37	Wandleuchten für Carportbeleuchtung	4 Stück	75,00	300,00
38	Beleuchtungskabel, einschließlich 60 cm tiefem Kabelgraben und Warnband	20 m	12,00	240,00
39	Anschluss an hausseitig vorgestrecktes Kabel, unterirdisch	1 Stück	Pauschal	100,00
	Briefkasten			
40	Stahl feuerverzinkt, Schosserkonstruktion	1 Stück	Pauschal	350,00
	Gesamt, netto:			4740,00
	Mehrwertsteuer 19%			900,60
	Gesamt, brutto:			5640,60

CARPORT

- GRUNDÜBERLEGUNGEN
- EINEN CARPORT PLANEN
- CARPORTDÄCHER
- EINEN CARPORT KALKULIEREN

Grundüberlegungen

Nicht immer muss es eine feste Garage sein, um sein Auto ausreichend gegen Witterungseinflüsse zu schützen. Carports sind eine „leichtere" und meist preiswertere Alternative zu den oft tristen Garagen.

TIPP

Möchten Sie Ihren Carport mit einer Seite auf die Grundstücksgrenze setzen, benötigen Sie das Einverständnis Ihres Nachbarn. Vielleicht ergibt sich beim Gespräch auch die Idee einen gemeinsamen Carport zu bauen und so Kosten zu sparen.

Carport oder Garage?

Carports fügen sich wesentlich besser in eine Gartengestaltung ein als gemauerte Garagen oder Fertiggaragen. Sie schützen vor Regen, Sonne, Eis und Schnee – das lästige Schneefegen entfällt. Auch trocknet das Auto durch die bessere Luftzirkulation schneller ab, das beugt Korrosion vor. Raureif auf den Scheiben wird zwar nicht immer verhindert, auf jeden Fall aber minimiert.

Vorteile

Carports sind baulich flexibel und nachrüstbar. Ein Carport lässt sich ganz individuell gestalten und ausstatten. Fehlt nach dem Hausbau das Geld, kann man zumindest die Wegeflächen schon herstellen und später den Carport ohne große Veränderung des Vorgartens aufbauen.
Vorgefertigte Bausätze sind etwa 20% preiswerter als ein Carport mit Montage, aber da es sich um ein Bauwerk nicht unerheblicher Größe und Komplexität handelt, sollte die Lieferfirma auch mit dem Aufbau beauftragt werden. Die Firmen liefern den Bausatz mit den erforderlichen statischen Nachweisen und sie müssen auch eine Gewährleistungsgarantie für den Zusammenbau übernehmen.
Es gibt viele Systemanbieter und auch die Anbieter von Holzzäunen haben oft Carports im Programm. Eine gute Möglichkeit, sich einen raschen Überblick über die vielfältigen Möglichkeiten zu verschaffen bietet beispielsweise das Internet, denn viele Firmen haben umfangreiche Webseiten ins Netz gestellt.

Technische Rahmenbedingungen

Neben der handwerklich meist besseren Arbeit und größeren Schnelligkeit ist der statische Nachweis für einen Carport der Hauptgrund, weshalb diese in den meisten Fällen von spezialisierten Fachfirmen gebaut werden. Wenn Sie einen Carport selber (oder mithilfe eines Architekten) individuell planen, ist immer die Kontrolle und die statische Ermittlung durch den Architekten oder Statiker erforderlich – der damit verbundene Aufwand und die Kosten können erheblich werden! Firmen dagegen liefern den Carport aus einer Hand, einschließlich der statischen Berechnungen.
Carports müssen denselben oder ähnlichen Anforderungen wie alle

GRUNDÜBERLEGUNGEN

Gebäude genügen. Hierzu zählen die Belastungen durch Windlast, Schneelast und Verwindungssteifigkeit. Ist eine Dachbegrünung vorgesehen, muss das zusätzliche Gewicht der Vegetationsschicht im trockenen wie im nassen Zustand berücksichtigt werden. Plant man das Dach als zusätzliche Terrasse, so erhöhen sich die statischen Anforderungen erneut. Von der „Marke Eigenbau" ist daher ohne ausreichende Planung und vorhandener Statik abzuraten.

Richtig Maß nehmen

Wie schon auf Seite 89 dargestellt, sollte man beim Autostellplatz von einer Mindestfläche von 500 × 230 cm ausgehen. Die Pfosten des Carports

Rechtliches
Ein Carport gilt als festes Bauwerk. Vor seiner Errichtung ist daher beim zuständigen Bauamt zu klären, ob und wie er – je nach Bundesland – genehmigungspflichtig ist. Informieren Sie sich auch über eventuelle Regelungen des Nachbarrechtsgesetzes.
Ein Bauantrag wird nicht überall benötigt. Am besten rufen Sie den zuständigen Sachbearbeiter an oder stellen Sie ihm Ihre Wünsche persönlich vor. Nehmen Sie einen Entwurfsplan des Gartens, mit Haus und geplantem Carport, mit zu Ihrem Gespräch. Manchmal sind bestimmte Abstände zur Straße einzuhalten, die den Bau einer Garage verhindern würden, aber die Errichtung eines Carports aufgrund seiner offenen Bauweise zulassen. Fragen Sie auf jeden Fall nach Ausnahmeregeln. Zum eigentlichen Bauantrag gehören neben den Lage- und Konstruktionsplänen auch die erforderlichen statischen Nachweise.

Selbst große Carportanlagen müssen nicht wuchtig sein.

Carport Grundrissformen mit Mindestmaßen.

TIPP

Es gibt die Typenstatik und die Einzelstatik. Die Typenstatik gilt für Standardmodelle und muss von der Firma quasi nur aus der Schublade gezogen werden. Einzelstatiken sind erforderlich, wenn es sich um Sonderanfertigungen handelt.

müssen dabei außerhalb dieses gedachten Rechtecks stehen. Es ist besser, den Platz unter dem Carport besonders in der Breite großzügiger zu planen, damit ein bequemes Ein- und Aussteigen sowie Beladen des Autos möglich ist. Rücken die Pfosten des Carports weiter auseinander, wird auch das Einparken einfacher.

Die Höhe des Carports wird zumeist durch die Bauvorschriften auf maximal 300 cm begrenzt. Rechnet man ca. 35 bis 45 cm für die Dachkonstruktion ab, bleiben etwa 250–260 cm nutzbare Raumhöhe – da passt noch ein Kleinbus ohne Dachaufbau drunter. Die meisten Carports sind jedoch nicht so hoch – für normale Pkws sind Raumhöhen von ca. 200–210 cm ausreichend.

Bei nachträglich aufgestellten Carports ist das Eigengefälle des Pflasters zu berücksichtigen, damit es zu keinen Überraschungen kommt, wie beispielsweise erforderlich werdende unterschiedliche Pfostenlängen.

GRUNDÜBERLEGUNGEN

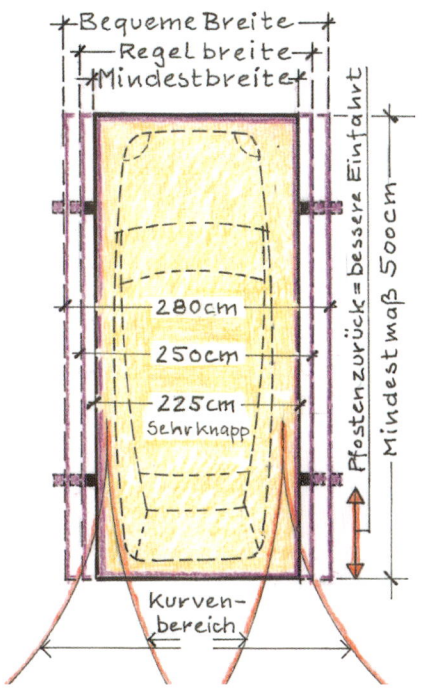

Wenn es eng hergeht
In besonders engen Wohn- und Anliegerstraßen sind die Straßenbreiten oft auf ein Minimum von 500 oder 550 cm reduziert. Da kann der Wendekreis des Autos schon vor dem Carport zum Problem werden. Planungsziel sollte es daher sein, dass man ohne Rangierarbeit in und aus dem Carport kommt. Geht es allerdings nicht ohne, kann schon ein kleiner Trick zu mehr Bewegungsfreiheit führen: Planen Sie Ihren Carport mit nach hinten versetzten vorderen Pfosten. Das zur Straßenseite überragende Dach schützt Ihr Fahrzeug, aber es lässt sich bequem ein Meter oder mehr Rangierraum gewinnen. Einzelne Firmen bieten auch nach vorne freitragende Konstruktionen an. Unter den geeigneten Umständen eine elegante Lösung, die aber ihren Preis hat.

Die wichtigsten Carportmaße im Überblick.

Die Montage durch einen Fachmann spart Zeit und Nerven.

Einen Carport planen

Beim Carportbau sollten Sie auf einige wichtige konstruktive Punkte achten, wenn Sie die Planung selbst angehen oder eine Fremdplanung beurteilen wollen. Mit wenigen Maßnahmen lassen sich Sicherheit und Lebensdauer dieser Unterstellplätze wesentlich erhöhen.

Richtig planen

Carports werden meist aus Holz und in der sogenannten „Pergolenbauweise" gebaut, das heißt, Konstruktion und Bau ähneln einer Pergola, wie es sie auch für Terrassen oder Wege gibt. Sie bestehen in der Regel aus vier oder mehr Pfosten und aus zwei über die Pfosten laufende Pfetten, die die Dachkonstruktion tragen. Bereits hier ist auf konstruktiven Holzschutz zu achten, also auf Bauweisen, die das Holz vor der Zerstörung schützen – Feuchtigkeit und Verschmutzung vom Holz fern halten, es schnell abtrock-

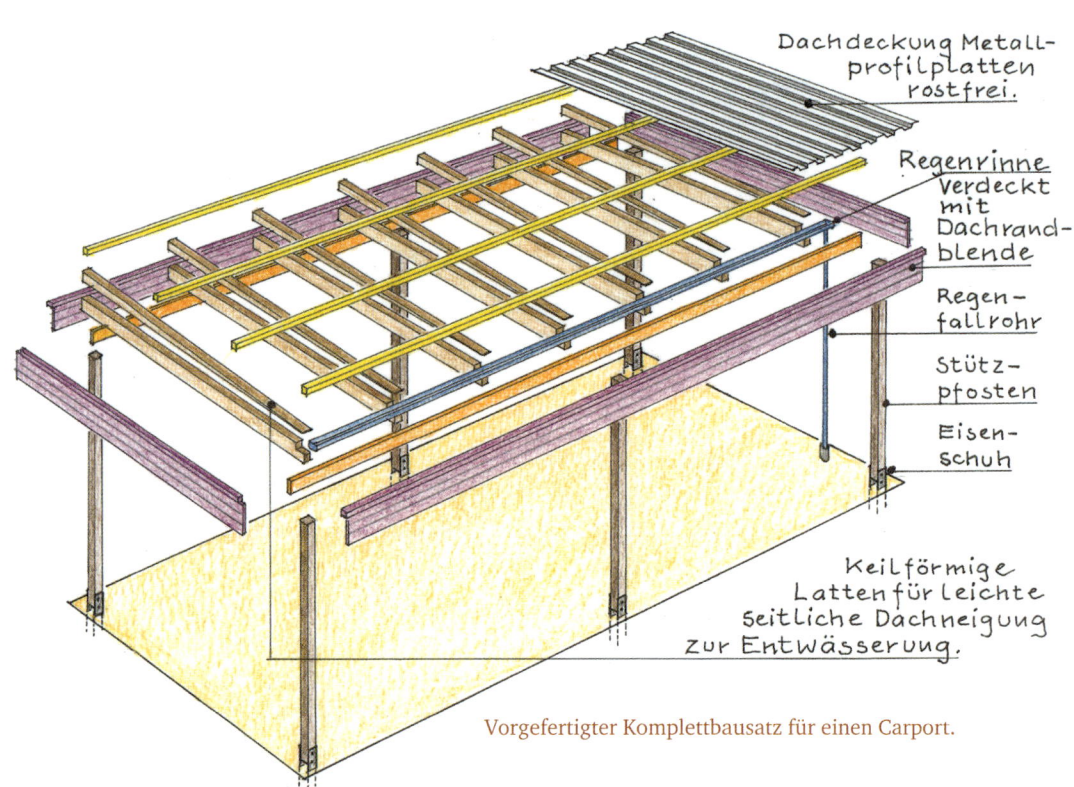

Vorgefertigter Komplettbausatz für einen Carport.

EINEN CARPORT PLANEN

nen lassen oder das Stirnholz durch geeignete Verblendung vor dem Wetter schützen.

Arbeiten mit Holz

Bei der Holzbearbeitung ist immer auf eine saubere Verarbeitung zu achten. Einfache Vernagelungen mit langen Stahlnägeln sollten der Vergangenheit angehören. Je mehr zimmermannsmäßige Verzapfungen verwendet werden, desto besser, aber es gibt auch andere Möglichkeiten, dauerhafte Verbindungen zu schaffen, wie z.B. Nagelbleche, die seitlich an den Hölzern angepasst werden oder als Balkenschuhe auch tragende Funktionen übernehmen.
Anspruchsvollste Bauweise ist eine Holzkonstruktion, die vollständig mit

Pfostenschuhe als Schutz für die Pfosten

Pfostenschuhe aus Flachstahl, die auf die Pfosten aufgeschraubt werden, um sie zu schützen, gibt es in unterschiedlichen Varianten. Einiges muss ihnen aber gemeinsam sein:
Der Flachstahl sollte feuerverzinkt sein, um Rost zu unterbinden.
Der Fußanker muss mindestens 50–60 cm tief in seinem Betonpunktfundament sitzen. In Baumärkten werden oft Pfostenschuhe angeboten, die als Fußanker nur eine aufgeschweißte Baustahlstange von ca. 30 cm Länge aufweisen. Dieser Schuh ist nicht tief genug im Fundament einbaubar, um genügend Stabilität zu gewährleisten.
Nach dem Einbau des Pfostenschuhs muss der Holzpfosten mindestens 5 cm über der Oberfläche „schweben", um ihn vor Bodenfeuchtigkeit und Schmutz zu schützen. Wird der Pfosten direkt mit dem Pflaster oder dem offenen Boden in Verbindung gebracht, wird er schon nach kurzer Zeit zersetzt.
Der Pfostenschuh sollte den Pfosten auf einer Länge von mindestens 20–30 cm einspannen und durch mindestens zwei große Gewindeschrauben aus Edelstahl mit Hutmuttern verschraubt sein.

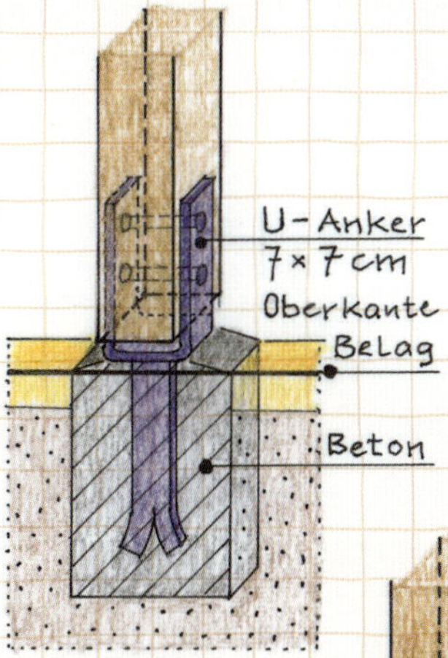

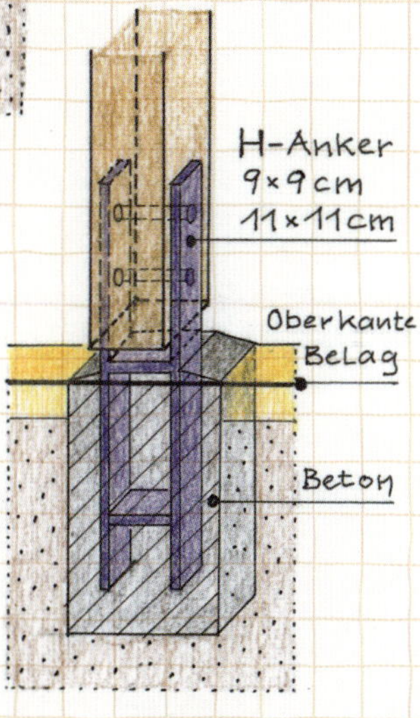

Verschiedene Pfostenschuhe.

Die Lage
Planen Sie gemeinsam mit ihrem Nachbarn einen Doppelcarport, so können Sie auf den vorderen Mittelpfosten verzichten. Zwar muss die Dachkonstruktion statisch stärker ausfallen, um freitragend 5, 6 oder sogar 7 m zu überbrücken, der Lohn ist aber eine großzügige Einfahrtsmöglichkeit für die Fahrzeuge.

Gewindeschrauben gehalten wird. Das ist zwar aufwendiger und teurer, führt aber zu einer großen Dauerhaftigkeit und einem besseren optischen Ergebnis. An vielen Pfosten von Carports sieht man die seitlich im 45°-Winkel angeordneten schrägen Stützpfosten, die wichtig für die Versteifung der Gesamtkonstruktion sind.
Als Alternative zu diesen oft sehr klobig wirkenden Schrägpfosten bieten sich Verspannungskreuze aus Gewindestangen an. Diese stabilisieren die Holzkonstruktion und fallen weniger auf. Industriell vorgefertigte Carports werden statisch so stabil ausgelegt, dass diese Schrägpfosten aber immer häufiger entfallen können.

Die richtige Holzart
Bei der Verwendung von Vollholz, also aus Baumstämmen gesägten Balken, Kanthölzern oder Brettern, ist die Wahl der Holzart wichtig. Die ohne chemische Holzschutzmittel am besten geeigneten Hölzer sind Kiefer, Lärche, Eiche und Tropenhölzer wie Bongossi. Eiche ist zu teuer und auf Tropenhölzer sollte wegen der Zerstörung der Regenwälder verzichtet werden.
Die optimale Holzsorte ist die Lärche. Sie hat einen hohen natürlichen Harzgehalt, der eine lange Lebensdauer garantiert. Kesseldruckimprägniertes Holz hat zwar auch eine hohe Lebenserwartung, aber das Holz darf im Falle der Entsorgung auf Grund der Imprägnierungsstoffe (Borsalze u. a.) nicht verbrannt werden und muss auf die Deponie.
Eine gute, von vielen Herstellern angebotene Variante sind mit witterungsbeständigen Kunstharzleimen

Ein Carport aus Holz wirkt freundlich und natürlich.

verleimte Brettschichthölzer (auch Holzleimbinder genannt). Bei geringem Gewicht weisen sie eine hohe Festigkeit und Steifigkeit auf. Neben der gleichmäßigeren Struktur und glatten Oberfläche weisen sie nur sehr geringe Trockenrisse und keine langfristig auftretenden Verwindungen auf wie Vollhölzer.

Formenvielfalt

Neben frei stehenden Carports, deren Grundform sehr flexibel ist – rechteckig, trapezförmig, vieleckig – sind auch einseitig am Haus befestigte Carportüberdachungen möglich. Das reduziert die Anzahl der Stützen und lässt mit den passenden Dachziegeln den Carport wie einen Hausanbau aussehen.

Durch Anbauteile lassen sich beliebig große Carport-Anlagen herstellen und ganze Parkplätze überdachen. Mit seitlichen Ziergitterrahmen aus Holz, die mit einigen kleinen Stahlwinkeln an die Pfosten geschraubt werden, kann man eine optische Trennung zum Nachbargrundstück ebenso verwirklichen wie durch ein Rankgerüst für Kletterrosen. Diese Verblendung kann man vor und hinter dem Carport als vollwertigen Zaun weiterführen und bindet sie damit perfekt in die Gartengestaltung mit ein.

Wenn genügend Platz vorhanden ist, kann man durch den Einbau von Zwischenwänden und Türen die Nutzbarkeit des Carports erweitern. So entstehen zusätzliche Abstellräume für jede Gelegenheit, etwa für einen Rasenmäher oder andere Gartengeräte. Auch Fenster und automatische Stahlschiebetüren lassen sich integrieren.

Carports aus Metall

- Einige Hersteller von Carports bieten auch Carports aus Metall an. Ihre Bauweise unterscheidet sich nicht sehr von ihren Brüdern aus Holz, insgesamt sind sie aber etwas teurer. Der wesentliche Unterschied besteht in der Verwendung von feuerverzinkten Rechteck- oder Rohrpfosten. Die Vorteile liegen auf der Hand:
  - längere Lebensdauer,
  - größere Belastbarkeit,
  - schlankere Ausführung der Pfosten, ein nicht zu unterschätzender gestalterischer Vorteil.

  Die Dachaufbauten werden in den meisten Fällen als Holzkonstruktionen ausgeführt.

- Wie bei den Holzcarports kann man auch hier individuell planen und eine reine Schlosserkonstruktion bauen. Grundsätzlich lassen sich zwei Bauweisen verwirklichen:
  Eine geschweißte Rahmenkonstruktion aus Rechteck- oder Rundrohren oder den verschiedenen L-, U- oder H-Profilstählen. Um eine rostfreie Konstruktion zu ermöglichen ohne ständiges Entrosten und Lackieren, werden diese Stähle vorher verzinkt. Verschweißt man die einzelnen Bauteile vor Ort, dann entstehen an den Schweißnähten Korrosionsflächen, die mit einer speziellen Farbe sorgfältig kaltverzinkt werden müssen, damit es mit der Zeit nicht zur Rostbildung kommt.

- Die andere Möglichkeit ist eine rein geschraubte Konstruktion. Alle Bauteile werden einschließlich der Verschraubungslöcher vorgefertigt, dann feuerverzinkt und beim Einbau mit Edelstahlschrauben verschraubt, sodass nirgends die schützende Haut des Zinks beschädigt wird. Da Stahl eine sehr hohe Festigkeit hat, lässt sich zum Beispiel in Verbindung mit einem Glasdach der Eindruck erwecken, dass der Carport fast völlig verschwindet. Leider gibt es einen entscheidenden Nachteil: Die Kosten sind enorm.

Carportdächer

Das Wichtigste an einem Carport ist sein Dach. Für welche Version man sich entscheidet, ist vom persönlichen Geschmack und den Kosten abhängig, aber es gibt auch funktionale und gestalterische Punkte zu beachten.

Carport mit Flachdach.

Dachformen

Die meisten Carports haben Flachdächer mit geringer Längs- oder Querneigung zur Entwässerung und seitliche Verblendungen. Als Eindeckung sind am gebräuchlichsten verzinkte Trapez- oder Wellblechplatten, die dachschindelartig auf die Holzkonstruktion aufgelegt und mit regenwassergeschützten Dübelhaken aufgeschraubt werden. Die seitlichen Verblendungen aus Holzlatten, Dachziegeln oder Verblendplatten dienen der optischen Kaschierung von Stoßkanten und dem Schutz vor Niederschlägen.

Eine weitere Variante der Eindeckung sind lichtdurchlässige Wellprofile, Stegdoppelplatten oder Glas – eine verführerische Art, den Carport hell und leicht wirken zu lassen. Aber:

TIPP

Die Bauordnungen schreiben aus sicherheitstechnischen Gründen sehr teures Glas für Dächer vor. Auf ihnen muss sogar eine Person stehen können.

Carport mit Satteldach.

Lichtdurchlässige Kunststoffe altern, werden trübe und Verschmutzungen sind deutlich zu sehen.
Die aufwendigeren Satteldächer gibt es in verschiedensten Dachneigungen. Neben den üblichen Eindeckungen mit Blechen oder Dachpappe werden diese vorwiegend mit Dachschindeln belegt. Das setzt einen größeren konstruktiven Aufwand voraus und es fallen Kosten für die Schindeln an – der Carport wird so schon fast Teil des Hauses.

Dachbegrünung

Eine sehr reizvolle Variante eines Carportdaches ist ein Gründach. In manchen Städten und Gemeinden wird die Dachbegrünung als „Flächenentsiegelung" gewertet und kann die Abwasserabgaben senken. Grundsätzlich können auch Dächer mit bis zu 20 Grad Neigung und mehr begrünt werden, aber bei Carports ist der Aufwand etwas übertrieben.
Grundsätzlich besteht ein Gründach aus einer Abdichtung, meist einer starken Folie, gegenüber der tragenden Dachkonstruktion und dem eigentlichen Aufbau der Dachbegrünung. Die Systemaufbauten reichen von der nur wenige Zentimeter dicken extensiven Begrünung mit Hauswurz (*Sempervivum* bzw. *Sedum*-Arten und -Sorten) bis hin zu dickeren Vegetationstragschichten von 10–20 cm Stärke für Gräser-, Kräuter- und Staudenteppiche, bei der man das erhebliche Eigengewicht unbedingt einplanen muss.
Lassen Sie sich die fachgerechte Konstruktion der Abdichtung genau erläutern.

TIPP
Ein Carportdach mit extensiver Dachbegrünung benötigt eine erforderliche Dachlast von ca. 150 kg/m², damit es die Dachbegrünung, das eindringende Wasser und die Schnee- und Windlast tragen kann. Gewöhnliche Dachformen kommen dagegen mit ca. 75 kg/m² aus.

Flachdach mit Profilblech | Begrüntes Flachdach

Offenes Giebeldach | Geschlossenes Giebeldach

Anbau-Pultdach flach geneigt | Anbau-Pultdach steil, geschlossen

Verschiedene Dachvarianten für Carports.

TIPP

Verwenden Sie, wenn der Carport aus Rechteckpfosten aufgebaut ist, auch Rechteckrohre zur Entwässerung. Diese fallen weniger auf als runde.

Innerhalb von ein bis drei Jahren stellt sich ein ökologisches Gleichgewicht ein und man kann sich auf Jahre hinaus an dem Gründach erfreuen, das nur wenig Pflege verlangt. Baumschösslinge wie zum Beispiel Birke oder Pappel, sollte man entfernen, Veränderungen in der Artzusammensetzung des Gräser- oder Staudenteppichs sind normal.

Fehler vermeiden

Funktioniert die Dränage der Vegetationsschicht nicht, weil kein doppelt vlieskaschiertes Drahtvlies (Wirrvlies) oder ähnliche Entwässerungsschichten eingebaut wurden, dann vernässt die Vegetationsschicht und stirbt mit der Zeit ab. Eine schlammige Dauerpfütze auf dem Dach ist die Folge. Durch zu geringe Aufbaustärken kann es dagegen zu Austrocknungen der Anpflanzung kommen – die schöne Dachbegrünung vertrocknet und der Wind verbläst die trockene Erdkrume.

Dachentwässerung

Auch das Carportdach muss entwässert werden. Meistens nehmen hinter den seitlichen Verblendungen kleine Regenrinnen aus Kunststoff das abfließende Wasser auf. Da ein Carport oft in unmittelbarer Hausnähe aufgestellt wird, bietet es sich an, diese Rinnen mit einem Fallrohr der Hausdachentwässerung zu verbinden.
Steht kein Fallrohr zur Verfügung, ist es schon ausreichend, ein kleines Fallrohr an einer der Stützen herunterzuführen und unmittelbar über dem Pflaster oder dem Pflanzbeet mit einem kleinen Rohrknie enden zu lassen. Das überschüssige Regenwasser wird dann auf dem Pflaster in Richtung des Gefälles abgeführt.
Auch ein Gründach benötigt diese Entwässerung. Zwar saugt es sich wie ein Schwamm voll und gibt weniger Wasser ab, aber bei Substratsättigung fällt auch hier ein Wasser-Überschuss an.

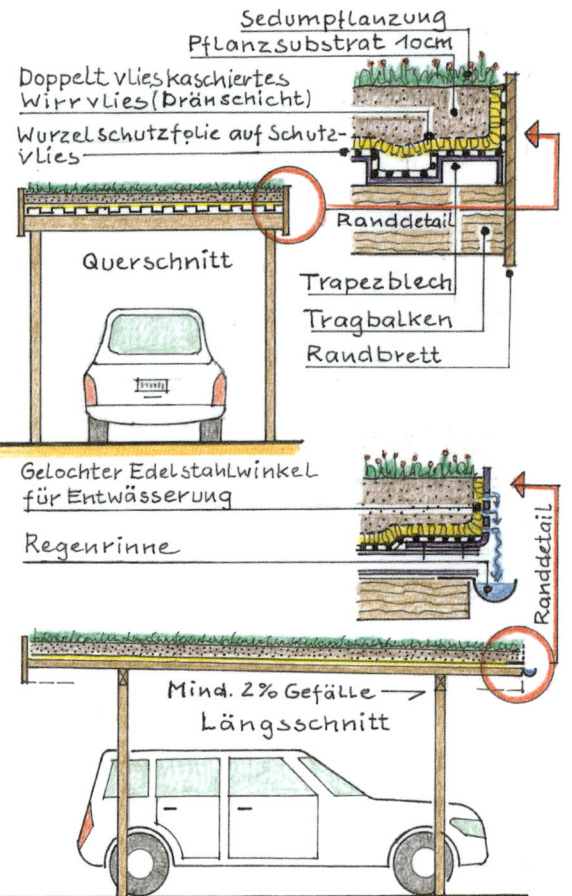

Aufbau einer extensiven Dachbegrünung.

Richtig bepflanzt wird ein Carportdach zu einer ökologisch wertvollen Fläche.

Materialien, die beim Bau eines Carports Verwendung finden

Material	Beurteilung
Pfosten	
Vollholz	preiswerter als Leimholz, anfälliger für Risse und Torsionen; sollte kesseldruckimprägniert werden; „rustikaleres" Aussehen; muss auf Pfostenschuhen stehen
Leimholzbinder	stabiler, tragfähiger und langlebiger als Vollholz bei insgesamt schlankeren Profilstärken; glatte Oberfläche; kaum Rissbildung; muss auf Pfostenschuhen stehen
Metallhohlprofile, rechteckig oder rund	stabilste und dauerhafteste Wahl für Pfosten; pflegeleicht; müssen feuerverzinkt sein; sehr schlanke Profile ermöglichen eine optisch zurückgenommene Gestaltung
Metallkonstruktionen aus L-, U- oder H-Stahlprofilen	als Schlossersonderkonstruktion sehr reizvoll, aber bis zu 3-mal teurer als herkömmliche Bauweisen; benötigen Rost verhindernde geschraubte Konstruktionsdetails; ohne Feuerverzinkung regelmäßige Rostschutzanstriche erforderlich

Dacheindeckung	
Feuerverzinkte Profilstahlplatten (Wellblech)	üblichste Ausführungsart; langlebig und sicher, Nachteil: Lärm bei starkem Regenfall
Holzeindeckung mit Bitumendachpappe	preiswertere Alternative; nur einwandfrei eingebaut auch langlebig
Wellprofilplatten aus Kunststoff transparent	preiswerter als Stahl: bringt Licht unter den Carport; Alterung und Laubfall führen zu Lichtminderung und schäbigem Aussehen, auch der beste Kunststoff altert und wird spröde
Kunststoffstegplatten transparent, glasähnlich	stabil, teilweise sogar begehbar; werden u. a. als Eindeckung für Wintergärten verwendet: Langlebiger und attraktiver als Wellprofil aus Kunststoff; Problem der Verschmutzung bleibt
Dachziegel	anpassbar an das Haus; sehr langlebig und stabil; teurer als andere Eindeckungen; kann „haus-ähnlichen" Charakter bekommen
Glasdach	sehr teure Methode der Dacheindeckung; Sicherheitsbestimmungen gegen Glasbruch sind einzuhalten
Gründach	gibt es in den unterschiedlichsten Bauweisen von 3–20 cm Aufbaustärke; attraktivste „gärtnerische" Art, den Carport in den Garten einzubinden; muss fachgerecht gebaut werden; benötigt nur wenig oder keine Pflege; Haltbarkeit ist abhängig vom verwendeten Unterdach (meist Profilstahlplatten mit Folienabdichtung)

Dachblenden	
Profilholz	Profilholzlatten aus Vollholz passen sich der Holzkonstruktion am besten an; langlebig, wenn richtig verbaut
Blech	Zinkblechabdeckung ist wesentlich teurer, aber sehr langlebig, kann gestalterisch störend wirken
Kunststoff	Kunststoffpaneele mit Zierprägungen sind sehr preiswert, gestalterisch aber bedenklich, da nach einigen Jahren schäbig wirkend
Dachziegel	aufwendig und teuer in der Konstruktion; lässt Eindruck eines richtigen Daches aufkommen; bei zu breiter Dimensionierung klobig und schwer wirkend

Einen Carport kalkulieren

Auch beim Bau eines Carports gilt es abzuwägen zwischen den möglichen Einsparungen, dem eigenen handwerklichen Geschick und dem nötigen Enthusiasmus, ein solches Bauwerk selbst zu errichten.

Was ist machbar?

Wer über Bauerfahrung verfügt, wie zum Beispiel als Bautischler, der kann es durchaus wagen, sich aus nicht vorgefertigten Balken, Kanthölzern, Brettern, Beton, Eisenteilen, Blechen und Dachschindeln ein Carport selbst zu errichten.

Für weniger handwerklich Bewanderte gibt es sogenannte Setzkästen – alle Carportteile werden vom Hersteller geliefert und man ist „nur" noch für den Zusammenbau verantwortlich. Das kann Spaß machen, aber auch in Arbeit ausarten, wenn man sich zuvor nicht genau informiert hat.

Die einfachste Version ist natürlich der Kauf eines Fertigproduktes. Neben der schnellen Errichtung bieten die Hersteller noch weitere Vorzüge: Die meist in Modulbauweise angebotenen

Bausatz für einen Carport.

EINEN CARPORT KALKULIEREN

Carports können fast jedem Kundenwunsch angepasst werden. Wie aus einem großen Setzkasten lassen sich unterschiedliche Größen festlegen, verschiedene Konstruktionsweisen und die unterschiedlichsten Dachformen und Eindeckungen zusammenstellen. Zubehör, wie integrierte Abstellräume und Sichtschutzwände, gehören ebenfalls dazu. Sonderwünsche werden gegen Aufpreis erledigt. Bei Fertigprodukten wird alles aus einer Hand angeboten, vom Material über die Pläne und statischen Nachweise, bis hin zur Errichtung. Nur die Baugenehmigung muss man beim Bauamt einholen. Es sollten Festpreise vereinbart und Gewährleistungsfristen von zwei bis fünf Jahren gegeben werden.

> **TIPP**
>
> Wer einen Teil selber machen will, kann auf vorgefertigte Bausätze mit entsprechenden Anleitungen zurückgreifen und somit etwa 15% im Gegensatz zum fertig errichteten Carport einsparen. Ob Bausatz oder Fertigprodukt, es lohnt sich, mehrere Anbieter zu vergleichen.

Kostendarstellung verschiedener Carport-Varianten

Hier werden einige exemplarische Beispiele für handelsübliche Carports aufgeführt für ein Fahrzeug, mit oder ohne Abstellräume.

	Carport Kosten inkl. Montage und MwSt.	
Typ 1	Einfacher Flachdach-Carport Länge über alles 550 cm, Breite 300 cm, Eindeckung mit Wellblech	ab 800,00 €
Typ 1a	Länge 700 cm, Breite 300 cm mit Abstellraum 200 × 300 cm	ca. 1300,00 €
Typ 1b	Länge über alles 550 cm, Breite 300 cm Eindeckung mit extensiver Dachbegrünung	ca. 1800,00 €
Typ 2	Carport mit seitlicher Dachpfannenverblendung Länge über alles 550 cm, Breite 300 cm	ca. 2500,00 €
Typ 3	Carport mit Satteldach und Dachpfanneneindeckung Länge über alles 550 cm, Breite über alles 370 cm	ca. 2500,00 €
Typ 4	Carport mit Pultdach, an einer Längsseite an der Hausfassade montiert, mit Dachpfanneneindeckung	ca. 2000,00 €
Typ 5	Flachdach-Carport Länge über alles 600 cm, Breite 310 cm, Eindeckung mit Profilstahlplatten, Pfosten aus feuerverzinkten, Rechteckrohrprofilen	ca. 2750,00 €
Typ 6	Pultdach-Carport Länge über alles 550 cm, Breite 300 cm, Feuerverzinkte Stahlstützen, Eindeckung aus 50% Profilstahlblechen und 50% Sicherheitsglas	ca. 3800,00 €

BAUSTEIN 5: WASSER IM GARTEN

Peter Hagen

WASSER MARSCH!

Wasser ist der Ursprung allen Lebens. Nichts liegt daher näher, als dieses Element gestalterisch in den Garten einzubringen. In welcher Form dies letztlich ausgeführt wird, hängt von vielen verschiedenen Faktoren ab und setzt eine genaue Planung voraus. Diese Planung ist besonders wichtig, weil derartige Veränderungen in einem Garten in der Regel mit einem hohen Arbeitsaufwand und nicht unerheblichen Kosten einhergehen. Die wohl schönste Form von Wasser im Garten ist der eigene Gartenteich. Wasser bringt Leben in einen Garten und verändert dessen Erscheinungsbild von Grund auf. Die Auswahl an Gartenpflanzen steigert sich mit dem Bau eines Teiches noch um ein Vielfaches und sein Besitzer wird schon nach kurzer Zeit erleben, dass sich Tiere in seinem Garten einfinden, die zuvor nicht da waren.

Ein Thema, mit dem sich jeder Gartenbesitzer früher oder später beschäftigen muss, ist die Gartenbewässerung und das Sammeln und Speichern von Regenwasser. Momentan gibt es in unseren Breitengraden zwar noch reichlich Wasser – im Gegensatz zu anderen Gebieten der Erde – aber auch hier ist es nicht immer gerade dann vorrätig, wenn man es benötigt. Zur sparsamen Bewässerung der unterschiedlichsten Gartenflächen wie auch zum Sammeln des wertvollen Regenwassers bietet der Handel heute viele Hilfsmittel an.

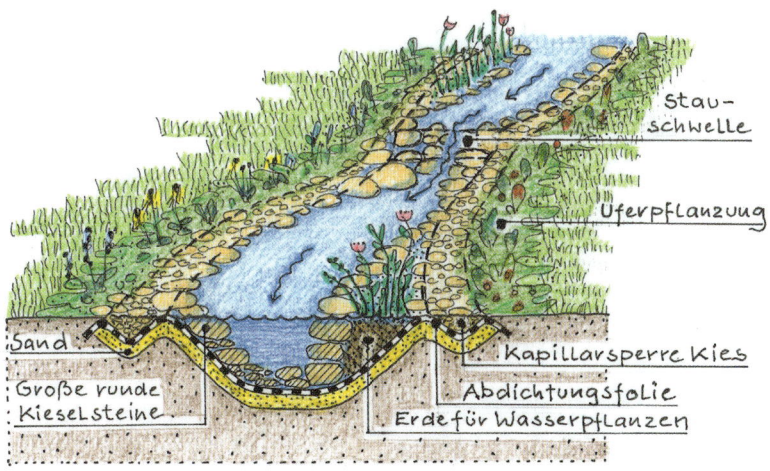

WASSER
ALS ZIERDE IM GARTEN

- GRUNDÜBERLEGUNGEN
- EINEN GARTENTEICH PLANEN
- EINEN GARTENTEICH ENTWERFEN
- EINEN FOLIENTEICH KALKULIEREN
- WASSER IN BEWEGUNG

Grundüberlegungen

Im Prinzip eignet sich jedes ebene Gartengelände für den Bau eines Gartenteichs. Es gibt jedoch Gebiete und Geländeformationen, die den Bau eines Teichs eher weniger zulassen oder gar völlig ausschließen.

Vorteile eines Gartenteichs

Wasser bringt Leben in jeden noch so kleinen Garten und bewirkt immer eine positive Veränderung, sowohl optisch als auch ökologisch. Ein Teich stellt den Lebensraum für verschiedene Tier- und Pflanzenarten dar und ist somit nicht ausschließlich eine gartenarchitektonische Bereicherung. Wasser im Garten hat eine magische Anziehungskraft und wirkt beruhigend auf den Betrachter.
Kein Gartenteil ist im Wechsel der Jahreszeiten so unterschiedlich interessant und schön wie ein Gartenteich.

Die auf dem Wasser schwimmenden Blüten der Seerose sind eine Augenweide.

Mit einem Teich finden Tiere den Weg in Ihren Garten, die Sie sonst dort nicht zu Gesicht bekämen.

Dies dürfte auch der Grund dafür sein, dass man sich mit einem Teich intensiver beschäftigt als mit dem restlichen Garten. Je nach Bauweise und Gelände sind Gartenteiche erweiterbar, was eine Herausforderung für jeden Besitzer darstellt. Ein weiterer erwähnenswerter Aspekt ist die Möglichkeit, mit einem Teich kostbares Regenwasser zu speichern.

Wo Teichanlagen problematisch sind

Gelände mit extremer Hanglage erschweren den Bau eines Teiches erheblich, da hier bei der Planung eine Stützmauer berücksichtigt werden muss. Zudem ist die Pflege dieser Teiche aufwendiger, da sie bei starken Regengüssen ständig mit einem stärkeren Eintrag von Regenwasser und eventuell mit eingeschwemmten Schmutzteilen belastet werden.
Sehr große Laub- und Nadelbäume sorgen zwar für eine gewisse Beschattung des Teiches, die tageszeitlich gesehen positiv ist, bereiten aber andererseits mit dem abfallenden Laub bzw. den Nadeln große Probleme, da diese zu einer ungewollt hohen Nährstoffkonzentration im Wasser führen. Gartenanlagen in der Nähe von Flüssen können unter Umständen überflutet werden, was für einen Gartenteich schlichtweg dessen Zerstörung bedeutet.
Frisch aufgefüllter Boden, der noch nicht verdichtet ist, oder Böden, die größtenteils aus Steinen oder Platten bestehen, lassen einen Teichbau nur

unter ganz bestimmten Umständen zu. Dies betrifft auch Böden, die extrem stark durchwurzelt sind, wie zum Beispiel mit den Wurzeln einer großen Weide. Auch auf Geländen mit extrem hohem Grundwasserspiegel kann es zu Problemen beim Teichbau kommen.

Aus rein optischen Gründen sind Flächen, die zu schmal oder zu klein sind, für einen Gartenteich ungeeignet, doch auch hier muss keinesfalls auf eine Wasserstelle verzichtet werden.

Die Lage des Gartenteichs

Die alles entscheidenden Fragen bei der Planung eines Gartenteiches sind die nach seiner Lage auf dem Grundstück und nach seiner Größe. Keineswegs darf die Lage ausschließlich nach optischen Gesichtspunkten festgelegt werden, denn von größerer Bedeutung sind ganz andere Kriterien. Ein Teich sollte immer so angelegt werden, dass er jederzeit gut einsehbar ist und jederzeit mühelos rundum begangen werden kann. Die Lage unter Bäumen führt auf lange Sicht zu Problemen, da im Herbst große Mengen von Laub oder Nadeln in den Teich gelangen und so zur unerwünschten Nährstoffanreicherung des Gewässers beitragen. Bei großen Bäumen kommt zwangsläufig noch ein starker Wurzeldruck hinzu, der rasch zur Schädigung des Teichprofils führen kann. Extrem stark wurzelnde Pflanzen sind zum Beispiel alle Weidenarten und verschiedene Arten von Gartenbambus – beides beliebte Teichrandpflanzen.

Von großen Bäumen geht unter Umständen noch ein weiterer Nachteil aus – zu viel Schatten. Die ideale Lichtlage für einen Teich zu finden ist nicht so einfach, denn ständiger Schatten wirkt sich ebenso negativ aus wie ständige Sonnenbestrahlung. Teiche, die im Sommer permanent der Sonne ausgesetzt sind, erwärmen sich zu stark, was dem biologischen Gleichgewicht des Gewässers wenig zuträglich ist. Andererseits gibt es aber auch Wasserpflanzen, wie z. B. die Seerose, die bei unzureichenden Lichtverhältnissen nicht blüht. Es muss also ein Mittelweg gefunden werden: Volles Licht von morgens bis etwa 11 Uhr, dann Halbschatten bis Schatten in der Zeit von 11 bis 15 Uhr, danach wieder ansteigende Lichtverhältnisse bis zum Abend. Nur durch diese Lichtkonstellation kann eine übermäßige Wassererwärmung im Sommer verhindert und den Wasserpflanzen trotzdem ausreichend Licht geboten werden.

In den wenigsten Gartenanlagen werden diese Lichtverhältnisse automa-

Vom Bau eines Gartenteichs ist abzuraten,
- wenn das Gelände nicht gesichert, also nicht mit einem Zaun umgeben ist. Bei Unfällen an einem Teich, der sich auf ungesichertem Gelände befindet, wird nämlich immer der Besitzer haftbar gemacht,
- wenn es Kleinkinder in Ihrer Familie gibt, die noch nicht schwimmen können,
- wenn Sie das Grundstück nur gemietet oder gepachtet haben,
- wenn die notwendigen Veränderungen im Garten zu hohe Kosten mit sich bringen.

tisch vorhanden sein. Mithilfe einer Pergola, die mit schönen Kletterpflanzen berankt wird, oder einem Flechtzaun könnten Sie beispielsweise die notwendigen Veränderungen vornehmen. Es eignen sich auch Anpflanzungen mit Ziersträuchern, jedoch sollte deren Laub im Herbst nicht in den Teich gelangen. Nadelgehölze sind weniger geeignet, da sie mit einigen Ausnahmen nicht zum Charakter eines Gartenteiches passen.

Zur Auswahl der richtigen Lage zählt auch die Überprüfung des Untergrundes. Neben im Boden verlegten Rohrleitungen können alte Fundamente oder auch Bauschutt eine unliebsame Überraschung darstellen. Die Einsicht in Grundstücks- und Leitungspläne sowie Gespräche mit den Nachbarn können hilfreich sein. Über Rohrleitungen sowie über Kanal- und Entwässerungsrohre sollte man nie einen Teich bauen.

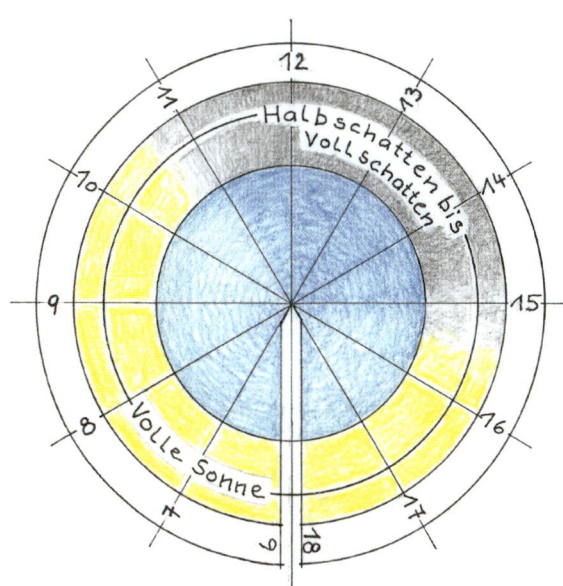

Optimale Sonnen-Schatten-Verhältnisse für den Gartenteich im Sommer je nach Tageszeit.

Die Größe des Gartenteichs

Eine nicht zu unterschätzende Frage ist die nach der Größe des Teiches. Die Antwort bezieht sich dabei beileibe nicht nur auf optische Werte, sondern hat letztendlich auch einen ganz entscheidenden Einfluss auf die spätere Bauweise des Teiches, die je nach Größe variiert. Als Planer ist es für Sie sehr wichtig zu wissen: Sie bekommen umso weniger Probleme mit Ihrem Teich, je größer Sie ihn bauen. Kleine Teiche sind in der Regel in ihrer Unterhaltung arbeitsintensiver und pflegebedürftiger, was auf die geringere Wassertiefe und den damit bedingten geringeren Wasserinhalt zurückzuführen ist.

Wassertiefe und Pflanzzonen

Ein Teich braucht tiefe und flache Zonen – die meisten Teiche sind zu flach angelegt. In jeder Zone gedeihen die dafür typischen Pflanzen, ob über oder unter Wasser.

Die ersten Gartenteiche, die vor vielen Jahren gebaut wurden, noch bevor sich der Trend zum eigenen Teich so richtig durchsetzte, waren Fertigwannen mit einer maximalen Tiefe von 60 bis 80 cm. Eine wesentlich tiefere Bauweise ist aus technischen und physikalischen Gründen bei Fertigteichen auch heute noch nicht anders möglich. Leider wurde diese Wassertiefe bei vielen anderen Teichbauweisen übernommen, sodass die meisten Teiche heute einfach zu flach sind. Man hat sich mehr oder weniger an diesem Industriemaß orientiert.

TIPP
Die eigentlichen Ausmaße eines Teiches sind erst nach seiner Fertigstellung sichtbar. Schon aus diesem Grund sollte die Größenfestlegung großzügig bemessen sein.

Aufbau eines Teiches mit verschiedenen Wassertiefen für eine Bepflanzung. Die Kreisform ist nur ein Beispiel. Je nach Geschmack ist naturnah geschwungen bis streng geometrisch möglich.

GRUNDÜBERLEGUNGEN

Die eigentliche Wassertiefe eines Teiches ist natürlich an seine Größe gebunden. Bei einem Teich mit einer Mindesttiefe von 1 m und einer seicht abfallenden Ufervegetation, deren Böschung auf einer Länge von 2 m um etwa 1 m in der Tiefe abfällt, wird ein Teichdurchmesser von ca. 6 m benötigt. Dies entspricht einem Gefälleverlauf von etwa 22 Grad.

In zahlreichen Veröffentlichungen, Prospekten und auf Verpackungen technischer Gerätschaften für den Teich befinden sich Abbildungen, die den treppenförmigen Aufbau eines Teichprofils propagieren. Dies darf schlichtweg als falsch oder unnatürlich bezeichnet werden, denn in der Natur kommen in einem Teich auch keine Treppenstufen vor. Alleine schon aus sicherheitstechnischen Gründen ist es angebracht, eine möglichst breite aber sehr flache Zone rund um den Teich zu legen, in der vorwiegend Sumpfpflanzen eingebracht werden. Statt einer Stufe formt man nun eine Mulde, deren Randbereich in Richtung Teichmitte eine kleine Erhöhung aufweist, bevor der Übergang in die nächste Wassertiefe erfolgt. Wird diese Bauweise konsequent durchgeführt, erhält man mehrere befüllbare Pflanzzonen innerhalb des eigentlichen Teichprofils, die später alle unter Wasser liegen.

Vorteil dieser Bauweise, die mit der neben stehenden Zeichnung verdeutlicht wird, sind der sehr seichte und somit sichere Einstieg in die unterschiedlichen Wasserzonen des Teiches. Außerdem verhindern die kleinen Wälle der einzelnen Mulden das Abrutschen von Pflanzen, Erde und Dekorationsmaterial in die Tiefe.

Die Form des Gartenteichs

Nachdem die Entscheidung getroffen wurde einen Gartenteich zu bauen, beginnt nun – Lage und mögliche Größe sind bereits festgelegt – der eigentliche Teil der Planung, die Formgebung.

Wenn ausreichend Platz für den Gartenteich vorhanden ist, so sollte man sich bei der Formgebung vom Gelände inspirieren lassen. Besonders reizvoll

Wassertiefe

Wassertiefe	Bereich	Pflanzenart
0,5–10 cm	Sumpf	Sumpfpflanzen z.B. Sumpf-Vergissmeinnicht, Rosenprimel, Sumpfdotterblume, Sumpf-Schwertlilie
10–40 cm	Flachwasser	Flachwasserpflanzen z.B. Froschlöffel, Kalmus, Pfeilkraut
40–80 cm	Mittlere Wasserzone	Unterwasserpflanzen z.B. Hornkraut, Laichkraut, Wasserpest
80–150 cm	Tiefzone	Schwimmblattpflanzen z.B. Seekanne, Seerose, Teichmummel

Ein pflanzenreicher Teich erfordert eine gute Pflege, damit die Pflanzenvielfalt ausgewogen bleibt. Hier ist die Seerose schon zu üppig.

sind Gartenteiche an tiefer liegenden Geländeteilen oder Senken – hier wirken sie besonders natürlich. Außerdem bietet sich an solchen Stellen auch der Bau eines kleinen Wasserfalls oder Bachlaufs an.

Hilfreicher Trick zur Formfestlegung
In der Theorie ist es sicherlich sehr einfach, die Form des geplanten Teiches festzulegen. Kommt es zur Ausführung, dann wird es in der Tat schwer. Ein recht hilfreicher Trick besteht darin, die Form Ihres geplanten Teiches mithilfe eines Gartenschlauches nachzulegen. So können Sie schnell und problemlos Form und Größe jederzeit ändern, bis Sie sich selbst im Klaren über das spätere Aussehen Ihres Teiches sind und auch alle Beteiligten mit der endgültigen Form einverstanden sind.

Unter natürlichen Formen versteht man geschwungene Linien, die weitgehend an einen natürlichen Weiher erinnern. Diese Formgebung eignet sich besonders für größere Teiche. Die klassische Nierenform sollte man bei kleineren Teichen eher vermeiden, da sie unnatürlich wirkt.
Sehr reizvoll können auch geometrische Formen sein, die allerdings von Art und Lage des Teiches abhängig sind. Am stärksten verbreitet sind sicherlich organische Formen, die einen Kompromiss zwischen der natürlichen und der geometrischen Form darstellen. Diese Form eines Gartenteichs lässt sich am ehesten in einen bereits vorhandenen Garten integrieren.

GRUNDÜBERLEGUNGEN

Teicharten

Lage, Größe und Form eines Gartenteiches sind entscheidende Faktoren dafür, um was für eine Teichart es sich handelt. Sehen Sie nachfolgend selbst, welche Möglichkeiten sich bieten:

Der pflanzenreiche Teich
Unter einem pflanzenreichen Teich versteht man ein Gewässer, das mit großen Pflanzen in seinem Umfeld bepflanzt ist und eine ausgewogene Pflanzenvielfalt im Wasser aufweisen kann.

Der klassische Teich
Hinter dem klassischen Teich verbirgt sich eine meist kleinere Teichform in symmetrischer Bauweise und mit einem frei zugänglichen Gewässerrand. Die Bepflanzung ist zurückhaltend und in den meisten Fällen ist der Teich aus Beton gefertigt oder aus Steinen gemauert.

Frei stehende Teiche, gemauerte Wasserbecken
Bei Platzmangel oder dem Wunsch, ein Wasserbecken auf einer Terrasse zu integrieren, bietet sich der Bau von freistehenden Teichen an, die mit einer Eingrenzung aus gemauerten Steinen, Holzpalisaden oder ähnlichen Materialien verkleidet sind. Gemauerte Becken sollten wegen der Dichtigkeit mit einer Folie ausgekleidet sein.

Dieses gemauerte Becken gibt der Terrasse eine sehr entspannende Atmosphäre.

Mit typischen Accessoires und Bepflanzung bringt dieser Teich ein Hauch von Asien in den Garten.

Der japanische Teich
Er vermittelt einen Hauch von Asien, was hauptsächlich auf die verwendeten Pflanzen wie Bambus, Mammutblatt, verschiedenen Gräsern oder Funkien zurückzuführen ist. Häufig werden hierbei Brücken, Stege, Geländer und natürlich Steine und Steinfiguren mit eingesetzt.

Der architektonische Teich
Im architektonischen Gartenteich herrschen geometrische Formen vor. Es gibt eine strenge Linienführung und wenige Pflanzen, dafür ausgewählte Dekorationselemente und einzelne Solitärpflanzen.

Der natürliche Gartenteich
So erstaunlich es klingen mag, diese Teichart stellt für seinen Besitzer eine große Herausforderung dar, denn es ist alles andere als einfach, die Natur nachzugestalten. Wegen der übergangslosen Uferzone in das umgebende Gelände benötigt man für einem derartigen Teich ein größeres Areal. Ab 500 m² aufwärts kann dieses Vorhaben realisiert werden.

Die Teichlandschaft
Wenn immer ausreichend Platz vorhanden ist und das Gelände unterschiedliche Höhenlagen aufweist, bietet sich eine Teichlandschaft an, die aus verschiedenen Teichgrößen und -formen besteht, die alle wassertechnisch miteinander verbunden sind. Eine ausgewogene Bepflanzung, die sich gut in das Umfeld dieser Teichlandschaft einfügt, rundet das Bild ab.

GRUNDÜBERLEGUNGEN

Wie sich Teich-Wünsche umsetzen lassen

Wünsche der Familienmitglieder	Umsetzung als
Beobachtungsstation für Pflanzen und Tiere	naturnaher Teich
formales Deko-Element für den Garten	Zierteich, architektonischer Teich, klassischer Teich
fernöstliches Gartenflair	japanischer Teich
Hauptgestaltungselement des Gartens	Teichlandschaft
trotz Platzmangel Wasserelement auf Terrasse, am Hang, im Hinterhofgarten	Wasserspiel oder frei stehender bzw. hochgesetzter Teich
Seerosensammlung	mehrere runde, ausreichend tiefe Pflanzbecken in Terrassennähe
Möglichkeit zum Schwimmen	Schwimmteich-/Gartenteich-Kombination
Gräser, Farn- und Bambus-Sammlung am Teichumfeld	naturnaher Teich mit gut geplanter Randbepflanzung
Fische im Teich	entsprechend großer Teich mit guter Filterung
aufwendige Wasserspiele	Fertig- oder Betonbecken mit entsprechender Technik
Sitzplatz am Teich	Teich entsprechender Größe mit Plattform, die über das Wasser ragt, oder befestigter Platz am Teichrand
Geräuschkulisse	Wasserfall, Bachlauf oder Wasserspiel

Dieser Wasserfall ist geschickt in eine Natursteinmauer integriert.

Einen Gartenteich planen

In der Praxis wird es nicht immer ganz einfach sein, die drei Komponenten – Größe, Form und Art des Teiches – so miteinander zu verknüpfen, dass hinterher ein Gartenteich entsteht, der allen Erwartungen entspricht und sich harmonisch in die Gartenlandschaft integrieren lässt.

Erdarbeiten

Die schönsten Gartenteiche sind durch die reine Handarbeit ihrer Erbauer entstanden. Auch bei größeren Teichen führt diese schweißtreibende Tätigkeit zu besseren Resultaten als der Einsatz eines Baggers. Nach dem Aushub mit einem Bagger hat der Teich meist zu steile Wände und nicht die Form, die er eigentlich haben sollte. Zudem können mit dem Bagger auch nicht die Mulden für die verschiedenen Wassertiefen geformt werden und der Bagger verdichtet durch sein Gewicht und die Fahrt im Gelände den Boden, was sich später nachteilig auf die Bepflanzung im Umfeld des Teiches auswirkt.

Nach dem Aushub muss der Teichrand unbedingt nivelliert werden, denn das künftige Ufer muss absolut waagrecht sein.

Die Erdmassen, die beim Aushub eines Teichprofils anfallen, sollten nicht unterschätzt werden. In Panik verfallen und gleich Container bestellen, mit deren Hilfe die anfallenden Erdmassen abgefahren werden können, muss man aber trotzdem nicht. Besser ist es, sich vor dem ersten Spatenstich genau zu überlegen, wo der anfallende Mutterboden zunächst gelagert werden kann, ohne dass er bei der weiteren Arbeit ständig im Weg liegt.

Leider wird das getrennte Ablagern von Mutterboden und eigentlichem Aushub immer wieder vergessen und die beiden Massen werden miteinander vermischt. Dabei kann man die unter dem Mutterboden liegende Erde für die Gestaltung des Teichumfeldes aufschütten und nach Abschluss der Aufschüttungen mit dem getrennt gelagerten Mutterboden abdecken. Durch die Verwendung geeigneter Bodenverbesserer wird so eine pflanzfertige Zone geschaffen, die jedem Gartenteich seine ganz persönliche Note und Stilrichtung verleiht. Für die Bepflanzung des Umfeldes steht ein reichhaltiges Angebot von Gräsern und blühenden Stauden zur Verfügung. Ganz besonders wichtig ist diese bauliche Maßnahme für frei im Garten liegende Teichanlagen. Je nach Größe, Länge und Höhe der Aufschüttung kann hier später ein kleiner Wasserfall oder ein Bachlauf integriert werden. Bei der Gestaltung der Aufschüttung sollte man darauf achten, dass der untere Rand des neu geschaffenen Hügels nicht unmittelbar am Teichrand angrenzt, sondern sich mindestens in 1 m Abstand davon befindet. Liegt er zu dicht am Teichrand, können bei starkem Regen leicht Erdmassen von der zunächst noch losen Aufschüttung in den Teich gespült werden. Ist dies aus Platzgründen nicht möglich, kann auch ein künstlicher Abfang mit Steinen oder anderen Materialien geschaffen werden.

Wasserwaage mit Laserpointer.

Zwei wichtige Planungshinweise
- Beim Aushub des Teichprofils sollte man darauf achten, dass der Teich zur Betrachterseite hin mit nur niedrig wachsenden Ufer- und Teichrandpflanzen bepflanzt wird. Hier wächst nämlich später die Seerose und die sollte nicht durch höher wachsende Pflanzen, z. B. aus der Sumpfzone, verdeckt werden.
- Gerne wird übersehen, dass die meisten Gartengelände nicht absolut eben sind. Dies muss unter allen Umständen ausgeglichen werden, da sonst die Wasseroberfläche und die Teichgröße nicht den Erwartungen entsprechen und stattdessen unschöne Teichränder zum Vorschein kommen. Ob ein Teichprofil in Waage ist, kann mithilfe von Nivelliergerät oder Schlauchwaage ermittelt werden. Bei kleineren Teichen, wo dieser Ausgleich ganz besonders wichtig ist, reicht zumeist schon eine Richtlatte mit Wasserwaage. Besondere Bedeutung dürfte dies bei einem Teich haben, der in einer Hanglage einbaut wird.

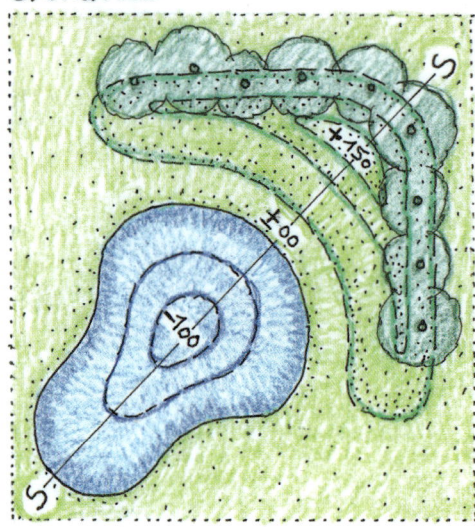

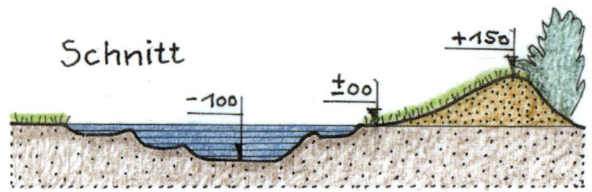

Beispiel für eine modellierte Erdaufschüttung mit dem Teichaushub.

Bauweise

Für den Bau eines Gartenteiches stehen sehr viele unterschiedliche Materialien zur Verfügung, deren Verwendung teilweise auch mit der Art und der Bauweise eines Teiches in Verbindung gebracht werden müssen.

Fertigbecken

Fertigbecken sind im Teichbau nach wie vor sehr weit verbreitet und beliebt. Man unterscheidet zwei Materialien, Polyethylen- und glasfiberverstärkte Polyester-Becken. Letztere haben den Vorteil, dass man sie auch frei aufstellen kann. Bei Polyethylen-Becken ist das nicht möglich, da sie sich durch Temperaturschwankungen verformen würden.

Häufig sind Fertigbecken, unabhängig von ihrem Material, zu klein und vor allem nicht ausreichend tief genug. Es gibt kaum Hersteller, die Becken fertigen, die tiefer als 100 cm sind und über einen ausreichenden Wasserinhalt verfügen, sodass Fische eingesetzt werden können oder auch Pflanzen dort überleben oder – was noch weit wichtiger ist – überwintern können.

Betonbecken oder gemauerte Becken

Für den Teichbau als Ganzes gesehen, spielen Betonbecken oder gemauerte Becken eigentlich eine untergeordnete Rolle. Von Bedeutung sind sie allenfalls für die klassischen Wasserbecken oder auch für Springbrunnenanlagen. Derartige Bauweisen lassen sich aber auch schön in vorhandene beziehungsweise geplante Terrassen einplanen. Problematisch ist häufig deren Dichtigkeit, die nur mit speziellen Betondichtmassen oder zusätzlichen Folien erreicht werden kann. Für den Einsatz von Fischen sind diese zumeist eher flachen Becken absolut ungeeignet.

Polyestermatten

Eine der schönsten und wohl auch eine der haltbarsten Bauweisen ist der Teichbau mithilfe von Polyestermatten. Sein Erbauer schafft sich hiermit einen Teich nach seiner Wunschform und aus einem Material, das nach dem Einbau praktisch unzerstörbar ist. Der Arbeitsaufwand und die Kosten dafür sind allerdings leider nicht unerheblich.

Fertigbecken als Sonderform, präzise in die Ummauerung eingepasst.

Teichfolien

Nahezu unüberschaubar auf dem Markt ist das Angebot an Teichfolien, denn es gibt diese Folien in den unterschiedlichsten Materialien, Farben, Materialstärken und zudem noch mit den unterschiedlichsten Strukturen. Am weitesten verbreitet sind Teichfolien aus PVC (Polyvinylchlorid). Man erhält sie in den Farben schwarz, braun oder dunkelgrün. Die Farbe einer Teichfolie spielt jedoch eine sehr untergeordnete Rolle, da sie später ohnehin weitgehend von dem verwendeten Dekomaterial und Kies abgedeckt im Teich liegt.

PVC-Teichfolien haben den großen Vorteil, dass sie durch Wärmeeinwirkung sehr rasch weich werden und somit weitgehend faltenfrei in ein fertig gestelltes Teichprofil eingebaut werden können. Zudem ist es recht einfach, diese Folienart zu verkleben oder zu verschweißen, im Gegensatz zu anderen Folienarten.

PVC-Folienbahnen können mit speziellen Folienklebern verbunden werden und auch mit Heißluft oder Quellschweißmitteln. Teichvergrößerungen und der Anbau von einem Bachlauf oder Wasserfall bereiten somit wenig Schwierigkeiten. PVC-Teichfolien sind in den Breiten 2, 4, 6 oder 8 m Breite erhältlich. Im Normfall beträgt die Länge der auf Rollen erhältlichen Folien 20 bis 25 m. Bei Herstellern von Qualitätsfolien ist es eigentlich immer möglich, Sondermaße zu bestellen, die über das Maß der Normfolie hinausgehen.

Die Folienstärken reichen von 0,5 bis 2 mm Stärke. Je tiefer ein Teich ist, desto stärker sollte die eingelegte Teichfolie sein. In der Regel werden

TIPP

Wird der Teich aus Folie gebaut, dann sollte man darauf achten, immer ein Musterstück der Folie aufzubewahren. Man benötigt dieses Musterstück beim Nachkauf, wenn beispielsweise eine Teicherweiterung ansteht, oder aber bei eventuell anfallenden Reparaturen.

Folienstärken von 1 mm verwendet. Ist ein Teich tiefer als 2 m und gleichzeitig auch noch sehr groß, bietet es sich an, stabilere Folien zu verwenden. PE-Teichfolien sind preiswerter als PVC-Folien und bestehen im Gegensatz zu diesen immer aus einem Stück mit einer Breite bis zu 10 m. Die sich auch durch Sonneneinwirkung kaum verändernde PE-Folie ist sehr steif und kann fast nicht faltenfrei in einen Teich eingebracht werden. Weitere Nachteile: Sie kann nur mit einem speziellen Klebeband verbunden werden, das nur sehr kurze Verbindungsstücke zulässt, und muss zudem frei von Zug und Spannung eingebaut werden.

EPDM-Folien sind aus synthetischem Kautschuk gefertigt und besonders für sehr große und tiefe Gartenteiche geeignet. Verbindungen der Folien sind mithilfe von Spezialklebern möglich. Wegen der Materialstärke (ab 1 mm) sind sie jedoch nicht sehr einfach zu verlegen, dafür aber ausgesprochen dauerhaft. Nachteilig ist der Preis, der

TIPP

Bitte beachten Sie: Verschiedene Händler von PVC-Teichfolien erklären sich bereit, ihre Teichfolien nach dem Ablauf einer individuellen Frist zurück zu nehmen und umweltfreundlich zu entsorgen. Diesen Folienlieferanten sollte immer der Vorzug gewährt werden.

Teichfolien können mit Kokosmatten zusätzlich kaschiert werden, das erleichtert auch die Bepflanzung.

pro Quadratmeter deutlich über dem von PVC- oder PE-Folien liegt.

Eine weitere sehr beliebte und vor allem auch sehr haltbare Teichfolie besteht aus zweibahnigem PVC-Material mit eingebauten Gewebefäden aus Polyester. Nachteilig sind die schwer durchzuführenden Reparaturen und Verbindungsmöglichkeiten, da der eingearbeitete Polyesterfaden dies weitgehend verhindert.

Da die Beanspruchung der Folie in einem Schwimmteich viel intensiver als in einem Gartenteich ist, sind diese Folien bedeutend reißfester ausgelegt. In der Regel bestehen sie aus doppellagigen PVC-Folien, in denen ein besonderer Kern aus anderem Folienmaterial eingebaut ist. Aufgrund ihrer stärkeren Dicke und dadurch bedingt auch ihrer geringeren Elastizität lassen sie sich nicht so einfach verlegen. Es ist daher durchaus sinnvoll, den Bau eines Schwimmteichs in die Hände eines Fachmannes zu geben, der weiß, wie hier vorzugehen ist.

Teiche aus Naturstoffen

Ökologisch sinnvoll ist der Bau eines Gartenteichs aus Naturstoffen, der jedoch nur unter bestimmten Voraussetzungen durchführbar ist.

Zwei Möglichkeiten bieten sich an: Der Bau mit vorgefertigten, frischen, ungebrannten Tonziegeln oder der Bau mit trockenem Montmorillionit aus Säcken, das im Teich aufquillt und dann für eine dauerhafte Abdichtung im Teichprofil sorgt.

Nachteilig an dieser Methode sind der sehr hohe Arbeitsaufwand, die notwendige große Sachkenntnis und die Tatsache, dass der Teich mindestens eine Wasserfläche von 30 m² vorweisen muss.

Die passende Foliengröße ermitteln

Grundsätzlich gibt es zwei Möglichkeiten. Die einfachste erfolgt mithilfe eines Bandmaßes, das durch alle Konturen des Teiches gelegt wird – einmal der Länge und einmal der Breite nach. Die Multiplikation der beiden Werte ergibt die genau benötigte Quadratmeterzahl an Folie. Eine andere, nicht ganz genaue Methode ergibt sich aus nachfolgender Rechenformel.

Teichlänge + 2 × Tiefe + 60 cm = Bahnlänge
Teichbreite + 2 × Tiefe + 60 cm = Bahnbreite

Die richtige Folienstärke auswählen

Die zu verwendende Folienstärke ist abhängig von der Größe und Tiefe des Teiches und der eigentliche Untergrund spielt eine wesentliche Rolle. Letztlich ist auch die Bauweise selbst von Bedeutung. Bei großen Teichen mit ausgeprägter und flacher Uferzone kann durchaus eine dünnere Folie eingesetzt werden als bei Teichen mit relativ steil abfallenden Uferwänden. In aller Regel sind Folienstärken von 1 mm für einen normalen Gartenteich ausreichend. Bei kleinen Teichen genügen 0,5 mm.

Wichtige Bauelemente

Damit Sie lange Freude an Ihrem Teich haben ist zum Bau eines Überlaufes und einer Kapillarsperre unbedingt zu raten.

Der Überlauf

Unabhängig davon, wo im Garten ein Teich platziert wird, sollte immer eine Möglichkeit für den Wasserüberlauf geschaffen werden. Regenfälle oder Schneeschmelze sorgen nämlich regelmäßig dafür, dass ein Teich überläuft. Ohne Überlauf gelangt dieses überschüssige Wasser immer hinter den Teichrand, der dadurch schon nach kürzester Zeit bei einem Folienteich absackt und das Teichniveau negativ verändert. Bei einem

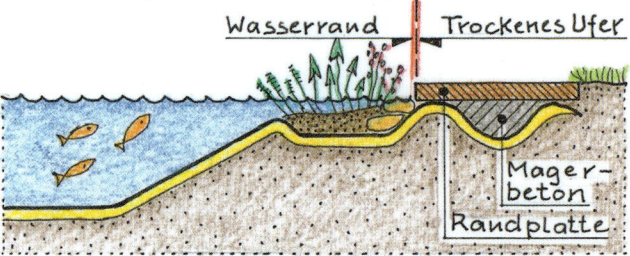

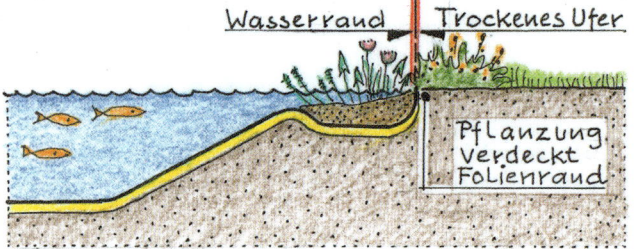

Verschiedene Kapillarsperren.

Kanal- und Grundleitungs(KG-)-Rohren. Das abzuführende Wasser leitet man am besten direkt in den Kanal oder aber man baut sich in Teichnähe einen kiesgefüllten Sickerschacht. Bei besonders hohen Wassertemperaturen kann im Sommer Leitungswasser oder Regenwasser in den Teich eingespeist werden, um dessen Wassertemperatur zu senken. Gleichzeitig wird das überschüssige Wasser über den Ablauf abgeführt.

Die Kapillarsperre

Beim Bau eines Folienteiches sollte man eine Kapillarsperre einbauen – eine Vertiefung in der Größe einer Dachrinne, die einmal rund um den Teich herum verläuft. Für diese s-förmig verlaufende Teichrandgestaltung werden nur ca. 30 cm mehr Folie benötigt. Die mit Kies oder bei Plattenbelag mit Magerbeton gefüllte Rinne stellt später sicher, dass der Teich durch die Kapillarwirkung des Bodens nicht ständig Wasser verliert. Eine einfachere Variante der Kapillarsperre ist, die Teichfolie am Teichrand so weit hochzuziehen, dass Teich- und Gartenerde nicht in Berührung kommen und keine Wurzeln diesen Rand überwinden (unterste Zeichnung).

Fertigbecken kann es sogar so weit kommen, dass sich Hohlräume unter dem Becken bilden und das Becken durch das Gewicht des Wassers bricht. Für Fertigbecken können Sie im Sanitärhandel entsprechende Abläufe mit Gummiquetschdichtungen erstehen. Bei Folienteichen bieten sich gute Ablaufmöglichkeiten durch den Einbau von grauen heißwassertauglichen (HT-) oder braun-orange gefärbten

Anregungen und Ideen finden

Anregungen und Ideen zum Bau Ihres Gartenteiches können Sie auf recht vielfältige Art und Weise einholen. Zu einer der ersten Anlaufstellen zählt sicherlich der Buchhandel, der Ihnen anschauliche Literatur für fast jeden Gartenwunsch liefert. In den zumeist sehr schön bebilderten Büchern können Sie viele Ideen sammeln und sich

EINEN GARTENTEICH PLANEN

überlegen, was Ihnen gefallen würde und was in Ihrem Garten machbar ist. Sind die ersten Gedanken entstanden, dann lohnt sich nach dem Blick auf die Bilder auch ein Blick in den Text oder, da Sie nun wissen, was Ihnen vorschwebt, bietet sich als nächste Anlaufstelle ein Gartencenter oder ein Baumarkt an. Hier treffen Sie zumeist auf gut geschultes Personal, das Ihnen fachkundige Auskunft zum Bau eines Gartenteiches erteilen kann. Hier können Sie sich beispielsweise auch durchaus einmal die Teichfolien zeigen lassen und sich gegebenenfalls auch über deren Vor- und Nachteile durch die Fachleute sehr genau informieren lassen.

Wenn sie nachfragen, dann erhalten Sie hier sicherlich auch den einen oder anderen Verlegetipp für die Teichfolien. Ein Preisvergleich für gleiche Folienarten lohnt sich übrigens immer. Das sollten Sie nicht vergessen. Wichtig: Niemals Regeneratfolien kaufen – auch wenn diese noch so preiswert sind. Für den Teichbau sind sie definitiv nicht geeignet.

Nicht zu verachten ist auch der Rat von Freunden und Bekannten, die sich – ob nun durch den Fachmann oder in Eigenregie – den Traum von einem Gartenteich erfüllt haben. Aus der zurückliegenden Praxiserfahrung heraus können diese Ihnen sicherlich einige gute Ratschläge geben, um Anfängerfehler zu vermeiden.

Der richtige Ablauf für den Bau eines Folienteiches

Legen Sie sich zuerst die Form des geplanten Gartenteichs mithilfe eines Schlauches nach und sobald die vorgegebene Form mit Ihren Vorstellungen übereinstimmt, streuen Sie die Konturen mit Gartenkalk nach. Es ist zweckmäßig, die unterschiedlichen Wassertiefenbereiche gleich mit anzuzeichnen.

Als nächster Arbeitsschritt wird der Mutterboden auf dieser Fläche abgetragen und gesondert an anderer Stelle abgelagert, möglichst unweit von dem Platz, wo er später benötigt wird. Nachdem der Mutterboden entfernt wurde, erfolgt der eigentliche Aushub des Teichprofils mit seinen unterschiedlichen Wassertiefen. Die hier anfallenden Erdmassen werden später für die Gestaltung des Teichumfelds benötigt und daher gleich an die entsprechende Stelle transportiert.

Sobald der Aushub fertig ist, glättet man die zunächst noch rauen Flächen mit einer Maurerkelle und bringt anschließend eine 2 bis 3 cm dicke Schicht Rheinsand auf. Wird diese mit Wasser überbraust, kann sie anschließend wieder mit einer Maurerkelle vollkommen glatt gezogen werden. Über diese Sandschicht wird an besonders tiefen und steilen Stellen ein

> **TIPP**
> Nur bei sehr großen Teichen lohnt sich der Einsatz von Minibaggern. Ein schönes Teichprofil sollte möglichst in Handarbeit erstellt werden.

Eine vorbildliche Kapillarsperre mit einem zusätzlich befestigten Plattenrand

Die Fundamente der späteren Brücke sind bereits im Teichprofil eingearbeitet. Für den Bau dient eine Behelfsbrücke.

Ein weitgehend faltenfreies Verlegen von Teichfolien ist erst ab Außentemperaturen von 20 °C möglich.

Teichvlies eingelegt, das allerdings nicht über den Teichrand hinausgehen darf.

Über das Teichvlies wird die Teichfolie gelegt. Dies sollte nur bei warmem Wetter durchgeführt werden, da andernfalls die Folie zu steif ist. Wenn Sie die Folie vor dem Einbringen einige Minuten lang ausgebreitet in der Sonne liegen lassen, wird die Folienbahn sehr weich und kann dann problemlos in das fertige Teichprofil eingelegt werden.

Je nach Teichgröße werden zum Einbringen der Folie mehrere Personen benötigt. Man bedenke bitte: 1 m² Teichfolie, die 1 mm stark ist, wiegt ziemlich genau ein Kilogramm.

Die durch die Sonneneinwirkung weich gemachte Folie lässt sich problemlos dem Teichprofil anpassen, wenn sie über das ausgeformte Loch gezogen und auf Kommando losgelassen wird. Anschließend wird als nächster Schritt in die Tiefzone Wasser eingelassen. Hierdurch zieht sich die Folie und schmiegt sich dem Teichprofil regelrecht an. Niemand sollte den Fehler machen – obwohl dies in vielen Fachbüchern steht – und die Restfolie im Randbereich abschneiden. Die überstehende Folie sollte immer zusammengerollt und am Teichrand nach dem Einarbeiten einer Kapillarsperre vergraben werden. In die einzelnen Wasserzonen kann nun ein Gemisch aus Sand und Kies unterschiedlicher Körnung eingebracht werden. Auch größere Kiesel wie Oberrheinkies oder Moränenkies sind hier durchaus angebracht. Entgegen vieler Meinungen ist das Einbringen von sogenannter Teicherde vollkommen überflüssig, da diese von vornherein eine Basis für einen zu ho-

Achtung!
Wenn Sie Ihre Folie auf dem Rasen auslegen, dann müssen Sie beachten, dass dieser schnell Schaden nehmen kann, denn bei Sonnenschein entwickeln sich unter der Folie schon nach 5 Minuten enorme Temperaturen.

EINEN GARTENTEICH PLANEN

hen Nährstoffgehalt im Wasser bietet. Die in Töpfchen sitzenden Wasserpflanzen, die später eingepflanzt werden, wachsen auch in einem Sand/Kies-Gemisch gut an. Im Prinzip kann der Teich nun gleich bepflanzt werden. Dabei sollten Sie weniger auf die Masse als auf die Vielfalt achten. Nachdem auch alle technischen Einrichtungen wie Zu-, Über- und Abläufe eingebaut und Filter beziehungsweise Pumpen eingesetzt wurden, kann der Teich mit Wasser befüllt werden. Dies erfolgt in fast allen Fällen über die Wasserleitung oder aber über eine Regenwasserzisterne. Reines Regenwasser eignet sich weniger gut, besser ist Mischwasser.

Die Teichbefüllung muss sehr langsam erfolgen, ohne dass das Teichprofil davon aufgespült wird. Befestigen Sie das Schlauchende in einem Eimer, so dient dessen Boden als Prallfläche. Notieren Sie sich die Menge des eingefüllten Wassers. Dies ist eine gute Grundlage für die spätere Teichpflege.

Welches Arbeitsmaterial benötige ich?

Was Sie zur Festlegung von Lage, Form sowie Größe Ihres Teiches an Hilfsmitteln benötigen, das haben Sie schon im vorausgegangenen Text gelesen. Zur Ausführung der eigentlichen Arbeit benötigen Sie jedoch noch einige weitere Dinge, so einen Schubkarren, Pickel sowie Flach- und Rundschaufeln, sofern Sie für das Grobprofil nicht einen Minibagger beauftragt haben. Wertvolle Dienste kann Ihnen auch eine Kreuzhacke leisten, vor allem wenn der Boden mit Wurzeln durchzogen ist.

Arbeitsablauf für einen Folienteich
- Teichgröße, Form und Lage am Schreibtisch planen
- Teichform mithilfe eines Schlauchs am ausgewählten Platz auslegen
- Mutterboden abheben und getrennt lagern
- Mit dem Aushub – gestaffelt nach Wassertiefen – beginnen, Aushub richtig lagern
- Teichrandniveau gegebenenfalls ausgleichen
- Teichprofil glätten
- Sandschicht einbringen und glätten
- Teichvlies einbauen
- Teichfolie einbringen
- Sand/Kiesgemisch auf die Folie geben
- Tiefzone mit Wasser füllen
- Folienrand eingraben und Kapillarsperre bauen
- Teich bepflanzen
- Überlauf einbauen
- Technische Einrichtungen wie Pumpen, Filter etc. einbringen
- Teich auffüllen

Zum groben Glätten des Teichprofils eignet sich sehr gut ein mittelbreiter Eisenrechen. Das Feinplanum der einzelnen Wassertiefen, die mit einer dünnen Sandschicht versehen sind, wird mit einer Maurerkelle bzw. mit einer Glättekelle ausgeführt. Zur Nachkontrolle des Teichprofils leisten ein Meterstab, eine Wasserwaage und eine Richtlatte gute Dienste.
Zum Beschneiden von übermäßig breiten Folienüberständen verwendet man eine scharfe Schere oder kann auch auf ein Teppichbodenmesser zurückgreifen. Um eventuell Verbindungen mit Folien herzustellen ist es recht sinnvoll, wenn Sie sich einen Industrieföhn bzw. Folienkleber oder auch Quellschweißmittel bereit legen.

Materialliste für den Folienteich

Es ist zweckmäßig, sich vor dem Bau eines Gartenteiches eine Liste des benötigten Baumaterials zu erstellen und diese nach dem Einkauf sorgsam abzuhaken. Vorteilhaft ist es, diese Liste so anzulegen, dass Sie damit einen Preisvergleich der unterschiedlichen Firmen durchführen können.

Artikel / Material	Menge	Preis Fa. A	Fa. B	Fa. C
Teichfolie				
Teichvlies				
Böschungsmatte				
Folienkleber				
Rheinsand				
Kies				
Zierkiesel				
Findlinge				
Kunststoffrohr				
Anschlussteile				
Teichpumpe				
Wasserpflanzen				

Die schöne Uferbepflanzung lässt alles konstruktiv-technische dieses Teiches verschwinden.

Einen Gartenteich entwerfen

Viele Gartenteichbesitzer sind mit dem Resultat ihrer Bemühungen im Nachhinein nicht zufrieden, was letztlich an der mangelnden Vorplanung liegt. Die Planung eines Teiches beginnt nämlich nicht mit dem Bestellen eines Minibaggers oder dem sinnlosen Ausheben eines tiefen Lochs im Garten.

Auf die Vorplanung kommt es an

Eine erfolgreiche Planung hat ihren Ursprung immer in der Theorie. Ausführliche Beratungsgespräche in gut geführten Gartencentern, Gespräche mit zufriedenen Gartenteichbesitzern sowie die Lektüre von hilfreicher Fachliteratur sind die ideale Grundlage für eine erfolgreiche Planung. Danach kann abgewogen werden, ob das Gehörte und Gesehene auch in dem eigenen Garten umgesetzt werden kann und welche Bauweise letztlich durchgeführt werden soll.

Der nächste Schritt ist das Erstellen eines einfachen Gartenplans, den jeder Gartenbesitzer ohne große Kenntnisse selber zeichnen kann. Eine gute Basis dafür ist der eigene Grundstücksplan, der leicht auf einen Maßstab von 1:100 umgesetzt werden kann (1 cm auf dem Papier ist 1 m in der Natur). Da lässt sich gut zeichnen. In der Regel sind auf diesen Plänen im Erdreich verlegte Rohrleitungen oder Kanalsysteme eingezeichnet, die beim Bau eines Gartenteiches unter Umständen hinderlich sein könnten.

Mit einfachen Symbolen zeichnen Sie nun alle vorhandenen Wege, Pflanzen, evt. Treppen oder Mauern in Ihren Plan ein und schneiden – entsprechend dem vorgegebenen Maßstab – aus stärkerem Karton die Form des geplanten Gartenteichs aus. Form und Lage des Teichs können Sie nun so lange verändern und verschieben, bis alles Ihren Vorstellungen entspricht. Obwohl Sie hier nur in der Theorie agieren, können Sie damit dennoch viele Fehler vermeiden und ausschließen, die sich ergeben, wenn Sie Lage, Größe und Form Ihres Teiches ohne diese Vorarbeit festlegen.

TIPP

Mit der zeichnerischen Darstellung des Teiches können Sie gleichzeitig die Veränderungen festhalten, die mit der Gestaltung des Teichumfelds einhergehen. Durch die Pflanzung von Stauden, Gräsern, Farnen und Solitärpflanzen verändert sich das Umfeld des geplanten Teiches erheblich. Nicht ganz so einfach ist es, Unregelmäßigkeiten im Geländeverlauf zeichnerisch darzustellen. Eventuell können Geländevermessungen mit einem Nivelliergerät notwendig werden, die Sie einem Fachbetrieb des Garten- und Landschaftsbaus überlassen sollten.

Ideen entwickeln
Den letztlich von Ihnen favorisierten Entwurf können Sie mit unterschiedlichen Farben kolorieren. Auf diese Weise können mithilfe unterschiedlicher Blautöne die unterschiedlichen Wassertiefen festgelegt werden, schon lange bevor der erste Spatenstich ausgeführt wird. Selbst die geplante Bepflanzung lässt so schon einmal sichtbar machen.

Was benötige ich für den Entwurf?

Erstellen Sie zunächst eine Kopie vom Originalplan, auf der Sie unbeschwert zeichnen können. Häufig ist es so, dass Grundstückspläne vom Katasteramt im Maßstab 1:500 gezeichnet sind. Dieser Maßstab ist für die Gartenplanung jedoch zu klein, weil später eingezeichnete Planungen dann zu unübersichtlich erscheinen. Mithilfe eines guten Fotokopierers sollten Sie diese Pläne auf den Maßstab 1:100 hoch kopieren oder, wenn Sie darin fit sind, die Pläne einfach passend umzeichnen.

Zum Zeichnen verwendet man einen weichen Bleistift. Besonders geeignet sind Druckminen-Bleistifte in unterschiedlichen Stärken. Zum Zeichnen der Pflanzensymbole besorgen Sie sich am besten eine Malschablone mit runden Öffnungen in verschiedenen Größen. Das wichtigste Zeichengerät ist jedoch ein Lineal mit unterschiedlichen Maßstäben – mit dessen Hilfe können nämlich alle im Garten

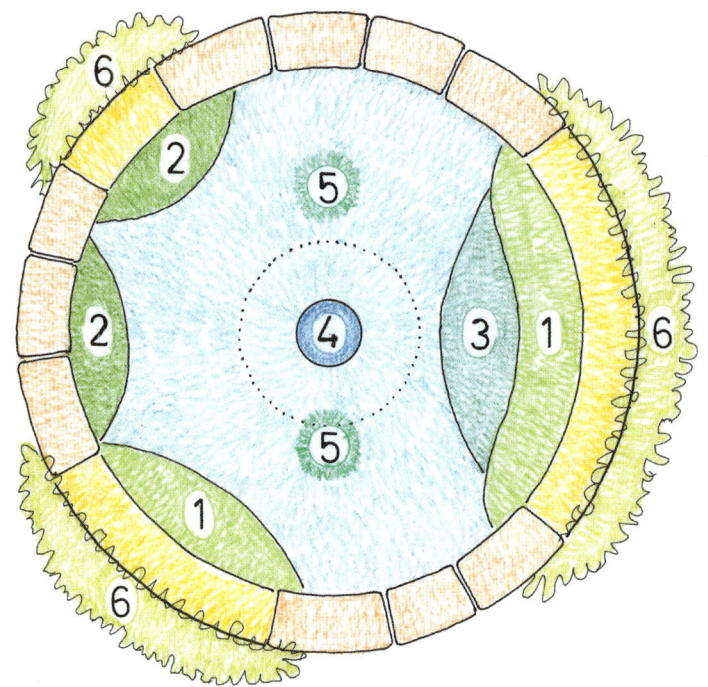

1 Sumpfzone 5–10 cm tief
2 Flachwasser 10–40 cm tief
3 Mittelwasser 40–80 cm tief
4 Tiefwasser 80–120 cm tief
5 Schwimmpflanzen
6 Uferpflanzung trocken

Bepflanzungsplan für einen Gartenteich am Beispiel des Entwurfs von Seite 290. Pflanzenliste siehe nebenstehende Seite.

verwendeten Elemente maßstabsgerecht dargestellt werden. Die Bandbreite der meist dreieckig geformten Lineale reicht von M 1:20 bis M 1:200. Ein Zeichenbrett müssen Sie nicht erwerben, eine glatte Tischplatte, auf der man zeichnen und schreiben kann, tut es auch. Damit er nicht verrutscht, befestigen Sie den Plan mit Tesastreifen auf dem Tisch. Für Gartenpläne eignen sich besonders pergamentartige Zeichenpapiere. Auf ihnen lässt es sich gut zeichnen und sie haben den Vorteil, transparent zu sein – darunter gelegte Abbildungen können gut abgepaust werden.

Der planerische Teil besteht nun darin, sich den vorgesehenen Gartenteich, den Sie aus Pappe im passenden Maßstab ausgeschnitten haben, an der gewünschten Stelle auf dem Grundstücksplan zu platzieren, Wegführungen auf dem Plan einzuzeichnen, das Teichumfeld festzulegen sowie Neu- oder auch Umpflanzungen zeichnerisch einzuplanen.

Pflanzenliste zum nebenstehenden Pflanzplan

Pflanz-zone	Stück-zahl	Deutscher Name	Botanischer Name
1	5	Gewöhnlicher Froschlöffel	*Alisma plantago-aquatica*
	3	Sumpfdotterblume	*Caltha palustris* (dicht am Rand)
	5	Fieberklee	*Menyanthes trifoliata*
	3	Sumpfvergissmeinnicht	*Myosotis palustris* (dicht am Rand)
	5	Amerikanische Sumpfschwertlilie	*Iris versicolor*
2	8	Blumenbinse	*Butomus umbellatus*
	5	Pfeilkraut	*Sagittaria sagittifolia*
	3	Zebrasimse	*Scirpus lacustris tabernaemontani* 'Zebrinus'
3	8	Tannenwedel	*Hippuris vulgaris*
	5	Schmalblättriger Rohrkolben	*Thypha angustifolia*
4	1	Teichrose	*Nymphaea* in Sorten weiß-rot (im Pflanzkorb)
5	2	Krebsschere	*Stratiotes aloides* (Schwimmpflanze)
6	15	Kriechender Günsel	*Ajuga reptans*
	7	Frauenmantel	*Alchemilla mollis*
	10	niedrige Dalmatiner Glockenblume	*Campanula portenschlagiana*
	5	Mädesüß	*Filipendula ulmaria* 'Plena'
	3	Prachtstorchschnabel	*Geranium magnificum*
	5	Frühlingstaglilien	*Hemerocallis citrina*
	5	spät blühende Taglilien	*Hemerocallis thunbergii*
	5	Sibirische Schwertlilien	*Iris sibirica*
	10	kriechendes Pfennigkraut	*Lysimachia nummularia*
	3	Blutweiderich	*Lythrum salicaria*
	3	Pfeifengras	*Molinia caerulea* 'Moorhexe'

Einen Gartenteich kalkulieren

Beauftragen Sie für den Bau Ihres Gartenteichs eine Firma, dann werden sich die Kosten im Gegensatz zu denen bei Eigenarbeit mit Sicherheit sehr stark erhöhen.

Zwei Lösungen mit unterschiedlichen Materialien

Bei diesen zwei Kalkulationen wurden die Kosten für Arbeitslöhne ausgespart. Für diese müssen Sie bei Ausführung durch eine Fachfirma etwa 40–45% zusätzlich kalkulieren.

Teichbau ist mit sehr viel Arbeit verbunden, bereitet aber auch viel Freude, wenn das Werk vollendet ist. Zudem spart man mit Sicherheit beim Selbstbau viel Geld. Eine Ausnahme bilden Schwimmteiche und Teiche in schwierigen Geländen, wie z. B. mit starkem Gefälle sowie der Bau komplizierter Einrichtungen in oder am Teich (Brücken, Inseln etc.).

Es ist immer interessant zu wissen, wie hoch eigentlich die tatsächlichen Kosten für den Bau eines Gartenteiches ausfallen. Diese lassen sich umlegen auf die im Teich verlegte Folie oder aber auf die sichtbare Teich- bzw. tatsächliche Wasserfläche.

Nachstehend sind beide Werte aufgrund der vorausgegangenen Kostenkalkulation aufgeführt:

Durchschnittliche Kosten pro m² verlegte Folie ca. 87 € (3670,20 € Gesamtkosten geteilt durch 96 m² Teichfolie = 87,38 €).

Durchschnittliche Kosten umgelegt auf die Teichoberfläche ca. 76 €/m² (3670,20 € Gesamtkosten geteilt durch 48 m² Wasseroberfläche = 76,46 €).

Was kann man selber machen?
Im Prinzip kann man beim Bau eines Folienteiches alles selber machen, vorausgesetzt, man hat sich zuvor hinreichend informiert. Bei größeren Teichanlagen ist es jedoch hilfreich, eine Fachperson hinzuzuziehen, die gegebenenfalls beim Vermessen der geplanten Anlage hilft. Besonders wichtig kann dies sein, wenn es sich um ein Gelände handelt, das über ein gewisses Gefälle verfügt und notfalls ausgeglichen werden muss. Ein Helfer, der sich mit einem Nivelliergerät auskennt, leistet hier sicherlich wertvolle Dienste. Fast jeder Garten- und Landschaftsbauer übernimmt derartige Arbeiten. Einen normal großen Gartenteich kann man jedoch – sofern es die Zeit erlaubt – auch durchaus ohne die Zuhilfenahme einer Firma erstellen.

Lösung mit kleinem Fertigbecken
Wasseroberfläche etwa 290 × 235 cm, Teichtiefe max. 69 cm

1 Glasfaserverstärktes Teichbecken (290 × 235 cm, Inhalt 1600 Liter)	750,00 €
1 m³ Rheinsand 0,3 mm	27,00 €
1 m³ Kies, Körnung 4/8	27,00 €
3 Gletschersteine à 30–40 cm	120,00 €
Überlauf mit Gummiquetschdichtung	65,00 €
KG-Rohr mit Anschluss an die Dränage	19,00 €
2 m² Polygonalplatten als Teichumrundung	105,00 €
20 Wasserpflanzen und Sumpfpflanzen à 3,50 €	70,00 €
1 Seerose	19,00 €
1 Teichpumpe	95,00 €
1 Schaumdüse	19,00 €
40 Stauden, Gräser und Farne für Teichumfeld à 2,95 €	118,00 €
Gesamt	*1434,00 €*

Gartenteich aus PVC-Folie
Wasseroberfläche etwa 6 × 8 m, Teichtiefe max. 125 cm
(Wassertiefen 125 cm, 60 cm, 30 cm, 10 cm)

Leihkosten für Minibagger 2 Stunden à 80 €	160,00 €
Laser/Wasserwaage	55,00 €
Teichfolie 8 × 12 m, 1 mm stark à 4,95 €/m² (tatsächlich benötigte Menge 8 × 10,5 m, Rest für Bachlauf)	475,20 €
Unterlegvlies 96 m² à 3,50 €	336,00 €
5 m³ Rheinsand 0,3 mm à 27,00 €	135,00 €
3 m³ Kies 4/8 mm à 27,00 €	81,00 €
3 m³ Kies 30–60 mm à 27,00 €	81,00 €
1 t Gletschersteine (Findlinge) Durchmesser 40–80 cm	270,00 €
½ t Zierkiesel 20–30 cm	95,00 €
Dichtungsring für Überlauf	40,00 €
KG-Rohr mit Anschluss an die Dränage	39,00 €
10 m² Polygonalplatten als Teichumrandung	395,00 €
60 Wasser- und Sumpfpflanzen à 3,95 €	237,00 €
1 Seerose	24,00 €
1 Teichpumpe	325,00 €
Kleinteile und Schlauch für die Pumpe	22,00 €
Schaumdüse	35,00 €
200 Stauden, Gräser und Farne für das Teichumfeld à 2,95 €	590,00 €
25 Kleingehölze im Teichumfeld à 11,00 €	275,00 €
Gesamt	*3670,20 €*

Wasser in Bewegung

Ein Wasserfall am eignen Teich oder ein Bachlauf, der sich durch die Gartenanlage windet, bevor er in den Teich zurückläuft, ist immer eine sehr reizvolle Ergänzung der Wasseranlage.

Wasserfall

Hat man sich mit der Planung und dem Bau seines Gartenteichs ausreichend auseinandergesetzt, dürfte der Entwurf zu einem Wasserfall keine allzu großen Schwierigkeiten mehr bereiten. Abzuklären ist in erster Linie die geplante Lage des Wasserfalls und dessen Höhe.

Niemals sollte ein Wasserfall so gebaut werden, dass er wie ein künstlicher Monolith im Garten sitzt. Leider wird dies häufig praktiziert, doch eines solchen Anblicks wird man schnell überdrüssig. Ein Wasserfall am Teich muss sich harmonisch dem Garten anpassen und mit seiner Höhe und Größe optisch zu Teich und Garten passen. Manchmal macht es mehr Sinn, auf einen Wasserfall zu verzichten, als diese Idee mit Gewalt in die Tat umzusetzen.

Ein wichtiger, zu beachtender Aspekt ist die Höhe des Wasserfalls. Je höher er ist und je größer die Fließgeschwindigkeit des Wassers, desto lauter ist die Geräuschkulisse, die das ablaufende Wasser verursacht. Zudem sollte das Wasser, mit dem der Wasserfall betrieben wird, durch einen Teichfilter geleitet werden, der 24 Stunden im Betrieb sein muss, um zu funktionieren – manch ein Nachbar kann sich da schnell gestört fühlen.

Der Entwurf

Sind Lage und Höhe einmal festgelegt, stellt sich die Frage nach dem Material, aus dem der Wasserfall gebaut werden soll. Hier bieten sich zwei Möglichkeiten an.

Die einfachste Variante besteht aus Wasserfallschalen, die man als Fertigteile in den unterschiedlichsten Formen und Materialien erwerben kann. Diese werden treppenförmig im Gelände in Sand verlegt, was keine großen Fachkenntnisse voraussetzt. Einfachere Wasserfallschalen bestehen aus schwarzem PVC-Material, gute Schalen sind zumindest noch

Bewegung schafft Atmosphäre
Ein Gartenteich ohne Wasserbewegung ist langweilig, denn bewegtes Wasser bringt Atmosphäre in den Garten. Durch Wasserbewegung wird außerdem ständig atmosphärischer Sauerstoff in den Teich eingebracht, was dessen Wasserqualität sehr entgegenkommt. Lediglich die Blätter der Seerose fühlen sich durch die ständige Wasserbewegung in ihrer Entwicklung gestört. Am besten setzt man sie im Teich an solcher Stelle ein, wo sie durch die Wasserbewegung nicht beeinträchtigt werden.

mit einem Feinkies besandet und die schönsten Varianten aus Recycling-Kunststoff sind in Form und Farbe Bachkieseln recht ähnlich. Nachteilig wird sich bei der Konstruktion mit diesen Schalen immer deren einheitliche Form auswirken.

Ein aus Stein gemauerter Wasserfall bereitet zwar erheblich mehr Arbeit, aber nach der Fertigstellung handelt es sich immer um ein Unikat. Künstliche Betonsteine, Klinker und Ähnliches eignen sich für einen Wasserfall nur bedingt. Am besten geeignet sind Natursteine mit einer plattenförmigen Struktur.

Wasserfall aus Schalenelementen

Um von der sehr gleichmäßigen Form der Wasserfallschalen zumindest ein wenig abzulenken, bieten viele Produzenten Schalen aus einheitlichem Material, aber in unterschiedlichen Größen an, die miteinander verbaut werden können. Für den Einbau wird gesiebter Sand benötigt und für die Abschlusskante eine kleine Betonplatte, mit der gleichzeitig die Fallhöhe reguliert werden kann. Schaufel, Rechen, Maurerkelle und eine Wasserwaage genügen als Werkzeuge. Zum Betrieb des Wasserfalls braucht man eine Teichpumpe, erdverlegbaren Spiralschlauch sowie Anschlussteile. Die Ränder der Wasserfallelemente lassen sich mit Kieseln unterschiedlicher Größe sowie Boden deckenden Kleingehölzen und Stauden kaschieren.

Qualitativ hochwertige Fertigteile für den Bau eines Wasserfalls haben auf der Unterseite gleich ein Anschlussteil für den Schlauch. Der Vorteil: Der Schlauch kann an mehreren Stellen angeschlossen werden und sorgt so bei größeren Wasserfällen für eine gleichmäßigere Wasserversorgung.

Ein mehrstufiger Wasserfall aus Kalkgestein, gut eingefügt in üppige Vegetation.

Was kostet ein Wasserfall aus Fertigteilen?

Um eine gewisse Fallhöhe zu erreichen, sollten mindestens 5 Schalen treppenförmig so übereinandergebaut werden, dass sie einen kleinen Wasserfall ergeben.

Die Preise der Schalen sind sehr unterschiedlich.

Variante A: Felsgestein (50 × 110 cm) pro Schale 84,00 €	420,00 €
Variante B: Flusslauf (66 × 90 cm) pro Schale 145,00 €	725,00 €
Variante C: Flusslauf (50 × 70 cm) pro Schale 108,00 €	540,00 €
Variante D: Steine (106 × 74 cm) pro Schale 234,00 €	1170,00 €
1 m³ Rheinsand	27,00 €
1 Rasenkantenstein als Unterbau für die Fallhöhe	1,60 €
6 m Spiralschlauch	29,40 €
1 Teichpumpe	152,00 €
Kleinteile	18,00 €
½ m³ Kies	13,50 €
Stauden und Kleingehölze	150,00 €
Variante A	*811,50 €*
Variante B	*1116,50 €*
Variante C	*931,50 €*
Variante D	*1561,50 €*

Was kostet ein Wasserfall aus Naturstein?

Für einen Wasserfall, der aus Natursteinplatten gebaut wird und eine Höhe von ca. 2 m hat, werden etwa 2 m² Plattenmaterial benötigt. Besonders geeignet sind grüne Polygonal-Platten, Rosario-Polygonalplatten, Bourgogne-Trockenmauersteine, Weser-Polygonalplatten oder andere.
Die Unterkonstruktion kann aus normalen Betonsteinen erstellt werden, wenn sich die notwendige Anschütthöhe für den Wasserfall nicht von selber aus dem Gelände ergibt. Um spätere Undichtigkeiten auszuschließen, sollten die einzelnen Wasserfallstufen auf einer Teichfolienbahn erstellt werden.

2 m² Polygonalplatten à 60,00 €/m²	120,00 €
4 m² Teichfolie à 4,95 €/m²	19,80 €
1 m³ Rheinsand 0,3 mm	27,00 €
2 Sack Zement Portland 35 F	7,50 €
1 kg Zementdichtmasse	12,00 €
10 m Spiralschlauch 1½ Zoll à 4,90 €	49,00 €
Kleinteile	25,00 €
Teichpumpe	152,00 €
Gesamt	*412,30 €*

WASSER IN BEWEGUNG

Bachlauf

Einen Bachlauf kann man durch das aufgeschüttete Gelände leiten, das seitlich vom Teich mit dem Aushub gestaltet wurde, oder man leitet ihn quer durch den Garten.

Ein Bachlauf sollte immer so geplant werden, dass er in unterschiedlichen Breiten verläuft und Stellen aufweist, in denen das Wasser auch mal stehen bleibt, wenn die Pumpe abgestellt ist. Gibt es diese nicht, dann sieht der Bachlauf schnell wie ein ausgetrockneter Bach aus.

Trittplatten im Bachbett oder auch kleine Brücken machen die Gestaltung noch interessanter. Der Beginn eines Bachlaufs kann gut mit einem Quellstein begonnen werden. Dies ist besonders reizvoll, wenn dieser in unmittelbarer Nähe einer Terrasse oder eines Sitzplatzes liegt. Der Zulauf für den Bachlauf wird über einen im Boden vergrabenen Spiralschlauch direkt neben dem Bachlauf gewährleistet.

Arbeitsschritte für einen Bachlauf aus Teichfolie
- Länge ermitteln
- Verlauf planerisch mit Teichfolie festlegen
- Breite und Tiefstellen markieren
- Aushub vornehmen
- Ausgehobenes Bachbett mit 3 cm dicker Rheinsandschicht versehen
- Sandbett anfeuchten und mit einer Mauerkelle glätten
- Teichfolie einziehen
- Kurven wegen Faltenbildung der Folie aufschneiden und neu verschweißen
- Probelauf mit Wasser aus dem Teich
- Gegebenenfalls Änderungen und Korrekturen vornehmen
- Bachlaufränder mit Kapillarsperre versehen
- Bachlaufkopf (Start) als Miniaturteich gestalten
- Eventuell einen Sprudelstein als Bachlaufkopf einsetzen
- Bachlaufende (Einlauf) am Teichrand verschweißen
- Bachlauf und Bachlaufrand mit Kiesel und Steinen gestalten
- Bepflanzung mit Stauden, Farnen und Gräsern

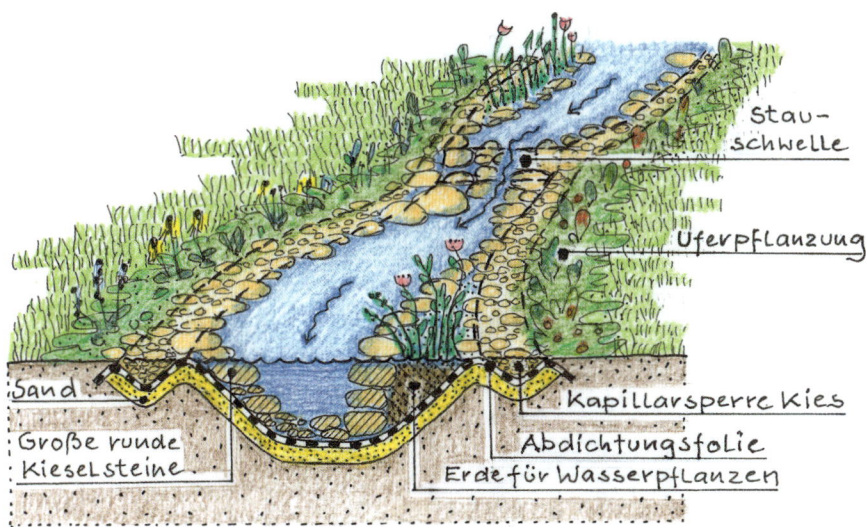

Entwurf für einen Bachlauf aus Teichfolie.

Kosten

In Fachgeschäften oder Gartencentern gibt es häufig Restmengen von Teichfolie, die preiswert erstanden werden können. Berechnen Sie die benötigte Menge nicht zu gering, da zum einen der Bachlauf unterschiedlich breit gestaltet werden soll und zum anderen unbedingt eine Kapillarsperre mit einzuplanen ist. Für einen 60 cm breiten Bachlauf werden rund 120 cm Folienbreite benötigt, für breitere Stellen entsprechend mehr.

Materialbedarf für einen 8 m langen Bachlauf

16 m² Teichfolie, 1 mm, à 4,95 €	*79,20 €*
2 m³ Rheinsand, 0,3 mm	*54,00 €*
2,5 m³ Kies, 30/60 mm, à 27,00 €	*67,50 €*
½ t Zierkiesel 20–30 cm	*120,00 €*
70 bodendeckende Stauden für die Randgestaltung à 2,95 €	*206,50 €*
20 Kleingehölze à 6,50 €	*130,00 €*
30 Gräser und Farne à 3,95 €	*118,50 €*
12 m Spiralschlauch 1½ Zoll à 4,90 €	*58,80 €*
Kleinteile	*24,00 €*
Quellstein mit Bohrung, 40 cm hoch	*130,00 €*
Teichpumpe	*152,00 €*
Gesamt	*1140,50 €*

Pflanzen für den Bachlaufrand

Ein Bachlauf ohne Randbepflanzung sieht trostlos und sehr technisch aus. Neben dem Rand sollten aber auch die Flachwasserzonen, in denen immer etwas Wasser stehen bleibt, bepflanzt werden.

Gehölze für die Teich- und Bachlaufrandgestaltung:

Botanischer Name	Deutscher Name	Wuchshöhe
Buxus sempervirens	Buchsbaum	je nach Schnitt
Cotoneaster in Arten u. Sorten	Kriechmispel	je nach Sorte
Euonymus fortunei in Sorten	Kriechspindel	50 cm
Hypericum in Arten u. Sorten	Johanniskraut	je nach Sorte
Ilex crenata	Zwergstechpalme	60 cm
Lonicera nitida	Maigrün	50 cm
Skimmia-Arten	Berglobeer	60 cm
Viburnum davidii	Zwergschneeball	60 cm

Für die Wassermulden eignen sich:

Botanischer Name	Deutscher Name	Wuchshöhe
Acorus calamus	Kalmus	60 cm
Alisma plantago-aquatica	Froschlöffel	60 cm
Caltha palustris	Sumpfdotterblume	30 cm
Euphorbia palustris	Sumpfwolfsmilch	80 cm
Iris laevigata	Sumpfiris	80 cm
Iris versicolor	Amerikanische Sumpfiris	60 cm
Juncus ensifolius	Zwergbinse	30 cm
Lobelia siphilitica	Hellblaue Sumpflobelie	40 cm
Lysimachia thyrsiflora	Goldfelberich	40 cm
Lythrum salicaria	Blutweiderich	50 cm
Mimulus cupreus	Kupferrote Gauklerblume	20 cm
Ranunculus flammula	Brennender Hahnenfuß	40 cm

Für die Bachlaufrandgestaltung eignen sich:

Botanischer Name	Deutscher Name	Wuchshöhe
Ajuga reptans	Günsel	15 cm
Alchemilla mollis	Frauenmantel	30 cm
Arundinaria pumila	Zwergbambus	60 cm
Carex morrowii 'Variegata'	Japansegge	30 cm
Festuca glauca	Blauschwingel	30 cm
Festuca scoparia	Bärenfellgras	25 cm
Luzula nivea	Schneemarbel	30 cm
Luzula sylvatica	Waldmarbel	30 cm
Lychnis flos-cuculi	Kuckuckslichtnelke	40 cm
Myosotis palustris	Sumpfvergissmeinnicht	15 cm
Primula × bullesiana	Etagenprimel	25 cm
Sesleria caerulea	Blaugras	35 cm

TIPP

Achten Sie beim Kauf eines Sprudelbrunnens aus mehrstufigen Elementen auf eine Druckregulierung – diese ist für einen gleichmäßigen Wasserdurchfluss wichtig.

Dekorative Wasserstelle

Der Wunsch nach einer dekorativen „Wasserstelle" im Garten ist weit verbreitet. Aus Platzgründen können ein Teich mit Wasserfall oder Bachlauf jedoch oft nicht gebaut werden. Auch die Wirtschaft hat dieses Problem erkannt und so wurden gerade in den letzten Jahren viele Anlagen auf den Markt gebracht, die in ihrer Größe und Funktion so kompakt sind, dass sie auch Platz auf einer Terrasse finden. Die Palette der Möglichkeiten reicht vom künstlichen Mühlstein aus glasfaserverstärktem Kunststoff über Betonteile bis hin zu Produkten aus Naturstein.

Planung

Bei der Planung dekorativer Wasserstellen sind optische Bedingungen am wichtigsten. Die Wasserstelle muss von allen Seiten gut sichtbar sein, da sie ja nur eine geringe Größe hat, und eine 220-Volt-Steckdose sollte in ihrer Nähe liegen, damit man sie auch betreiben kann. Teichpumpen, die man für derartige Zwecke einsetzt, haben meist 10 m Kabellänge.

Bei der Planung müssen Geländeverläufe mit Gefälle berücksichtigt werden. Der Einbau des Vorratsbehälters sollte immer eben, aber leicht erhöht eingebaut werden, damit dieser bei Regengüssen nicht ständig durch Geländewasser überfüllt wird.

Soll die Wasserstelle auf einer Dachterrasse oder einem Balkon aufgebaut werden, sind statische Werte zu berücksichtigen, die die Gewichtsbelastung betreffen. Ein Quellsteinbrunnen mit einem Vorratsbehälter von 300 Liter Wasser wiegt 300 kg, hinzu

In die Bohrkrone dieses nordischen Findlings wurde eine Schaumdüse eingelassen.

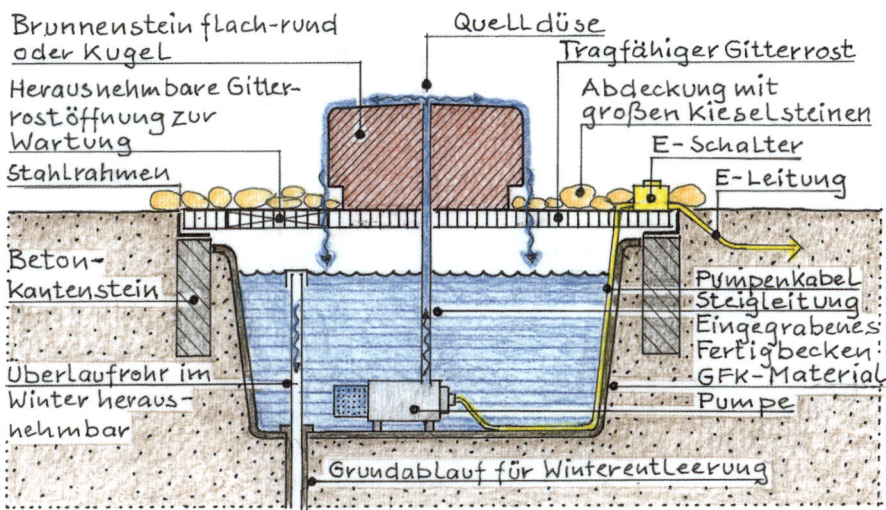

Schematischer Aufbau eines Sprudelbrunnens (Schnitt).

kommt das Gewicht vom Quellstein und den Zierkieseln. Je nach Steingröße können dabei Gewichte von 400 kg und mehr erreicht werden, die sich auf einer Fläche von meist weniger als 1,5 m² verteilen. In vielen Fällen kann dies bereits zu hoch sein: Erkundigen Sie sich auf jeden Fall beim Bauträger oder dem Architekten. Weniger Probleme bereitet die Aufstellung auf einer ebenerdigen Gartenterrasse. Überlegen Sie schon bei der Planung, ob der Vorratsbehälter im Terrassenboden eingelassen werden kann oder die Anlage frei aufgestellt werden muss. Die erste Variante wird immer die schönere sein, weil man hinterher weniger von der Technik sieht und auf eine aufwendige Verkleidung des Vorratsbehälters verzichten kann.

Arbeitsmaterialien

Wie auch immer die Wasserstelle später gestaltet sein wird, für Aufbau und Funktion werden immer dieselben Materialien benötigt. In vielen Gartencentern erhält man auch komplette Anlagen: Vorratsbehälter, Abdeckplatte, Verteileranlage, Pumpe und Wasserspiel, außerdem Zierkiesel für die Abdeckplatte. Die kompakten, allerdings auch nicht sehr großen Anlagen sind in der Regel sehr preiswert. Wird die Wasserstelle selber gebaut, besorgen Sie sich ein kleines Wasserbecken als Vorratsbehälter. Bei freier Aufstellung muss es fiberglasverstärkt sein, wird es eingegraben, sind Behälter aus PVC oder PE ausreichend. Zur Verkleidung frei stehender Vorratsbehälter eigenen sich Holzpalisaden oder Palisaden aus Beton oder Naturstein. Über eingegrabene Behälter wird ein Gitterrost gelegt, wie bei Kellerfenster-Abdeckungen bekannt, oder eine Abdeckplatte, die passend zum Becken gekauft werden kann. Lagern Sie den Abdeckrost auf breite, seitlich eingelassene Rasenkantensteine, das gibt eine bessere Gewichtsverteilung. Damit man bei Wartungsarbeiten an

TIPP

Findlinge, die einem besonders gut gefallen, sind selten mit einer Bohrung ausgestattet, um sie als Quellstein verwenden zu können. Die nachträgliche Bohrung kann der Steinmetz vornehmen. Eigenversuche scheitern meist am geeigneten Gerät.

die Pumpe gelangen kann, sollte in der Abdeckung eine größere Öffnung eingeplant werden, da ansonsten gegebenenfalls der ganze Brunnen abgeräumt werden muss.

Gitterrost oder die Abdeckplatte werden mit glatten, runden Oberrheinkieseln kaschiert. Das eigentliche Wasserspiel kann ein Mühlstein, ein Kugelset oder Säulenset aus eckigen oder runden Säulen sein. Die Sets, die in der Regel zwei- oder dreiteilig sind, haben immer unterschiedliche Größen bzw. Höhen. Damit sie später im Betrieb eine gleichmäßige Spritzhöhe haben, benötigt man eine regelbare Verteileranlage sowie Spiralschlauch, Kleinteile und eine Teichpumpe.

Die Abdeckplatte oder der Gitterrost unter dem Quellstein sollte immer über eine so große Öffnung verfügen, dass man problemlos an die Pumpe gelangen kann.

Wenn Sie sehr wenig Platz haben

Kleine Brunnenanlagen aus Beton, die aufgrund ihrer Einfärbung nur mit Mühe von einem Naturstein wie Granit oder Sandstein zu unterscheiden sind, gibt es in vielen Varianten auf dem Markt. Brunnenmodelle, die direkt an einer Wand stehen können und somit sehr raumsparend sind, eignen sich besonders, wenn nur wenig Platz vorhanden ist. Häufig findet man auch Brunnen, die im „Marmorlook" aus durchgefärbtem, weißen Beton gefertigt wurden und in ihrer Formgebung klassischen Brunnenmodellen nachempfunden sind. Betrieben werden sie mit kleinen Pumpen, die in der Regel nicht sichtbar sind. Bedingt durch die zumeist nur geringe Wassermenge in diesen Brunnen ist ihr Wartungs- und Pflegeaufwand recht hoch. Um einer übermäßigen Verunreinigung durch Algen etwas vorzubeugen, können dem Wasser im Brunnen Algen verhindernde Chemikalien zugegeben werden. Diese auf Essigsäure basierenden Substanzen dürfen allerdings nicht an Pflanzen gelangen.

Die kleinste, dekorative Wasserstelle im Garten oder auf einer Terrasse ist die Vogeltränke, die Sie in verschiedenen Formen, Größen und Materialien kaufen können. Der Standort von Vogeltränken muss gut einsehbar und frei sein. Ist er leicht erhöht, bietet er den anfliegenden Vögeln eine bessere Fluchtmöglichkeit. Flach auf dem Boden aufgestellte Vogeltränken werden gerne von Katzen aufgesucht. Aus hygienischen Gründen sollten die Tränken regelmäßig gesäubert und auch immer wieder mit Frischwasser versorgt werden.

Arbeitsschritte für einen Quellsteinbrunnen
- Platz festlegen
- Fertigbecken einbauen, genau in Waage setzen
- Rasenkantensteine als Widerlager für den Gitterrost setzen
- Gitter auflegen
- Gitter ausklinken für eine Öffnung, um die Pumpe erreichen zu können
- Pumpe mit Schlauchanschluss setzen
- Sprudelstein auf das Gitter setzen
- Pumpenschlauch durch die Quellsteinbohrung fädeln
- Becken mit Wasser füllen
- Probelauf, Pumpleistung gegebenenfalls drosseln
- Gitterrost mit Zierkieseln abdecken
- Umfeld mit Bambus, Gräsern, Farnen und Stauden bepflanzen

Materialkosten für eine dekorative Wasserstelle

In der nachfolgenden Auflistung sind mehrere Wasserspielarten aufgeführt. Bei Ausführung durch eine Fachfirma erhöhen sich die Kosten um etwa 40–45%.

1 Springbrunnenbecken, Durchmesser 60 cm, GFK-Material	78,00 €
1 Abdeckplatte, Durchmesser 60 cm, GFK-Material	64,00 €
oder	
1 Springbrunnenbecken 100 × 100 cm, GFK-Material	189,00 €
1 Abdeckplatte 100 × 100 cm, GFK-Material, belastbar 400 kg	164,00 €
oder	
1 Springbrunnenbecken, Durchmesser 130 cm, GFK-Material	212,00 €
1 Abdeckplatte 13 cm, GFK-Material, belastbar bis 1000 kg	164,00 €
1 Mühlstein, GFK-Material, 50 cm Durchmesser	234,00 €
oder	
1 Mühlstein, GFK-Material, 70 cm Durchmesser	343,00 €
oder	
1 Mühlsteinbecken, GFK-Material, 95 cm Durchmesser	465,00 €
1 Pumpensockel für den Mühlstein aus GFK-Material	164,00 €
Mühlstein aus Granit, gelb, rot oder grau	
Durchmesser 50 cm	158,00 €
Durchmesser 70 cm	275,00 €
Durchmesser 90 cm	380,00 €
Kugeln aus Granit, gelb, rot oder grau	
Durchmesser 30 cm	60,00 €
Durchmesser 40 cm	120,00 €
Durchmesser 60 cm	360,00 €
Durchmesser 80 cm	595,00 €
Säulenset aus Granit, rot, gelb oder grau	
Eckige Säulen 30, 60, 90 cm	215,00 €
Runde Säulen 30, 60, 90 cm	340,00 €
Dreieckige Säulen 30, 45, 60 cm	260,00 €
Spiralschlauch 1½ Zoll/m à 4,90 €	7,35 €
Kleinteile	22,00 €
Dekorative Abdecksteine für Rost oder Abdeckplatte/kg	1,20 €

Gesamt	zwischen 600,00 € und 1200,00 €

Bei Aufstellung im Garten kommen noch die Kosten für die Umpflanzung der Anlage hinzu, die mit Kleinsträuchern, Stauden, Gräsern und Farnen zusätzlich mit etwa 95,00 €/m² zu Buche schlagen.

DIE GARTEN-BEWÄSSERUNG

- EINE REGENWASSERZISTERNE PLANEN, ENTWERFEN, KALKULIEREN
- EINE GARTENBEWÄSSERUNG PLANEN, ENTWERFEN, KALKULIEREN
- WEITERE BEWÄSSERUNGSMÖGLICHKEITEN

Eine Regenwasserzisterne planen, entwerfen, kalkulieren

In unseren Breitengraden gibt es zum Glück noch Wasser. Aber wie lange noch? Bald führt kein Weg mehr daran vorbei, ein wenig ökologischer zu denken. Wer sich um die Regenwassernutzung mittels einer Zisterne bemüht, kann zudem Geld sparen.

Regentonnen und Zisternen

Zum Sammeln und Speichern von Regenwasser eignet sich nahezu fast jeder Behälter, es kommt nur darauf an, welche Mengen man speichern möchte und wie man das gespeicherte Wasser verwenden will. Nach wie vor bewährt: die Regentonne, deren Sammelmenge bei geschickter Planung für die Gartenbewässerung durchaus ausreichend ist.

Die am Regenrohr angeschlossenen Tonnen sollten mit einem kleinen Filter ausgestattet sein, so wird verhindert, dass ständig der Schmutz vom Dach in die Tonne gespült wird. Zweckmäßig haben sich „Regendieb" oder „Regenfux" erwiesen, die das überlaufende Wasser einer Regentonne automatisch in die Dränage ableiten.

Größe Mengen an Regenwasser werden in einer Zisterne gesammelt, deren Größe von mehreren Faktoren abhängig ist. Auf Niederschlagskarten kann man die durchschnittlichen Regenmengen ableiten. Wie viel Regenwasser ein Dach auffangen kann, ist von der mittleren Niederschlagsmenge und der Dachgröße abhängig, eine weitere Rolle spielen Neigungswinkel und Material. Aus diesen Werten wird der sogenannte Abflussbeiwert ermittelt, der beim Ziegeldach 0,75, beim Kiesdach 0,6 und beim Metalldach 0,9 beträgt. Nun fehlt für die Berechnung der Speichergröße nur noch der Ladebeiwert, der sich aus der Differenz des Wasserbedarfs eines Haushalts und der möglichen Regenwasserernte ermitteln lässt. Hilfreich ist auch eine Planungsliste.

Regentonne mit Überlauf und Ablasshahn.

REGENWASSERZISTERNE

Formblatt zur Ermittlung des Wasserbedarfs im Haushalt

	m³/Jahr		Personen		m³/Jahr gesamt
Toilettenspülung	8	×	☐	=	_____
Waschmaschine	6	×	☐	=	_____
Putzen	4	×	☐	=	_____
Wasserhahn extern	3	×	☐	=	_____
Gartenbewässerung	6/100 m² Nutzgarten	×	☐	=	_____

Weicht der errechnete Wasserbedarf vom Regenwasserertrag um weniger als 20% ab, so kommt ein Ladebeiwert von 0,05 in Anrechnung. Bei größeren Differenzen nach oben oder unten ein Ladebeiwert von 0,03. Mit diesen gesammelten Werten kommt nun für die richtige Dimensionierung einer Regenwasser-Zisterne die nachfolgende Berechnungsformel zum Einsatz.

Auffangfläche (m²) × Niederschlagsmenge (l/m²) × Abflussbeiwert × Ladebeiwert = Speichergröße

Planungsliste zur Dimensionierung einer Regenwasser-Nutzungsanlage

Regenauffangfläche
- ☐ m² Grundfläche des Hauses
- ☐ m Gebäudehöhe
- ☐ Grad Dachneigung

Gebäudetyp
- ☐ m² Gartenbewässerung
- ☐ Einfamilienhaus
- ☐ Mehrfamilienhaus
- ☐ Schule
- ☐ Fabrikgebäude
- ☐ Sonstiges

Dachtyp
- ☐ Kupfer
- ☐ Flachdach
- ☐ Steildach
- ☐ Walmdach
- ☐ Satteldach
- ☐ Gründach

Dachmaterial
- ☐ Ziegel, Schiefer
- ☐ Kiesdach
- ☐ Bepflanztes Dach
- ☐ Metalldach
- ☐ Bitumenfläche Regenwasserbedarf
- ☐ Personenanzahl
- ☐ Anzahl Toilettenspülkästen
- ☐ Druckspüler
- ☐ Waschmaschinen

Fallrohre
- ☐ Anzahl

Material
- ☐ Zink
- ☐ Kunststoff

Bauliche Voraussetzung
- ☐ Neubau
- ☐ nachträglicher Einbau

Aufstellungsort
- ☐ im Haus
- ☐ im Erdreich
- ☐ oberirdisch

Material der Zisterne
- ☐ Kunststoffzisterne
- ☐ GFK-Zisterne
- ☐ Betonzisterne
- ☐ Monolithische Betonzisterne

Eine kleine Auswahl verschiedener Zisternen.

Monolithische Betonzisterne.

Welche Zisterne ist geeignet?

Wird das Regenwasser nur zur Gartenbewässerung verwendet, ist im Prinzip eine Zisterne ausreichend, die oberirdisch im Garten Platz findet. Zwar tragen diese nicht gerade zur Verschönerung eines Gartens bei, sind aber sehr preiswert und sehr einfach im Betrieb. Ein Nachteil sind die unterschiedlichen Wasserqualitäten aufgrund der schwankenden Außentemperaturen.

Im Erdboden versenkte Zisternen sind unsichtbar und ihre Wasserqualität bei Vorfilterung ganzjährig gleichmäßig – ihr Wasser kann daher neben der Gartenbewässerung auch für andere Zwecke genutzt werden. Eine Alternative sind im Keller eingebaute Zisternen.

Zisternenmaterialien

Bei im Boden versenkbaren Zisternen hängt die Materialwahl von der benötigten Größe ab. Für einen normalen Haushalt reichen Zisternen mit einem Volumen von 4 bis 8 m³ aus, die aus Kunststoff gefertigt und zum Vergraben zugelassen sind. Diese sind mit einer speziellen Verrippung oder mit Versteifungsbändern ausgestattet. Ein noch stabilerer Typ ist aus glasfaserverstärktem Kunststoff gefertigt. Größere Zisternen und vor allem auch solche, die unter einer befahrenen Decke (z. B. Parkplatz) liegen, sollten aus Sicherheitsgründen aus Beton hergestellt sein. Man unterscheidet zwischen aus Einzelstücken zusammengesetzten oder aus einem Stück gefertigten, sogenannten monolithischen Betonzisternen.

REGENWASSERZISTERNE

Einbau der Zisterne

Beim Hausneubau ergibt sich die Standortfrage meist von selbst, beim nachträglichen Einbau, vor allem wenn der Platz unterhalb einer Gartenfläche liegt, muss der Standort sorgfältig ausgewählt werden. Die Zisterne sollte so tief liegen, dass später darüber Pflanzen wachsen können; sie muss aber auch für Wartungsarbeiten zugänglich bleiben. Um lange Zuläufe vom Regenrohr zu vermeiden, sollte sie in Hausnähe liegen. Dies gilt auch für den einzubauenden Verwirbelungsfilter, dessen Filterwirkung am besten ist, wenn er in unmittelbarer Nähe des Fallrohrs eingebaut ist.

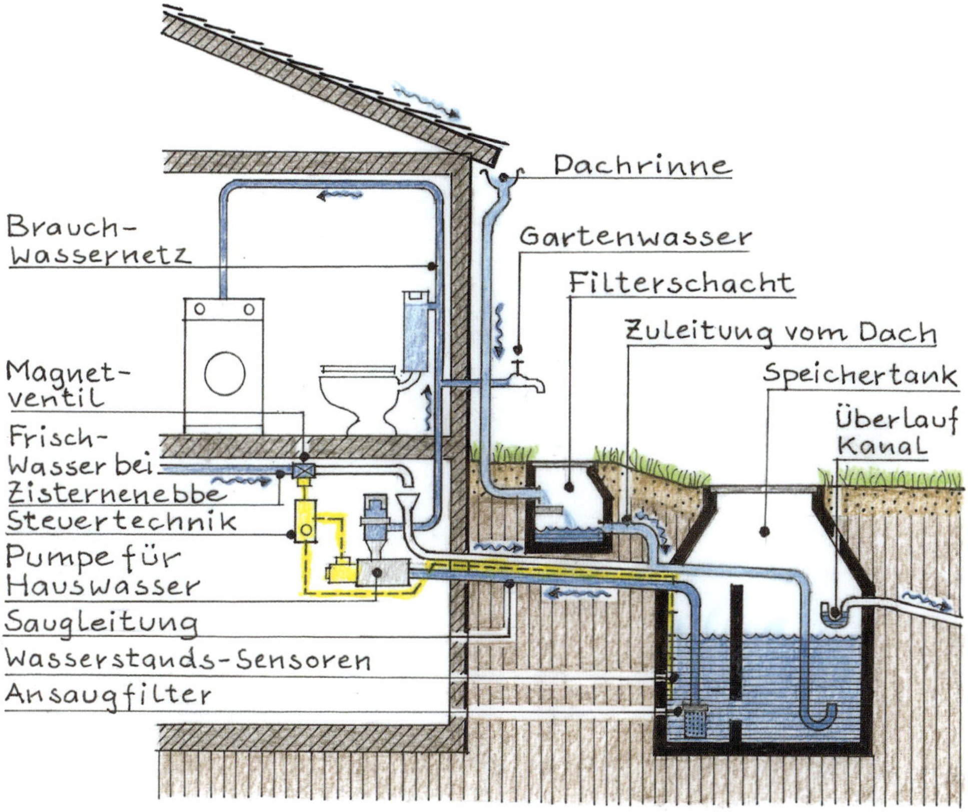

Bauprinzip einer Regenwassernutzung für Haushalt und Garten bei Hausneubau.

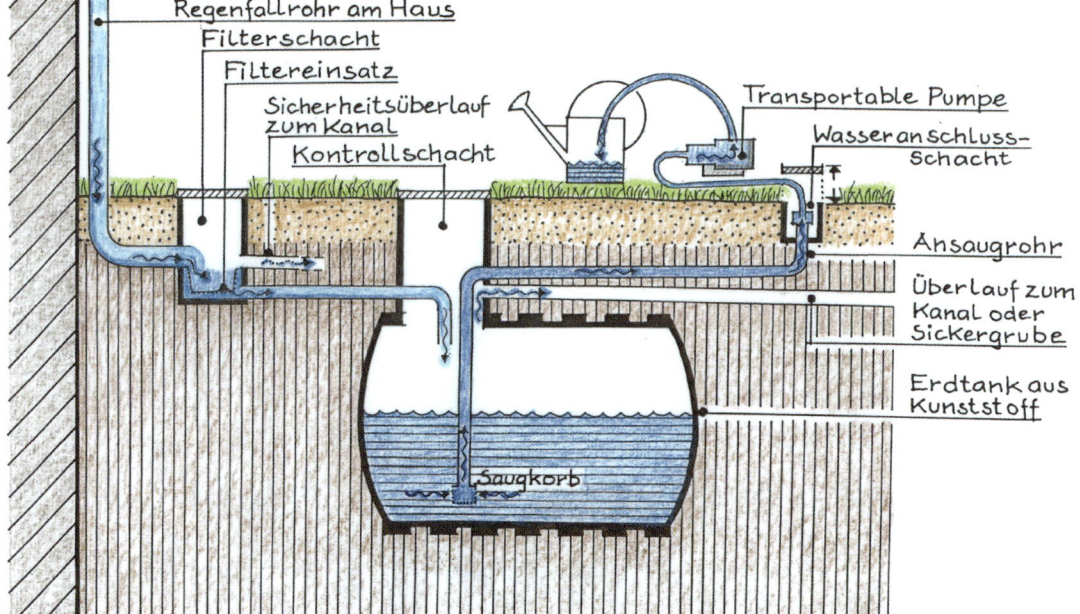

Anlage einer unterirdischen Regenwasserzisterne für die Gartenbewässerung. Sie ist auch nach dem Hausbau noch installierbar und kostengünstig.

Rund um die Regenwasser-Zisterne
- Kunststoffzisternen sollten immer mit einem Domschacht ausgestattet werden, damit sie jederzeit gewartet werden können.
- Das von der Dachfläche abgeleitete Regenwasser sollte nur über eine Filteranlage in die Zisterne eingeleitet werden. Die Filter sind genau auf die ankommenden Wassermengen bestimmter Dachtypen und Flächen abgestimmt.
- Die Einleitung des gefilterten Regenwassers erfolgt dann am besten über einen beruhigten Einlauf. So werden die in der Zisterne befindlichen Sedimente nicht ständig aufgespült.
- In dem an der Dränage angeschlossenen Überlauf sollte ein Kleintierschutz installiert werden.
- Um Geruchsbelästigungen aus dem Kanal zu vermeiden, wird dem Überlauf ein Siphon vorgeschaltet.
- Eine geräuscharme Pumpe dient zur Wasserentnahme aus einer unterirdischen Regenwasserzisterne. Der Saugstutzen ist zweckmäßigerweise an eine schwimmende Entnahme gekoppelt.
- Vom Gesetzgeber sind Hinweisschilder für jeden Wasserhahn vorgeschrieben, der mit Wasser aus der Regenwasserzisterne gespeist wird.

Wirtschaftlichkeitsberechnung bei einer Nutzung für Haushalt und Garten

Wasserkosten unterteilen sich in Leitungswasser- und Abwasserkosten. In unserem Beispiel belaufen sich die Kosten für Leitungswasser auf 2,41 €/m³ und auf 2,76 €/m³ für das Abwasser. Ein m³ Wasser kostet somit 5,17 €.

Bei einem jährlichen Verbrauch von 90 m³ Leitungswasser für Gartenbewässerung und häusliche Reinigungsarbeiten könnten somit 465,30 € eingespart werden, wenn gesammeltes Regenwasser eingesetzt wird. Von dieser Summe müssen die anfallenden Kosten für Betrieb und Wartung der Regenwasser-Nutzungsanlage noch abgezogen werden.

Einsparsumme	*465,30 €*
Betriebskosten/Jahr	*– 17,90 €*
Reparaturen/Jahr	*– 20,45 €*
Eingesparter Betrag/Jahr	*426,95 €*

Setzt man diesen Betrag mit den Investitionen für die Installation der Regenwasserzisterne samt Zubehör in Beziehung, erfährt man, in wie viel Jahren sich die Anlage amortisiert hat.

Stahlbeton-Erdzisterne mit 6 m³ Inhalt	*1565,00 €*
Aushub	*175,00 €*
Wirbelfeinfilter	*490,00 €*
Pumpe, Steuertechnik etc.	*690,00 €*
Hausinstallation, Verbindungsleitungen	*750,00 €*
Installationskosten vom Fachbetrieb	*560,00 €*
Sonstige Materialkosten	*200,00 €*
Gesamtsumme	*4430,00 €*

Fördermittel nur noch in Regionen, wo bei Neubauten eine Zisterne zwingend vorgeschrieben wird.

Baukosten 4430,00 €: jährliche Einsparung 426,95 € = 10,4 Jahre

Durch ständig steigende Gebühren für Leitungs- und Abwasser wird sich der Zeitraum der Amortisation eher leicht nach vorne verlagern. Zusätzlich zu dem Bewusstsein, etwas ökologisch Sinnvolles getan zu haben, sollte das ein Ansporn zur Errichtung einer Regenwasser-Nutzungsanlage sein. Die öffentlichen Fördermittel sind allerdings sehr unterschiedlich innerhalb der einzelnen Bundesländer.

Eine Gartenbewässerung planen, entwerfen, kalkulieren

Die einzelnen Flächen einer Gartenanlage müssen auf unterschiedlichste Weise bewässert werden und der Wasserbedarf von Gartenpflanzen ist sehr variabel, es bieten sich hier daher eine Fülle von Möglichkeiten.

Vorüberlegungen

Erster Planungsschritt ist eine grobe Einteilung der vorhandenen Gartenflächen und eine Abstimmung darüber, wie diese bewässert werden können. Auch die Lage des Grundstücks ist zu berücksichtigen, denn Ebene oder Hanglage machen einen großen Unterschied, und die Bodenbeschaffenheit ist wichtig, denn von ihr hängt dessen Wasser-Speicherkapazität ab. Eine letzte Überlegung ist zweifellos finanzieller Art, ob Gießkanne, Schlauch oder vollautomatische Anlage zum Einsatz kommen.

Sieht man von den Kosten einer Bewässerungsanlage ab, so ist es am zweckmäßigsten, für die Installation einer Gartenbewässerung Gartenflächen auszuwählen, die bei rein manueller Bewässerung den größten Zeitaufwand verursachen würden. Dies sind zum Beispiel Hanglagen, die einfach Mühe bereiten, wenn man einen Schlauch hinter sich herziehen muss. Bewässerungsflächen lassen sich auch nach Bodenarten planen. Sandige Flächen haben einen bedeutend höheren Wasserbedarf als Lehmböden, denn Sand hat eine sehr geringe Wasserhaltekraft.

Der Boden als Wasserspeicher

Wichtigste Bodenarten, deren Wasserspeicher-Kapazität und die Restmenge an Wasser im Boden, bei der eine Pflanze welkt.

Bodenart	Speichermöglichkeit g/100 cm^3	Wassergehalt beim Welkepunkt g/100 cm^3
Sand	10	3
Lehmiger Sand	20	8
Sandiger Lehm	25	12
Lehm	35	15
Toniger Lehm	40	22
Ton	45	30

nach Baetge

Gartenflächen und ihre Bewässerung

- Der **Rasen** nimmt fast immer den größten Teil ein. Eine Bewässerung von Hand macht hier wenig Sinn, weil Zeitaufwand und Wasserverbrauch unverhältnismäßig hoch wären. Hier ist eine Bewässerung mit Kreis- oder Viereckregnern oder einer vollautomatischen Anlage mit Versenkregnern angebracht.
- Ein **Nutzgarten** wird je nach Größe am besten mit einer individuell regulierbaren Tropfbewässerung, einem Schlauch mit Brause oder Gießstab oder aber mit der Gießkanne bewässert. Die sehr unterschiedlichen Pflanzenarten in diesem Garten erlauben wenig Spielraum für eine Beregnungsanlage.
- **Staudenbeete** sind aufgrund der Artenvielfalt der Stauden von einer automatisierten Bewässerungsmethode zwar nicht ausgeschlossen, dem sehr unterschiedlichen Wasserbedarf muss jedoch Rechnung getragen werden.
- **Gehölzränder und Bäume** eignen sich gut für eine Bewässerungsanlage. Welche Methode am besten passt, ist von den Pflanzen, deren Größe und Alter abhängig.
- **Hecken**, ob Koniferen oder Laubgehölze, leiden in der Sommerhitze oft unter Wassermangel – eine Ursache für Schädlings- und Pilzerkrankungen. Auch hierfür gibt es viele Möglichkeiten bis hin zur vollautomatischen Bewässerung.
- **Obstgärten**, die mit den unterschiedlichsten Arten bepflanzt sind, haben je nach Bodenbeschaffenheit vor allem als Neuanlage einen recht hohen Wasserbedarf. Schon bei der Planung sollte man an ein Rohrleitungssystem denken.
- **Rosenbeete** haben einen sehr hohen Wasserverbrauch, vor allem Beete aus sandigem Boden. Überkopfberegnungen sollte man hier jedoch nicht einplanen, da die Nässe den Blüten und Blättern schadet.
- **Pflanzen in Gefäßen** auf Terrasse und Balkon benötigen eine regelmäßige Bewässerung. Welken die Pflanzen in den Gefäßen erst einmal, erholen sie sich zumeist nur sehr langsam. Um die Gießvorgänge zu erleichtern, bietet der Markt hier Vorrichtungen an, die Zeit und Wassergeld sparen.

Gartenfläche	Bewässerungsart
Rasenflächen, große Gartenflächen	Versenkregner
Rasenflächen	Schwenkregner
Rasenflächen, große Gartenanlagen	Überkopfregner
Beet und Rabatten, Ziersträucher	Sprühdüsen
Kleine Pflanzflächen, Hecken	Streifdüsen
Gemüse- und Blumenbeete	Riesel- und Perlschläuche
Hecken, Einzelpflanzen, Kästen und Kübel	Tröpfchenbewässerung

Spaßsprinkler erzeugen lustige Wasserbilder

Möglichkeiten der Gartenbewässerung

Gießkannen aus Kunststoff oder Metall sind aus einem Garten nicht weg zu denken, für großflächige Bewässerungen jedoch ungeeignet. Beim Kauf einer Gießkanne sollte man auf die Qualität des Gießkopfes achten. Gleichmäßige, feine Bohrungen auf der Oberfläche sind wichtig, weil nur so ein weicher, sanfter Wasseraustritt möglich ist. Gute Gießkannen haben eine Gießkopffläche, die aus dünnem Messingblech gefertigt ist. Sonderformen mit extra langem Kannenhals und besonders abgeschrägtem Gießkopf verwendet man im Kleingewächshaus und für Aussaaten. Gartenschläuche erleichtern das Gießen im Garten oder auf Teilflächen ganz wesentlich. Farbe, Qualität, Gewebe und Länge können frei bestimmt und je nach den Bedürfnissen gekauft werden.

Die Qualität von Gartenschläuchen ist sehr unterschiedlich. Vom Kauf billiger Schläuche ist immer abzuraten. Liegen diese längere Zeit in der Sonne, lösen sich Teile des Mantels auf und die Schläuche platzen an allen möglichen Stellen. Gummischläuche und Kunststoffschläuche mit Gewebeeinlagen erweisen sich hier als wesentlich beständiger – erkennbar an den Bezeichnungen wie Kreuzgewebe-Einlage oder Tricotgewebe. Gute Schläuche bekommen von ihren Herstellern Haltbarkeits-Garantien von 7 bis 15 Jahren. Aber auch Sie selbst können viel dazu beitragen, um die Lebensdauer Ihres Gartenschlauchs zu verlängern: im Winter frostfrei lagern und immer über einen Schlauchwagen oder Schlauchaufhänger hängen. Verbindungselemente sind aus Kunststoff oder Metall gefertigt. Kunststoffteile unterliegen allerdings einem natürlichen Verschleiß, insbesondere wenn der Schlauch sehr viel bewegt oder gezogen wird.

Perl- und Rieselschläuche vereinfachen die Bewässerung in Blumenbeeten, Gemüsebeeten oder Hecken. Sie werden einfach an den Wasserhahn

Faustregel
Man unterscheidet für die Gartenbewässerung zwischen zwei Schlauchstärken, dem ½-Zoll- und dem ¾-Zoll-Schlauch. Welcher zum Einsatz kommt, das hängt von der Anschlusskapazität und der benötigten Schlauchlänge ab. Je dünner und länger ein Gartenschlauch ist, desto größer ist der Reibungsverlust und umso geringer die Wassermenge, die am anderen Ende noch ankommt.
Bei Schlauchlängen ab 30 m sollte ein Schlauchdurchmesser von ¾-Zoll gewählt werden. Bei ½-Zoll-Schläuchen entsteht der 5fache Druckverlust bei gleicher Schlauchlänge

angeschlossen und sind zwischen 7,5 und 15 m lang. Fest in einer Pflanzfläche verlegt, können sie bequem eingekürzt werden, verlängerbar sind sie bis 22,5 m. Das aus den zahllosen Öffnungen des Rieselschlauchs austretende Wasser sprüht gerade über die Breite eines normalen Gartenbeets. Der Perlschlauch hingegen lässt schon bei geringem Wasserdruck über sein durchlässiges Gewebe Wasser ab, ohne dabei zu sprühen. Er eignet sich besonders für die Bewässerung von Pflanzreihen.

Gießgeräte und Gießbrausen, die an einen Schlauch gekuppelt werden, sind im gewerblichen Gartenbau schon seit vielen Jahren im Einsatz und machen auch die Gartenarbeit für den Freizeitgärtner erheblich bequemer. Die modernen Gießgeräte werden auch den Bedürfnissen von empfindlicheren Pflanzen gerecht, da sie in der Regel über eine stufenlos regulierbare Durchflussmenge verfügen und mit einem Impulshandgriff ausgestattet sind. Häufig haben die Köpfe regulierbare Wasserstrahlformen. Für Reinigungsarbeiten gibt es einen Stechstrahl, Vollstrahl oder Flachstrahl. Zum Gießen hat man die Wahl zwischen Kegelstrahl, Sprühregen, Brausen, Perlatorstrahl oder einem gießkannenähnlichen Muster. Gießgeräte dienen zur gezielten Bewässerung einzelner Pflanzen oder kleiner Pflanzflächen sowie Pflanzen in Gefäßen. Gute Geräte sind aus einer Kombination von Aluminium und Kunststoff gefertigt. Sie bedürfen einer gewissen Pflege und nehmen Stürze auf harten Boden schnell übel.

> **TIPP**
> Beim Kauf eines Gartenschlauches sollten Sie eher auf die Qualität als auf den Preis achten.

Gartenschläche gibt es in unterschiedlichen Qualitäten. Gut sind die mit Gewebeeinlage.

Variable Spritzdüsen erlauben eine Druckveränderung um empfindliche Pflanzen schonend zu gießen.

Regner

Die Bewässerung mit Regnern eignet sich gut für kleinere und größere Flächen, wie z. B. Rasen. Man unterscheidet bautechnisch verschiedene Arten, die auch von ihrem Verwendungszweck her stark voneinander abweichen.

Sprühregner sind meist kleinere Regner, die sich für die Bewässerung von kleineren Flächen wie Vorgarten oder Blumenbeeten eignen. Die Modelle haben ein kreisförmiges Sprühbild mit einem sehr feinen Wasseraustritt, dessen Beregnungsfläche einen Durchmesser bis ca. 10 m hat, was einer Gesamtfläche von etwa 80 m² entspricht. Der Regner ist mit einem Erdspieß ausgestattet, mit dem er einfach in den Boden gesteckt wird.

Wählscheibenregner sind über eine Wählscheibe individuell einstellbar. Mit ihnen können unterschiedliche Flächenformen und Größen – von 10 m² bis 100 m² – bewässert werden. Die Form kann rund, halbkreisförmig, quadratisch oder auch rechteckig sein. Durch die variable Flächenverstellung eignet sich der Wählscheibenregner für Rasenflächen und andere Gartenteile.

Impulsregner sind mit einem Erdspieß oder Schlitten versehen und können über eine Spannfeder zu einem Voll-, Halb,- oder Viertelkreisregner eingestellt werden. Die beregnete Fläche hat einen Durchmesserkreis bis zu 25 m, was einer Fläche von gut 500 m² entspricht. Die Wasserbewegung wird durch einen Schwingmechanismus ausgelöst.

Kreisregner verfügen über einen sich durch den Wasserdruck drehenden Verteiler, der das Wasser über eine große Kreisfläche mit einem Durchmesser von 3 bis 20 m verteilt. Dies sind umgerechnet 9 bis 310 m². Dieser Regnertyp eignet sich zum Bewässern kleinerer und großer Rasenflächen.

Viereckregner zeichnen sich durch eine besonders schonende und auf die Flächen exakt abzustimmende Bewässerung aus. Sie sind in unterschiedlichen Größen erhältlich. Auf einem bogenförmigen Bügel – der die Sprühbreite vorgibt – sitzen eine Vielzahl von Düsen. Einstellknöpfe am Regnerkopf erlauben die Festlegung des Sprühwinkels. Selbst bei kleineren Geräten kann man die Einstellung so wählen, dass in beide Richtungen gesprüht wird oder nur in den gewünschten Winkel. Bei größeren Geräten kann auch die Sprühstärke eingestellt werden – vom Stechstrahl bis zum Sprühnebel und manchmal ist auch die Sprühbreite veränderbar. Viereckregner eignen sich für die Beregnung größerer Gartenflächen zwischen 150 bis 350 m².

Preiswerte, auf einem Aluminiumschlitten montierte Viereckregner sind sehr leicht und können bei hohem Wasserdruck leicht umfallen. Es bietet sich daher an, sie mit einem kleinen Pflasterstein oder mit Zeltheringen am Boden zu fixieren. Bei hochwertigen Regnern wird das Gehäuse mit Wasser gefüllt und sorgt so für Standfestigkeit. In den einzelnen Düsen setzt sich gerne Schmutz fest. Die Durchgängigkeit kann mit einer kleinen Nadel überprüft werden.

Worauf beim Gießen oder Beregnen zu achten ist

Wasser marsch! Das könnte gefährlich sein. Jede Pflanze oder Pflanzengemeinschaft hat ihre unterschiedlichen Bedürfnisse und dann spielen auch noch die Jahreszeit, der Standort, die Bodenbeschaffenheit und das Entwicklungsstadium der Pflanze eine wichtige Rolle. Pflanzen kann man auch nicht nach Termin gießen, sondern muss sie gießen, wenn sie Wasser brauchen.

Wird bei Sonne Wasser auf die Pflanzenblätter gebracht, wirken die einzelnen Wassertropfen wie kleine Brenngläser und verbrennen die Blätter. Hässliche Blattflecken oder gar das Absterben ganzer Blattpartien ist die Folge. Die von der Sonne aufgeheizten Pflanzen vertragen kalte Leitungswasserduschen sehr schlecht – diese wirken wie ein Schock. Muss also bei Hitze gegossen werden, dann nur auf den Fuß der Pflanze, ohne die Blätter zu benetzen. Auch Schadpilzen beugt man am besten vor, indem man Blätter und Blüten möglichst wenig benetzt. Nasse oder feuchte Gartenflächen werden in der Nacht bevorzugt von Schnecken heimgesucht. Dies ist sicherlich ein Argument, um seine Gießvorgänge im Garten auf den Morgen zu verlegen.

Gründlich Gießen ist eine alte Gärtnerregel. Besonders trocken gewordene Gartenstellen sollten mehrmals nachgegossen werden, bis das Wasser in tiefere Schichten eingedrungen ist. Gießmenge und -häufigkeit hängen von der Pflanze, dem Boden und der Witterung ab.

Eine weitere Gärtnerregel lautet „einmal Hacken spart zweimal Gießen".

TIPP

Sanft fließendes Wasser dringt besser in den Boden als ein harter Strahl. Durch zu hohen Wasserdruck bzw. Ausbringung über ungeeignete Geräte (z. B. Spritzdüse) wird Erde abgespült, der Wurzelhals von Pflanzen freigelegt und die Bodenkrume verhärtet sich.

Durch das Hacken wird die Kapillarwirkung unterbrochen und der Boden kann nicht so stark verdunsten. Aufgelockerter Gartenboden nimmt zudem besser Regen oder Gießwasser auf.

Eine automatische Gartenbewässerung planen

Obwohl der Schritt von der Gießkanne zum Gartenschlauch schon recht groß ist, geht es noch wesentlich einfacher, wenn man so will, fast automatisch. Doch vorab eine kleine Warnung: Technik bleibt Technik und Pflanze bleibt Pflanze. Trotz verbesserter Systeme wird ein technisches Gerät nie in der Lage sein, genau zu prüfen, ob eine Pflanze nun Wasser benötigt oder nicht. Dass derartige Systeme eine unglaubliche Zeitersparnis bedeuten, jede Menge Gießwasser einsparen helfen und genau das tun, was ihnen der Besitzer vorgibt, bleibt außer Zweifel.

Planungsschritte

Die Planung einer Garten-Beregnungsanlage ist relativ einfach. Erster Schritt ist die Erstellung eines Grundstücksplans im Maßstab 1:100 auf Millimeter-Papier, in den alle Gebäudeteile mit eingezeichnet und die zu bewässernden Flächen farblich hervorgehoben werden. Vergessen Sie nicht, Wasserhahn, Brunnen oder die Regenwasserzisterne mit einzuzeichnen. Jetzt werden mithilfe eines Zirkels die zu den Flächengrößen passenden Regner eingeplant. Bei

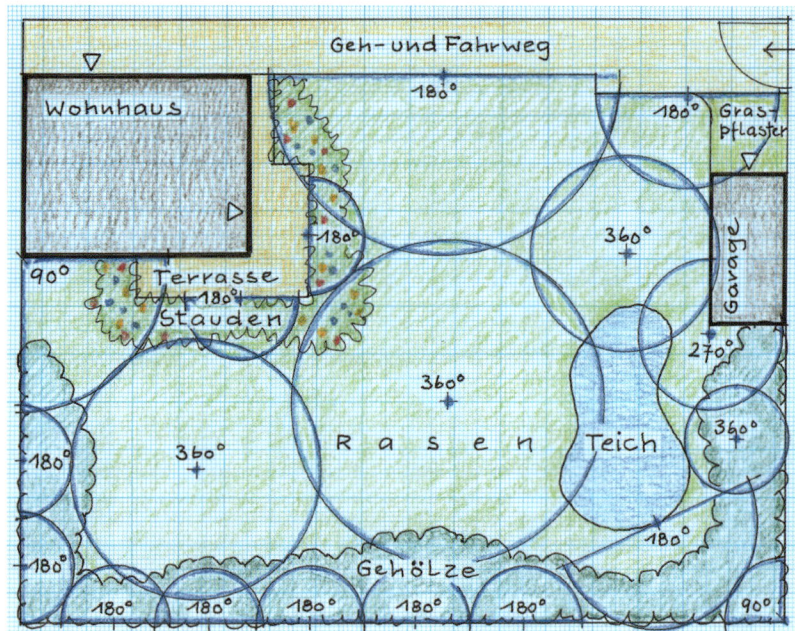

Anhand eines auf Millimeterpapier gefertigten Entwurfs im Maßstab 1:100 legt man die benötigte Menge an Regnern genau fest.

kleineren Grundstücken bis 150 m² zu bewässernder Fläche verwendet man im Plan einen Radius von 4,5 cm und belegt die Fläche mit einem Abstand von 7 cm mit Regnern. Die nebenstehende Zeichnung verdeutlicht dies. Hat man die Zeichnung mit der ausreichenden Menge an Kreisen versehen, erkennt man schnell die Menge der benötigten Regner, und man erkennt die Art der benötigten Geräte – je nach Sprühwinkel. Für Eckbereiche verwendet man 90°-Regner, für Randbereiche solche mit einem Sprühwinkel von 180° und für die Restflächen, in der Mitte des Gartens, werden Regner mit 360° Vollkreis eingeplant.
Bei zu bewässernden Flächen über 150 m² wird planerisch ebenso verfahren. Dies ist einfacher, weil man die Flächen mit im Winkel verstellbaren Turbinen-Versenk-Regnern belegt. Für kleinere Flächen wählt man einen Radius von 3,5 cm und einen Regner Abstand von 5,5 cm auf dem Plan. Diese Regnertypen haben einen Verstellwinkel von 90°/180°/270°/360°. Für mittlere Anlagen wählt man einen Radius von 7,0 cm und einen Regnerabstand von 10 cm. Die Sprühwinkel dieses Regnertyps gibt es von 25°/135°/180°/ 225°/270°/315° bis 360°.
Sehr große Gartenanlagen können mit Turbinen- oder Getriebe-Versenkregnern bewässert werden. Hierzu wählt man auf dem Plan einen Radius von 10,5 cm und einen Regnerabstand von 15 cm. Dieser Regner hat einen stufenlos einstellbaren Sprühsektor von 25° bis 360°.
Verschiedene Pflanzbereiche, wie Randstreifen, können mit oberirdisch installierten Sprühregnern bewässert werden.

Mehrere Getriebe-Versenkregner in Aktion.

Erst der Wasserdruck schiebt den auf einer Spiralfeder gelagerten Getriebe-Versenkregner nach oben.

Anschlusswert
- Füllzeit in Sekunden = 10
- Entfernung 30 m = 2
- Gesamtwert in Sek. = 12

Mithilfe der Tabelle ergibt sich ein Anschlusswert von 80

Sekunden	Anschlusswert
bis 9	100
10–14	80
15–19	60
20–24	40
25–30	20

Anschlusskapazität und Planung der Versorgungsleitung

Mit einer relativ einfachen Methode können Sie feststellen, wie groß der Anschlusswert von Wasserhahn oder Pumpe ist, mit der die Regner betrieben werden sollen, und wie viele Regner an eine Leitung angeschlossen werden können. Sie benötigen eine Stoppuhr, mit der Sie messen können, wie lange es dauert, einen 10-Liter-Eimer mit Wasser zu füllen. Soll zum Betreiben der Anlage eine Pumpe verwendet werden, so befestigen Sie an dieser einen 1 m langen ¾-Zoll-Schlauch und erfassen auch hier die Sekunden, bis der 10-Liter-Eimer gefüllt ist. Wichtig ist auch die längste Entfernung zwischen Wasserhahn oder Pumpe bis zum am weitest entfernt stehenden Regner. Pro 15 m Entfernung rechnen Sie eine Sekunde Füllzeit hinzu.

Um zu berechnen, wie viele Versorgungsleitungen für die Gartenberegnung benötigt werden, ermitteln Sie in der unten stehenden Tabelle die Verbrauchswerte. Diese Tabelle führt verschiedene Regnertypen auf, eingeteilt nach Sprühwinkeln und Wasserbedarf (Verbrauch). Den Verbrauchswert der ganzen Anlage erhält man, indem man die Anzahl der geplanten Regner mit der festgelegten Zahl in der Tabelle multipliziert und die jeweiligen Endwerte addiert.
Bei unserem Beispiel ist die Summe aller addierten Verbrauchswerte 198 (siehe Tabelle unten, Zeichnung S. 341). Dividiert man diesen nun durch den zuvor ermittelten Anschlusswert von 80, erhält man 2,45 und kommt aufgerundet auf drei Versorgungsleitungen. Ist die Summe kleiner als der Anschlusswert, so wird nur eine Versorgungsleitung benötigt. Die richtige Anzahl an Versorgungsleitungen

Regnerverbrauchswerte

bis 90°	90°–180°	180°–270°	270°–360°	
A × 8 =	A × 11 =	A × 16 =	A × 20 =	VR 100
A × 12 =	A × 17 =	A × 21 =	A × 25 =	VR 300
A × 6 =	A × 7 =	A × 9 =	A × 11 =	TVR 50
A × 9 =	A × 12 =	A × 14 =	A × 17 =	TVR 200
A × 15 =	A × 20 =	A × 25 =	A × 30 =	TVR 380

A = Anzahl Regner, VR = Versenkregner, TVR = Turbinenversenkregner

bis 90°	90°–180°	180°–270°	360°	
4 × 6 = *24*	3 × 7 = *21*	× 9 =	× 11 =	TVR 50
2 × 9 = *18*	1 × 12 = *12*	2 × 14 = *28*	× 17 =	TVR 200
3 × 15 = *45*	1 × 20 = *20*	× 25 =	1 × 30 = *30*	TVR 380
87 +	*53* +	*28* +	*30* = Verbrauchswert *198*	

[Verbrauchswert = *198*] : [Anschlusswert = *80*] = [Anzahl der Versorgungsleitungen = *3*]

Menge und Art der Regner sind aus der Abbildung Seite 341 ersichtlich

GARTENBEWÄSSERUNG PLANEN

ist eine Grundbedingung für einen ausreichenden Wasserzufluss.

Benötigte Materialien

Was Sie für eine Beregnungsanlage benötigen, ist überschaubar, denn sie besteht im Wesentlichen nur aus 6 Elementen. Die Versenkregner oder Turbinen-Versenkregner sind natürlich das wichtigste an einer Beregnungsanlage und wurden schon näher beschrieben.
Der Zentralfilter ist ein kleiner Filterkörper mit Siebteil, das regelmäßig gesäubert werden muss. Es verhindert das Eindringen von Schmutzteilen in die Anlage.
Die Versorgungsleitung ist aus UV-stabilisiertem Kunststoff und hat einen Durchmesser von ¾-Zoll. Ausgelegt ist sie für einen Betriebsdruck von 6 bar. Das Rohr kann unterirdisch oder auch oberirdisch verlegt werden. Die T-Stücke sind für den Anschluss an den Regner gedacht, L-Stücke werden für notwendige Richtungsänderungen benötigt und Verbinder werden eingesetzt, wenn die Versorgungsleitung verlängert oder eventuell repariert werden muss.
Schraubklemmen aus Kunststoff oder Edelstahl sorgen für den festen Sitz aller miteinander verbundenen Teile. Die Befestigung mit ihnen ist bei den unterirdischen Versorgungsleitungen besonders wichtig, denn bei einer lockeren Verbindung geht sehr rasch viel Wasser verloren.
Absperrventile werden zur manuellen Steuerung von Beregnungsanlagen benötigt. Eine Anschlussdose, die direkt unterhalb des Wasserhahns im Boden eingelassen ist und den Anfang der Versorgungsleitung darstellt, ergibt ein ordentliches Bild und hält den Wasserhahn auch noch für andere Bewässerungstätigkeiten frei. Die Verbindung vom Hahn zur Dose wird mit einem ¾-Zoll-Schlauch hergestellt.

Verlegung

Hat man aufgrund des im Maßstab 1:100 erstellten Gartenplans die richtigen Regner erstanden und die passende Anzahl an Versorgungsrohren samt dem notwendigen Zubehör ermittelt, dann kann mit dem Verlegen der Anlage begonnen werden.
Für den Aushub des Grabens, in dem die Versorgungsleitung liegt, benötigt man lediglich einen Spaten. Zum Abtrennen der Versorgungsleitung verwendet man am besten ein Taschenmesser. Die Schlauchklemmen sind mit einem Kreuzschraubendreher zu fixieren.

TIPP
Integrierte automatische Entleerungsventile machen die Bewässerungsanlage frostsicher. Bevor Sie die Versorgungsleitung mit allem Zubehör eingraben, legen Sie diese im Garten aus, stecken alle Teile zusammen und testen die Anlage. Fehler werden so schnell entdeckt.

Einbau eines Versenkregners mit Leitungsanschluss.

Kalkulation einer Gartenbewässerung

Diese Frage kann natürlich nicht pauschal beantwortet werden. Um Ihnen aber einen Anhaltspunkt zu geben, finden Sie nachfolgend eine Materialliste, die für einen Garten (30 × 40 m) erstellt wurde, mit Rasenfläche, verschiedenen Pflanzenbeeten und weitgehend vollautomatischer Bewässerung. Bei der Ausführung durch eine Fachfirma sind etwa 40–45 % für die Arbeitslöhne hinzuzurechnen.

Teileliste	Anzahl	Einzelpreis in €	Summe in €
Regensensor electronic	1	46,00	46,00
Programmiereinheit	1	71,95	71,95
Steuerteil	1	31,80	31,80
Bewässerungsventil V1, 9 V	3	72,95	218,85
Bewässerungsventil V2, 9 V	2	124,95	249,90
Montagehilfe	1	2,50	2,50
Rohrhalter 13 mm	19	0,56	10,64
T-Stück 13 mm	4	2,50	10,00
Reduzierkreuzstück 13 mm, 4,6 mm	3	7,99	23,97
Verlegerohr 13 mm	3	13,49	40,47
Verlegerohr 13 mm	2	13,49	26,98
Verteilerrohr 4,6 mm	1	6,24	6,24
Basisgerät 1000	3	12,50	37,50
MDS Sprühdüse 360° (MDS SD)	1	1,95	1,95
MDS Sprühdüse 180° (MDS SD)	2	1,95	3,90
MDS Sprühdüse 90° (MDS SD)	1	1,95	1,95
Spike	3	5,95	17,85
Verlängerungsrohr	2	5,35	10,70
L-Stück 13 mm	7	3,45	24,15
Anschlussstück 21 mm	3	2,15	6,45
Anschlussstück 26,5 mm	3	2,15	6,45
Anschlussstück 33,3 mm	3	2,15	6,45
T-Stück	10	2,50	25,00
L-Stück	10	2,50	25,00
Turbinen-Versenkregner 200 (TVR 200)	2	19,80	39,60

Turbinen-Versenkregner 380 (TVR 380)	5	19,80	99,00
Turbinen-Versenkregner 50 (TVR 50)	1	19,80	19,80
Verlegerohr 19 mm	5	59,90	299,50
Schraubklemmen	18	1,95	35,10
Wassersteckdose	3	19,50	58,50
Batterie 9 V IEC 6LR61	1	4,95	4,95
Anschlussgarnitur	3	11,50	34,50
Gesamtsumme inkl. MwSt			1497,60

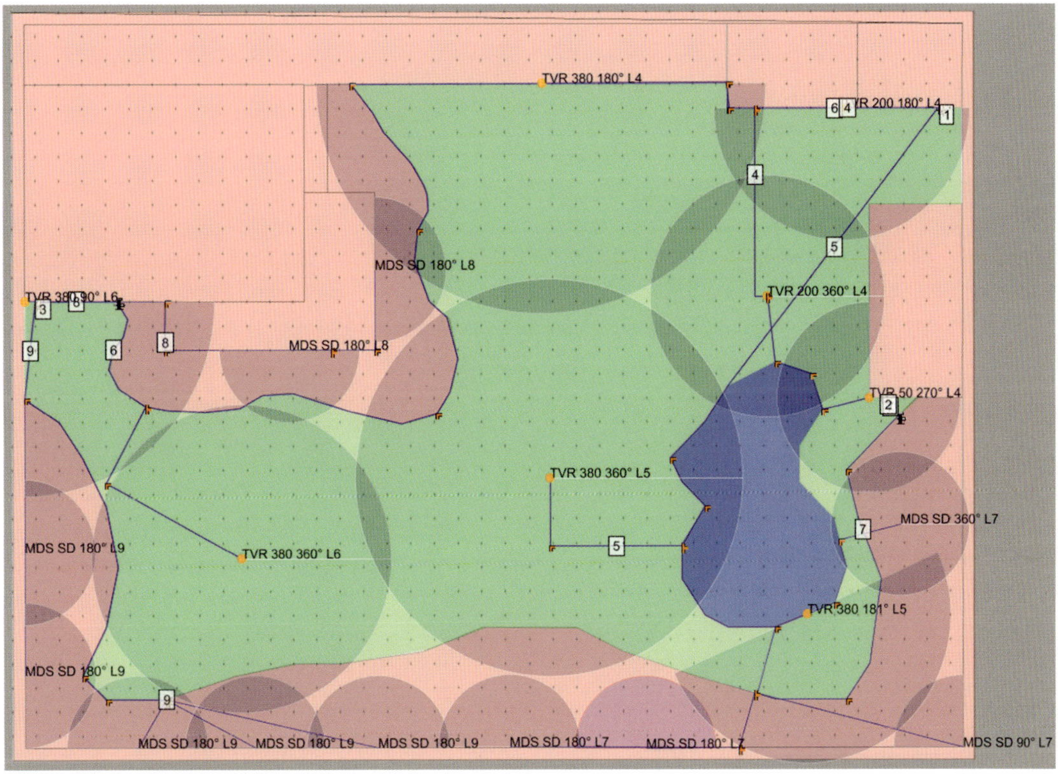

Diese mit einem CAD-Programm erarbeitete Zeichnug nach dem Entwurf von Seite 336 rechnet Materialaufwand und Kosten für die Beregnung aus. Einige Firmen, die Bewässerungstechnik vertreiben, bieten auch CAD-Programme an.

Weitere Bewässerungsmöglichkeiten

Nicht jeder Garten ist so groß, dass er mit einer aus Versenkregnern bestehenden Anlage bewässert werden kann. Oftmals sind solche Systeme, über die erhebliche Mengen Wasser abgegeben werden, auch zu groß für kleinere Rabatten, Rosen- oder Staudenbeete.

Beet- und Rabattenbewässerung

Hierfür eignen sich besonders kleine Bewässerungsanlagen, die oberirdisch mit ganz gezielt eingesetzten Miniregnern oder Düsen verlegt werden. Ihr Vorteil: Sie können so platziert werden, dass ihr Sprühstrahl unterhalb der Laubgrenze der Pflanzen eingebracht wird und somit Blätter und Blüten nicht benetzt. Sprühdüsen oder Miniregner werden direkt auf das Verlegerohr montiert und können auch auf kleinen Verlängerungen befestigt werden. Das Verlegerohr selbst

Mit einem Rieselschlauch können Beete und Hecken sehr ökonomisch Bewässert werden.

wird mit Rohrhaltern auf der Bodenoberfläche befestigt. Die Wurfweite dieser Bewässerungsmethode ist über ein Sperr- bzw. Regulierventil regelbar, das auf der Hauptleitung und auch individuell zu den einzelnen Verteilerleitungen montiert werden kann.
Man unterscheidet sehr unterschiedliche Düsen, deren Sprühwinkel 90°, 180° oder 360° beträgt. Daneben gibt es auch Streifendüsen, Endstreifendüse und Nebeldüsen. Pro m² Beetfläche geben diese kleinen Geräte zwischen 3 und 10 Liter Wasser pro Stunde ab.

Sprühdüsen

Um die richtige Menge Verlegerohr und die dazu passende Anzahl an Düsen zu ermitteln, zeichnet man das zu bewässernde Beet im Maßstab 1:100 auf Millimeterpapier auf und legt mit einem Zirkel die Düsen fest. Am besten beginnt man in den Eckbereichen mit 90° Düsen und legt dann die Randbereiche mit 180° Düsen fest. Die Restbereiche werden mit 360° Düsen belegt. Für die Planung wird ein Radius von 2 bis 2,5 m zugrunde gelegt, was einem Düsenabstand von 3 bis 4 m entspricht. Als Start wird ein sogenanntes Basisgerät mit integriertem Filterteil benötigt.
Das Basisgerät reduziert den Leitungswasserdruck auf ca. 1,5 bar. Dies ist Voraussetzung für eine fein dosierte Wasserabgabe. Je kleiner der Sprühwinkel der eingesetzten Düsen ist, desto größer ist die Menge die verwendet werden kann. Auf einem ½-Zoll-Verlegerohr können z. B. 30 Endstreifendüsen, aber nur 20 Düsen mit 360° eingesetzt werden.

Gezielte Wasserabgabe mit 2 oder 4 Litern je nach benutztem Reihentropfer ist sehr wichtig.

Weitere Düsenarten

Nebeldüsen eignen sich besonders für die Bewässerung von Neueinsaaten, in Gewächshäusern und Frühbeetkästen. Sie haben feinste Wasserverteilung und sehr geringen Wasserverbrauch.
Endstreifendüsen sind gut an Endpunkten im Garten oder an Beeten einsetzbar. Die Beregnungsfläche ist ca. 0,6 × 2,75 m.
Für lange, schmale Gartenstücke eigen sich **Streifendüsen**, die 0,6 × 5,5 m bewässern.

Tröpfchenbewässerung

Die Tröpfchenbewässerung ist eine sehr Wasser sparende Methode, um Pflanzen regelmäßig und gezielt mit Wasser zu versorgen. Ihr Einsatz reicht von Reihenkulturen über Flächen und

Topfpflanzen bis hin zu Balkonkästen, Hecken, Blumenbeeten, Stauden, Nutzpflanzen im Freiland und im Gewächshaus.

Für den Einsatz der Tröpfchenbewässerung wird ein Verlegerohr mit ½ Zoll Durchmesser benötigt, das an einem Basisgerät zur Druckreduzierung angeschlossen wird. Die Tropfer werden über ein Verteilerrohr mit einem Durchmesser von 4,6 mm betrieben oder auch direkt dem Verlegerohr angeschlossen. Auf diese Weise ist es möglich, bis zu 400 Tropfdüsen in einem Abstand von 30 cm zu installieren, die pro Stunde 2 Liter Wasser abgeben. Dies entspricht einer Verlegestrecke von ca. 120 m. Für eine gezieltere Bewässerung ist es sinnvoll, an der Hauptleitung Verteilerschläuche mit Reihen- oder Endtropfern einzusetzen. Je nach gewünschter Bewässerungsmenge können Tropfdüsen mit einem Durchlauf von 2 bis 4 Liter pro Stunde gewählt werden. Darüber hinaus sind regelbare Tropfdüsen erhältlich, die einen Wasserdurchlass von 0 bis zu 20 Liter pro Stunde haben. Um das Verlegerohr ordentlich im Garten unterbringen zu können, sollte es mit Fixierungen am Boden fest gehalten werden. Dies gilt auch für den Verteilerschlauch mit seinen Endtropfern.

Eine Tröpfchenbewässerung eignet sich auch gut für die Bewässerung von Kübeln und Blumenkästen auf der Terrasse oder dem Balkon. Die

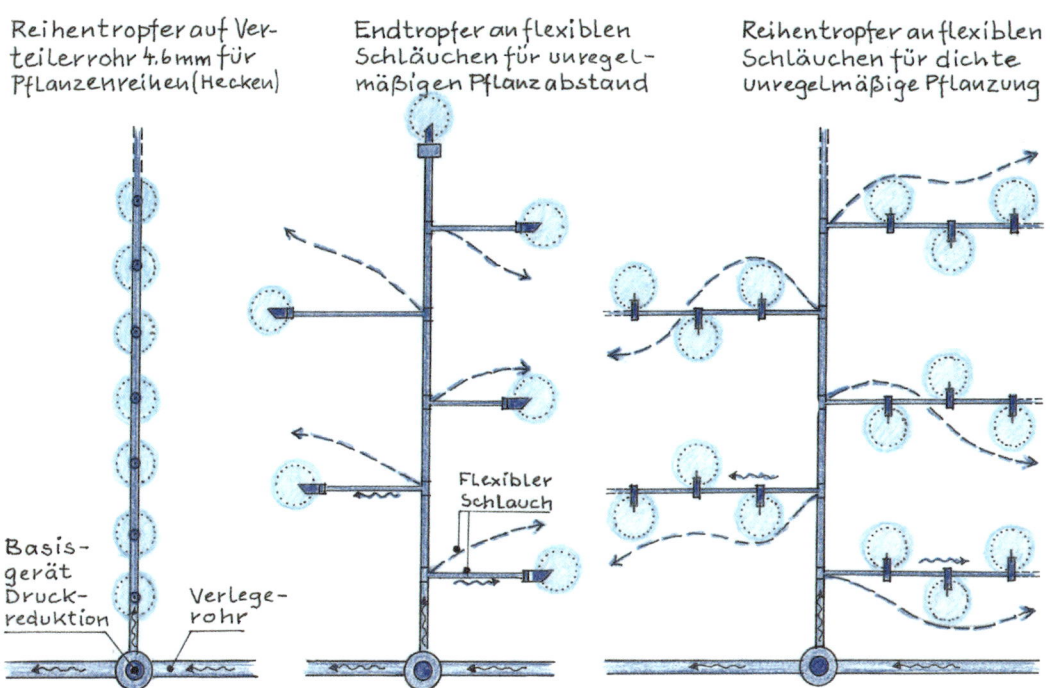

Verschiedene Systeme der Tröpfchenbewässerung (Grundrisse).

WEITERE BEWÄSSERUNGSMÖGLICHKEITEN

Eine Wassersteckdose fällt im Rasen kaum auf.

Wassersteckdosen ersparen umständliches Schläucheziehen in einem großen Garten.

schwarzen Kunststoffschläuche so zu kaschieren, dass sie die Blumenarrangements optisch nicht stören, bedarf etwas Geschick.

Auch die Tröpfchenbewässerung kann über eine mechanische oder elektronische Zeitschaltuhr gesteuert werden. Die elektronischen Zeitschalter lassen sich für einen längeren Zeitrhythmus programmieren, sodass man Balkon- oder Terrassenpflanzen bei entsprechender Programmierung durchaus für die Dauer eines Urlaubs sich selbst überlassen kann.

Sonstiges

Für den komfortablen Wassertransport über größere Strecken gibt es sogenannte Pipeline-Systeme. Die hierzu gehörenden Wassersteckdosen sind Dosen aus Kunststoff mit verschließbarem Deckel, die ebenerdig im Boden auf der Hauptleitung

montiert werden. Sie verfügen über einen Wasseranschluss, der ständig unter Druck steht. Das Wasser wird erst freigegeben, wenn ein Schlauch mit einem entsprechenden Schlauchanschluss angeschlossen wird.

Der Vorteil der Wassersteckdosen besteht darin, dass an jeder beliebigen Stelle eines Gartens Wasser entnommen werden kann, ohne lange Schläuche durch das Gelände zu ziehen. Da das System über automatische Entwässerungsventile verfügt, braucht man sich im Spätherbst um Fröste nicht zu kümmern.

So geht es einfach

- Gießen und Düngen kann in einem Arbeitsgang mit einem speziell dafür konzipiertem Gießgerät bewältigt werden. Dieses verfügt über einen einschraubbaren, durchsichtigem Behälter, in den spezielle Düngetabletten eingelegt werden, die für die unterschiedlichen Bereiche im Garten erhältlich sind ob Nutzgarten, Rosenbeete, Balkonpflanzen oder Rasenflächen. Die gewünschte Düngerabgabe wird über ein Regulierventil eingestellt.
Zu beachten ist, dass sich diese Geräte nicht für den Anschluss an eine Beregnungsanlage eignen. Ferner muss bei der Düngung die zu düngende Fläche ausreichend feucht sein, denn Düngen auf trockenem Boden führt zwangsläufig zu Verbrennungen an den Pflanzenwurzeln.

- Gartenschläuche, die einfach im Gelände oder an Rändern von Pflanzbeeten liegen, können ein ständiges Ärgernis darstellen, weil man ständig darüber stolpert. Wird der Schlauch benötigt, verheddert er sich beim Ziehen mit Sicherheit. Zudem unterliegen Gartenschläuche, die ständig der Sonne ausgesetzt sind, einem bedeutend rascheren Alterungsprozess. Abhilfe kann hier ein Schlauchwagen oder Schlauchroller schaffen. Diese praktischen Geräte kann man in Baumärkten und Gartencentern erstehen. Man erhält sie aus Kunststoff oder Metall und es gibt sie für unterschiedliche Schlauchlängen und -stärken.

- Sehr praktisch sind sogenannte Schlauchroller, die man an die Kanten von Pflanzbeeten stecken kann. Mit ihrer Hilfe können auch längere Gartenschläuche problemlos um die Ecken gezogen werden, ohne dass sich der Schlauch über die Pflanzen zieht.

- Für eine Schlauchverlängerung kann man sich preiswerte Kupplungssysteme aus Kunststoff oder Messing besorgen. Letztere sind zwar etwas teurer, halten aber länger.

- Ist ein Schlauch einmal geplatzt, kann man die Schadstelle mit einem scharfen Werkzeug (z. B. einer guten Gartenschere) herausschneiden und mithilfe eines Reparatursets wieder flicken.

- Regentonnen mit einem Ablasshahn sollten immer so erhöht aufgestellt werden, dass eine Gießkanne unter den Hahn gestellt werden kann. Nur so ist eine vollständige Entleerung der Tonne gewährleistet.
Ein Deckel auf der Tonne ist aus Sicherheitsgründen immer angebracht. Außerdem beugt dieser einer Verschmutzung des Regenwassers vor.
Im Winter sollten Sie unbedingt alle freistehenden Regenwassertonnen wegen der bestehenden Frostgefahr immer entleeren.

BAUSTEIN 6:
LICHT IM GARTEN

Peter Hagen

INS RECHTE LICHT GERÜCKT

Wenn Sie Ihren Garten neu anlegen oder in einem vorhandenen Garten die Lichtinstallation neu vornehmen, gibt es zwei grundlegende Funktionen, die Licht erfüllt: Es bietet Sicherheit vor ungebetenen Gästen und führt bei Dunkelheit Bewohner und Gäste sicher auf den Wegen. Über diese eher nüchternen Aspekte hinaus schafft bewusst eingesetztes Licht auch Atmosphäre. Mit seiner Hilfe lassen sich Bäume und Sträucher, Teiche oder ein Pavillon in der Dunkelheit „hervorheben". Dieser Baustein soll Ihnen dabei helfen, beide so wichtigen wie unterschiedlichen Lichtwirkungen richtig zu planen und vorherzusehen.

Dabei steht zu Beginn die Planung über das gesamte Grundstück um ein gebrauchsfähiges Ganzes zu erhalten und um Fehler und unnötige Kosten zu vermeiden. Ob nun Wege, Sitzplätze, Terrassen, Einfahrten oder Parkplätze beleuchtet werden sollen: Sie alle wollen in die Gesamtheit eingebunden und doch jeweils einzeln bedacht werden.

Der Markt bietet heute eine Fülle an unterschiedlichsten Produkten an, deren Einsatz konkrete Folgen sowohl für die Planung als auch für die Ausführung und den Betrieb nach sich ziehen, schon daher ist ein Überblick unerlässlich. Und über all dem „schweben" gleichsam die Kosten, ein Faktor, dem sich meist alle noch so schönen Planungen zu unterwerfen haben.

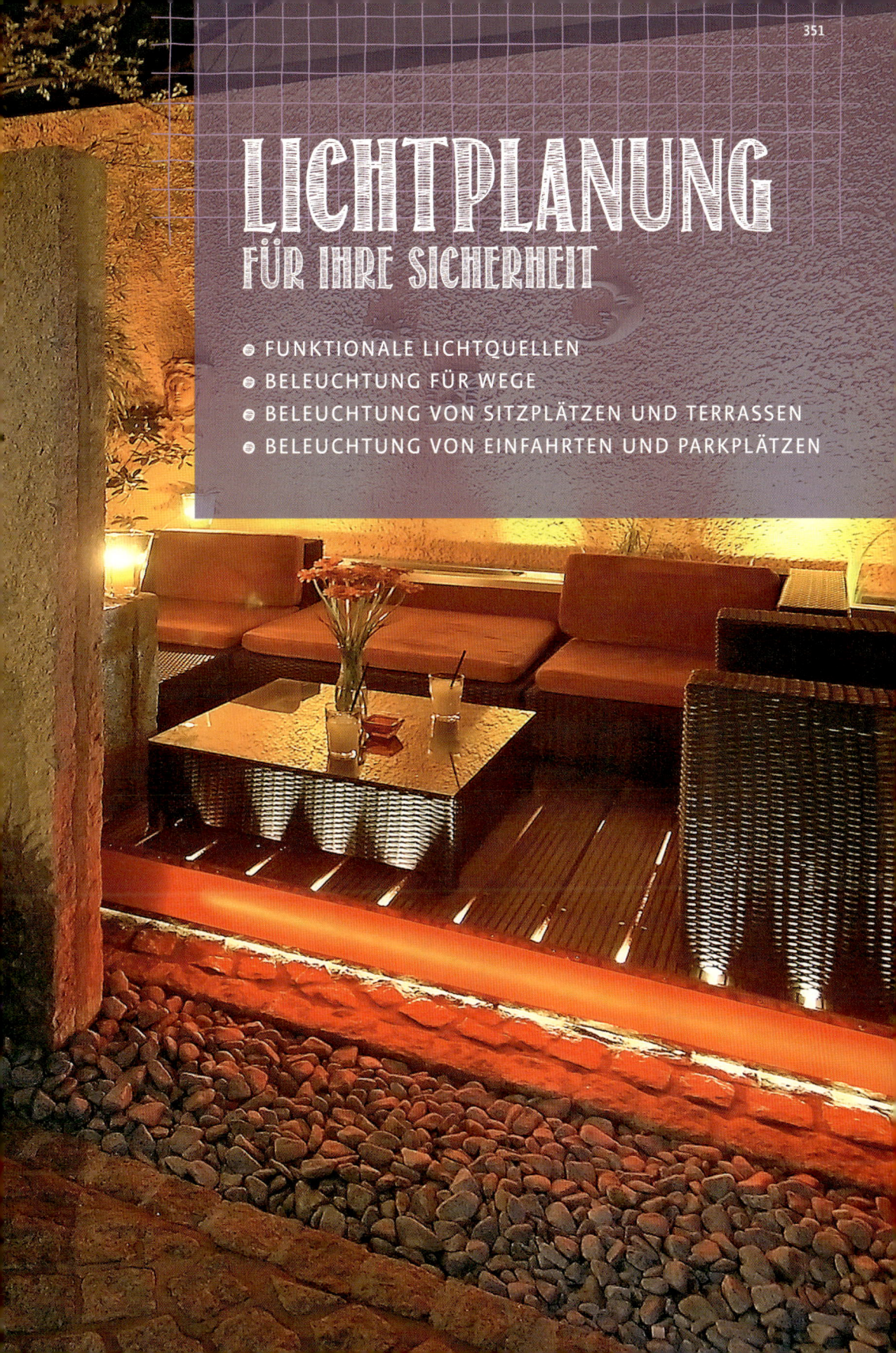

LICHTPLANUNG
FÜR IHRE SICHERHEIT

- FUNKTIONALE LICHTQUELLEN
- BELEUCHTUNG FÜR WEGE
- BELEUCHTUNG VON SITZPLÄTZEN UND TERRASSEN
- BELEUCHTUNG VON EINFAHRTEN UND PARKPLÄTZEN

Funktionale Lichtquellen

Ob Eingänge oder Wege, ob Treppen oder Garageneinfahrten: Beleuchtung ist weit mehr als Luxus. Gezielt eingesetzte Leuchtquellen erfüllen heute mehrere Funktionen: Sie schützen vor ungebetenen Gästen, sichern Wege und sind eine Visitenkarte des Hauses.

Licht dient als Orientierungshilfe

Lichtquellen am Haus und im Garten erfüllen mehrere Funktionen. Was wären Hausecken, Stufen, Treppenaufgänge, Wegeführungen, Terrassen und andere häufig frequentierte Bereiche auf einem Grundstück oder im Garten selbst ohne eine ausreichende Beleuchtung? Schon bei Dämmerung, Regen oder Nebel und natürlich erst recht bei Dunkelheit wären solche Orte ständige Gefahrenquellen. Bei Grundstücks,- Hof- oder Garageneinfahrten dient Licht zudem auch als Orientierungshilfe und – beispielsweise für Sicherheitskräfte wie Feuerwehr oder Rettungswagen – als notwendiger Wegweiser.

Gut beleuchtete Hausnummern sind notwendig, damit auch die Rettungsdienste zu Ihnen finden.

Ohne eine zweckmäßige Beleuchtung werden Gartenwege zu Stolperfallen.

Schon mit den einfachsten Lichtsegmenten lässt sich heute eine Orientierungs- oder auch Navigationshilfe erstellen. Wer hat nicht schon einmal an einem fremden Ort in der Dunkelheit eine Hausnummer gesucht und war dankbar für eine beleuchtete Variante?

Auch ein stark abschüssiges Gelände, eine Böschung, ein Terrassenende ohne Geländer oder auch ein Teichrand können mit Lichtquellen markiert werden. Das Licht setzt hier ein deutliches Warnsignal: Vorsicht, Stolperfalle! Der Markt bietet zu diesen Themen eine Fülle von Möglichkeiten an.

Beleuchtung für Wege

Wenn Sie die Beleuchtung eines Gartens planen, wird kaum ein anderes Thema interessanter und vielfältiger sein als die Möglichkeiten, Wege zu beleuchten.

Die Beleuchtung eines Weges im Garten (auch im Vorgarten) kann zunächst einer Funktion folgen: Sie dient streng genommen zur Orientierung. In den meisten Fällen wird man aber eine Lichtquelle wählen, die sowohl dem Sicherheitsaspekt dient als auch Atmosphäre schafft. Dabei zählt allerdings nicht nur die Lichtwirkung allein, denn die Leuchte ist ja auch tagsüber zu sehen.
Die Palette der Modelle ist beinahe unerschöpflich. Für welchen Leuchtentyp man sich entscheidet, ist zu-

Die Beleuchtung dient nicht nur der Sicherheit, sie bringt auch Atmosphäre in den Garten.

Insbesondere eine gute Beleuchtung von Stufen sollte vorgesehen werden!

nächst einmal vom Weg abhängig. Je länger und breiter er ist, desto größer dürfen auch die Leuchten ausfallen. Neben den bewährten Zylinder-, Kugel- oder Pilzleuchten eignen sich – je nach Geschmack und Umfeld – auch Formen, die alten Gaslaternen nachempfunden sind. Moderne Designerlampen werden häufig aus Edelstahl oder einem Materialmix hergestellt. Daneben gibt es beispielsweise Natursteinstelen mit kunstvoll eingearbeiteten Strahlern, die ihr Licht auf den Weg richten. Wer keine Lampenkörper am Wegrand haben möchte, der kann spezielle Lampen im Weg selbst einlassen und so für eine Ausleuchtung sorgen. Neben sehr kleinen Modellen gibt es hierzu auch Typen, die im Boden eingelassen eine Belastung von gut 3000 kg aushalten und somit auch mit einem Auto befahren werden können. Mit einer gut durchdachten Wegbeleuchtung innerhalb eines Grundstücks hat man einen bemerkenswerten Vorteil: Man kann sein Grundstück und den Garten auch noch nach Einbruch der Dunkelheit nutzen und genießen.

Beleuchtung von Sitzplätzen und Terrassen

Ähnlich wie bei der Wegbeleuchtung stehen für die Beleuchtung von Terrassen und Sitzplätzen sehr viele unterschiedliche Lampentypen zur Verfügung. Wichtig ist hier, dass das gespendete Licht blendfrei sein sollte und einen warmen Ton hat.

Um Sitzplätze und Terrassen ins rechte Licht zu setzen, werden häufig Wandleuchten eingesetzt. Platzsparend an Wänden oder Mauern montiert, spenden sie ein angenehmes, blendfreies Licht. Zudem gibt es Lampentypen, die direkt in die Mauern eingepasst werden können. Je nach Gegebenheit eignen sich hierfür Spots mit nach unten gerichtetem Lichtkegel. Neben vielen erhältlichen Standardmodellen spielen hier besonders Designerstücke aus Edelstahl oder Metallkombinationen in den unterschiedlichsten Formen eine Rolle. Vor dem Kauf derartiger Lampen sollten Sie bedenken, dass sie – bedingt durch ihre moderne Form – nicht überall montiert werden können. Sie müssen aber von der Optik her zum

Die Lichtquelle sollte, wie hier, zum übrigen Ambiente passen.

eigentlichen Umfeld passen und sich gut integrieren lassen. Weniger geeignet sind in diesem Fall Fluter oder Strahler mit ihren scharf umrissenen und grossflächigen Lichtkegeln. Dezente Kugelleuchten, Lampen in klassischer Laternenform aus Gusseisen oder auch Lampentypen, deren Lichtkegel nach unten gerichtet ist, vermitteln eine angenehme Atmosphäre und machen diesen Bereich des Gartens, in dem wir uns häufig aufhalten, wohnlich.

Den jeweiligen Zweck ermitteln
Je nach verwendetem Lampentyp wird entweder direkt auf dem Boden montiert, wenn die Sockel- oder Masthöhe das zulässt, oder auf Oberkanten von Mauern, Vorsprüngen und Geländern. Ganz entscheidend ist auch hier wieder die richtige Montage, die so geplant sein muss, dass die Lampen nicht blenden und damit genau das zunichtemachen würden, was man mit der Beleuchtung erreichen wollte – einen gemütlichen, angenehmen Sitzplatz, an dem man an lauen Sommerabenden den Tag ausklingen lassen kann. Eine ganz besondere Lichtquelle für Terrassen und Sitzplätze kann mithilfe von im Boden eingelassenen Lampen erzielt werden, wobei hier ein besonderer Wert auf die zu verwendenden Leuchtmittel zu legen ist (Näheres dazu im Kapitel Leuchtmittel auf S. 374–375). Ihren besonderen Charme entwickeln diese Einbauleuchten, wenn sie zusammen mit anderen Leuchtkörpern installiert werden. Damit schlägt man zwei Fliegen mit einer Klappe: Die Einbauleuchten sorgen für Sicherheit, die anderen Leuchten für Atmosphäre und Helligkeit.

Bodennahe Einbaulampen sorgen für stimmungsvolles Licht und Sicherheit.

Beim Kauf beachten
Optik und Funktion müssen nach der Montage im Einklang stehen. Was nützt eine wunderschöne Lampe, wenn man nach der Montage mit ihrer Funktion nicht zufrieden ist. Im umgekehrten Fall muss die Lampe gefallen und trotz hervorragender Leuchteigenschaften optisch zum eigentlichen Umfeld passen.

Beleuchtung von Einfahrten und Parkplätzen

Auch wenn es bei Einfahrten und Parkplätzen zunächst darum geht, Unfälle zu vermeiden, so sind die angebrachten Lampentypen doch auch Visitenkarten.

Einfahrten und Parkplätze können von oben nach unten oder ausschließlich nur von unten ausgeleuchtet werden. Einfache Lichtquellen sind Außenfluter oder Strahler, die über der Fläche montiert werden. Bedingt durch deren hohe Lichtleistung sowie einer flexibel einstellbaren Ausstrahlung eignen sie sich für eine zielgerichtete, großflächige Ausleuchtung von Plätzen.

Die Strahler können mit unterschiedlichen Leuchtmitteln ausgestattet sein (siehe S. 374-375). Je nach Preisklasse und Lampentyp sind die Strahler aus Kunststoff, Weißblech oder Druckgussaluminium gefertigt. Alle Strahler verfügen über einen Bügel, an dem sie problemlos an Wänden, Häusern, Pfosten und notfalls auch an einem großen Baum befestigt werden. Das Licht wird sehr hell und kann – je nach Aufstellort – sehr weit streuen. Wichtig ist, die Strahler so zu befestigen, dass die Ausleuchtung möglichst blendfrei erfolgt.

Für kleinere Flächen, wie beispielsweise Parkplätze vor einem Grundstück, sind Beleuchtungseinrichtungen, die auf dem Boden platziert sind, angebrachter. Aber auch Wandlampen, deren Lichtkegel auf den Boden gerichtet ist, eignen sich hierfür ebenso wie kleinere höhenverstellbare Strahler.

TIPP

Bei der Entscheidung für einen bestimmten Lampentyp sollten nicht nur die Kosten eine Rolle spielen. Wichtig ist auch, ob sich der Platz außerhalb der Umfriedung befindet oder aber geschützt liegt. Bei außerhalb liegenden ungeschützten Flächen ist bei der Wahl der Leuchte auch an Vandalismus bzw. Diebstahl zu denken. Außerdem sollte etwa eine Parkplatzbeleuchtung so montiert werden, dass die Lampen nicht durch einparkende Autos beschädigt werden können.

BELEUCHTUNG VON EINFAHRTEN

Lichtquellen im Überblick

Lichtquelle	Ort der Beleuchtung					
	Wege	Sitzplätze	Terrassen	Pflanzen	Plätze	Einfahrten
Zylinderleuchten	●	●	●	–	–	●
Kugelleuchten	●	●	●	●	–	●
Pilzleuchten	●	●	●	–	–	●
Wandlampen	–	●	●	–	–	–
Strahler	–	–	–	●	●	–
Fluter	–	●	●	–	●	–
Spots	●	●	●	●	●	●
Laternen	●	●	●	–	●	●
Bodeneinbaustrahler	●	●	●	●	●	–

Eine gute Beleuchtung der Einfahrt ist unverzichtbar.

LICHTWIRKUNG
BEWUSST EINSETZEN

- LICHTQUELLEN, DIE ATMOSPHÄRE SCHAFFEN
- LICHT BRINGT STIMMUNG IN DEN GARTEN

Lichtquellen, die Atmosphäre schaffen

Um Atmosphäre im Garten zu schaffen, können natürlich ähnliche Leuchtentypen eingesetzt werden, wie sie in der Tabelle auf Seite 373 aufgeführt sind. Dabei ist aber mehr als auf die reine Funktionalität auch auf die Wirkung des Lichts zu achten.

Einen besonderen Stellenwert für eine individuelle und somit Atmosphäre schaffende Beleuchtung haben Spots, kleine Strahler und Bodeneinbaustrahler. Mit ihrem gebündelten oder auch je nach Strahlertyp gezielt eingesetzten Lichtkegeln und variablen Lichtausstrahlwinkeln lassen sich Gartensituationen optisch vollkommen verändern oder Akzente hervorheben. Der Preisunterschied zwischen einer nach oben gerichteten Spotlampe und einem Erdeinbaustrahler ist sehr groß. Um die sehr unterschiedliche Lichtwirkung beider Anlagen zu vergleichen, wäre ein vorheriger Testbetrieb sinnvoll.

Garten und Haus sind durch verschiedene, geschickt eingesetzte Lichtquellen in ein schönes Licht getaucht.

Lichtquellen als Kunstobjekte

Etwas Besonderes sind Lichtquellen, mit denen keine Flächen, Objekte oder Gartenbereiche ausgeleuchtet werden, sondern die ausschließlich für sich alleine wie kleine Kunstobjekte wirken. Gemeint sind damit z. B. aus Fiberglas gefertigte Kunststeine, die mit geeignetem Leuchtmittel versehen eine ganz eigene Lichtatmosphäre erzeugen. Wenn diese „Steine" tagsüber nicht in Betrieb sind, sehen sie einem großen, hellen Kieselstein sehr ähnlich. Zu diesen Leuchten zählen natürlich auch große, wetterfeste Kunststoffkugeln, die in Durchmessern von 25–120 cm erhältlich sind. Im Hintergrund eines Gartens platziert wirken sie bei Dunkelheit wie ein zweiter Mond. Kombiniert in unterschiedlichen Größen und, wer es mag, auch mit farbigem Leuchtmittel versehen, kann man sich auf einfache Weise ein Kunstobjekt mit Licht im Garten schaffen. Die federleichten Kugeln haben zudem den Vorteil, dass sie ohne großen Aufwand an anderen Stellen des Gartens wieder aufgestellt werden können.

Auch bei Tag bilden diese Lichtsteine einen Hingucker.

Lichtleitfasern umziehen den Absatz zur Terrasse. Das schafft Sicherheit und sieht außerdem gut aus.

Lichtleittechnik

Auch wenn die Lichtleit-Fasertechnik derzeit noch häufig bei Großbauten eingesetzt wird, so wartet sie doch auch für den privaten Gartenplaner mit einer kleinen Besonderheit auf: Mithilfe von Lichtleitfasern werden Glasbausteine und gläserne Bodeneinbauschienen ausgestattet. In Treppenstufen oder Mauern eingebaut, erfüllen diese nicht nur eine Leit- und Leuchtfunktion, sondern sie stellen eigentlich eigenständige kleine Kunstobjekte dar.

Teichanlagen beleuchten
Teiche lassen sich mit Lichtquellen ganz besonders in Szene setzen. Unterwasserleuchten, die je nach Geschmack auch noch farblich verändert werden können, sorgen für Atmosphäre und tauchen die sonst dunkle Wasserfläche in warmes Licht. Diesen speziellen Lichtquellen können auch alle weiteren an Wasseranlagen verwendbaren Lampentypen, wie etwa Schwimmleuchten, Teichrandleuchten und die Wasserspiellichter zugeordnet werden.

Licht bringt Stimmung in den Garten

Ein Garten kann gestalterisch noch so gut geplant sein – ohne Beleuchtung bleibt er nur einen Teil des Tages erlebbar. Mit einer gut geplanten Beleuchtung dagegen wird der Garten zum erweiterten Wohnraum.

Lichtquellen machen einen Garten nicht nur sicher, sie schaffen Atmosphäre. Wenn man nachts durch einen illuminierten Garten schlendert, erhalten Pflanzen eine Struktur und verleihen der grünen Oase eine ganz besondere Note. Ein von unten angestrahlter Laubbaum wirkt dann wie ein grüner Dom und beleuchteter Bambus oder hohe Gräser scheinen eine große Grafik im Schatten der Nacht zu sein. Selbst parziell angestrahlte Rasenflächen haben nachts ihren ganz besonderen Reiz und vermitteln ein völlig anderes Größengefühl, weil die angrenzende Bepflanzung nur schemenhaft im Hintergrund erkennbar ist.

Die Beleuchtung einzelner Bäume kann eine besondere Stimmung schaffen.

Das richtige Licht macht aus diesem Garten auch abends ein „Wohnzimmer" mit Flair.

Wie Sie mit Licht Stimmung in den Garten bringen:
- Große Flächen werden aus Sicherheitsgründen ganz in Licht getaucht – im Garten geht man mit Beleuchtung eher sparsam um. Werden nämlich statt der Lichterflut einzelne Pflanzen, kleine Beete mit Besonderheiten oder Objekte gezielt angestrahlt, schafft man kleine Inseln im Meer der Nacht.
- Indirekte Beleuchtungen eignen sich für Sitzplätze und Terrassen.
- Mit Lichtpunkten lässt man Besonderheiten wie Rosenbögen, Raritäten, Skulpturen oder einfach auch Steine im Glanz des Lichtes erstrahlen.
- Gartenteiche sind das Paradebeispiel für wechselseitige Beleuchtungseinrichtungen. Schwimmleuchten wirken wie große Seifenblasen und Teichrandlampen lassen einen Teich in völlig neuem Licht erscheinen.
- Selbst im Winter bei Eiseskälte, Frost und Reif hat eine Gartenbeleuchtung ihren ganz besonderen Reiz, wenn sich der Glanz des Lichtes in Schnee und Eis tausendfach wiederspiegelt. Das gilt nicht nur für Pflanzen: Auch schneebedeckte Skulpturen, Gefäße oder eine Bank wirken ganz anders, wenn sie von Lampenlicht angestrahlt werden.

Leuchte oder Lampe – der Unterschied?
- Eine Leuchte ist eine Vorrichtung zur Aufnahme von Lichtquellen (z. B. Lampe), die zugleich für eine bessere Verteilung des von den Lichtquellen abgestrahlten Lichts sorgt.
- Unter Lampen versteht man künstliche Lichtquellen, (z. B. Glühbirnen, Leuchtstoffröhren u. Ä.), also die eigentliche Quelle zur Lichterzeugung. Der Begriff Lampe kommt von dem lateinischen Wort lampas, was so viel wie Fackel und Licht bedeutet.
- Trotz dieser unmissverständlichen Klarstellung bleibt in der Alltagssprache eine Leuchte eine „Lampe".

Gartensituationen mit Licht verändern

Licht kann Gartensituationen vollkommen verändern, dem Garten ein völlig anderes Aussehen verleihen und ihn manchmal ganz verzaubern. In der nachfolgen Tabelle sind einige bemerkenswerte Gartensituationen mit der dazugehörenden Lichtquelle aufgeführt.

Beleuchteter Gartenteil	Effekt
Von hinten angestrahlter großer Laubbaum mit starkem Bodenstrahler	Das reflektierende Licht wirkt in der Krone des Baumes wie der Blick in einen angestrahlten Regenschauer
Baumkronen im Innern mit Licht geflutet	Das wahre Ausmaß der Krone mit seinem organischen Aufbau wird sichtbar. Extrem schön auch in der blattlosen Zeit
Baumkronen großblättriger Baumarten von innen beleuchtet	Das Blattwerk beginnt intensiv zu leuchten
Büsche und Gehölze aus großer Entfernung beleuchtet	Pflanzen kommen in ihrem Gesamtausmaß scharf abgegrenzt sehr gut zur Wirkung
Seitlich angestrahlte bzw. nur teilweise angestrahlte Bäume	Zauberhafte Lichteffekte durch das Spiel von Licht und Schatten
Büsche und Gehölze aus nächster Nähe illuminiert	Struktur und Farben werden eindrucksvoll hervorgehoben
Blühende Pflanzen	Obwohl durch Licht sich die Farben verändern, erscheinen sie durch die dahinterliegende Dunkelheit besonders kontrastreich
Lichtquellen, in unteren Pflanzzonen installiert	Ergibt einen sehr räumlichen Effekt, der selbst einen Bodendecker noch erstrahlen lässt
Punktuelle Beleuchtung von Hintergrundpflanzen	Vermitteln ein Gefühl von Größe und Tiefe der Gesamtfläche
Licht von oben auf eine bestehende Gartenfläche	Irritiert eher und überstrahlt das Ganze, weil keine Punkte hervorgehoben werden
Beleuchtung von Plastiken, Figuren	Im gekonnten Zusammenspiel von Licht und Schatten wird räumliche Tiefe geschaffen und Wesentliches verstärkt
Beleuchtung von Gebäudeteilen	Klare Abgrenzung zwischen Gebäude und Garten mit interessanten Schattenwirkungen
Illumination aus dem Wasser heraus	Erzeugt Lichtinseln in der Dunkelheit, die das Umfeld leicht verzerren
Beleuchtung von Bachläufen und Wasserfällen	Wirken je nach Leuchtmittel wie fließendes Gold oder Silber mit wunderschönen Spiegeleffekten
Beleuchtung von Findlingen	Struktur, Form, Farbe und Maserung werden je nach eingesetztem Leuchtmittel stark unterstrichen
Beleuchtung von Pflanzen und Gegenständen mit farbigem Licht	Kann sehr interessant wirken, verfremdet jedoch die ins Licht gesetzten Dinge

LICHTQUELLEN

- LICHTQUELLEN FÜR DIE GARTENBELEUCHTUNG
- LEUCHTMITTEL AUSWÄHLEN
- ES GEHT AUCH OHNE STROM

Lichtquellen für die Gartenbeleuchtung

Auf dem Markt wird eine Fülle an unterschiedlichen Leuchtentypen angeboten. Dabei gilt bei der Auswahl: Sowohl die jeweilige Bauweise als auch Einbauort und -art erzeugen ein für diese Leuchtenart ganz typisches Lichtbild.

Wandlampen sind in der Regel flach aufgebaute Leuchten, deren Lichtkegel nach unten gerichtet ist oder als offene Leuchte das Licht in alle Richtungen streut. Ihre Hauptverwendung finden sie im Eingangsbereich oder aber zur Illumination von Terrassen und Sitzplätzen. Wie der Name bereits ausdrückt, werden sie an Wänden und Mauern befestigt. Neben ihrem eigentlichen Verwendungszweck haben sie häufig einen sehr dekorativen Charakter.
Wandstrahler zählen zu den technischen Lichteinrichtungen, die Schutz-

Die schlichte Wandlampe passt zur modernen Gestaltung dieses Hauseingangs.

Eingebaute Wandstrahler erfüllen Schutz- und Sicherungsfunktionen.

und Sicherheitszwecken dienen. Durch bereits eingebaute Reflektoren kann das Licht gezielt auf Flächen, Gebäude oder Gegenstände gerichtet werden. Die Montage erfolgt an Wänden, Mauern, Bäumen oder an speziell für diesen Zweck errichten Masten oder Pfählen.
Pollerleuchten zeichnen sich durch ihre massive Bauweise aus, womit sie meistens gleich zwei Funktionen übernehmen. Eingesetzt werden sie dort, wo eine Absperrung geschaffen und gleichzeitig kleine Flächen oder Wege beleuchtet werden sollen.
Mastleuchten sind Leuchten, an deren Mastende sich einzelne oder mehrere Leuchten befinden. Nachbildungen historischer Laternenformen finden zunehmend Liebhaber für die Beleuchtung von Wegen, Flächen und Eingangsbereichen. Mit unterschiedlichen Masthöhen versehen, sind sie eine interessante Möglichkeit, Licht in den Garten zu bringen.
Bodeneinbauleuchten sind im Boden fest verankerte Lichtquellen. Sie sind je nach Ausstattung mit einstellbaren Reflektoren ausgerüstet und richten ihren Lichtkegel gezielt nach oben. Mit starken Leuchtmitteln ausgerüstete Strahler eignen sich besonders, um große Pflanzen oder Bäume von unten her zu beleuchten. Je nach Bauweise sind sie aber auch so konstruiert, dass sie in Einfahrten und Wegen eingelassen sind, die befahren werden. Bauweise und Leuchtmittel unterscheiden sich dann aber erheblich.
Zylinderleuchten haben ihren Namen durch ihren zylinderförmigen Aufbau. Die in unterschiedlichen Höhen erhältlichen Lampen haben Leuchteinrichtungen mit oder ohne Reflektoren und strahlen ihr Licht in nur eine Richtung, rundum oder auch in einstellbaren Lichtwurfwinkeln ab. Manche Typen verfügen zudem über eine regulierbare Höhenverstellung. Eingesetzt werden sie insbesondere für die Ausleuchtung und Markierung von Wegen.
Kugelleuchten sind die mit am häufigsten verbreiteten Leuchten-

Diese Laternenleuchte spendet ausreichend Licht für den Zufahrtsweg.

typen. Man findet sie vorwiegend in Eingangsbereichen, doch auch zur Wegbeleuchtung. Obwohl sie optisch meist sehr gut wirken, haben sie durch ihre hohe Lichtabstrahlung auch einen erheblichen Nachteil.

Laternenleuchten vermitteln Nostalgie – vor allem, wenn die Bauweise und das Material zusammen passen. Dieser beliebte Leuchtentyp findet seine Verwendung vorwiegend als Wandlampe bei Eingängen und Terrassen und hat besondere Bedeutung als ein- oder mehrarmige Leuchte in Verbindung mit einem Mast, wobei sie dann zur Illumination von Wegen und Plätzen eingesetzt wird.

Als **Pilzleuchte** bezeichnet man alle Arten von Leuchten, die über eine haubenförmige Abdeckung über dem Kopf der Leuchte verfügen. Ihr Vorteil liegt darin, dass das abgegebene Licht ausschließlich nach unten abgestrahlt wird. Der so entstehende Lichtkegel wird maßgeblich von der Einbauhöhe der Leuchte geprägt. Dieser Leuchtentyp zeichnet sich durch entsprechend geringe Lichtstreuung aus.

Klemmleuchten sind Kleinstrahler, die mithilfe einer bauseits vorhandenen Klemme an Pflanzen, Holzkonstruktionen u. Ä. befestigt werden können. Beim Erwerb derartiger Leuchten muss, wenn sie im Gartenbereich verwendet werden sollen, sichergestellt sein, dass sie im Freien auch verwendet werden dürfen. Als provisorische Gartenleuchten haben sie somit auf jeden Fall Bedeutung.

Unterwasserstrahler werden heutzutage ausschließlich als Niedervoltanlage angeboten und mit einem Transformator betrieben. Je nach Einbautiefe macht es Sinn, große Trafos und entsprechend starke Leuchtmittel einzusetzen. Werden schon bei leichter Wassertrübung zu schwache Leuchtmittel eingesetzt, ist von der Teichinnenbeleuchtung nur wenig zu erkennen.

Schwimmkugeln werden ebenfalls als Niedervoltanlagen betrieben und

sind eine romantische Ergänzung zur Teichbeleuchtung. Die meist als Dreier-Verbund auf dem Teich schwimmenden Glas- oder Kunststoffkugeln sollten bei größeren Teichanlagen fixiert werden, weil sie ansonsten durch Wind an den Teichrand getrieben werden.
Teich- und Beetrandstrahler sind zumeist kleinere und oft im Verbund mit Niedervoltspannung betriebene Anlagen. Ihr Hauptvorteil liegt daran, dass die Anlage schnell erweitert, verkleinert oder sehr rasch an anderer Stelle wieder aufgebaut werden kann.

Lampengehäuse-Material

An das Material von Lampengehäusen werden sehr hohe Anforderungen gestellt, sind sie doch extremen Witterungsverhältnissen sowie alleine durch den Betrieb zusätzlich hohen Temperaturschwankungen ausgesetzt. Je nach Materialart werden sie deshalb oftmals durch weitere Behandlungen mit Farbanstrichen, Galvanisation, Eloxieren, Kunststoffüberzug oder anderen Verfahren gegen Korrosion oder Verwitterung geschützt.

Materialübersicht zu Lampengehäusen

Leuchtentyp	Kunststoff	Aluminium und Aluguss	Veredelte Bleche und Eisen	Edelstahl	Buntmetall	Gusseisen	Keramik und Terrakotta	GFK-Material	Holz	Steinmaterial
Wandlampen		●	●	●	●	●				
Strahler		●								
Pollerleuchten		●	●	●		●		●	●	●
Mastleuchten		●	●	●		●				
Bodeneinbaustrahler		●	●	●						
Zylinderleuchten	●	●	●		●	●				
Kugelleuchten	●						●			
Pilzleuchten	●		●				●			
Klemmleuchten	●									
Unterwasserstrahler	●									
Schwimkugeln	●									
Teich- und Beetrandstrahler	●	●					●			

Leuchtmittel auswählen

Heute konkurrieren auf dem Markt eine Fülle „alter" mit „neuen" Leuchtmitteln. Sie sind teilweise für unterschiedliche Lampentypen, aber auch für die verschiedenen Ansprüche ausgelegt. Die Auswahl des richtigen Leuchtmittels ist daher nicht ganz so banal, wie es auf den ersten Blick scheinen möchte.

Glühbirnen

Die gute alte **Glühbirne** mit ihrem warmen, anheimelnden Licht ist für viele Menschen immer noch der Inbegriff von künstlichem Licht. Seit 2009 dürfen in der EU allerdings keine neuen Glühlampen mit niedriger Energieeffizienz (Effizienzklasse D-G) in den Verkehr gebracht werden. Der Hauptvorteil der Glühbirnen waren die sehr geringen Anschaffungskosten, die jedoch durch teilweise hohe Energiekosten beim Betrieb wieder zunichte gemacht wurden.

Halogenlampen

Bei Halogenlampen wird zwischen zwei Typen unterschieden: Hochvolthalogen wird mit Netzstrom betrieben, Niedervolthalogen bezieht die Energie über einen Transformator. Optisch lassen sich die beiden Betriebssysteme sehr leicht auseinander halten: Halogenlampen für Netzstrom verfügen über ein Schraubgewinde an Sockel und Lampe; Modelle, die über einen Transformator betrieben werden, sind mit zwei Steckkontakten ausgerüstet, die in einem keramischen Anschluss ihren Halt finden.

Ob aber nun Hochvolt- oder Niedervolthalogen: Beide Lampentypen haben gegenüber der Glühbirne die doppelte Lebensdauer. Die Lichtqualität bleibt über die gesamte Lebensdauer konstant und die Wärmebelastung innerhalb der Leuchte reduziert sich auf ein Minimum. Hinzu kommt, dass die abgegebene Lichtleistung bei gleicher Wattzahl gegenüber einer Glühbirne bedeutend höher liegt. Halogen-Leuchtmittel sind für Netzbetrieb auch als Strahler erhältlich, darüber hinaus als sogenannte Halogen-Glühlampen in Stabform, wie sie vor allem in Reflektor-Strahlern für höchste Lichtausbeute eingesetzt werden.

Kompakt-Leuchtstofflampen (Energiesparlampen)

Dieser Lampentyp ist die Lichtquelle der Zukunft, weil sie sich durch eine enorme Wirtschaftlichkeit auszeichnet. Wenngleich der zunächst hoch anmutende Kaufpreis abschreckt, so hat dieses Leuchtmittel doch ganz wesentliche Vorteile. Beim Einsatz dieses Leuchtmittels werden ca. 80% Energiekosten eingespart und die Lampen haben die 15fache Lebensdauer. Gewöhnungsbedürftig ist bei vielen die anfänglich geringere Lichtabgabe, die erst nach etwa 10-minütiger Betriebszeit ihre volle Intensität erreicht. Ähnlich den zuvor beschriebenen Halogenlampen können Kompakt-Leuchtstofflampen je nach Sockel mit Netzstrom oder, mit einem sogenannten Vorschaltgerät, als Niedervoltlampe betrieben werden.

Leuchtstofflampen

Für die Beleuchtung im Garten spielt dieser Lampentyp eine untergeordnete Rolle, er eignet sich allenfalls für die Ausleuchtung eines Gewächshauses oder eines Geräteschuppens. Technisch werden sie auch als Quecksilber-Niederdruck-Entladungslampen bezeichnet. Für den Einsatz im Gewächshaus können spezielle Leuchtstoffröhren eingesetzt werden, deren Spektrum wachstumsstimulierendes Licht ausstrahlt, das besonders in der lichtarmen Jahreszeit wichtig ist. Die anderen Lichtfarben werden als Tageslicht-, Kalt- oder Warmton bezeichnet. Leuchtstofflampen können ausnahmslos nur mit Netzstrom betrieben werden. Neben unterschiedlichen Röhrenstärken unterscheidet man noch verschiedene Längen und selbst Spezialformen sind möglich. Außerdem ist dieser Lampentyp durch geringen Stromverbrauch und hohe Lichtausbeute ausgezeichnet.

LEDs

Diese neue Lichtquelle setzt sich immer mehr durch und ist mittlerweile auch bei der Gartenbeleuchtung von Bedeutung. LED steht für eine Licht ausstrahlende Diode. Die Leuchtkörper selbst sind sehr klein und erzeugen aus sehr wenig Strom sehr viel Licht. Moderne LEDs haben eine Lichtausbeute von bis zu 20 Lumen/Watt (lm/W) (Begriffserläuterung siehe S. 392) und in naher Zukunft wird eine bis zu 5-mal stärkere Lichtleistung möglich sein. Viele mit Niederspannung ausgerüstete Gartenbeleuchtungsanlagen sowie solarbetriebene Leuchten sind heute schon mit diesem modernen Leuchtmittel ausgestattet. Der minimale Platzbedarf der LEDs ermöglicht den Bau kleinster Leuchten. Die enorm hohe Lebensdauer sowie die extrem niedrigen Betriebskosten zeichnen LEDs außerdem aus.

Neuheiten bei den Energiesparlampen:
- Ein in der Leuchte integrierter Dämmerungsschalter, der das Licht automatisch ein- bzw. ausschaltet, ohne dass dafür ein externer Schalter zwischengeschaltet werden muss.
- Eine zweistufige Dimmerfunktion, die über den Lichtschalter betätigt wird. Durch die einfache Betätigung des Lichtschalters wird so der Energieverbrauch um die Hälfte gesenkt.

Es geht auch ohne Strom

Laue Sommernächte machen Lust auf Gartenpartys. Im Hellen beginnen und dann langsam in den Abend hineinfeiern – was kann schöner sein? Was jetzt noch fehlt, ist die richtige Beleuchtung.

Die meisten Lichtquellen beziehen ihre Energie aus dem Stromnetz. Es gibt auch stimmungsvolle Alternativen.

Gartenfackeln

Sie sind beliebte, althergebrachte Lichtquellen, die einfach in den Gartenboden gesteckt und angezündet werden. Sie brennen etwa eine Stunde und hinterlassen dabei eine ganze Menge Schmutz. Allerdings funktionieren die mit Pech getränkten Fackeln bei Wind und Wetter. Nicht ganz ungefährlich ist dabei die große offene Flamme.

Feuerschalen

Sie erzeugen ein sehr romantisches Licht. Die unterschiedlich groß geformten Schalen sind aus Metall oder Keramik geformt und werden mit trockenem Holz bestückt.

Feuerschalen versprühen Lagerfeuer-Atmosphäre.

Öllampen

Sie sind weit verbreitet und werden mit Lampenöl bzw. Petroleum gefüllt. Mithilfe eines dicken Kunstfaser- oder Baumwolldochtes, der in einem Keramik- oder Metallnippel gelagert ist, kann eine Flamme entzündet werden, die viele Stunden lang brennt. Entscheidend sind die richtige Dochteinstellung und das richtige Öl, wobei auch Duftöle erhältlich sind. Stimmt beides nicht, beginnen die Lampen zu rußen und verderben rasch die gute Partystimmung. Teure Öllampen sind aus Keramik, Buntmetall oder Edelstahl. Preiswerte Varianten bestehen aus einem Glasgefäß, das in das obere Ende eines Bambusstabs gespannt ist (Chinaimport). Jede Öllampe ist auf einem Stiel befestigt, der in den Boden eingesteckt werden kann.

Partykerzen

Dies sind großvolumige Kerzen, deren Wachs in kleine Eimer oder andere dekorative Hohlkörper gefüllt ist. Sie verfügen über besonders starke Dochte und brennen teilweise sehr lang. Manche dieser Kerzen sind zudem mit Duftstoffen versehen, die sich beim Abbrennen der Kerzen verflüchtigen und damit lästige Insekten vertreiben.

Lampions

Ob nun selbstgebaut oder gekauft: Lampions erzeugen mit ihren bunten Lichtern ein sehr romantisches Licht, vor allem immer dann, wenn sie in großer Stückzahl aufgehängt werden. Sie verhelfen jeder Gartenparty zu einem stimmungsvollen Hoch und sind einfach fast überall anzubringen. Als Lichtquelle eignet sich ein Teelicht, viele Lampionketten sind heute auch solarbetrieben.

Eine Lampionkette zaubert Stimmung in jeden Garten.

DIE TECHNISCHE INSTALLATION PLANEN

- KABEL INSTALLIEREN
- DIE LICHTQUELLEN ANSTEUERN
- EINIGE GRUNDBEGRIFFE

Kabel installieren

Der aufwendigste Teil einer Außenbeleuchtung ist die Installation. Neben der sicheren und vorausschauenden Verlegung von Kabeln muss dabei auch an die sinnvolle und bequeme Steuerung der Leuchtquellen gedacht werden.

Erdkabel verlegen und installieren

Erdkabel werden immer dann verlegt, wenn für die geplante Beleuchtungseinrichtung Netzstrom benötigt wird und die Energiezufuhr unterirdisch geplant ist. Die Kabel unterscheiden sich in Qualität, Haltbarkeit und besonders Sicherheit ganz wesentlich von normalen Kabeln, die für oberirdische Installationen eingesetzt werden – typisch sind stärkere Isolationsschichten aus anderen Kunststoffmaterialien mit geringerer Flexibilität. Eine spezielle Kennzeichnung findet man auf dem Kabel selbst nicht, aber die Isolationsschicht ist immer schwarz eingefärbt. Die fachlich richtige Bezeichnung für Erdkabel lautet NYY.

Der Weg vom Schaltkasten im Wohnbereich oder auf der Terrasse bis zur geplanten Lichtquelle sollte immer so kurz wie möglich sein und direkt zur Lichtquelle liegen. Beim Verlegen ist darauf zu achten, die Nähe von Drainagen, Abwasserrohren und Gas- oder Wasserleitungen zu meiden. Auch bei der Verlegetiefe sind Sicherheitsregeln zu beachten. Da wir es meist mit 220-Volt-Stromkreisen zu tun haben, genügen einfache Sicherheits-Standards: Erdverlegte Stromkabel sollten 60 bis 80 cm tief eingelassen werden. Beim Verlegen sind auch die Erdspieße zu berücksichtigen, die gerne etwa zum Aufstellen von Sichtschutzwänden verwendet werden.

Das Kabel selbst muss in ein Sand- oder Kiesbett gelegt und auch damit abgedeckt werden. Sinnvoll ist eine zusätzliche Abdeckung mit Ziegelstei-

Korrekte Verlegung eines Erdkabels.

KABEL INSTALLIEREN

nen, Kabelabdeckhauben oder speziellen Kunststoffblättern, bevor es wieder mit Erdreich zugeschüttet wird. Im Fachhandel sind rote Sicherungsbänder mit der Aufschrift „Vorsicht Stromkabel" erhältlich. In der halben Eingrabtiefe des Erdkabels mit eingelassen, sind sie bei erneuten Erdarbeiten ein deutlicher Hinweis auf die im Boden liegende Stromquelle.

Sicherheit großgeschrieben

Ein noch so gut mit Warnhinweisen versehenes Stromkabel nützt jedoch nichts, wenn nicht parallel dazu weitere Sicherheitsmaßnahmen eingehalten werden. Diese betreffen vor allem die Kabelenden, also Schaltkasten und Lichtquelle. Erdverlegte Kabel müssen im Schaltkasten über einen sogenannten FI-Schalter abgesichert werden. Diese, auch Fehlerstromschalter genannten Sicherungen unterbrechen in Bruchteilen von Sekunden den Stromkreis, wenn das Kabel mechanisch verletzt wird oder wenn Feuchtigkeit eintritt. Auf der anderen Seite des Kabels, wo sich in unserem konkreten Fall eine Lampe befindet, sind ebenfalls festgelegte Sicherheitsstandards üblich. So darf im Freien unter keinen Umständen ein Lampentyp eingesetzt werden, der nicht für diesen Zweck zugelassen ist. Hierfür zugelassene Leuchten verfügen über ganz bestimmte Merkmale, die in der Regel mit markanten Symbolen ganz deutlich gekennzeichnet sind. Sie haben ein spritzwassergeschütztes Gehäuse, ihre Anschlussgehäuse sind gegen Feuchtigkeit geschützt und ihre Leuchtmittelfassungen entsprechen der Schutzsicherheit. Auch für Schalteinrichtungen wie Dimmer oder Bewegungsmelder usw. gelten genau festgelegte Sicherheitsstandards.

Was kann man selber machen?

Einen Graben auszuheben und das entsprechende Kabel nach den festgelegten Sicherheitsregeln einzulassen, dürfte für die meisten Gartenbesitzer kein Problem darstellen. Die ersten Schwierigkeiten treten aber bereits bei der Wahl des passenden Kabelquerschnitts auf. Der Querschnitt eines Stromkabels wird in Quadrat ausgedrückt und reicht von 1,5 cm² bis unendlich. Je höher die Stromabnahme und je länger ein Kabel ist, desto größer muss auch der Querschnitt werden. Ist der Stromabnehmer (z. B. Lampen) gegenüber dem Kabel zu groß, führt dies zu übermäßiger Erwärmung des Kabels und letztlich zu Schäden am Kabel sowie dem Leuchtmittel, weil dieses unterversorgt ist. Als Faustregel gilt: Eine maximale Verlegelänge von 36 m bei NYY-Kabeln

TIPP

Die exakte Lage neu verlegter Kabel sollte man sich in seinem Grundstücksplan genau einzeichnen, hierdurch entfallen Probegrabungen, falls doch einmal wieder Erdarbeiten anstehen und sich niemand mehr an das Kabel erinnern kann.

Gartensteckdosen sorgen für Flexibilität bei der Lichtplanung.

bei 3 × 2,5 mm Kabelstärke. Diese Regel gilt für einen möglichst direkten Weg vom Sicherungskasten zu den haushaltsüblichen Stromabnehmern.

Niedervoltanlagen

In diesen Anlagen wird Netzstrom mit 220 Volt über Transformatoren in ungefährliche 12 Volt Niederspannung gewandelt. Die Kabel solcher Anlagen können daher auch oberirdisch verlegt werden und sind, schon was die Sicherheitsstandards anbelangt, viel einfacher zu handhaben. Lediglich der Transformator wird mit einer Netzstromsteckdose verbunden, die sich auf einer Terrasse oder einer anderen vor Feuchtigkeit geschützten Stelle befinden sollte. Natürlich sollte diese Steckdose über einen FI-Schalter verfügen. Die flachen Spezialkabel können vom Transformator weg einfach dorthin verlegt werden, wo der Beleuchtungskörper aufgestellt werden soll.

Für einen besseren Halt auf der Bodenoberfläche kann man sich einfache Drahtkrampen biegen und damit das Kabel in regelmäßigen Abständen fixieren. In Rasenanlagen allerdings sollte man diese Kabel nicht verlegen, denn die Gefahr, dass sie durch den Rasenmäher verletzt werden können, ist einfach zu groß. Falls Rasenflächen überbrückt werden müssen, sollte ein Leerrohr im Rasen verlegt und das Spezialkabel durchgeschoben werden. Durch die niedrige Spannung und den kleinen Querschnitt sind die Kabel aber meist nicht sehr lang.

TIPP

Wer das Kabel selber verlegen möchte, geht am besten in einen Elektrofachmarkt, schildert dem Berater die Situation unter Nennung der gewünschten Stromabnehmer und lässt sich das passende Kabel in entsprechender Menge verkaufen. Anschlüsse am Schaltkasten und den Stromabnehmern sollten unbedingt vom Fachmann ausgeführt werden.

KABEL INSTALLIEREN

Wichtige lichttechnische Grundbegriffe

Lichtstrom F
Einheit: Lumen (lm)
Als Lichtstrom F bezeichnet man die gesamt von der Lichtquelle abgegebene Strahlungsleistung. Sie wird mit der spektralen Augenempfindlichkeit bewertet.

Lichtstärke I
Einheit: Candela (cd)
Eine Lichtquelle strahlt ihren Lichtstrom F im Allgemeinen in verschiedene Richtungen unterschiedlich stark aus. Die Intensität des in einer bestimmten Richtung abgestrahlten Lichts wird als Lichtstärke I bezeichnet.

Beleuchtungsstärke E
Einheit: Lux (lx)
Die Beleuchtungsstärke E gibt das Verhältnis des auffallenden Lichtsstroms zur beleuchteten Fläche an. Die Beleuchtungsstärke beträgt 1 lx, wenn ein Lichtstrom von 1 lx auf eine Fläche von 1 m2 gleichmäßig auftrifft.

Lichtfarbe K
Der Farbeindruck einer Lampe wird durch die Lichtfarbe beschrieben. Sie kann anhand der Farbtemperatur, deren Maßeinheit Kelvin ist und als Kurzbezeichnung mit ausgedrückt wird.
≤ 3300 K   = warmweißes Licht (ww)
3300–5000 K = neutral weiße Lichtfarbe (nw)
≥ 5000 K   = tageslicht-weiße Lichtfarbe (tw)

Wichtige lichttechnische Formeln

$$\text{Lichtstärke I (cd)} = \frac{\text{Lichtstrom im Raumwinkel}}{\text{Raumwinkel W (sr)}}$$

$$\text{Beleuchtungsstärke E (lx)} = \frac{\text{auffallender Lichtstrom (lm)}}{\text{beleuchtete Fläche (m}^2\text{)}}$$

$$\text{Beleuchtungsstärke E (lx)} = \frac{\text{Lichtstärke (cd)}}{\text{Abstand in Metern}}$$

$$\text{Leuchtdichte L (cd/m}^2\text{)} = \frac{\text{Lichtstärke (cd)}}{\text{Gesehene leuchtende Fläche (m}^2\text{)}}$$

$$\text{Lichtausbeute (lm/W)} = \frac{\text{erzeugter Lichtstrom (lm)}}{\text{aufgenommene elektrische Leistung (W)}}$$

Die Lichtquellen ansteuern

Die Steuerung des Lichts kann einfach oder komplex gestaltet werden, je nach Anzahl der Leuchten sowie den Ansprüchen des Besitzers. Auch hier gilt es, vor dem Kauf und der Montage genau zu planen, welches Licht wann, wie und wo an- und wieder ausgehen soll.

Die einfache Schaltung vom Haus

Die einfachste Form der Lichtsteuerung erfolgt über einen Lichtschalter, der sich ein- und ausstellen lässt. Seine Vorteile: Sehr einfache Bedienbarkeit, kostengünstige Anschaffung sowie die Möglichkeit, mehrere Lichtquellen gleichzeitig zu schalten. Mit solchen Schaltern hat man die Möglichkeiten, die Lichtquellen vom Haus aus in Betrieb zu nehmen. Sein Nachteil: Immer wieder wird vergessen, nicht benötigte Lichtquellen auszuschalten.

Sollen gleichzeitig mehrere unterschiedliche Lichtquellen im Garten über Lichtschalter gesteuert werden, so macht es Sinn, diese in der Nähe des Sicherungskastens so zu montieren, dass sie getrennt betrieben werden können. Entsprechende Hinweise, was durch welchen Schalter in Betrieb genommen wird, sind dabei äußerst zweckmäßig. Je mehr Schalter für unterschiedliche Stromkreise eingesetzt werden, desto genauer und gezielter können einzelne Lichtquellen damit gesteuert werden – allerdings steigt auch der Grad der Unübersichtlichkeit an.

Infrarot und Funkschaltungen

Infrarot-Fernbedienungen zur Steuerung von Lichtanlagen sind zwar nach wie vor im Handel, verlieren aber zunehmend an Bedeutung. Ihr wesentlicher Nachteil sind die sehr kurze Reichweite sowie gelegentliche Ungenauigkeiten. Abgelöst werden sie zunehmend von Funksteuerungen, die

Moderne Lichtsteuerungstechnik. Platzsparend und leicht zu montieren.

Funk-Lichtsteuerung für hohe ästhetische Ansprüche.

Eine Außenleuchte, die über einen Bewegungsleuchter gesteuert wird.

bedeutend effizienter arbeiten. Diese kabellosen Funksteuerungs-Sets bestehen aus Sender und Empfänger und eignen sich zum Betreiben von Netzstrom und Niedervoltanlagen. Je nach Gerätetyp können damit gleichzeitig mehrere Stromkreise aktiviert oder ausgeschaltet werden. Standardgeräte verfügen über mindestens vier Schaltkreise. Die Reichweite im Haus beträgt etwa 50 m, wobei die Funksignale durch Wände und Türen gehen. Im Freien werden bis ca. 100 m Reichweite oder mehr erzielt.

Mehrere Schaltkreise organisieren

Zeitschaltuhren
Zeitschaltuhren können einfach zwischen Steckdose und Stromabnehmer gesteckt werden. Die Ein-/Aus-Funktion dieser Uhren wird durch kleine Reiter, die seitlich auf dem Rad der Zeitschaltuhr sitzen, gesteuert. Meistens kann die Uhr noch mit einem Überbrückungsschalter außer Funktion gesetzt werden. Diese recht einfachen Modelle werden direkt in die Steckdose eingesteckt und können mit halbstündigen Schaltintervallen betrieben werden. Bessere Modelle werden fest in einem Schalt- bzw. Sicherungskasten installiert und verfügen über ein umfangreicheres Schaltprogramm. Mit diesen Uhren können, neben kürzeren Schaltintervallen, auch noch einzelne Wochentage vorprogrammiert werden. Ferner lassen sich damit mehrere Schaltkreise gleichzeitig zu unterschiedlichen Zeiten schalten.

Bewegungsmelder
Lampen, die in erster Linie aus Sicherheitsgründen an Eingängen, Garageneinfahrten oder Hauseingängen installiert worden sind, lassen sich sehr gut mit Bewegungsmeldern steuern. Die unauffälligen, kleinen Geräte schalten Leuchten ein, sobald jemand

in den Bannkreis des Melders gerät. Sie haben damit neben einer abschreckenden Wirkung auch die Funktion, Wege, Treppen und Eingänge bei Bedarf auszuleuchten und Unfällen vorzubeugen.

Bei der Installation sind ein paar Grundregeln zu beachten. Neben der richtigen Einbauhöhe sollte man die richtige Position und vor allem die Ansprechsensibilität der Geräte genau anpassen. Sonst reagiert der Melder ständig auf Passanten oder vorbei streunende Katzen. Bewegungsmelder sind als Bausatz in Baumärkten erhältlich und mit guten Einbauanleitungen versehen. Ein halbwegs geschickter Heimwerker dürfte mit der Installation solcher Geräte keine Probleme haben. Bewegungsmelder können für Netzstrom, Niedervolt- sowie Solaranlagen eingesetzt werden. Diese Geräte können im Prinzip mit allen Leuchtmitteltypen kombiniert werden. Allerdings empfiehlt es sich, Leuchtmittel zu wählen, die häufige Ein-/Aus-Schaltphasen gut überstehen. Erhältlich sind auch Kugel- oder Laternenlampen, bei denen der Bewegungsmelder im Gehäuse integriert ist. Die Montage dieser Leuchten ist recht einfach.

Dämmerungsschalter

Dies sind kleine Geräte, die mit Fotozellen ausgestattet sind und ab einer bestimmten Intensität des Tageslichts Lampen automatisch ein- bzw. wieder ausschalten. Solche Dämmerungsschalter werden auch bei der kommunalen Straßenbeleuchtung eingesetzt. Die Sensibilität der Fotozellen ist einstellbar, die Ansprechschwelle reicht von ca. 2–10 Lux. Diese Schaltmöglichkeit ist bei privaten Grundstücken dann sinnvoll und von Vorteil, wenn die Beleuchtung automatisch über einen längeren Zeitraum eingeschaltet werden soll. Vorteilhaft ist, dass alle Schaltvorgänge automatisch ablaufen. Die kleinen Geräte können zusätzlich mit einem Nachtsparmodus ausgerüstet werden, um Energie zu sparen.

Ein Bewegungsmelder sollte richtig positioniert werden, damit er optimal funktioniert.

Beispiel für eine Wegbeleuchtung mit Sensortechnik.

Sensortechnik

Leuchten mit Sensortechnik zu steuern ist besonders für die Ausleuchtung von Wegen, Treppen und Eingangsbereichen sinnvoll. Der Erfassungsbereich und die Reichweite der Sensoren lassen sich durch aufsteckbare Abdeckblenden bzw. Schwenken der Sensoreinheit verändern. Auch eine Zeitschaltuhr und eine Dämmerungsfunktion sind kombinierbar. Entscheidend ist die regelbare Grundhelligkeit von Leuchtkörpern. Dafür ein Beispiel: Mithilfe dieser Technik könnte eine Leuchte im Eingangsbereich mit 2 × 20 Watt Lichtstärke die ganze Nacht leuchten (etwa bei einer Hausnummer), bei Annäherung einer Person aber schlagartig auf 2 × 100 Watt umschalten.

TIPP

Der Melder überwacht einen individuell einstellbaren Erfassungsbereich, der z. B. einen Kreisausschnitt von 220° mit einem Radius von 16 m abgreift. Er reagiert auf die unsichtbare infrarote Wärmeausstrahlung sich bewegender Körper. Mit dem integrierten Timer kann festgelegt werden, wie lange die angeschlossenen Lampen leuchten sollen. Die variablen Zeitspannen reichen von wenigen Sekunden bis zu 16 Minuten.

Leuchtmittelbetrieb

Licht im Garten kann mit unterschiedlichsten Stromquellen betrieben werden. Für welche man sich letztendlich entscheidet oder ob es Sinn macht, verschiedene Methoden gleichzeitig einzusetzen, hängt von vielen verschiedenen Faktoren ab. Jede hat dabei ihre Vor- und auch Nachteile.

Netzstrom und Niedervolt

Bei der Verwendung von Netzstrom sind von vornherein höhere Installationskosten einzuplanen, die bei mit Niedervolt- oder Solarstrom betriebenen Anlagen nicht anfallen. In den meisten Fällen können Anlagen mit Netzstrom auch nicht selber verlegt werden. Dafür ist aber die Vielfalt an Möglichkeiten und vor allem aber die Lichtausbeute netzstrombetriebener Leuchten bedeutend höher. Bedingt durch ihre feste Installation ist es sinnvoll, solche Lichteinrichtungen sehr gut zu planen, denn Veränderungen sind nach ihrem Einbau meist aufwendig.

Niedervoltanlagen dagegen sind variabel, denn die oberirdisch verlegten Kabelverbindungen erlauben einen raschen und meist unproblematischen Umbau.

Solarpaneel und Akkubetrieb

Diese Vorteile der Niedervolttechnik gelten auch für das Solarpaneel sowie den Akkubetrieb – verbunden mit der hohen Betriebssicherheit solcher Anlagen. Als nachteilig steht die etwas geringere Lichtausbeute dagegen, die jedoch durch entsprechende Leuchtmittel weitgehend ausgeglichen werden kann (Näheres dazu siehe S. 374). Lampentypen, die mit Solarstrom versorgt werden, können ohne den geringsten Arbeitsaufwand immer wieder an anderen Plätzen eingesetzt. Langfristig gesehen ist ihre eingeschränkte Wirkungsdauer sowie die geringere Lichtausbeute von Nachteil. Bei neueren Modellen spricht man von sogenannten amorphen

Ein Solarpaneel benötigt einen sonnigen Standort.

Solarzellen, deren Effizienz bei 1:3 liegt. Das bedeutet: Eine Stunde Ladezeit ist ausreichend für 3 Stunden Leuchtdauer. Dabei sollte aber nicht verschwiegen werden, dass die etwa einstündige Ladezeit mit Sonnenlicht erfolgen muss. Trübes, wolkenverhangenes Wetter setzt längere Ladezeiten voraus.

Das Herzstück solarbetriebener Anlagen ist das Solarpaneel, durch den der Akku aufgeladen wird. Es kann getrennt von dem Leuchtkörper aufgestellt und durch eine Kippvorrichtung nach der Sonne ausgerichtet werden. Leider tragen die großen, an einen Flachbildschirm erinnernden Teile wenig zur Verschönerung von Gartenanlagen bei. Viele Anlagen sind mit einem Wahlschalter ausgestattet, mit dem das Licht gedimmt werden kann. Vorteile sind ein geringerer Energieverbrauch und eine damit verbundene längerer Leuchtdauer. Leuchten, die mit solchen Solarzellen-Anlagen betrieben werden, sind meist mit der bereits auf Seite 375 vorgestellten LED-Technologie ausgestattet. Dieses Leuchtmittel bietet bei geringstem Energieverbrauch eine sehr hohe Lichtausbeute. Ferner gibt es auf dem Markt auch Leuchten, die in ihrem Gehäuseteil gleich ein kleines Solarpaneel eingebaut haben. Auch wenn sie praktisch sind, so ist doch ihre Leuchtintensität und -dauer deutlich eingeschränkt.

Solarmodul

Ein Solarmodul wandelt das Licht der Sonne direkt in elektrische Energie um, die dann in einer Batterie gespeichert und für die unterschiedlichsten Stromabnehmer eingesetzt werden kann. Die so gelieferte 12 Volt Energie ist, abgesehen von den Anschaffungskosten und eventuellen Wartungsarbeiten, kostenlos. Die Installation im Gartenbereich macht besonders viel Sinn, wenn keine andere Stromquelle vorhanden ist und man auf gewohnten Komfort nicht verzichten möchte. Von einfacher Bedeutung, über Kühlung oder auch Unterhaltungselektronik lässt sich praktisch alles betreiben, was im Niedervoltbereich liegt. Je nach Sonneneinstrahlung liefert ein 100 Wattmodul zwischen 50 Wh und 700 Wh Stromleistung/Tag. Die Stromausbeute ist umso größer, je mehr Module parallel geschaltet sind und in der Batterie gespeichert werden können. Sehr praktisch ist die Beschaffung von sogenannten Stecker-Fertigen-Solarmodulen, bei denen alle benötigten Teile so vorinstalliert sind, dass auch ein Laie damit zurechtkommt.

Funktion moderner solarbetriebener Lichtanlagen
- Die Solarzelle ist das Herzstück der Stromgewinnung. Sie nimmt die Lichtenergie der Sonne auf und wandelt sie in elektrischen Strom um.
- Der Akku ist der Energiespeicher für die Nacht. Der über die Solarzelle gewonnene Strom wird im Akku gespeichert. Bei Einbruch der Dunkelheit wird über einen Dämmerungsschalter die Leuchtelektronik aktiviert, die die Leuchtdioden einschaltet.
- Die Solarleuchte spendet ohne Kabelverbindung kostenlos Licht. Die im Akku gespeicherte elektrische Energie erzeugt dabei die Lichtenergie. Je nach Größe der Solarzelle kann sie nach einem sonnigen Tag bis zu 12 Stunden selbsttätig leuchten.

Lebensdauer und Energieverbrauch

Auf die Lebensdauer von Leuchtmitteln kann man nur bedingt Einfluss nehmen, denn sie ist abhängig vom jeweiligen Typ. Allerdings sind die richtige Behandlung sowie der zweckorientierten Einsatz Voraussetzungen für ein möglichst langes Leben.

Lebensdauer

Generell gilt, dass sinnlose oder häufige Ein-/Aus-Schaltphasen für die meisten Leuchtmittel mehr Schaden bringen als der Dauerbetrieb.
Auch Feuchtigkeit, die sich auf der Oberfläche von Leuchtmitteln absetzt, verkürzt ihre Lebensdauer ganz erheblich. Ebenso schädlich ist Feuchtigkeit an Leuchtmittelfassungen, da diese schnell oxidieren und dann häufig die Ursache von sogenanntem Fehlerstrom sind.

Weil fast alle Leuchtmittel während ihrem Betrieb viel Wärme abgeben, muss diese abgeleitet werden. Sind beispielsweise in engen Lampengehäusen extrem starke Leuchtmittel eingesetzt, ist deren Haltbarkeit sicher stark eingeschränkt.
Für den Betrieb mancher Leuchtmittel ist ein sogenanntes Vorschaltgerät notwendig. Bei einer Montage ohne diese einem Transformator ähnlichen Geräte wäre ein Betrieb erst gar nicht möglich – und könnte auch die Zerstörung des Leuchtmittels zur Folge haben.
Auch zu schwach gewählte Versorgungsleitungen bei gleichzeitig hoher Stromabnahme verursachen Stromschwankungen und schaden den meisten elektrischen Geräten, insbesondere den Leuchtmitteln.
Die typenbezogene Lebensdauer von Leuchtmitteln ist extrem unterschiedlich und beträgt im Normalfall zwischen 1000 und 15 000 Betriebsstunden. Näheres dazu im Kapitel über Leuchtmittel Seite 374–375.

TIPP

Die Oberflächen vieler Leuchtmittelkörper dürfen nicht mit bloßen Fingern berührt werden, weil die über die Haut abgegeben Fette Spuren auf den Glaskörpern hinterlassen, die dem Leuchtkörper schaden können. Hier muss man beim Einsetzen entsprechende Handschuhe tragen – eine Regel, die übrigens auch für dem Umgang mit Edelstahlleuchten gilt.

Energieverbrauch

Steigender Energieverbrauch sowie steigende Energiekosten führen zu einer enormen Kostenbelastung der privaten Haushalte. Allein durch Überlegung und Einsatz neuester Technologien können langfristig jede Menge Energie und somit Kosten gespart werden.
Ein typisches Beispiel dafür ist der Ersatz einer Glühbirne durch eine Energiesparlampe. Obwohl die Anschaffungskosten der Energiesparlampe weitaus höher sind, als die einer Glühbirne, amortisiert sich der höhere Anschaffungswert rasch durch geringeren Stromverbrauch.
Weitere Möglichkeiten, wertvolle Energie einzusparen, ohne dabei auf den gewohnten Komfort zu verzichten, ergeben sich durch geeignete Schaltmechanismen. Hierzu gehören die schon erwähnten Dämmerungsschalter, Bewegungsmelder, Dimmer und Zeitschaltuhren.
Werden Beleuchtungseinrichtungen gleich als Niedervoltanlage oder gar als Solarbetrieb geplant, sind auf Dauer erhebliche Kosteneinsparungen gegenüber dem konventionellen Netzbetrieb möglich. Auch wenn die Anschaffungskosten für die Technik zunächst hoch sind, so wird die Kostenersparnis langfristig die höheren Anschaffungskosten mehr als nur ausgleichen. Es gilt also bei der Planung genau zu überlegen, welche Anlage an welcher Stelle sinnvoll eingesetzt wird.

Lichtausbeute und Lichtverschwendung

Diese beiden Begriffe haben es in sich: Sie bestimmen letztendlich darüber, ob Licht gezielt, sinnvoll, energiesparend und ökologisch eingesetzt, oder aber verschwendet wird.

Lichtausbeute

Lichtausbeute ist ein Begriff aus der Physik. Er gibt an, mit welcher Wirtschaftlichkeit die aufgenommene elektrische Leistung in Licht umgesetzt wird. Die Einheit wird in Lumen/Watt ausgedrückt (lm/W).
Gezielte Lichtausbeute ist ein weiterer ökologischer Aspekt, der eine Überlegung wert sein sollte. Nur durch konsequente Planung und nachfolgende Erprobung der vorgesehenen Lichtquellen erreicht man eine optimale Lichtausbeute. Hinter diesem Begriff verbergen sich insbesondere installationstechnische Maßnahmen, die den Standort und die Leuchtrichtung von Beleuchtungskörpern vorgeben. Um beispielsweise größere Flächen mit

Mit wenigen Einbauleuchten lässt sich eine hohe Lichtausbeute erzielen – wenn man gut plant.

Ein Beispiel wie mit einfachen Mitteln eine gute Leuchtwirkung erzielt werden kann.

Strahlern oder Flutern zu beleuchten, ist eine möglichst hohe Anbringung der Lichtquellen anzustreben, deren Lichtkegel nach unten gerichtet wird. Wenn größere Objekte angestrahlt werden sollen, dann wird die Lichtquelle in größerer Entfernung davon aufgestellt – ebenso im umgekehrten Fall. Eine ganz entscheidende Rolle spielt dabei die eigentliche Leuchtrichtung.

Lichtverschwendung

Lichtverschwendung muss nicht gleichbedeutend mit Energieverschwendung sein, wenngleich die Grenzen beider Begriffe dicht beieinander liegen. Um Lichtverschwendung zu vermeiden, sollte individuell jede einzelne Lichtquelle nach optischen Gesichtspunkten überprüft und gegebenenfalls gegen ein entsprechend weniger starkes Leuchtmittel ausgetauscht werden. Hierzu gehört auch die Festlegung der Leuchtdauer zur Illumination einzelne Teilbereiche im Garten. Mithilfe von Dimmern, Zeitschaltuhren und Bewegungsmeldern lässt sich der Lichtverschwendung vorbeugen. Nur die entsprechende Wahl des Leuchtkörpers führt letztlich zur optimalen Lichtausbeute und beugt der Lichtverschwendung vor. Abschirmungen von Leuchtkörpern, die verhindern, dass das Licht nach oben strahlt, oder Lampengehäuse mit verstellbaren Lichtkegeln tragen zur Blendfreiheit bei.

Lichtwirkung durch Farbspektren

Je nach Einsatzort und gewünschtem Effekt sollte Licht eine dem Tageslicht entsprechende Farbwahrnehmung gewährleisten. Ausnahmen bilden farbige Illuminationen, mit denen ganz bewusst spezielle Effekte erzielt werden sollen.

Welche Farbe ein Leuchtmittel wiedergibt, hängt von seiner spektralen Strahlungsverteilung ab – und diese ist zwischen den verschiedenen Leuchtmitteln sehr verschieden. Da das menschliche Auge diese Eigenschaften sehr unterschiedlich aufnimmt, spricht man von Tageslicht-, Hellweiß- und Warmton. Hinter diesen abstrakten Begriffen verbirgt sich die Wahrnehmung von kaltem oder warmem Licht. So werden sich bei kaltem Licht Konturen immer scharf abzeichnen, gleichzeitig wird ein Gefühl von Kälte vermittelt, das Gemütlichkeit und Geborgenheit weitgehend vermissen lässt. Kaltes Licht findet seine Verwendung im technischen Bereich und wird vor allem bei Sicherheitsanlagen eingesetzt.

Warmes Licht dagegen verursacht leicht verschwommene Konturen, vermittelt aber gleichzeitig einen sehr positiven Wohlfühleffekt und trägt ganz wesentlich zu einer angenehmen Optik bei. Da Licht in all seinen Varianten eine noch wenig beachtete Dimension der Gartengestaltung ist, sollte man diesen (kleinen) Unterschied unbedingt beachten.

Auch farbiges Licht spielt bei Licht im Garten eine Rolle. Aber Vorsicht: Farbiges Licht erzeugt oft seltsame Verfremdungseffekte und muss daher gezielt und sparsam eingesetzt werden.

TIPP

Um Pflanzen zu beleuchten, sollte man kein farbiges Licht verwenden. Es entrückt sie der Wirklichkeit und verfremdet ihr Aussehen. Farbiges Licht findet daher Verwendung bei der Illumination von Kunstobjekten, Skulpturen oder Findlingen. Relativ häufig wird buntes Licht bei bewegtem Wasser, wie Bachläufen, Wasserfällen und besonders bei Wasserspielen eingesetzt. Mit auswechselbaren Farbscheiben ausgerüstete Leuchtkörper können fantastische Lichteffekte erzeugen.

Farbwiedergabe-Index

Der Maßstab für eine natürliche Farbwiedergabe ist der sogenannte Farbwiedergabe-Index, der als R_a-Wert ausgedrückt wird. Zur Bestimmung des R_a werden 8 Farben nach DIN 6169 als genormte Testfarben festgelegt. Je geringer die Abweichung dieser Farben beleuchteter Objekte ist, desto genauer ist die Farbwiedergabe des Leuchtmittels. (R_a 100 = Lichtquelle zeigt alle Farben wie unter der Bezugslichtquelle).

Warmes Licht unterstreicht das mediterrane Flair dieses Gartens in Süddeutschland.

PLANUNGSBEISPIEL FÜR DIE GARTENBELEUCHTUNG

- ENTWURFSPLANUNG
- DETAILPLANUNG DER AUSGEWÄHLTEN LEUCHTEN
- AUSFÜHRUNGSPLANUNG
- GARTENBELEUCHTUNG KALKULIEREN

Entwurfsplanung

Bevor Sie mit aufwendigen Einbaumaßnahmen beginnen, ist eine möglichst genaue Planung ebenso sinnvoll wie eine Testphase. Erst dann kann man Aufwendungen und Kosten genau bestimmen, mit seinem Budget vergleichen und überlegen, wo Abstriche oder Verbesserungen zu machen sind.

Grundlage des Beispielobjekts ist der Gartenplan auf Seite 400 unten, in dem eine Vielzahl möglicher Beleuchtungseinrichtungen aufgezeigt wird. Zunächst wird dazu der Gartenplan gezeichnet (siehe S. 400 oben) und geplante Lichtquellen in diesen Plan als Beleuchtungsentwurf eingetragen (siehe S. 400 unten). Hierbei lassen sich nicht nur die Orte, sondern auch die benötigten Mengen der Lichtquellen näher eingrenzen. Bei dieser Vorgehensweise erkennt man dann rasch, wo eine Lichtquelle angebracht wäre.

Die Entscheidung was wie genau beleuchtet werden soll, ist nicht einfach und sollte vor einer aufwendigen Installation in einer Testphase während der Dunkelheit erprobt werden. Nur so kann in Erfahrung gebracht werden, ob das geplante Licht ausreicht, die gewünschte Optik erzielt bzw. der gewünschte Sicherheitseffekt erreicht wird. Werden z. B. die Leuchten sowie die anfallenden Arbeiten bei einer Firma in Auftrag gegeben, sollte man diese Testphase zur Bedingung machen. Bei einer Eigeninstallation wird es schwieriger und man muss vor dem Kauf der Leuchten ein Rückgaberecht aushandeln.

Obwohl in den vorhergegangenen Kapiteln ausdrücklich darauf hingewiesen wurde, dass beim Thema Licht „weniger" mehr Wirkung erzielt als umgekehrt, sind in dem Plan besonders viele Lichtquellen eingezeichnet. Sinn und Zweck ist es hier, aus diesem Maximum möglicher Beleuchtungsstellen sich die passende Stelle für seinen eigenen Garten herauszu-

Wo eine Lichtquelle allgemein Sinn macht
- Parkplatz
- Garageneinfahrt
- Eingangsbereich
- Weg zum Haus
- Treppenaufgang
- Hausbeleuchtung
- Sitzplätze und Terrasse
- Wege in den Garten
- Treppen in den Garten
- Gartenhäuser oder Pavillons
- Teiche
- Pflanzenbeete
- Sträucher und Büsche
- Pflanzenraritäten
- große Bäume
- Skulpturen
- Findlingssteine

Wo sollen Leuchten eingesetzt werden? Nur eine gründliche Planung gibt gute Ergebnisse.

suchen und die einzelnen Möglichkeiten einschließlich der dazu gehörenden technischen Angaben in seine Planung mit einzubeziehen.
Die im Plan eingetragenen Zahlen kennzeichnen die vorgesehenen Einbaustellen. Aus der Tabelle auf Seite 401 geht dann der Ort der Illuminierung, die Leuchtenart und -menge sowie die Energieversorgung hervor.

Gartenentwurf als Planungsgrundlage

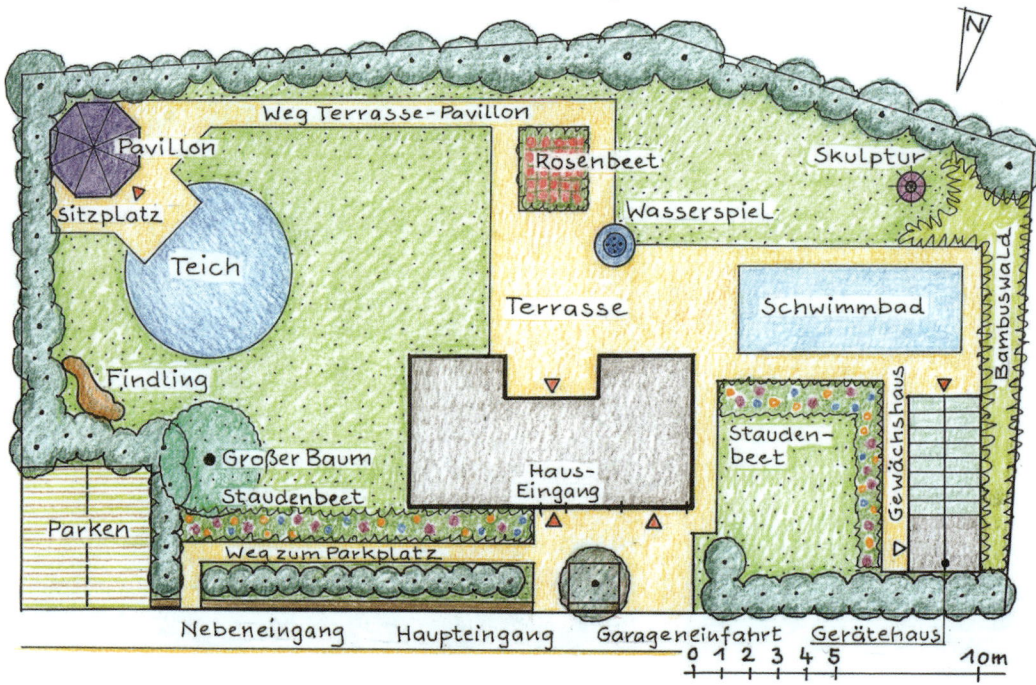

Der Beleuchtungsentwurf

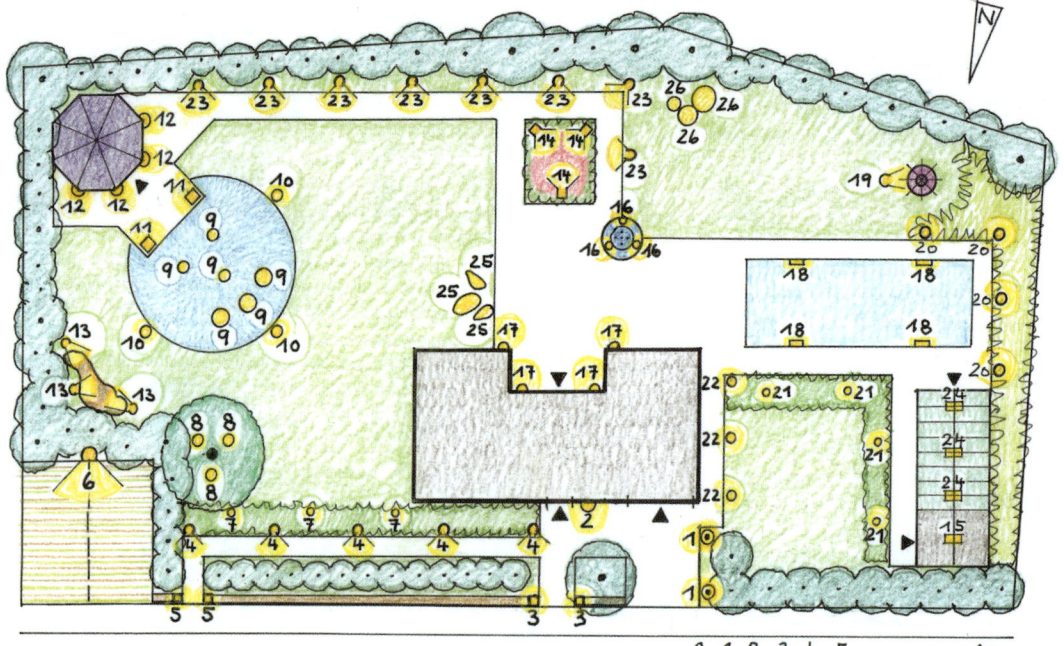

Gartenentwurf und dazugehöriger Beleuchtungsentwurf.

Beleuchtungsarten und -mengen zum Gartenplan

Nr.	Ort	Art der Leuchte	Menge	Energieversorgung
1	Garageneinfahrt	Pagodenlampe auf Mast	2	Solarbetrieb
2	Hauseingang	Kugellampe mit Bewegungsmelder	1	220 Volt
3	Haupteingang	Sockelleuchte	2	220 Volt
4	Weg zum Parkplatz	Zylinderleuchten	5	Niedervolt
5	Nebeneingang (Parken)	Sockelleuchten	2	220 Volt
6	Parkplatz	Hochleistungsstrahler auf Mast	1	220 Volt
7	Staudenbeet am Nebeneingang	Bodenstrahler mit Erdspieß	3	220 Volt
8	Baum am Parkplatz	Bodeneinbau-Strahler	3	220 Volt
9	Gartenteich	Teichinnenbeleuchtungen Schwimmkugeln	3 3	Niedervolt Niedervolt
10	Teichrand	Teichrandbeleuchtung	3	Niedervolt
11	Sitzplatz am Teich	Kubusleuchte	2	220 Volt
12	Pavillon	Wandleuchte mit Pfostenhalterung	4	220 Volt
13	Findling	Doppelter Gartenstrahler mit Erdspieß	3	220 Volt
14	Rosenbeet	Einfacher Gartenstrahler mit Erdspieß	3	220 Volt
15	Haus für Geräte	Feuchtraumleuchte	1	220 Volt
16	Wasserspiel	Unterwasserstrahler	3	Niedervolt
17	Terrasse	Wandleuchten	4	220 Volt
18	Schwimmbad	Schwimmbad Einbauscheinwerfer	4	Niedervolt
19	Skulptur	Doppelter Gartenstrahler mit Erdspieß	1	220 Volt
20	Bambuswald	Kugelleuchten	4	Niedervolt
21	Staudenbeet am Schwimmbad	Bodenstrahler mit Erdspieß	4	Niedervolt
22	Weg am Haus	Lichtpylone	3	Niedervolt
23	Weg von der Terrasse zum Pavillon	Wegleuchten	7	Solarpaneel
24	Gewächshaus	Feuchtraumleuchte	3	220 Volt
25	Rasen	Leuchtende Steine	3	220 Volt
26	Rasen	Leuchtkugeln	3	220 Volt

Detailplanung der ausgewählten Leuchten

Wenn Sie in Ihrem Gartenplan die Lage der Leuchten bestimmt, ihre Menge festgelegt und sich auch über die Art der jeweiligen Leuchte klar sind, können Sie jetzt an die Details gehen.

Ausgehend vom vorhergehenden Gartenplan entsteht folgende Übersicht einiger Musterbeispiele:

Planungsnummer: 1

Was soll beleuchtet werden?	Garageneinfahrt
Welche Lampen werden verwendet?	Pagodenlampen
Wie viele Lampen werden benötigt?	zwei
Welches Leuchtmittel wird eingesetzt?	6 LEDs
Welche Energieversorgung?	Solar
Welche Verkabelung?	keine
Woher kommt die Stromversorgung?	Akku 4,8 V/2200 mAh
Wie wird das Licht geschaltet?	Economy-Wahlschalter Sommer/Winter
Welches Zubehör wird benötigt?	Solarpaneel, Verlängerungsstange, Bodenplatte
Wie werden die Lampen befestigt?	Bodenplatte mit Metalldübeln
Was wird mit der Beleuchtung erreicht?	Markierung der Einfahrt

Planungsnummer: 2

Was soll beleuchtet werden?	Hauseingang
Welche Lampen werden verwendet?	Kugellampe mit Sensortechnik
Wie viele Lampen werden benötigt?	eine
Welches Leuchtmittel wird eingesetzt?	Energiesparlampe 60 Watt
Welche Energieversorgung?	220 Volt
Welche Verkabelung?	2,5 Quadrat
Woher kommt die Stromversorgung?	Hausanschluss
Wie wird das Licht geschaltet?	Sensortechnik
Welches Zubehör wird benötigt?	keines
Wie werden die Lampen befestigt?	mit Dübeln an der Hauswand
Was wird mit der Beleuchtung erreicht?	ausreichende Ausleuchtung des Eingangsbereichs

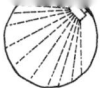

DETAILPLANUNG

Planungsnummer: 3

Was soll beleuchtet werden?	Eingang vorne
Welche Lampen werden verwendet?	Sockelleuchte
Wie viele Lampen werden benötigt?	zwei
Welches Leuchtmittel wird eingesetzt?	Kompakt Leuchtstofflampe 23 Watt
Welche Energieversorgung?	220 Volt
Welche Verkabelung?	Erdkabel 2,5 Quadrat
Woher kommt die Stromversorgung?	Sicherungskasten im Haus
Wie wird das Licht geschaltet?	Zeitschaltuhr im Sicherungskasten
Welches Zubehör wird benötigt?	wasserdichte Verteilerdosen
Wie werden die Lampen befestigt?	Dübel und Zierschrauben
Was wird mit der Beleuchtung erreicht?	Ausleuchtung und Markierung des Haupteingangs

Planungsnummer: 5

Was soll beleuchtet werden?	Nebeneingang (Parken)
Welche Lampen werden verwendet?	Sockelleuchte
Wie viele Lampen werden benötigt?	zwei
Welches Leuchtmittel wird eingesetzt?	Leuchtstofflampe 23 Watt
Welche Energieversorgung?	220 Volt
Welche Verkabelung?	Erdkabel 2,5 Quadrat
Woher kommt die Stromversorgung?	Sicherungskasten im Haus
Wie wird das Licht geschaltet?	Zeitschaltuhr
Welches Zubehör wird benötigt?	wasserdichte Verteilerdosen
Wie werden die Lampen befestigt?	Dübel und Zierschrauben
Was wird mit der Beleuchtung erreicht?	Ausleuchtung und Markierung des Nebeneingangs (Parken)

Planungsnummer: 6

Was soll beleuchtet werden?	Parkplatz
Welche Lampen werden verwendet?	Hochleistungsstrahler
Wie viele Lampen werden benötigt?	eine
Welches Leuchtmittel wird eingesetzt?	Halogen QT-DE 12 500 Watt
Welche Energieversorgung?	220 Volt
Welche Verkabelung?	Erdkabel
Woher kommt die Stromversorgung?	Hausanschluss/Sicherungskasten
Wie wird das Licht geschaltet?	von Hand
Welches Zubehör wird benötigt?	Mast, Befestigungsmaterial
Wie werden die Lampen befestigt?	Spezialschellen
Was wird mit der Beleuchtung erreicht?	zeitlich begrenzte Ausleuchtung des Parkplatzes

Planungsnummer: 7

Was soll beleuchtet werden?	Staudenbeet am Nebeneingang (Parken)
Welche Lampen werden verwendet?	50 Watt Niedervoltstrahler
Wie viele Lampen werden benötigt?	drei
Welches Leuchtmittel wird eingesetzt?	Niedervoltlampen 50 Watt
Welche Energieversorgung?	Transformator 100 + 60 Watt
Welche Verkabelung?	Spezialkabel mit Klemmvorrichtungen
Woher kommt die Stromversorgung?	mobile Gartensteckdose
Wie wird das Licht geschaltet?	Zeitschaltuhr
Welches Zubehör wird benötigt?	Erdspieße
Wie werden die Lampen befestigt?	in den Boden gesteckt
Was wird mit der Beleuchtung erreicht?	veränderbare Beleuchtung der Blumenrabatte

Planungsnummer: 8

Was soll beleuchtet werden?	großer Baum am Parkplatz
Welche Lampen werden verwendet?	Bodeneinbaustrahler
Wie viele Lampen werden benötigt?	drei
Welches Leuchtmittel wird eingesetzt?	HIT-CRI 70 Watt
Welche Energieversorgung?	220 Volt
Welche Verkabelung?	Erdkabel 2,5 Quadrat
Woher kommt die Stromversorgung?	Hausanschluss
Wie wird das Licht geschaltet?	über Zeitschaltuhr beim Hausanschluss
Welches Zubehör wird benötigt?	Baumscheiben zum Befestigen der Lampen
Wie werden die Lampen befestigt?	verschraubt auf der Baumscheibe
Was wird mit der Beleuchtung erreicht?	Illuminierung der Baumkrone

Planungsnummer: 9

Was soll beleuchtet werden?	Unterwasserbeleuchtung
Welche Lampen werden verwendet?	Schwimm- und Unterwasserleuchten
Wie viele Lampen werden benötigt?	2 × 3
Welches Leuchtmittel wird eingesetzt?	Niedervoltlampen
Welche Energieversorgung?	Niedervoltanlage
Welche Verkabelung?	Spezialkabel mit Klemmvorrichtung
Woher kommt die Stromversorgung?	2 × 60 Watt Transformator
Wie wird das Licht geschaltet?	Funkfernbedienung
Welches Zubehör wird benötigt?	keines
Wie werden die Lampen befestigt?	lose bzw. an der Teichpumpe
Was wird mit der Beleuchtung erreicht?	dekorative Beleuchtung der Teichoberfläche

Planungsnummer: 10

Was soll beleuchtet werden?	Teichrand
Welche Lampen werden verwendet?	Kugelleuchten
Wie viele Lampen werden benötigt?	drei
Welches Leuchtmittel wird eingesetzt?	Niedervoltlampen
Welche Energieversorgung?	Niedervoltanlage
Welche Verkabelung?	Spezialkabel mit Klemmvorrichtung
Woher kommt die Stromversorgung?	60 Watt Transformator
Wie wird das Licht geschaltet?	Funkfernbedienung
Welches Zubehör wird benötigt?	keines
Wie werden die Lampen befestigt?	Erdspieße am Teichrand
Was wird mit der Beleuchtung erreicht?	Ausleuchtung des Teichrands mit Spiegeleffekt

Planungsnummer: 12

Was soll beleuchtet werden?	Pavillon
Welche Lampen werden verwendet?	Wandlampen mit Pfostenhalterung
Wie viele Lampen werden benötigt?	vier
Welches Leuchtmittel wird eingesetzt?	Energiesparlampen 15 Watt
Welche Energieversorgung?	220 Volt
Welche Verkabelung?	Zuleitung per Erdkabel
Woher kommt die Stromversorgung?	Hausanschluss
Wie wird das Licht geschaltet?	Zentralschalter im Pavillon
Welches Zubehör wird benötigt?	wasserdichte Verteilerdose, Schalter
Wie werden die Lampen befestigt?	an den Pfosten verschraubt
Was wird mit der Beleuchtung erreicht?	optimale Ausleuchtung des Pavillons

Planungsnummer: 13

Was soll beleuchtet werden?	Findling
Welche Lampen werden verwendet?	Doppelstrahler
Wie viele Lampen werden benötigt?	drei
Welches Leuchtmittel wird eingesetzt?	Reflektorlampen 80 Watt
Welche Energieversorgung?	220 Volt
Welche Verkabelung?	Erdkabel vom Pavillon
Woher kommt die Stromversorgung?	Gartensteckdose
Wie wird das Licht geschaltet?	Fernbedienung
Welches Zubehör wird benötigt?	keines
Wie werden die Lampen befestigt?	im Boden eingesteckt
Was wird mit der Beleuchtung erreicht?	Ausleuchtung des Findlings

Planungsnummer: 15

Was soll beleuchtet werden?	Gartenhaus für Geräte
Welche Lampen werden verwendet?	Feuchtraumleuchte
Wie viele Lampen werden benötigt?	eine
Welches Leuchtmittel wird eingesetzt?	Zwei L-Lampen Stabform 40 Watt
Welche Energieversorgung?	220 Volt
Welche Verkabelung?	Erdkabel
Woher kommt die Stromversorgung?	Hausanschluss/Sicherungskasten
Wie wird das Licht geschaltet?	außen am Gartenhaus
Welches Zubehör wird benötigt?	Schalter, Verteilerdose
Wie werden die Lampen befestigt?	im Dachfirst verschraubt
Was wird mit der Beleuchtung erreicht?	Innenraumbeleuchtung

Planungsnummer: 16

Was soll beleuchtet werden?	Wasserspiel
Welche Lampen werden verwendet?	Unterwasserstrahler
Wie viele Lampen werden benötigt?	drei
Welches Leuchtmittel wird eingesetzt?	Halogenbirne, 50 Watt
Welche Energieversorgung?	Niedervoltanlage
Welche Verkabelung?	Erdkabel/Gartensteckdose
Woher kommt die Stromversorgung?	Transformator 150 VA
Wie wird das Licht geschaltet?	Funkfernbedienung
Welches Zubehör wird benötigt?	keines
Wie werden die Lampen befestigt?	auf den Beckenboden aufgestellt
Was wird mit der Beleuchtung erreicht?	Illuminierung von Wasser und Wasserspiel

Planungsnummer: 17

Was soll beleuchtet werden?	Terrasse
Welche Lampen werden verwendet?	Wandleuchten
Wie viele Lampen werden benötigt?	vier
Welches Leuchtmittel wird eingesetzt?	Kompaktleuchtstofflampen, 20 Watt
Welche Energieversorgung?	220 Volt
Welche Verkabelung?	Hausanschlusskabel
Woher kommt die Stromversorgung?	Hausanschluss
Wie wird das Licht geschaltet?	vom Wohnbereich aus über Schalter
Welches Zubehör wird benötigt?	Verteilerdosen
Wie werden die Lampen befestigt?	an der Hauswand mit Dübeln
Was wird mit der Beleuchtung erreicht?	Ausleuchtung des Terrassenbereichs

Planungsnummer: 20

Was soll beleuchtet werden?	Bambuswald
Welche Lampen werden verwendet?	Kugelleuchten
Wie viele Lampen werden benötigt?	vier
Welches Leuchtmittel wird eingesetzt?	Halogenbirnen, 10 Watt
Welche Energieversorgung?	Niedervoltanlage
Welche Verkabelung?	Spezialkabel mit Klemmanschluss
Woher kommt die Stromversorgung?	Transformator/Steckdose am Gerätehaus
Wie wird das Licht geschaltet?	Funkfernbedienung
Welches Zubehör wird benötigt?	Erdspieße
Wie werden die Lampen befestigt?	im Boden bei den Bambuspflanzen eingesteckt
Was wird mit der Beleuchtung erreicht?	Innenbeleuchtung der Bambusanlage

Planungsnummer: 21

Was soll beleuchtet werden?	Staudenbeet
Welche Lampen werden verwendet?	Strahler 10 Watt
Wie viele Lampen werden benötigt?	vier
Welches Leuchtmittel wird eingesetzt?	10 Watt Halogenbirnen
Welche Energieversorgung?	Niedervoltanlage
Welche Verkabelung?	Spezialkabel mit Klemmanschlüssen
Woher kommt die Stromversorgung?	Wandsteckdose vom Haus/Transformator
Wie wird das Licht geschaltet?	Dämmerungsschalter
Welches Zubehör wird benötigt?	Erdspieße oder
Wie werden die Lampen befestigt?	auf Holzpflöcken aufgeschraubt
Was wird mit der Beleuchtung erreicht?	veränderbare Beleuchtung der Stauden

Planungsnummer: 22

Was soll beleuchtet werden?	Weg am Haus
Welche Lampen werden verwendet?	Licht-Pylone
Wie viele Lampen werden benötigt?	drei
Welches Leuchtmittel wird eingesetzt?	Leuchtstofflampe, 15 Watt
Welche Energieversorgung?	220 Volt
Welche Verkabelung?	Erdkabel
Woher kommt die Stromversorgung?	Hausanschluss
Wie wird das Licht geschaltet?	Dämmerungsschalter
Welches Zubehör wird benötigt?	Verteilerdosen
Wie werden die Lampen befestigt?	auf der Gehwegfläche mit Dübeln
Was wird mit der Beleuchtung erreicht?	Ausleuchtung und Markierung des Gartenweges

Planungsnummer: 23

Was soll beleuchtet werden?	Weg zum Pavillon
Welche Lampen werden verwendet?	Wegleuchten mit Standpfahl
Wie viele Lampen werden benötigt?	sieben
Welches Leuchtmittel wird eingesetzt?	je zwei weiße LEDs
Welche Energieversorgung?	integrierte Solarzellen
Welche Verkabelung?	keine
Woher kommt die Stromversorgung?	eingebauter NiCd-Akku
Wie wird das Licht geschaltet?	eingebauter Dämmerungsschalter
Welches Zubehör wird benötigt?	Befestigungsmaterial
Wie werden die Lampen befestigt?	auf dem Gartenweg angedübelt
Was wird mit der Beleuchtung erreicht?	Ausleuchtung und Markierung des Gartenweges

Planungsnummer: 24

Was soll beleuchtet werden?	Gewächshaus
Welche Lampen werden verwendet?	Feuchtraumlampen
Wie viele Lampen werden benötigt?	drei mit je zwei Röhren
Welches Leuchtmittel wird eingesetzt?	Leuchtstoffröhren, 30 Watt
Welche Energieversorgung?	220 Volt
Welche Verkabelung?	Erdkabel
Woher kommt die Stromversorgung?	Hausanschluss/Sicherungskasten
Wie wird das Licht geschaltet?	direkt im Gewächshaus
Welches Zubehör wird benötigt?	Verteiler, Befestigungsmaterial
Wie werden die Lampen befestigt?	Dachfirst vom Gewächshaus
Was wird mit der Beleuchtung erreicht?	Zusatzlicht für Pflanzen, Arbeitsplatzbeleuchtung

Planungsnummer: 25

Was soll beleuchtet werden?	leuchtende Steine
Welche Lampen werden verwendet?	GFK-Material als Stein
Wie viele Lampen werden benötigt?	3er-Gruppe
Welches Leuchtmittel wird eingesetzt?	Leuchtstofflampen, 7 Watt
Welche Energieversorgung?	220 Volt
Welche Verkabelung?	Gartensteckdose
Woher kommt die Stromversorgung?	Steckdose Hauswand
Wie wird das Licht geschaltet?	Fernbedienung
Welches Zubehör wird benötigt?	keines
Wie werden die Lampen befestigt?	in der Rasenfläche abgelegt
Was wird mit der Beleuchtung erreicht?	sehr dekoratives Zusatzlicht

Ausführungsplanung

Auf alle im Plan (Seite 400) aufgeführten Lichteinrichtungen konkret einzugehen, würde den Rahmen dieses Gartenplaners sprengen. Daher werden exemplarisch einige der geplanten Lichtquellen näher beschrieben.

Planungsbeispiele 3 und 5 (Eingänge)

Die auf der Grundstücksmauer mit Metalldübeln befestigten Sockellampen sind für die beiden Eingangsbereiche vorgesehen. Sie werden mit einem Stromkreis versorgt und gleichzeitig geschaltet. Da es sich bei dieser Beleuchtungsart um ein Sicherheits- sowie Orientierungslicht handelt, bietet sich eine Schaltung über eine Zeitschaltuhr an. Mithilfe solch einer Uhr kann auf bequeme Art die Lichtanlage ein- bzw. ausgeschaltet werden. Unterschieden wird zwischen mechanischen und digitalen Zeitschaltuhren. Letztere ermöglichen die Einstellung minutengenauer Schaltintervalle.
Die sehr kompakten Geräte passen praktisch in jeden Schalt- oder Sicherungskasten und werden zwischen der Stromzuführung zu den Leuchten im Kasten eingebaut. Der Schalt- bzw. Sicherungskasten befindet sich zweckmäßigerweise an einer gut zugänglichen Stelle im Wohnbereich, wobei meistens der Flur, oder – wenn vorhanden – ein Wirtschaftsraum gewählt wird.

Planungsbeispiel 21 (Staudenbeet am Schwimmbad)

Wesentlich einfacher ist hier die Installation der Beleuchtungseinrichtung, weil kein Netzstrom erforderlich

Moderne, schlichte Sockelleuchte auf der Grundstücksmauer installiert.

Material- und Werkzeugliste zum Planungsbeispiel 3 + 5

Material
4 Sockelleuchten
4 Leuchtmittel
16 Metalldübel
16 Zieredelstahlschrauben
Leerrohr
Erdkabel
Verteilerdosen
Anschlussklemmen
Schaltkasten
Fi Schalter
Zeitschaltuhr
Kies, Sand, Zement
Silikonspritze mit Kartusche

Werkzeug
Schlagbohrmaschine
Vidiabohrer
Hammer, 500 Gramm
Fäustel, 1000 Gramm
Spitzmeißel
Flachmeißel
Gabelschlüsselsatz
Maurerkelle
Elektroschraubenzieher
Sternschraubenzieher
Spaten, Schaufel und Hacke

ist und folglich keine Erdverkabelung eingebaut werden muss. Dies trifft im weitesten Sinne auch für alle anderen Beleuchtungsanlagen mit Niedervoltspannung zu. Das Verlegen ist, wenn man einige wenige Grundregeln beherzigt, ohne große technische Kenntnisse möglich und kann deshalb von den meisten Gartenbesitzern in eigener Regie ausgeführt werden. Für den Anschluss wird eine 220-Volt-Steckdose mit FI-Schalter benötigt, an die ein Transformator angeschlossen wird.

Für die eigentliche Beleuchtungsanlage brauchen Sie einen Transformator, dessen Größe und Stärke sich nach der Anzahl der angeschlossenen Lampen sowie deren Leistungsaufnahme richtet. Zur Ermittlung des richtigen Transformators müssen lediglich die Wattzahlen der verwendeten Lampen addiert werden. Diese Summe ergibt dann die passende Transformatorstärke. Die Transformatoren sind in den Stärken 30–60 W und bis 100 W erhältlich. Ab 60 W verfügen sie über zwei Ausgänge an denen jeweils 2 Kabelstränge bis zu einer Länge von 30 m angeschlossen werden können.

Auf dem Verlegekabel (Niedervolt) werden Klemmanschlüsse in den Abständen verschraubt, in denen die Lampen aufgestellt werden sollen. Die einzelnen Lampen haben Steckverbindungen, die in die Klemmverschlüsse passen. Das Verlegekabel liegt lose auf dem Boden auf. Die sehr leichten, aus Kunststoff gefertigten Strahler können mithilfe von Erdspießen im Boden befestigt werden. Besser ist jedoch, sich kleine Punktfundamente mithilfe von kurzen Holzpflöcken zu schaffen, auf die die Bodenplatte der Strahler aufgeschraubt werden können. Zur Stabilisierung des Kabels biegt man sich Drahtklammern (Krampen) und fixiert das Kabel damit auf dem Boden.

Vorsicht ist geboten!

Die Installation von Schaltkästen, Festlegung von Sicherungen, Einbau von FI-Schaltern einschließlich Wahl der richtigen Verkabelung ist Angelegenheit eines Fachbetriebs und sollte ausschließlich von Fachpersonal ausgeführt werden. Natürlich bleibt es jedem selbst überlassen, ob er derartige Arbeiten in eigener Regie ausführen möchte, jedoch unterliegen von Nichtfachleuten ausgeführte Elektroinstallationen einer behördlichen Kontrolle. Nicht fachgerecht ausgeführte Arbeiten werden nicht genehmigt und automatisch stillgelegt bzw. müssen umgehend korrigiert werden. Um sich derartigen Ärger von vornherein zu ersparen, sollte man mit seinen Wünschen zu einem Elektrofachmarkt gehen und sich dort eingehend über das richtige Material und die benötigte Materialmenge informieren lassen. Solche Märkte bzw. Fachbetriebe betreuen in der Regel auch den Selbstbau und nehmen die Anlagen nach Fertigstellung fachlich ab.

Wenn in unmittelbarer Nähe keine Steckdose vorhanden ist, sind Gartensteckdosen mit langen Kabelverbindungen eine hilfreiche Alternative. Gartensteckdosen sind mit zwei bis vier vor Spritzwasser geschützten Schukosteckdosen ausgerüstet und liefern überall dort Strom, wo er benötigt wird. Nicht ganz ungefährlich sind die lose verlegten Stromkabel, die eine Stolperfalle sind und auch eine Gefahrenquelle für einen Rasenmäher darstellen. Um dem ein wenig vorzubeugen, kann man das gegen Verwitterungserscheinungen geschützte Kabel in eine Rille im Rasen einlegen und auf diese Weise schützen. Die Lage des so versteckten Kabels sollte man sich dann aber gut merken.

Stimmungsvolle Beleuchtung eines Beetes mit Stauden und niedrigen Gehölzen.

Material- und Werkzeugliste zum Planungsbeispiel 21

Material
4 Strahler 10 Watt
1 Transformator 60 Watt
1 elektronischer Timer
1 Gartensteckdose
Drahtklammern (zur Kabelfixierung)
Holzpflöcke (zur Leuchtenfixierung)
rostfreie Holzschrauben

Werkzeug
Spaten
Vorschlaghammer
Akkuschrauber
Seitenschneider
Sternschraubenzieher

Gartenbeleuchtung kalkulieren

Wenn Sie die ersten Planungsschritte abgeschlossen haben, ist es wichtig, die auflaufenden Kosten zu kalkulieren. Erst dann können Sie entscheiden, ob Ihr Budget über- oder unterschritten wird und wie Sie weiter vorgehen.

Detaillierte Kostenkalkulation für den Teilbereich Eingangsbeleuchtung (Plannummern 3 und 5)

Für eine Kostenkalkulation wird die auf Seite 409–410 beschriebene Beleuchtungsanlage für die zwei Eingangsbereiche gewählt. Die vier dazu benötigten Sockelleuchten befinden sich dabei auf einer 125 cm hohen verputzten Kalksandsteinmauer. Die dafür notwendigen Arbeiten werden fiktiv als Auftrag vergeben, sodass die Kalkulation aus Material und Arbeitskosten besteht.

Kosten für Vorarbeiten und Installation:		Euro
Kabeldurchführung vom Haus durchbohren	0,5 Std. 1 Helfer à 30,00	15,00
4 Mauerkronen-Durchbohrungen	0,5 Std. 1 Helfer à 30,00	15,00
5 m Kabelschlitze in der Mauer erstellen	1,5 Std. 1 Helfer à 30,00	45,00
17 m Erdkabelgraben ausheben, 80 cm tief	3 Std. à 2 Helfer à 30,00	180,00
4 Sockelleuchten befestigen	2 Std. 1 Fachkraft à 50,00	100,00
Einbau und Befestigung des Leerrohrs	2 Std. 2 Helfer à 30,00	120,00
Einbau Verteilerdosen in der Mauer	1 Std. 1 Helfer à 30,00	30,00
Einbau Fi Schalter, Zeitschaltuhr (in vorhandenen Schaltkasten)	3 Std. 1 Fachkraft à 50,00	150,00
Verkabelung, Verlegen von Erdkabel, Anschließen der Lampe	3 Std. 1 Helfer à 30,00	90,00
Materialkosten:		
4 Sockelleuchten	à 179,00	716,00
4 Leuchtmittel Leuchtstofflampe 20 W	à 11,95	47,80
16 Metalldübel als Verbundanker		44,00
16 Zierkappen		8,00

GARTENBELEUCHTUNG KALKULIEREN

1 Mauerdurchführung		4,00
18 m Leerrohr		7,50
Befestigungsmaterial für Leerrohr		6,00
25 m Erdkabel NYY 3 × 1,5 mm		9,50
4 Verteilerdosen 80 × 80 mm	à 1,30	5,20
Anschlussklemmen		4,00
1 Fi Schalter, 40 Ampere		39,95
1 Zeitschaltuhr		29,50
Silikonkartusche		5,90
Kies		25,00
Warnband		6,00
Summe		1703,35
zzgl. MwSt 19 %		323,64
Gesamtsumme		2026,99

Kostenkalkulation für den Teilbereich Staudenbeet (Plannummer 21)

Die Kostenkalkulation für die auf Seite 409–411 beschriebene Beleuchtungseinrichtung mit einer nicht festinstallierten Niedervoltanlage ist einfacher, weil lediglich Materialkosten anfallen. Die bekanntlich recht hohen Arbeitslöhne entfallen hierzu, denn die Einrichtung kann von jedermann ohne großen Arbeitsaufwand und Sachkenntnis selber verlegt werden.

Materialkosten:		
4 Strahler 10 W	à 34,45	137,80
1 Transformator ST60/2		44,50
1 Verlegekabel 25 m		36,50
1 electronic timer		21,00
4 Holzpflöcke 50/10	à 3,00	12,00
12 Holzschrauben		1,50
Draht		0,50
Gartensteckdose 4fach, Zuleitung 5 m		24,90
Summe		278,70
zzgl. MwSt 19 %		52,95
Gesamtsumme		331,65

Betriebskosten ermitteln

Installierte Beleuchtungsanlagen verursachen je nach Lichtquelle, Leuchtstärke und Energiequelle natürlich Betriebskosten. Diese lassen sich aber durch den Einsatz gezielter Technik so reduzieren, dass sie dem heutigen ökologischen Denken und Handeln weitgehend entgegenkommen. Neben Dimmeinrichtungen und Zeitautomaten spielt vor allem die Wahl des richtigen Leuchtmittels eine Rolle. Die modernen Energiesparlampen haben ganz wesentliche Vorteile. Würden für die Leuchten im Planungsbeispiel 3 und 5 jeweils Glühbirnen mit 100 W statt der geplanten Energiesparlampen mit 20 W verwendet, so wären alleine die Energiekosten zum Betreiben der Leuchten um das 5fache höher. Hinzu kommt die Lebensdauer des Leuchtmittels. Die Energiesparlampe hat eine Leuchtdauer von 15 000 Stunden, die einer Glühbirne beträgt 2000 Stunden. Demzufolge müssten also 7 bis 8 Glühbirnen für dieselbe Leuchtdauer einer Energiesparlampe angeschafft werden.

Weitere Kostenermittlungen entsprechend des Plans Seite 400 unten

Planungsnummer 1: Garageneinfahrt	Euro
2 Stück Pagodenlampen incl.	69,95
2 Solarpaneelen	
2 Verlängerungsstangen	
2 Bodenplatten à 6,50	13,00
Befestigungsmaterial	3,00
Arbeitslohn	80,00
Summe	165,95

Planungsnummer 2: Hauseingang	Euro
1 Kugellampe mit Sensortechnik	64,50
1 Energiesparlampe 60 W	12,50
3 m Kabel 2,5 Quadrat	1,50
Befestigungsmaterial	7,00
Arbeitslohn für Befestigung und Anschluss	75,00
Summe	160,50

Planungsnummer 3: Eingang vorne	

(siehe ausführliche Kalkulation auf S. 412–413)

Planungsnummer 5: Eingang am Autostellplatz	

(siehe ausführliche Kalkulation auf S. 412–413)

Planungsnummer 6: Parkplatz	Euro
1 Hochleistungsstrahler	154,50
1 Halogen QT-DE 12 500 Watt	15,80
25 m Erdkabel	12,00
25 m Leerrohr	10,95
1 Sicherung im Sicherungskasten	9,95
1 Mast (Stahlrohr verzinkt)	50,00
1 Punktfundament	12,95
Spezialschellen	14,00
Befestigungsmaterial	7,00
Arbeitslohn für Errichtung des Mastes	60,00
Lampenbefestigung	20,00
Elektroanschluss	40,00
Summe	407,15

Alle Angaben in Euro ohne Mehrwertsteuer

GARTENBELEUCHTUNG KALKULIEREN

Planungsnummer 7: Staudenbeet Eingang Parken	Euro
3 Niedervoltstrahler incl. Leuchtmittel 50 W à 53,95	161,85
1 Transformator 100 W	65,50
1 Transformator 50 W	44,50
15 m Spezialkabel	16,35
3 Kupplungen à 5,95	17,85
Summe	306,05

Planungsnummer 8: Großer Baum am Parkplatz	Euro
3 Bodeneinbaustrahler à 313,20	939,60
3 Leuchtmittel HIT-CRI 70 W à 60,00	180,00
25 m Erdkabel	12,00
1 Zeitschaltuhr	29,50
Befestigungsmaterial für die Lampen	7,00
Anschlussmaterial für die Lampen	12,00
Arbeitslohn für Lampeninstallation	80,00
Summe	1260,10

Planungsnummer 9: Gartenteich	Euro
3 Schwimmleuchten-Set	159,00
3 Unterwasserleuchten-Set	158,70
6 Leuchtmittel à 2,50	15,00
1 Steckleiste	19,90
30 m Spezialkabel	26,50
1 Transformator 150 W	85,00
1 Funkfernbedienung	75,00
Summe	539,10

Planungsnummer 10: Gartenteich-Außenbeleuchtung	Euro
5 Kugelleuchten incl. Leuchtmittel 10 W à 29,95	149,75
1 Transformator 60 W	44,50
1 Timer	21,00
5 Erdspieße à 5,45	27,25
25 m Spezialkabel	36,50
Summe	279,00

Planungsnummer 11: Sitzplatz am Teich	Euro
3 Kubuslampen 2 versch. Höhen	1550,00
3 Leuchtstofflampen, 23 W à 12,45	37,35
25 m Erdkabel	12,00
25 m Leerrohr	10,95
Anschluss am Hausanschluss	30,00
Fernbedienung und Empfänger	45,00
Befestigungsmaterial	20,00
Bodenplatte	20,00
Summe	1725,30

Planungsnummer 12: Pavillon	Euro
5 Wandlampen à 255,00	1275,00
5 Eckhalterungen à 36,00	180,00
5 Energiesparlampen 15 W à 10,95	54,75
10 m Erdkabel	4,00
Hausanschluss	30,00
1 Schalter	16,50
4 Verteilerdosen à 1,25	5,00
Befestigungsmaterial	12,00
Arbeitskosten für Befestigung und Anschluss	140,00
Summe	1717,25

Alle Angaben in Euro ohne Mehrwertsteuer

Planungsnummer 13: Findling	Euro
1 Doppelstrahler	45,00
2 Reflektorlampen 80 W à 14,90	29,80
1 Gartensteckdose	27,50
1 Fernbedienung	45,00
Summe	147,30

Planungsnummer 15: Gartenhaus für Geräte	Euro
1 Feuchtraumleuchte (Doppelröhre)	39,95
2 L-Lampen Stabform 40 W à 5,90	11,80
15 m Erdkabel	9,00
Schalter, Verteilerdose	18,50
Befestigungsmateral	7,00
Arbeitskosten für Montage und Anschluss	75,00
Summe	161,25

Planungsnummer 16: Wasserspiel	Euro
1 Unterwasserstrahler	49,00
1 Halogenbirne 20 W	2,50
1 Gartensteckdose	27,50
1 Transformator 30 W	27,50
15 m Spezialkabel	29,50
1 Funkfernbedienung	45,00
Befestigungsmaterial	5,00
Summe	186,00

Planungsnummer 17: Terrasse	Euro
4 Wandleuchten à 79,80	319,20
4 Leuchtstofflampen 20 W à 12,50	50,00
15 m Hausanschlusskabel	14,00
4 Verteilerdosen à 1,25	5,00
4 Wandbefestigungen	6,50
Arbeitskosten für Montage und Anschluss	75,00
Summe	469,70

Planungsnummer 20: Bambuswald	Euro
4 Kugelleuchten incl. 10 W Leuchtmittel à 29,95	119,80
15 m Spezialkabel	22,50
1 Transformator 60 W	44,50
4 Erdspieße à 5,45	21,80
1 Funkfernbedienung	45,00
4 Kupplungen à 5,95	23,80
Summe	277,40

Planungsnummer 21:
Staudenbeet am Schwimmbad

(siehe ausführliche Kalkulation aus S. 413)

Alle Angaben in Euro ohne Mehrwertsteuer

GARTENBELEUCHTUNG KALKULIEREN

Planungsnummer 22: Weg am Haus	Euro
3 Lichtpylonen à 625,00	1875,00
3 Kompakt Leuchtstofflampen 15 W à 10,95	32,85
20 m Erdkabel	8,00
25 m Leerrohr	10,95
3 Bodenanschlüsse à 2,45	7,35
3 Verteilerdosen à 1,25	3,75
Befestigungsmaterial	19,00
Arbeitskosten für Befestigung und Anschluss	75,00
Summe	2031,90

Planungsnummer 23: Weg von der Terrasse zum Pavillon	Euro
7 Wegleuchten mit Standpfahl à 22,95	160,65
mit je 2 LEDs und integrierten Solarzellen	21,00
keine Anschluss- und Montagekosten	
Summe	181,65

Planungsnummer 24: Gewächshaus	Euro
2 Feuchtraumlampen à 39,95	79,90
4 Leuchtstoffröhren Fluora 30 W à 5,95	23,80
12 m Erdkabel	8,00
Verteiler- und Befestigungsmaterial	15,00
Doppelschalter	16,50
Installations- und Montagekosten	45,00
Summe	188,20

Planungsnummer 25: Leuchtende Steine	Euro
3 Stück unterschiedlicher Größe	450,00
3 Leuchtstofflampen 7 W à 9,95	29,85
1 Gartensteckdose	27,50
1 Fernbedienung	45,00
Summe	552,35

Planungsnummer 26: Leuchtkugeln	Euro
3 Leuchtende Kugeln, Größe 30/40/50	114,50
3 Energiesparlampen 23 W à 12,50	37,50
1 Gartensteckdose	27,50
1 Zeitschaltuhr	9,95
Summe	189,45

Alle Angaben in Euro ohne Mehrwertsteuer

SERVICE

PFLANZEN-PLANUNGSHILFEN

Ein Garten ohne Pflanzen? Unvorstellbar! Pflanzen sind als wichtigstes gärtnerisches Gestaltungsmittel nicht zu ersetzen. Der Gestaltung mit Pflanzen kommt folglich eine besonders herausragende Bedeutung zu, die Know-how, Feingefühl, Geduld und gestalterische Raffinesse erfordern.

Ergänzend zu den sechs Gartenplanungs-Bausteinen dieses Buches finden Sie auf den folgenden Seiten thematische Pflanzenlisten, gestalterische Hilfestellungen und Grundlegendes zur richtigen Pflanzenverwendung – auch an schwierigen Standorten. Die richtige Pflanzenwahl macht die Wirkung!

Baustein 1:
Stützmauern, Treppen & Geländemodellierung

Stützmauern begrünen
siehe Seiten 12/13, 14, 16–27, 32, 41

Locker überhängende Pflanzenpolster, „grüne Vorhänge" und extrovertierte Nischenkünstler sind das ultimative i-Tüpfelchen jeder Mauer. Aber längst nicht alle Pflanzen kommen zur Mauerbegrünung überhaupt infrage. Stützmauern begrünen: ein Fall für Spezialisten. Grundsätzlich bestimmt die Mauerkonstruktion (Trockenmauerwerk, gebundene Bauweise, Ortbeton, verputzt usw.) die Art der Begrünung. Die Bedingungen für die Pflanzen hingegen sind bei allen Mauertypen recht ähnlich. Fachgemäße Baukonstruktionen sind auch ohne zusätzliche Begrünung unabdingbar, jedoch erhöhen sich die Ansprüche an Statik und Feuchtigkeitsresistenz durch die Pflanzen(-last) deutlich und einiges muss bereits vorab bedacht werden. Bei Trockenmauern zum Beispiel müssen bereits während des Setzens Fugen mit Substrat (nährstoffarm, durchlässig, kein Humus) befüllt und entsprechende Pflanzen platziert werden; geschieht das in größerem Rahmen nachträglich gerät die gesamte Konstruktion buchstäblich ins Wanken. Bei Stützmauern auf Erdanschluss nach hinten achten, damit sich Pflanzen gut verankern können; jeweils auf hohen Anteil vitaler Feinwurzeln der Pflanzen achten und weder mit Druck in die Fugen-Zwischenräume pressen, noch einschwemmen.

Pflanzen zur flächigen Mauer-Begrünung („Kletterpflanzen")

Sorgt nicht nur für stimmungsvolle Bilder, schützt, bei angenehmerem Mikroklima auch die Bausubstanz vor Wetterstress. Wenn konstruktive und statische Erfordernisse beachtet werden! An Mauern herrschen grundsätzlich schwierige Bedingungen und längst eignen sich nicht alle potentiell infrage kommenden Pflanzen auch für den jeweiligen Mauertyp, denn es gilt neben der grundsätzlichen Mauerexposition, die Bodenverhältnisse und etwaige Kletterhilfen, bezogen auf Zuglasten und Wuchskraft genau abzustimmen. Keine Experimente, bitte!

mit Kletterhilfe
(siehe auch „Richtige Kletterhilfen sind das A und O!", S. 426)
- Akebie *(Akebia quinata)*
- Blauregen *(Wisteria sinensis)*; extrem starkwüchsig!
- Chinesischer Baumwürger *(Celastrus orbiculatus)*
- Geißblatt-Arten *(Lonicera)*
- Kletterrosen, speziell aber Ramblerrosen, z. B. 'Bobby James', 'Kiftsgate', 'American pillar', 'Rambling Rector', 'New Dawn', 'Super Excelsa', 'Super Fairy'.
- Knöterich *(Fallopia aubertii)*
- Gelber Strahlengriffel *(Actinidia arguta)*
- Scharlachwein *(Vitis coignetiae)*
- Waldrebe-Arten/-Sorten *(Clematis)*
- Winterjasmin *(Jasminum nudiflorum)*

ohne Kletterhilfe
- Efeu (Hedera helix)
- Kletterhortensie (Hydrangea anomala ssp. petiolaris); zusätzliche Spanndrähte sinnvoll
- Spindelstrauch (Euonymus fortunei)
- Trompetenblume (Campsis radicans)
- Wilder Wein (Parthenocissus)

einjährige Arten
- Duftwicke (Lathyrus odoratus)
- Feuerbohne (Phaseolus coccineus)
- Glockenrebe (Cobaea scandens)
- Kapuzinerkresse (Tropaeolum-Hybriden)
- Mandevilla (Dipladenia)
- Prunk-/Kaiserwinde (Ipomea tricolor)
- Rosenkleid (Rhodochiton atrosanguineum)
- Schönranke (Eccremocarpus scaber)
- Schwarzäugige Susanne (Thunbergia alata)
- Zierkürbis (Cucurbito pepo var. ovifera)

Mauerfußpflanzungen
siehe Seiten 41 Mitte rechts, 185, 187, 192

Am Mauerfuß kommt es oft zu Luftverwirbelungen. Vermeiden Sie hier Pflanzen mit großen, dünnen Blättern. Generell müssen Sie die Himmelsrichtungen berücksichtigen. An der Nordseite ist das Mikroklima anders (und teils recht feucht) als an der naturgemäß deutlich wärmeren Südseite. Eine Steinmauer in Südlage heizt sich bei Sonnenschein stark auf. Hier sind hitzeverträgliche Pflanzen Pflicht! Am besten wirken kompakte Pflanzstreifen aus wenigen, eher anspruchslosen, aber durchsetzungsfähigen Arten.

sonnige Standorte
- Blutstorchschnabel (Geranium sanguineum)
- Diptam (Dictamnus albus)
- Dreiteilige Mannstreu (Eryngium x tripartitum)
- Echter Salbei (Salvia officinalis)
- Ehrenpreis (Veronica teucrium/spicata)
- Gold-Garbe (Achillea filipendulina-Hybriden)
- Heiligenkraut (Santolina chamaecyparissus)
- Hohe Bart-Iris (Iris Barbata-Elatior-Hybriden)
- Hohe Fetthenne (Sedum-Telephium-Hybriden, z. B. 'Herbstfreude', 'Karfunkelstein', 'Matrona')
- Königskerze (Verbascum)
- Lavendel (Lavandula angustifolia, z. B. 'Provence')
- Narbonne-Lein (Linum narbonense)
- Prachtscharte (Liatris spicata)
- Pyrenäen-Aster (Aster pyrenaeus 'Lutetia'/'Nanus')
- Riesen-Alant (Inula magnifica)
- Rispen-Schleierkraut (Gypsophila paniculata)
- Spornblume (Centranthus ruber)
- Steppenkerze (Eremurus robustus)
- Steppen-Salbei (Salvia nemorosa, z. B. 'Blauhügel', 'Tänzerin', 'Adrian')

schattige Standorte
- Bergenie (Bergenia)
- Bronze-Schaublatt (Rodgersia podophylla)
- Chinesische Wiesenraute (Thalictrum delavayi)
- Dickmännchen (Pachysandra terminalis)
- Etagen-Primel (Primula-Bullesiana-Hybriden)
- Frühlings-Gedenkemein (Omphalodes verna)
- Funkien-Arten (Hosta)
- Geflecktes Lungenkraut (Pulmonaria angustifolia 'Azurea')
- Gelber Lerchensporn (Corydalis lutea)
- Gewellter Hirschzungenfarn (Phyllitis scolopendrium 'Crispa')
- Gewöhnlicher Wurmfarn (Dryopteris filix-mas)
- Große Sterndolde (Astrantia major)
- Herbst Anemone (Anemone huphensis 'Septembercharme')
- Prachtspiere (Astilbe Arendsii-Hybriden)
- Schecken-Knöterich (Polygonum affine 'Darjeeling Red')
- Schneerose (Helleborus niger)
- Teppich-Golderdbeere (Waldsteinia ternata)
- Waldmeister (Galium odoratum)

Pflanzen für Trockenmauern
siehe Seite 197

Für Trockenmauern kommen nur Spezialisten, die mit beengten Platzverhältnissen, Hitze, Trockenheit und wenigen Nährstoffen zurechtkommen, infrage.

- Alpen-Zwergglockenblume *(Campanula cochleariifolia)*
- Armenischer Teppich-Ehrenpreis *(Veronica armena)*
- Aurikel *(Primula x pubescens)*
- Blaukissen-Arten (z. B. Sternhaariges Blaukissen *(Aubrieta columnae)*
- Büschelglocke *(Edraianthus)*
- Dalmatiner Glockenblume *(Campanula portenschlagiana)*
- Felsennelke *(Petrorhagia saxifraga)*
- Felsen-Steinkraut *(Allysum saxatile)*
- Fetthenne-Arten (z. B. *Sedum aizoon, S. diffusum, S. kamtschaticum)*
- Frühlingsaster *(Aster alpinus)*
- Hauswurz-Arten (z. B. *Sempervivum orbiculatum)*
- Heidenelke *(Dianthus deltoides)*
- Hornkraut *(Cerastium tomentosum)*
- Hungerblümchen *(Draba aizoides)*
- Immergrüne Schleifenblume *(Iberis sempervirens)*
- Islandmohn *(Papaver nudicaule)*, 2-jährig
- Karpatenglockenblume *(Campanula carpatica)*
- Leimkraut *(Silene schafta)*
- Lerchensporn-Arten *(Corydalis)*
- Polster-Phlox *(Phlox douglasii)*
- Seifenkraut *(Saponaria ocymoides)*
- Steinbrech-Arten *(Saxifraga)*
- Steintäschel *(Aethionema grandiflorum)*
- Zimbelkraut *(Cymbalaria muralis)*
- Zottiges Fingerkraut *(Potentilla crantzii)*
- Zwergfeinstrahlaster *(Erigeron karvinskianus)*

Mauer-Pflanzen mit überhängendem Wuchs
siehe Seiten 26, 41, 190

Speziell für Mauerkronen und Mauerbereiche mit größeren Auspaarungen prädestinieren sich Pflanzen, die elegant herabhängen/-wachsen und einen reizvollen Kontrast zum hartkantigen Stein darstellen. Neben den aufgeführten Arten kommen hier natürlich auch Kräuterklassiker und auch etliche bekannte einjährige Sommerblumen, z. B. Pelargonien und Knollenbegonien, wunderschön zur Geltung. Auch an sonnenliebende, nicht zu große, anspruchslose, explizit bogig überhängend wachsende Gräser (z. B. Mexikanisches Federgras [*Stipa tenuissima*], Berg-Segge [*Carex montana*]) sollten Sie denken.

- Blauroter Steinsame *(Lithospermum purpureoceaeruleum)*
- Büschelrose *(Rosa multiflora)* (Seite 41, Mitte rechts)
- Gänsekresse *(Arabis caucasica)*
- Hängepolster-Glockenblume *(Campanula poscharskyana)*
- Immergrün *(Vinca minor/major)*
- Hänge-Sommerflieder *(Buddleja alternifolia)*
- Kriechendes Berg-Bohnenkraut *(Satureja spicigera)*
- Kriechendes Schleierkraut *(Gypsophila Repens*-Hybriden 'Rosenschleier'/'Rosa Schönheit')
- Pfennigkraut *(Lysimachia nummularia)*
- Sand-Thymian *(Thymus serpyllum)*
- Scheinknöterich *(Muehlenbeckia axillaris)*
- Steinfeder *(Asplenium trichomanes)*
- Teppich-Mispel *(Cotoneaster radicans)*
- Teppich-Phlox *(Phlox subulata)*
- Waldrebe-Arten/-Sorten *(Clematis)*
- Zwerg Kriechwacholder *(Juniperus procumbens* 'Nana')

Treppen-Stufen-Pflanzungen
siehe Seiten 48, 52, 55, 100, 102, 121, 225

Treppen sind oft einer der Blickfänge des Gartens und bieten optimale Anknüpfungspunkte für kreative Bepflanzungen. Ob begleitend, rahmend oder akzentuierend, mit der richtigen Bepflanzung lassen sich Treppen aller Art perfekt in den Garten integrieren. Grundsätzlich gibt es drei Varianten: Einfassung mit Sträuchern/Kleingehölzen, Stauden-/Gräser-Saum und die Begrünung der Fugen/Zwischenräume.

Wichtig: Die Bepflanzung darf sicheres Begehen (feuchte Stellen durch Beschattung vermeiden, Stacheln/Dornen sind im Gehbereich tabu, Früchte wegen Fleckengefahr ungünstig; regelmäßige Schnittmaßnahmen vorsehen) und die Treppen-Stufen-Konstruktion selbst, etwa durch Wurzeldruck, Ausscheidung von Pflanzensäften, allgemein höhere Grundfeuchtigkeit, nicht gefährden. Wurzelschutzbahnen und Betonkiespackungen schützen die Fundamentierung vor „übergriffigen" Pflanzen.

Ist das Gelände nicht zu steil und der Platz ausreichend, dann sind lockere Blütensträucher und Immergrüne wie Buchsbaum, Japanische Hülse (*Ilex*), Zwergmispel, niedrige Wacholder, kleinbleibende Liguster ideale Treppenbegleiter. Ein Saum aus „wetterfesten" Stauden/Gräsern, z. B. Frauenmantel, Brandkraut, *Stipa tenuissima*, Spornblume, Storchschnabel, Glockenblumen, Purpurglöckchen und Elfenblumen, kaschiert wirkungsvoll Ecken und Kanten. Mit größerem Abstand zur Treppe kommen auch entsprechend größere oder üppigere Pflanzen infrage. So lange der Treppenlauf nicht negativ beeinflusst wird, ist alles möglich. Für betont natürliche, eher rustikale Konstruktionen mit unregelmäßigen Belagsverläufen sorgen kriechende und trittfeste Polsterstauden (siehe „Natürlich schöne Lückenfüller") für besonderen Charme.

Hänge & Böschungen – alles bepflanzbar
siehe Seiten 63/63, 66/67

Begrünte Hänge und Böschungen sehen nicht nur gut aus, die Bepflanzung besitzt auch eine entscheidende Funktion: sie stabilisiert und schützt vor Auswaschungen und Erdrutschen, etwa infolge von Starkregenereignissen, auch minimiert sich der Pflegeaufwand für steile Geländeabschnitte durch ausdauernde Bepflanzungen erheblich. Prinzipiell sind reine Rasen-/Wiesenflächen bis zu einer Steigung von 1:2 (Geländeneigungen siehe S. 66) machbar. Ist es steiler, dann entsprechend bepflanzen; ggf. Böschungsmatten (Jute, Kokos) verwenden. Aufgrund der schwierigen Zugänglichkeit und um die hangsichernde Funktion zu gewähren, kommen nur ganzjährig geschlossene Pflanzendecken infrage. Relevante Arten müssen zudem mit schwierigen Bedingungen (Luftverwirbelungen, tiefer Schatten/Sonne pur, stete Wasserknappheit; Tröpfchenbewässerung bei Südhängen nutzen!) zurechtkommen, auch sollten sie nicht übermäßig wachsen, aber schnitttolerant sein. Bodendecker (siehe „Bodendecker – Unkraut adé!"), weit oder tief wurzelnde Stauden/Gräser und flach, netzartig wachsende sowie standfeste Gehölze für „Extremstandorte" sind hier erste Wahl.

sonnige Standorte
- Besenginster *(Cytisus scoparius)*
- Hunds-Rose *(Rosa canina)*
- Kleinstrauch-Rosen, z. B. 'Purple Haze', 'Schneeflocke', 'Sommerwind'
- Spindelstrauch *(Euonymus fortunei)*
- Teppich-Wacholder *(Juniperus horizontalis)*
- Zwerg-/Kriechmispel *(Cotoneaster praecox/ dammeri)*

halbschattige/schattige Standorte
- Böschungsmyrte *(Lonicera pileata)*
- Efeu *(Hedera helix)*
- Fingerstrauch *(Potentilla)*
- Mahonie *(Mahonia aquifolium)*
- Teppich-Hartriegel *(Cornus canadensis)*
- Teppich-Johanniskraut *(Hypericum calycinum)*

Baustein 2: Wege und Sitzplätze

Akzentuierung & Begleitung
siehe Seiten 84/85, 105, 106/107, 121, 124, 132/133, 138/139

Vor allem Sitzbereiche bündeln das Gartenglück und sind sehr oft mit viel Liebe zum Detail und gestalterischer Raffinesse zum persönlichen Lieblingsplatz avanciert. Als Mittelpunkt des Lebens unter freiem Himmel bilden sie einen zentralen Gestaltungsschwerpunkt. Umso bedeutender ist die Rolle von Pflanzen. Es gilt, einen inspirierend lebendigen, aber auch dauerhaft schönen Rahmen zu schaffen. Verzichten Sie bei der Pflanzenauswahl hier auf Experimente und setzen Sie auf Verlässlichkeit und v. a. auf Ganzjährigkeit! Das gelingt am besten mit einem Mix aus Solitären, Sträuchern, Immergrünen, saisonal eingestreuten Knollen-/Zwiebelpflanzen und ausdauernden Stauden/Gräsern.

Neben gestalterisch-sinnlichen Aspekten (Farbe, Duft, Fruchtschmuck, Struktur, Habitus) gilt es den potentiellen Pflegeaufwand zu bedenken bzw. von vornherein zu minimieren. Pflanzungen sollten allzeit leicht zugänglich (erleichtert das Beschneiden) sein, sich natürlich entfalten können (gilt v. a. für Solitäre!) und selbst so stabil und pflegearm wie möglich sein. Sind Zwischenräume von z. B. Trittplatten bepflanzt, wählen Sie keine sich überproportional ausbreitenden Arten. Setzen Sie Prioritäten – besser wenige, dafür starke Akzente.

Perfekter Rahmen – Sträucher

Die strukturelle Gliederung mit Pflanzen ist von übergeordneter Bedeutung für die Wahrnehmung des Gartens. Neben Solitären bilden Sträucher markante Bezugspunkte.

Sie wechseln – je nach Art – ihr Kleid, treten aber ganzjährig in Erscheinung, wirken linear (Hecken), einzeln (Blütensträucher), als lockere Gruppe (Hortensien, Schneeball und Co.) und lassen ohne großen Kosten-Pflanz-Aufwand viel Garten-Raum-Gefühl entstehen. Wichtig: standortgerecht pflanzen, Entfaltungsraum lassen, mit Augenmaß beschneiden. Diese Klassiker müssen Sie kennen!

- Asiatischer Blüten-Hartriegel *(Cornus kousa)*
- Blut-Johannisbeere *(Ribes sanguineum)*
- Deutzie-Arten *(Deutzia)*
- Edelflieder *(Syringa vulgaris-Hybriden)*
- Federbuschstrauch *(Fothergilla)*
- Flügel-Spindelstrauch *(Euonymus alatus)*
- Hortensien, z. B. Bauern-Hortensie *(Hydrangea macrophylla)*, Rispen-Hortensie *(H. paniculata)*, Teller-Hortensie *(H. serrata)*
- Lavendelheide *(Pieris japonica)*
- Mahonie *(Mahonia aquilofium)*
- Mandelbäumchen *(Prunus triloba)*
- Perückenstrauch *(Cotinus coggygria)*
- Ranunkelstrauch *(Kerria japonica)*
- Rote Winterbeere *(Ilex verticillata* 'Winter Red'/'Winter Gold')
- Roter Hartriegel *(Cornus sanguinea)*
- Säckelblume *(Ceanothus)*
- Schneeball *(Viburnum)*, z. B. Winter-Schneeball *(Viburnum x bodnantense)*, Japanischer Schneeball *(V. plicatum)*
- Schönfrucht *(Callicarpa bodinieri* 'Profusion')
- Sommerflieder *(Buddleja davidii)*
- Spierstrauch-Arten *(Spirea)*
- Weigelie *(Weigelia hybrida)*
- Wildrosen, z. B. Kartoffel-Rose *(Rosa rugosa)*, Sand-Rose *(R. virginiana)*, Dünen-Rose *(R. pimpinellifolia)*
- Zaubernuss-Arten *(Hamamelis)*

Bodendecker – Unkraut adé!

Konkurrenzstarke Bodendecker sorgen für Volumen, geschlossene Pflanzbilder und sind in Kombination mit einer Mulchschicht (5 bis 8 cm, z. B. Holzhack, kleingehäckselter Strauchschnitt, getrockneter Rasenschnitt) die beste Gegenmaßnahme gegen Unkraut und Wasserstress.

sonnige Standorte
- Balkan-Storchschnabel *(Geranium macrorrhizum)*
- Blut-Storchschnabel *(Geranium sanguineum)*
- Rosa-Storchschnabel *(Geranium endressii)*
- Mauerpfeffer *(Sedum acre)* u. a. *Sedum*-Arten
- Woll-Ziest *(Stachys byzantina)*
- Trugerdbeere *(Duchesnea indica)*

schattige Standorte
- Dickmännchen *(Pachysandra terminalis)*
- Elfenblumen-Arten *(Epimedium)*
- Frühlings-Gedenkemein *(Omphalodes verna)*
- Immergrün *(Vinca minor/major)*
- Schaumblüte *(Tiarella cordifolia)*
- Teppich-Golderdbeere *(Waldsteinia ternata)*

Grüne Wiesen waren gestern

„Wilde Ecken" sind en vogue! Zurecht, denn sie bieten bei minimalem Aufwand (aussäen, wachsen lassen, max. zweimal mähen) maximale Blütenfreude und sind wahre Tummelplätze für Biene, Hummel und Co.; auch als natürlicher Kontrast zu modernistischen Architekturen absolut wirkungsvoll! Immer dann, wenn Sie genügend Platz haben und pflegeintensive Flächen (Rabatten, Rasen) zugunsten von mehr Natur (beste Anti-Klimawandel-Strategie!) und eine generell lässige Note im Garten haben möchten, dann liegen Sie mit Wild-Blumen-Wiesen richtig. Hier eine kleine Auswahl an markanten, vor allem heimischen Arten (bei Saatgutmischungen darauf achten!), den Rest erledigt die Natur …

- Acker-Witwenblume *(Knautia arvensis)*
- Bienenfreund *(Phacelia tanacetifolia)*
- Blauer Natternkopf *(Echium vulgare)*
- Echtes Johanniskraut *(Hypericum perforatum)*
- Echtes Seifenkraut *(Saponaria officinalis)*
- Eisenkraut *(Verbena bonariensis)*
- Großblütige Strahldolde *(Orlaya grandiflora)*
- Große Knorpelmöhre *(Ammi majus)*
- Große Sterndolde *(Astrantia major)*
- Jungfer-im-Grünen *(Nigella damascena)*
- Kleiner Wiesenknopf *Sanguisorba minor)*
- Korn-Flockenblume *(Centaurea cyanus)*
- Mohnblume/Klatschmohn *(Papaver rhoeas)*
- Wiesensalbei *(Salvia pratensis)*
- Wilde Malve *(Malva sylvestris)*
- Wilde Möhre *(Daucus carota)*

Stauden und Gräser für intelligente Faule

Diese rundum attraktiven Arten trotzen mit stoischer Gelassenheit Wind, Wetter und sonstigen Widrigkeiten und benötigen, wenn Bodenverhältnisse und Standort passen, keine besondere Zuwendung.

- Bergenien-Arten *(Bergenia)*
- Seggen-Arten *(Carex)*
- Funkien-Arten *(Hosta)*
- Japanische Anemone *(Anemone japonica)*
- Katzenminze *(Nepeta x faassenii)*
- Kerzen-Knöterich *(Bistorta amplexicaulis)*
- Kriechender Günsel *(Ajuga reptans)*
- Kugel-Distel *(Echinops ritro)*
- Prachtkerze *(Gaura lindheimeri)*
- Purpurglöckchen-Arten und Sorten *(Heuchera)*
- Purpur-Sonnenhut *(Echinacea purpurea)*
- Reitgras *(Calamagrostis acutifolia)*
- Spornblume *(Centranthus ruber)*
- Storchschnabel-Arten *(Geranium)*
- Taglilien-Arten *(Hemerocallis)*

Baustein 3:
Zäune, Schutzmauern & Hecken

Effektstarke Zaungäste & grüne Mauern
siehe Seiten 148/149, 153, 154, 160/161, 168, 172/173, 174, 185, 186/187, 188, 191, 192, 194, 197

Mit einjährigen/kurzlebigen, dafür attraktiven Arten (einjährige Kletterpflanzen, Sommerblumenklassiker, Stockrosen, Rittersporn etc.) machen Sie – bei Zäunen und Schutzmauern – viel Effekt, ohne größere Schäden (durch aggressives Wurzelwerk, Pflanzensäfte usw.) an der Konstruktion/Bausubstanz befürchten zu müssen. Das ist gerade bei Schutzmauern mit entsprechend sensiblen Oberflächen (bei Efeu und anderen selbstklimmenden Arten sind Schäden vorprogrammiert!), in räumlich beengten Situationen und an sensiblen Standorten (Nähe zu öffentlichen Verkehrswegen bei überhängendem Bewuchs, schwierige Nachbarschaftsverhältnisse) ein entscheidender Punkt! Gehölzpflanzungen bzw. generell ausdauernde Pflanzungen kommen nur dann infrage, wenn genügend Platz zur Verfügung steht und die Mauerfunktion nicht beeinträchtigt wird. Auch etwaige Wartungs- oder Renovierungsarbeiten sollten bedacht sein. Bei Notwendigkeit sollten alle Mauerseiten leicht zugänglich sein und Zaunfelder rasch vom Bewuchs befreit werden können. Anstelle direkter Berankung ergeben auch Bepflanzungen vor Zäunen und Mauern gute Ergänzungen, wie einige der oben genannten Seiten dokumentieren.

Richtige Kletterhilfen sind das A und O!

Generell für Wandbegrünung ungünstig: beschädigte Oberflächen (Risse, ausgewittertes Mauerwerk); Putze, die intervallmäßig erneuert werden müssen; Wandverkleidungen mit nicht ausreichender Tragfähigkeit.

- **Gerüstkletterpflanzen/Ranker (z. B. Waldrebe [Clematis]):** gitterartige Seilverspannungen, Netze, Spaliere günstig; nicht zu dicke Durchmesser wählen (artabhängig!); Gitterweiten: (mind. 5) 10 bis 20 (max. 30) cm; Wandabstand* zwischen 5 und 10 cm wählen.
- **Gerüstkletterpflanzen/Schlinger und Winder (größtes Artenspektrum, z. B. Hopfen, Blauregen, Knöterich, Feuerbohne, Geißblatt [Lonicera]):** Konsequente senkrechte Ausrichtung! (seitliche Führung nicht unter 45°, da sonst Kümmerwuchs; Stabilität (v. a. Mauerfixierung) ist oberste Prämisse; allzeit Abnehmbarkeit gewährleisten; runde Profile sind besser als kantige; bei Spanndrähten nicht mehrere Triebe um ein Seil leiten (Selbstdrosselung!); Seile dürfen nicht einwachsen (nicht zu dünn); Wandabstand* 5 cm (nur Clematis!), sonst zwischen 10/15 cm, bei starkwüchsigen Blauregen und Knöterich mind. 20, besser 25/30 cm wählen.
- **Gerüstkletterpflanzen/Spreizklimmer (z. B. Kletterrosen, Brombeeren, Winterjasmin):** vorzugsweise horizontal ausgerichtete und stabile Kletterhilfen (waagerechte Sprosse, Latten, Stahlgitter, Spanndrähte; bei gitterartigen Kletterhilfen Gitterweiten von 50 cm nicht unterschreiten; Wandabstand* von 5 cm ausreichend; Pflegeaufwand beachten.

- **Selbstklimmer/Haftscheibenkletterer (z. B. Wilder Wein):** keine Kletterhilfe notwendig!; ähnlich wie Wurzelkletterer.
- **Selbstklimmer/Wurzelkletterer (z. B. Kletterhortensie):** keine Kletterhilfe notwendig!; eingeschränkte Haftwirkung bei glatten, weißen (hellen), wasserabweisenden, mit bioziden Zusätzen behandelten und sich extrem rasch aufheizenden Oberflächen, generell sonnig-trockenen Lagen.

* Triebe ausschließlich auf der Außenseite der Kletterhilfe entlangführen!

Hecken-Update
siehe Seiten 198–211

Die Ausgestaltung des Gartens endet nicht bei rahmenden und abgrenzenden Hecken, vielmehr wirken sowohl die Hecken selbst, als alles, was ihnen vorsteht bzw. davor gepflanzt wird. Die kulissenhafte Wirkung von Hecken aller Art ist nicht zu vernachlässigen! Schnitt (Konturen, „Fenster") und Anordnung (durchgehend, lückig, linearer/horizontaler Versatz usw.) sind neben dem Heckentyp ans sich (freiwachsend, Formschnitthecke) die wichtigsten Stellschrauben, um Hecken selbst eine markante Note zu geben. Gestalterisch interessant und ein probates Mittel, um verkahlte Stellen (wegen Lichtmangel) zu verbergen, sind schmale Saumpflanzungen, die einen attraktiven und fließenden Übergang zum Garten gewährleisten. Das kann sehr locker und natürlich, extrovertiert oder eher sachlich und formal geschehen, muss sich aber immer nach den besonderen Licht-/Standortbedingungen richten!

Pflanzen für Heckensäume

Um vor und entlang Hecken zur Geltung und Entfaltung zu kommen, bedarf es Arten, die unkompliziert, wuchskräftig, tolerant gegenüber Wurzeldruck und dennoch ausdrücklich attraktiv sind. Am besten (stabilsten, wirkungsvollsten) sind Gruppenpflanzungen. Je dunkler die Hecken (z. B. Rotbuche, Eibe), desto heller sollten Blütenfarben und Blattwerk sein. Im Gegensatz stellen dunkelgrüne/braunlaubige Gräser und eher „düstere" Staudenarten und -sorten einen hervorragenden Kontrast zu naturgemäß helleren Heckenvertretern (Feldahorn, Hainbuche, Kornelkirsche) dar. Probieren Sie es, es wirkt!

- Balkan-Storchschnabel (*Geranium macrorrhizum* 'Ingwersen')
- Bergenie (*Bergenia cultorum*)
- Busch-Malve (*Lavatera-Olbia*-Hybriden)
- Elfenblume (*Epimedium*-Arten)
- Frauenmantel (*Alchemilla mollis*)
- Frühlings-Gedenkemein (*Omphalodes verna*)
- Funkien-Arten (*Hosta*)
- Gebüsch-Aster (*Aster divaricatus*)
- Gefleckte Taubnessel (*Lamium maculatum*)
- Goldfelberich (*Lysimachia punctata*)
- Japanische Anemone (*Anemone japonica*)
- Katzenminze (*Nepeta x faassenii*)
- Kerzen-Knöterich (*Bistorta amplexicaulis*)
- Moor-Pfeifengras (*Molinia caerulea*)
- Purpurglöckchen (*Heuchera*-Arten und Sorten)
- Purpur-Greiskraut (*Ligularia dentata*)
- Salomonsiegel (*Polygonatum multiflorum*)
- Schildfarn (*Polystichum setiferum*)
- Schopf-Segge (*Carex caryophyllea* 'The Beatles')
- Steinsame (*Lithospermum purpurocaeruleum*)
- Storchschnabel (*Geranium endressii*)
- Taglilie (*Hemerocallis*-Arten)
- Waldsteinie (*Waldsteinia geoides*)

Baustein 4: Vorgarten und Carport

Rettet den Vorgarten!
siehe Seiten 82/83, 235, 240, 243–247, 253, 261, 264/265

Als Aushängeschild und in puncto Mikroklima kommt der Vorgartengestaltung eine besondere Rolle zu, sie endet keineswegs mit einem markanten Solitärgehölz und ein, zwei „Blumen". Auch Verkehrsflächen können mit Pfiff gestaltet werden und pflegeleichte Pflanzungen, die obendrein ein Plus für die Natur sind, sind die einfachste Übung. Ganz Faule setzen auf fertige Stauden-Mischpflanzungen („Silbersommer", „Blütenschleier", „Präriemorgen" usw.), intelligente Faule auf Pflanzen, die fast von allein wachsen. Hauptsache Ihr Vorgarten ist mehr als Rasengrün oder gar „Steinwüste". Wichtigstes Kriterium: standortgerechte Pflanzenwahl (Böden prüfen und ggf. optimieren) und die Beachtung der Himmelsrichtung.

Begrünte Carport-Garagen-Dächer
siehe Seiten 267, 275, 276/77

Baulich und technisch sind (extensive wie intensive) Gründächer anspruchsvoll, mikroklimatisch und ökologisch wertvoll. Voraussetzung: absolut dichte, gut wasserabführende und tragfähige Dächer gemäß DIN 1055 „Lastaufnahme für Bauten" und standardisierte Schichtaufbauten (Vegetations-, Filter-, Dränschicht; Wasserspeicher, Durchwurzelungsschutz, Trennlage, Dachabdichtung). Nur dann sind optimale Wuchsbedingungen und Dauerhaftigkeit gegeben.

extensive Dachbegrünung
Basiert auf einschichtigem Aufbau mit mineralischer Lava (wasser- und nährstoffspeicherfähiges Mineralsubstrat gemäß FLL-Richtlinien) und bietet ein farbenfrohes Farb- und Strukturspiel aus Moos, Hauswurz *(Sempervivum)* und Fetthenne *(Sedum)*; den bewährten, weil absolut pflegeleichten, anspruchslosen und attraktiven Gründach-Protagonisten. Voraussetzung für eine extensive Dachbegründung im Einschichtaufbau (5 bis 15 cm; 50-170 kg/m² [0,5-1,7 KN/m²]) sind mindestens 2 % Dachgefälle und eine wurzelfeste Dachabdichtung (PE-Dichtungsbahn oder EPDM-Dachfolie). Bis zu Dachneigungen von 45° problemlos machbar. Kostenrichtwert: 15-40 EUR/m².

intensive Dachbegrünung („Dachgärten")
Je nach Tragfähigkeit, Lage, Exposition und Flächengröße lässt sich, wenn Verortung und Wasser-Nährstoffversorgung gegeben sind, alles machen. Die Dachneigung sollte aus Statikgründen 5° nicht überschreiten. Die Höhe des Gesamtaufbaus beginnt bei etwa 25 cm, das Flächengewicht beträgt dem Aufbau entsprechend etwa 300–1.200 kg/m² (3–12 KN/m²). Intensive Dachbegrünungen sind nur durch jährlich mehrfache Pflege und Wartung dauerhaft zu erhalten, dennoch sollten nur Pflanzen, die Sonne, Wind und Wetter trotzen und generell unkompliziert sind ausgewählt werden. Kostenrichtwert: ab 50 EUR/m².

Ziergräser – Must-haves!

In der modernen Pflanzgestaltung sind Gräser als unverzichtbarer Strukturgeber und Weichzeichner sowie als Garant für natürliche Eleganz gesetzt. Obendrein sind die allermeisten Arten in puncto Pflegebedarf äußerst genügsam. In ihrer Wirkung, entweder als Kontrast zu formal-strenger Garten-Architektur oder zur Darstellung locker-lässiger Natürlichkeit, indes, sind sie kaum zu übertreffen. Hier (nur) die ultimativen Must-haves, die jedem Vorgarten besondere Ausstrahlung verleihen:

ausdauernd

- Atlas-Schwingel *(Festuca mairei)*
- Berg-Segge *(Carex montana)*
- Blau-Schwingel *(Festuca glauca)*
- Buntes Rohrglanzgras *(Phalaris arundinacea* 'Feesy')
- Chinaschilf *(Miscanthus sinensis)*
- Federgras *(Stipa)*, z B. Mexikanisches Federgras *(S. tenuissima)*, Silberährengras *(S. calamagrostis)*, Riesen-Federgras *(S. gigantea)*
- Fuchsrote Segge *(Carex buchananii)*
- Grüne Rutenhirse *(Panicum virgatum* 'Strictum')
- Himalaja-Reitgras *(Calamagrostis emodensis)*
- Japan-Waldgras *(Hakenechloa macra)*
- Kupferhirse *(Panicum virgatum* 'Hänse Herms')
- Lampenputzergras *(Pennisetum alopecuroides* 'Cassian'/'Hameln')
- Moor-Pfeifengras *(Molinia caerulea)*
- Moskitogras *(Bouteloua gracilis)*
- Pampasgras *(Cortaderia selloana)*
- Rasenschmiele *(Deschampsia cespitosa)*
- Reitgras *(Calamagrostis)*
- Wald-Marbel *(Luzula sylvatica)*
- Weißbuntes Honiggras *(Holcus mollis* 'Variegatus')
- Weißgrüne Japan-Segge *(Carex morrowii)*
- Wimper-Perlgras *(Melica ciliata)*
- Zittergras *(Briza media)*

einjährig

- Buntes Fontänengras *(Pennisetum x advena* 'Fireworks')
- Hasenschwanzgras *(Lagurus ovatus)*
- Japanisches Blutgras *(Imperata cylindrica* 'Red Baron')
- Mähnen-Gerste *(Hordaeum jubatum)*
- Rotes Lampenputzergras *(Pennisetum setaceum* 'Rubrum')
- Wollhaargras *(Melinis repens)*
- Wolliges Lampenputzergras *(Pennisetum villosum)*

Schöne Gehölze für den Vorgarten

Bäume im Vorgarten, wo der Platz naturgemäß begrenzt ist, sollten sorgfältig gewählt werden, sowohl in ihrer Größe, als auch in ihrer Funktion (Zierwert, Gestaltungszweck, Beschattung, Raumgliederung, Regionalbezug etc.). Sie sind Bezugspunkt und Visitenkarte des Vorgartens! 12 Kandidaten, mit denen Sie einen guten (ersten) Eindruck machen:

- Amberbaum *(Liquidambar styraciflua)*
- Blutpflaume *(Prunus cerasifera* 'Nigra')
- Glanzmispel *(Photinia fraseri* 'Red Robin')
- Himalajabirke *(Betula utilis* 'Doorenbos'/'Jaquemontii')
- Japanische Nelkenkirsche *(Prunus serrulata* 'Kanzan')
- Japanischer Ahorn *(Acer japonicum)*
- Kobushi-Magnolie *(Magnolia kobus)*
- Kugel-Robinie *(Robinia pseudoacacia* 'Umbraculifera')
- Kugel-Spitzahorn *(Acer platanoides* 'Globosum'/'Crimson Sentry')
- Kupfer-Felsenbirne *(Amelanchier lamarckii)*
- Rotdorn *(Crataegus laevigata* 'Paul's Scarlet')
- Scheinbuche *(Nothofagus antarctica)*

Steppen- und Präriestauden

Der Anblick eines den natürlichen Vorbildern nahekommenden Steppengartens ist pure Faszination: das sanfte Wiegen zarter Gräserrispen im Zusammenspiel mit expressiven Blütenstars in locker-lückiger Platzierung ist von eindrücklicher Schönheit. Offen, trocken, sonnig warm, gut durchlässig (steinig-sandig-kiesig), nährstoffarm und windexponiert müssen Standorte sein, damit sich charakteristische Arten etablieren können. Wichtig ist, dass Sie ihnen genügend Raum zur Entfaltung bieten – sich selbst so gut wie möglich zurücknehmen. Steppenpflanzen sind Meister des Verzichts! Wenn Sie beim Einpflanzen niedrige und höhere Stauden mischen, entsteht der typische reizvolle Steppencharakter.

- Blauraute (*Perovskia atriplicifolia* 'Blue Spire')
- Blaustrahlhafer (*Helictotrichon sempervirens* 'Saphirsprudel')
- Brandkraut (*Phlomis russeliana*)
- Duftnessel (*Agastache rugosa*)
- Federgras (*Stipa pennata*)
- Goldhaar-Aster (*Aster linosyris*)
- Gold-Wolfsmilch (*Euphorbia polychroma*)
- Indianernessel (*Monarda didyma*)
- Junkerlilie (*Asphodeline lutea*)
- Perlkörbchen (*Anaphalis triplinervis* 'Silberregen')
- Kleiner Mannstreu (*Eryngium planum* 'Blaukappe')
- Königskerze (*Verbascum*-Arten)
- Kugel-Distel (*Echinops ritro*)
- Lein (*Linum perenne*)
- Mexikanisches Federgras (*Stipa tenuissima*)
- Muskateller-Salbei (*Salvia sclarea*)
- Nachtkerze (*Oenothera tetragona*)
- Palmlilie (*Yucca filamentosa*)
- Prachtkerze (*Gaura lindheimeri*)
- Prärie-Aser (*Aster turbinellus*)
- Prärie-Salbei (*Salvia azurea* 'Grandiflora')
- Purpur-Sonnenhut (*Echinacea purpurea*)
- Ränkegras (*Achnatherum calamagrostis*)
- Silberährengras (*Stipa calamagrostis* 'Algäu')
- Silbriger Wermut (*Artemisia ludoviciana* 'Silver Queen')
- Steppenlilie (*Eremurus*-Arten)
- Steppen-Wolfsmilch (*Euphorbia seguieriana* ssp. *niciciana*)
- Sternkugel-Lauch (*Allium christophii*)
- Verbene (*Verbena bonariensis*)
- Walzen-Wolfsmilch (*Euphorbia myrsinites*)
- Zittergras (*Briza media*)

Natürlich schöne Lückenfüller

Frei nach dem Motto „aus der Not eine Tugend machen" gibt es gestalterische Herausforderungen, die nur von Spezialisten gelöst werden können. Es sei denn, Sie verzichten auf Bewuchs und greifen auf Kies/Splitt zurück. Größere Fugen, dunkle Ritzen, unregelmäßige Plattenzwischenräume, Flächenausparungen, die bestenfalls über eine Hand voll Substrat verfügen, Flachdächer ... überall da, wo nur die anspruchslosesten Nischenkünstler Halt und Lebensraum finden, kommen Sie um „Ritzenflora" (Polsterstauden) nicht herum. Neben unzähligen Fetthenne- (*Sedum*) und Hauswurz-Arten (*Sempervivum*) besiedeln diese Arten eigentlich unbepflanzbare Bereiche, die gerade bei den Wege-/Verkehrsflächen des Vorgartens nicht selten sind. Mut zur Lücke wird belohnt!

- Blaugrünes Stachelnüsschen (*Acaena buchananii*)
- Braunrotes Stachelnüsschen (*Acaena microphylla* 'Kupferteppich')
- Dunkler Günsel (*Ajuga reptans* 'Black Scallop')
- Römische Kamille (*Chamaemelum nobile*)
- Rotes Katzenpfötchen (*Antennaria dioica* 'Rotes Wunder')
- Sand-Thymian (*Thymus serpyllum*)
- Sternmoos (*Sagina subulata*)
- Teppichverbene (*Lippia nodiflora*)
- Thymianblättrige Mauermiere (*Paronychia kapela* ssp. *serpyllifolia*)
- Zimbelkraut (*Cymbalaria pallida*)
- Zwerg-Fiederpolster (*Cotula dioica* 'Minima')

Nie ohne: Ausdauernde Knollen-/Zwiebelpflanzen

Unverzichtbar, um saisonale Lücken zu schließen und eher blütenarme Zeiten effektvoll zu überbrücken. Nur unversehrte Knollen/Zwiebeln (ohne Flecken, Druckstellen etc.) auswählen und (gemäß Faustregel) etwa doppelt so tief, wie der jeweilige Knollen-/Zwiebel-Durchmesser misst, einpflanzen.

- Goldlauch *(Allium moly)*
- Hyazinthe *(Hyacinthus orientalis)*
- Kaiserkrone *(Fritillaria imperialis)*
- Krokus-Arten
- Madonnenlilie *(Lilium candidum)*
- Narzissen-Arten und Sorten
- Schachblume *(Fritillaria meleagris)*
- Schneeglanz *(Chionodoxa luciliae)*
- Schneeglöckchen *(Galanthus nivalis)*
- Schwertlilie *(Iris reticulata)*
- Sibirischer Blaustern *(Scilla sibirica)*
- Steppenkerze *(Eremurus robustus)*
- Traubenhyazinthen (*Muscari botryoides*)
- Tulpen-Wildarten
- Winterling *(Eranthis hyemalis)*
- Zierlauch *(Allium aflatunense)*

Be(e) careful! Nektarbildende Wildstauden

Biene, Hummel und Co. zu schützen und die natürliche Vielfalt (Biodiversität) zu erhalten ist gar nicht so schwer, man muss es nur tun. Mehr Natürlichkeit (abwechslungsreichere Pflanzbilder, einfach mal wachsen lassen, einheimische Arten bevorzugen), weniger zurechtgeschnittenes Grün (Wiese anstatt Rasen, weniger Formschnitt, mehr lockere wachsende Gehölze), mehr einheimische Wild-, anstatt hochgezüchtete Show-Pflanzen (einfache Blütenformen, duftende Arten), Laub über den Winter liegen lassen, auf torfhaltige Erden/Substrate (Komposterde!) und Gift verzichten (Mischkulturen, Nützlinge usw.), mehr Quartiere und Unterschlupfmöglichkeiten für Insekten. Diese Pflanzen sind ein guter Anfang und machen sowohl als Bienenweidepflanzung als auch untergemischt in klassischen Staudenbeete etwas her.

- Akelei *(Aquilegia vulgaris)*
- Ästige Graslilie *(Anthericum ramosum)*
- Bach-Nelkenwurz *(Geum rivale)*
- Duftnessel *(Agastache foeniculum)*
- Echter Ziest *(Stachys officinalis)*
- Ehrenpreis *(Veronica longifolia)*
- Eisenhut *(Aconitum napellus)*
- Färberkamille *(Anthemis tinctoria)*
- Fingerhut *(Digitalis grandiflora)*
- Große Sterndolde *(Astrantia major)*
- Katzenminze *(Nepeta x faassenii)*
- Kriechender Günsel *(Ajuga reptans)*
- Lungenkraut *(Pulmonaria officinalis)*
- Lupinen *(Lupinus polyphyllus)*
- Palmblatt-Nieswurz *(Helleborus foetidus)*
- Purpur-Witwenblume *(Knautia macedonica)*
- Rittersporn *(Delphinium-Arten und Sorten)*
- Schafgarbe *(Achillea filipendulina)*
- Sumpf-Storchschnabel *(Geranium palustre)*
- Ysop *(Hyssopus officinalis)*

Baustein 5: Wasser im Garten

Wasser-Pflanzen
siehe Seiten 307–309

Pflanzen am und speziell im Teich sind weit mehr als optische Aufwertung und die subjektiv schönsten sind meist gar nicht die Pflanzen, die das größte Plus für die inneren Werte des Teiches (Sauerstoffbildung, Filterwirkung etc.) bedeuten. Das bedeutet nicht, dass nicht auch der Zierwert wichtig ist, aber gegen Algen und Co. sind sie langfristig nur gewappnet, wenn Sie von Beginn an auf die richtigen Pflanzen setzen und speziell für größere Teiche (ab 30 m²) mit entsprechenden Tiefen kommen Sie dann um „Unterwasserpflanzen" nicht herum.

Schwimm- (S)/Unterwasserpflanzen (U) („Sauerstoffpflanzen")

… sind entscheidend für das Erreichen des biologischen Gleichgewichtes in Teichen. Sie bilden, entweder im Wasser treibend oder im Boden verwurzelt, Sauerstoff, bieten Lebewesen Schutz und verbrauchen überschüssige Nährstoffe und entziehen damit den Algen die Nahrungsgrundlage. Das sind neben klassischen Seerosen die relevantesten Arten:

- Ähriges Tausendblatt *(Myriophyllum spicatum)* SU
- Dreifurchige Wasserlinse *(Lemna trisulca)* S
- Europäische Seekanne *(Nymphoides peltata)* S
- Froschbiss *(Hydrocharis morsus-ranae)* S
- Hornblatt *(Ceratophyllum demersum)* U
- Krebsschere *(Stratiotes aloides)* SU
- Langblättriger Büschelfarn *(Salvinia oblongifolia)* S
- Muschelblume *(Pistia stratiotes)* S
- Teichmummel *(Nuphar rutea)* S
- Wasserfeder *(Hottonia palustris)* SU
- Wassermimose *(Neptunia plena)* S
- Wasserpest *(Elodea canadensis)* U
- Wasserschlauch *(Utricularia vulgaris)* U
- Wasserstern *(Callitriche palustris)* SU

Pflanzen für große Teiche

Nicht jede etwas wuchskräftigere Art begnügt sich dauerhaft mit der Topfhaltung und insbesondere stark wachsende Seerosen, wie zum Beispiel die „Duftseerose", eignen sich von Grund auf nur für große Teiche mit entsprechenden Wassertiefen/-flächen (größer als 30, besser 50 m², tiefer als 1,20 m). Folglich diese Arten nur ab entsprechenden Dimensionen ins Wasser setzten. Dann wiederum bieten sie ein hohes Maß an ökologischem Wert bei überragender Filterfunktion (Wasser und Luft!) und sind als Habitat/Rückzugsraum für die heimische Fauna besonders wertvoll.

- Cypergras *(Cyperus longus)*
- Igelkolben *(Sparganium emersum)*
- Nadelsimse *(Eleocharis acicularis)*
- Schilf *(Phragmites australis)*
- Schmalblättriger Rohrkolben *(Typha angustifolia)*
- Schwimmendes Laichkraut *(Potamogeton natans)*
- Sumpfbinse *(Eleocharis palustris)*
- Wasser-Knöterich *(Persicaria amphibia)*
- Wasserlinse *(Lemna tribulca)*

Baustein 6: Licht im Garten

Es werde Licht – mit Pflanzen
siehe Seiten 364, 366

Pflanzen können nachdrücklich zu einer insgesamt helleren Grundstimmung beitragen. Als Unterstützung oder Alternative zu künstlicher Beleuchtung eignen sich Arten, die einen naturgegebenen Leuchteffekt besitzen, entweder durch knallige Blütenfarben, generell aufhellende Weißtönung (Rinde, Blüten, Blattzeichnungen) oder Blattwerk in hellen, frischen Grüntönen. Der Trick besteht darin, Pflanzen so zu arrangieren, dass sie selbst ohne zusätzliche künstliche Illumination als Lichtquelle wirken. Kompakte, weitläufige und höhengestaffelte Gruppenpflanzungen und kontrastreiche Hintergründe (Hecken, Mauern, Gehölzpartien) sind hier der Schlüssel. Wenn künstliches Licht ins Spiel kommt, gehen Sie stets vom Habitus der Pflanzen aus, um Atmosphäre zu schaffen sowie Raumwirkung zu erhalten.

Pflanzen mit Leuchteffekt

Markante Artvertreter, die „dunkle Ecken" auf natürliche Art zum Leuchten bringen und für eine insgesamt hellere (= positivere) Atmosphäre sorgen:

weiß, aufhellend
- Akelei (*Aquilegia vulgaris* 'Alba')
- Bergwald-Storchschnabel (*Geranium nodosum* 'Silverwood')
- Hellgelber Lerchensporn (*Corydalis ochroleuca*)
- Himalajabirke (*Betula utilis* 'Doorenbos'/'Jaquemontii')
- Prachtspiere (*Astilbe Arendsii*-Hybride 'Brautschleier')
- Salomonsiegel (*Polygonatum multiflorum*)
- Schaumblüte (*Tiarella cordifolia* 'Brandywine')
- Schneeballhortensie (*Hydrangea arborescens* 'Annabelle')
- Stern-Magnolie (*Magnolia stellata*)
- Trauben-Silberkerze (*Cimicifuga racemosa*)
- Wald-Geißbart (*Aruncus dioicus*)
- Weißbunte Japan-Segge (*Carex morowii* 'Variagata')
- Weiße Frühlings-Anemone (*Anemone blanda* 'White Splendour')
- Weiße Rispenspiere (*Spirea cinerea* 'Grefsheim')
- Weißer Fingerhut (*Digitalis purpurea* 'Alba')
- 'Alba'-Sonnenhut (*Echinacea purpurea* 'Alba')
- Weißes Immergrün (*Vinca minor* 'Alba')
- Weißrandige Wellblatt Funkie (*Hosta undulata* 'Albomarginata')

feurig, leuchtend
- Bambus, z. B. 'Chinese Wonder' (*Fargesia nitida* 'Jiuzhaigou 1')
- Brennende Liebe (*Lychnis chalcedonica*)
- Fackellilie (*Kniphofia*-Hybriden)
- Fetthenne (*Sedum spectabile* 'Autumn Fire')
- Feuer-Ahorn (*Acer ginnala* 'Flame')
- Hohe Gold-Garbe (*Achillea filipendulina* 'Feuerland')
- Japanisches Blutgras (*Imperata cylindrica* 'Red Baron')
- Kanarischer Fingerhut (*Isoplexis canariensis*)
- Mahagoni-Gras (*Uncinia rubra* 'Firedance')
- Parrotie (*Parrotia persica*)
- Rutenhirse (*Panicum virgatum* 'Prairie Fire'/'Rehbraun')

Hilfreiche Adressen

Falls Sie mit der Selbstplanung nicht zurechtkommen, weil die Grundstücks- und Gebäudesituation zu kompliziert ist oder Sie sich schlicht überfordert fühlen, gibt es die Berufsgruppe der Garten- und Landschaftsarchitekten, die eine fundierte Planung übernehmen. Sie beraten auch zur Materialauswahl und helfen bei der Wahl eines ausführenden Unternehmers des Garten- und Landschaftsbaues. Eine Überwachung und Abnahme der Bauarbeiten gehört ebenfalls zu ihrem Leistungsbereich. Der jeweils gewünschte Leistungsumfang kann individuell auf der Grundlage der Honorarordnung für Architekten und Ingenieure (HOAI) vereinbart werden.
Informationen zu diesen Fachleuten erhalten Sie über die Geschäftsstellen des Bundes Deutscher Landschaftsarchitekten in den jeweiligen Bundesländern.

Für Planung:

Baden-Württemberg
LG-Geschäftsstelle
Baden-Württemberg e. V.
bw@bdla.de
www.bw.bdla.de
Dinkelstraße 40
70599 Stuttgart
Tel. 07 11 / 24 07 92

Bayern
LG-Geschäftsstelle
Bayern e. V.
bayern@bdla.de
www.bayern.bdla.de
Oberer Graben 3a
85354 Freising
Tel. 0 81 61 / 14 94 00

Berlin/Brandenburg
LG-Geschäftsstelle
Berlin/Brandenburg e. V.
bdla-bb@bdla.de
www.bdla-bb.bdla.de
Schützenstraße 6
15749 Mittenwalde
Tel. 0 33 76 4 / 29 97 08

Hamburg
LG-Geschäftsstelle
Hamburg e. V.
hamburg@bdla.de
www.hh.bdla.de
Claudia Mohr
Stapelstraße 15
22529 Hamburg
Tel. 040 / 57 00 80 43

Hessen
LG-Geschäftsstelle
Hessen e. V.
hessen@bdla.de
www.hessen.bdla.de
Dinkelstraße 40
70599 Stuttgart
Tel. 07 11 / 25 37 43 3

Mecklenburg-Vorpommern
LG-Geschäftsstelle
Mecklenburg-Vorpommern e. V.
mv@bdla.de
www.mv.bdla.de
Lohgerberstraße 2
18055 Rostock
Tel. 03 81 / 800 33 31

Niedersachsen und Bremen
LG-Geschäftsstelle
Niedersachsen und Bremen e. V.
niedersachsenbremen@bdla.de
www.bdla.de/
niedersachsen-bremen
Dipl.-Ing. Doris von Dressler
Nahner Weg 11
49082 Osnabrück
Tel. 05 41 / 99 87 75 10

Nordrhein-Westfalen
LG-Geschäftsstelle Nordrhein-Westfalen e. V.
bdlanw@bdla.de
www.bdlanw.bdla.de
Judith Dohmen-Mick
Scheifeshütte 15
47906 Kempen
Tel. 0 21 52 / 14 84 90

Rheinland-Pfalz/Saarland
LG-Geschäftsstelle
Rheinland-Pfalz/Saarland e. V.
bdla-rps@bdla.de
www.bdla.de/
rheinland-pfalz-saarland
Geschäftsführerin
Dr. Ulrike Sacher
Fritz-Claus-Weg 1
67480 Edenkoben
Tel. 0 63 23 / 935 13 50

Sachsen
LG-Geschäftsstelle Sachsen e. V.
sachsen@bdla.de
www.bdla.de/sachsen
Landschaft + Design
Jacobistraße 7
01309 Dresden
Tel. 03 51 / 848 01 59

Sachsen-Anhalt
LG-Geschäftsstelle
Sachsen-Anhalt e. V.
lsa@bdla.de
www.bdla.de/sachsen-anhalt
Geschäftsführer
Prof. Erich Buhmann
Atelier Bernburg Landschafts-
architekten GmbH
Friedrichstraße 17
06406 Bernburg
Tel. 0 34 71 / 34 61 90

Schleswig-Holstein
LG-Geschäftsstelle
Schleswig-Holstein e. V.
sh@bdla.de
www.bdla.de/schleswig-holstein
Geschäftsführerin
Ingrid Max c/o Groth-LA
An der Untertrave 16
23552 Lübeck
Tel. 04 51 / 47 97 91 20

Thüringen
LG-Geschäftsstelle
Thüringen e. V.
thueringen@bdla.de
www.bdla.de/thueringen
c/o impuls°
Landschaftsarchitektur
Geschäftsführung
Philipp Facius
August-Bebel-Straße 12
07743 Jena
Tel. 03 6 41 / 44 93 60

Für Ausführungsarbeiten:

Wenn Sie Ihre Planung nicht selbst aus eigener Kraft und Zeit realisieren können, müssen Sie einen „Gärtner" suchen. Innerhalb dieses Sammelbegriffes haben sich die Landschaftsgärtner auf Gartenausführungen spezialisiert. Im Bundesverband Garten-, Landschafts- und Sportplatzbau ist diese Unternehmensgruppe organisiert und ebenfalls mit Geschäftsstellen im gesamten Bundesgebiet vertreten. Hier können Sie Auskünfte über qualifizierte Firmen in Ihrer Nähe erhalten.

Landesverbände das BGL
Bundesverband Garten-,
Landschafts- und Sportplatz-
bau e. V.
Alexander-von-Humboldt-
Straße 4
53604 Bad Honnef
Tel. 0 22 24 / 77 07-0
www.galabau.de

Verband Garten-, Land-
schafts- und Sportplatzbau
Baden-Württemberg e. V.
Filderstraße 109/111
70771 Leinfelden-Echterdingen
Tel. 07 11 / 97 56 60
www.galabau-bw.de

Verband Garten-, Landschafts-
und Sportplatzbau Bayern e. V.
Lehárstraße 1
82166 Gräfelfing,
Tel. 089 / 82 91 45-0
www.galabau-bayern.de

Fachverband Garten-, Land-
schafts- und Sportplatzbau
Berlin/Brandenburg e. V.
Jägerhorn 36–40
14532 Kleinmachnow
Tel. 03 32 03 / 88 96-0
www.galabau-berlin-
brandenburg.de

Fachverband Garten-, Land-
schafts- und Sportplatzbau
Hamburg e. V.
Hellgrundweg 45
22525 Hamburg
Tel. 040 / 34 09-83
www.galabau-nord.de

Fachverband Garten-, Land-
schafts- und Sportplatzbau
Hessen-Thüringen e. V.
Max-Planck-Ring 37
65205 Wiesbaden
Tel. 0 61 22 / 931 14-0
www.galabau-ht.de

Fachverband Garten-, Land-
schafts- und Sportplatzbau
Mecklenburg-Vorpommern e. V.
Bockhorst 1
18273 Güstrow
Tel. 038 43 / 264-156
www.galabau-mv.de

Verband Garten-, Landschafts-
und Sportplatzbau
Niedersachsen-Bremen e. V.
Johann-Neudörffer-Straße 2
28355 Bremen
Tel. 04 21 / 53 64-160
www.galabau-nordwest.de

Verband Garten-, Landschafts-
und Sportplatzbau Nordrhein-
Westfalen e.V.
Sühlstraße 6
46117 Oberhausen
Tel. 02 08 / 848 30-0
www.galabau-nrw.de

Verband Garten-, Landschafts-
und Sportplatzbau Rheinland-
Pfalz und Saarland e.V.
Gärtnergasse 1a
55116 Mainz
Tel. 06131 / 62 97-05
www.galabau-rps.de

Verband Garten-, Landschafts-
und Sportplatzbau Sachsen e. V.
Hamburger Ring 1 b
01665 Klipphausen
Tel. 03 52 04 / 78 99-80
www.galabau-sachsen.de

Verband Garten-, Landschafts-
und Sportplatzbau
Sachsen-Anhalt e. V.
Lorenzweg 56
39128 Magdeburg
Tel. 03 91 / 56 29 79-51
www.galabau-sachsen-anhalt.de

Fachverband Garten-, Land-
schafts- und Sportplatzbau
Schleswig-Holstein e. V.
Thiensen 16
25373 Ellerhoop
Tel. 041 20 / 70 77 89-0
www.galabau-nord.de

Rund ums Wasser

Wood Steel & More
Ohlstedter Straße 17
22949 Ammersbek
www.woodsteel.de
*ausgefallene Elemente für die
Gartenbewässerung*

Köster Bauchemie AG
Dieselstraße 1–10
26607 Aurich
www.koester.eu
Spezialfolien für den Teichbau

Heissner GmbH
Schlitzer Straße 24
36341 Lauterbach
www.heissner.de
*Teichfolien, Fertigbecken,
Reichpumpen, Filter, Teich- und
Gartenzubehör*

Oase GmbH
Tecklenburger Straße 161
48477 Hörstel
www.oase-livingwater.com
*Teichfolien, Teichpumpen,
Teichfilteranlagen*

Müller & Co. GmbH
Hauptmühle 9
57339 Erndtebrück
www.muerarosy.de
Teichbau mit Naturstoffen

SaarGummi GmbH
66687 Wadern-Büschfeld
www.saargummi.com/de
Teichfolien für Teichbau

Lange und Ritter
Dieselstraße 25
70839 Gerlingen
www.lange-ritter.de
*Polyestermatten und Zubehör für
den Teichbau*

Rain Bird Deutschland GmbH
Königstraße 10c
70173 Stuttgart
www.rainbird.de
Gartenbewässerung

Held GmbH
Gottlieb-Daimler-Straße 5–7
75050 Gemmingen
www.teichmeister.de
*Spezialfolien für den Teichbau
und Zubehör*

Otto Graf GmbH
Carl-Zeiss-Straße 2–6
79331 Tenningen
de.graf.info
*Regenwasseranlagen, Regen-
tonnen, Filter*

Gardena, Kress + Kastner GmbH
89070 Ulm
www.gardena.com/de/
Gartenbewässerung

Zum Weiterlesen

Mauern, Treppen, Geländemodellierung

Berg, P.,
Naturstein im Garten,
Becker Joest Volk Verlag, 2012

Eckermeier, M.,
Projekte aus Stein für den Garten: Selberbauen Schritt für Schritt,
BLV, 2012

Friedrich, V.,
Alles über Naturstein: Pflastern, Mauern, Treppen im Garten,
Verlag Eugen Ulmer, 2012

Friedrich, V.,
Mauern aus Naturstein,
Verlag Eugen Ulmer, 2011

Friedrich, V.,
Pflastern mit Naturstein,
Verlag Eugen Ulmer, 2010

Himmelhuber, P.,
Gestalten mit Stein im Garten: Wege, Terrassen, Treppen, Mauern und Einfassungen,
Ökobuch, 2014

Ott, E.,
Bauen mit Stein und Holz: Gartenwege, Sitzplätze & Co.,
BLV, 2015

Resch, B.,
Gartengestaltung: Das Praxisbuch,
BLV, 2011

Wege und Sitzplätze

Schacht, M.,
Terrassen und Sitzplätze: Modern und zeitlos gestaltet,
Callwey, 2012

Schümmelfelder, H.,
Terrassen und Sitzplätze – Das große Ideenbuch,
Becker Joest Volk Verlag, 2011

Zäune, Schutzmauern, Hecken

Bomans, W.,
Bauen im Garten: Holzterrasse, Zaun- und Sichtschutz, Pflaster und Steine,
Dähne Verlag, 2014

Faschingbauer, B.,
Sichtschutz: Ideen für Garten, Balkon und Terrasse,
BLV, 2014

Kolb, W.,
Hecken und grüne Wände: Lärm- und Sichtschutz,
Verlag Eugen Ulmer, 2007

Ratsch, T.,
Sichtschutz im Garten: gestalten, pflanzen, pflegen,
Kosmos, 2013

Sauer, M.,
Sichtschutz im Garten: Das große Ideenbuch,
Becker Joest Volk Verlag, 2011

Westphal, U.,
Hecken – Lebensäume in Garten und Landschaft,
Pala, 2015

Vorgärten, Carports, Stellplätze

Himmelhuber, P.,
Selbst Vorgärten, Einfahrten und Eingänge gestalten,
Circon Verlag, 2012

Ott, E.,
Vorgärten Hauseingänge, Ideen & Gestalungsbeispiele
BLV, 2016

Wasser im Garten

Angermüller, F. / Rausch, H.,
Wassergärten anlegen,
Verlag Eugen Ulmer, 2011

Baumhauer, J.,
Wasser im Garten: Das große Ideenbuch,
Becker Joest Volk Verlag, 2008

Böswirth, D.,
Miniwassergärten: gestalten, pflanzen, pflegen,
Kosmos, 2013

Hagen, P.,
Teichbau und Teichtechnik,
Verlag Eugen Ulmer, 2010

Hagen, P.,
Teichbau mit alternativen
Baustoffen,
Verlag Eugen Ulmer, 2006

Hagen, P., Haberer, M.,
Teich kompakt:
bauen, pflanzen, pflegen,
Verlag Eugen Ulmer, 2014

Hecker, F. / K.,
Gartenteiche anlegen und
gestalten,
GU, 2013

Himmelhuber, P.,
Wasser im Garten,
Ökobuch, 2013

Licht im Garten

Fischer-Kipp, I.,
Licht und Garten: Planung,
Installation, Beispiele,
Verlag Eugen Ulmer, 2005

Register

A
Abstellplatz, Mülltonnen 216
Akkubetrieb für Leuchten 388
Anschlusswert
  – für Beregnungswasser 338
  – für Regenwasser 338
Auftritt bei Treppenstufen 55
Autostellplatz 232
  – Klinkersteine 234
  – Ölverlust 234
  – Plattengröße 233
  – Rasenfugenpflaster 234
  – Stellplatzgrößen 232
  – Versiegelung 234

B
Bachlauf 315
Bangkirai für Holzzäune 163, 165
Basisgerät Tröpfchenbewässerung 343
Baugesuch für Planung 94
Bäume für Vorgarten 240
Baumwurzelschäden 241
Baurecht
  – Carport 267
  – Schutzmauern 182
  – Stützmauern 36
Beetbewässerung 342
Beetrandstrahler 373
Belagsarbeiten, feste Kosten 142
Belagsränder 92
Beleuchtung 219, 260
Betonpflaster 127, 229
Betonplatten 126, 229
Betonsteine für Mauern 192
Betonwasserbecken 298
Betriebskosten Beleuchtung 414
Bewässerungsart 331
Bewegungsmelder 385
Blockstufen 49, 51
Bodeneinbauleuchten 371
Bodenverhältnisse für Mauern 182
Bohlenzaun 162
Böschungsfuß überhöhen 75
Böschungskrone überhöhen 75
Böschungssteine 193
Briefkasten 217, 259, 261

C
Carport 217
  – aus Holz 270
  – aus Metall 273
  – Bauweise 266
  – Dachbegrünung 275
  – Dachentwässerung 276
  – Dachformen 274
  – richtige Holzart 272
  – Eigenleistung 281

D
Dämmerungsschalter 386
Drahtzaun 169
Druckreduzierung Wasserleitung 343

E
Einbauleuchten 357
Einbaustrahler 362
Einfahrten beleuchten 358
Einfriedungsarten, Überblick 156
Eingangsbereich Vorgärten 216
Eisenschuhe für Zaunpfosten 166
Energiesparlampen 374
Energieverbrauch Beleuchtung 391
Entwässerung für Belagsflächen 91, 114
Entwässerung von Belagsflächen 90
Entwerfen von Mauern
  – ebenes Grundstück 28
  – am Hang 30, 32
Entwurfsskizzen Vor- und Wohngärten 97

Erdeinbaustrahler 362
Erdmassenausgleich 78
Erdmassen ermitteln 77
Erdmaterial prüfen 66
Erdmodellierung 77
Erdmodellierungen Formen 67
Erosionsschutz Gelände 67

F
Fahrflächen 90, 97
Fahrradstellplatz 218, 236
  – Bügel 237
  – Einhausung 254
  – Platzbedarf 237
  – Ständer 237
Fahrwege 89
  – am Hang 100
Farbspektrum Beleuchtung 394
Fertigwasserbecken 298
Fiberglas für Leuchten 363
FI-Schalter für Steckdosen 382
Flachstabmatten für Metallzäune 172
Flechtzaun aus Holz 161, 175
Folienteich
  – Arbeitsmaterialien 306
  – Folienmaß ermitteln 301
  – Folienrand schneiden 305
  – Herstellung 303
Formbetonteile für Schutzmauern 186
Fugenlose Beläge 131
Fundamente
  – für Mauern 38, 182
  – für Treppen 59
Funkschalter für Leuchten 384

G
Gartenbeleuchtung
  – Plan Beispielobjekt 398
  – Kosten kalkulieren 412

Gartenbewässerung, automatische 336
Gartenfackeln 376
Gartenmöbelauswahl 111
Gartenteich
 – Entwurf 308
 – Erdarbeiten 296
 – Folien 299
 – Grundüberlegungen 286
 – Ideen entwickeln 308
 – Kosten 310
 – Lage 288
 – Mutterbodenaushub 297
 – Pflanzzonen 289
 – Schattenproblem 288
 – Vorplanung 307
Gefälle für Wege 89
Gefälle für Wege am Hang 103
Gehäuse, Spritzwasserschutz bei Lampen 381
Gehwege 89
 – am Hang 100
 – Vorgarten, Aufbau 227
 – Vorgarten, Breiten 224
Geländebestand Erdmodellierung 71, 72, 74
Geländebestand für Treppen 54
Geländemodellierung, Entwurf
 – Ebene 71
 – flacher Hang 72
 – Steilhang 74
Gelände, Neigungswinkel 67
Gelände, Stützmauern 35
Geländer an Treppen 53
Getriebe-Versenkregner 337
Gießkopf 332
Gliederungsformen bei Treppen 54
Glühbirne 374
Graspflaster 130
Grenzmauer, Vorgarten 196
Grenzsteine 152
Großsteinpflaster 229
Gummischläuche, Bewässerung 332

H

Halogenlampe 374
Handläufe an Treppen 53
Hausbaum, Vorgarten 222
Hausgarten, Nutzungsbereiche 217
Hecken
 – Arten 203
 – bewehrte Pflanzen 208
 – Bodenverhältnisse 202
 – Einfassung 209
 – Kosten, Kalkulation 210
 – Planung, Pflanztermine 200
Höhenlinien entwerfen 69
Holzpalisaden 293
Holzpflaster 129, 135, 229
Holzpflege für Zäune 167
Holzroste 129, 135

I

Impulshandgriff für Gießgeräte 333
Impulsregner 334
Infrarotschalter für Lampen 384

J

Jägerzaun 160

K

Kabel verlegen 380
Kalksandsteine für Schutzmauern 193
Kapillarsperre am Teichrand 302
Kesseldruckimprägnierung Holzzäune 161
Kleinsteinpflaster Vorgartenwege 229
Klemmleuchte 372
Klinkerpflaster 128, 229
Klinkerstufen 52
Kompakt-Leuchtstofflampe 374
Kosten für Wege und Sitzplätze 140
Kosteneinsparungen Stromverbrauch 391
Kosten für
 – Carport 280

 – Gartenteich 310
 – Gartenbeleuchtung 410
 – Hecken 210
 – Schutzmauern 196
 – Stützmauern 42
 – Treppen 60
 – Vorgarten 248
 – Zäune 174
Kreisregner 334
Kugelleuchte 355, 371
Kunststoffschläuche, Gartenbewässerung 332

L

Lampengehäuse 373
Lärmschutzmauern 184
Lärmschutzwall 64
Laternenleuchte 372
Lattenzaun 161
Laubgehölze für Hecken 200
L-Betonsteine für Stützmauern 22, 39, 41
LED für Beleuchtung 375
Legstufen 50, 51
Lehmkieswege 229
Leuchten
 – Detailplanung 402
 – Montage 357
 – Optik 357
 – stromlose 376
Leuchtmittel
 – Betrieb 388
 – Lebensdauer 390
 – Übersicht 374
Leuchtstofflampe 375
Licht
 – Ausbeute 392
 – Leittechnik 363
 – Schalter 384
 – Technik, Grundbegriffe 383
 – Verhältnisse 288
Lichtverschwendung 393
Lichtquellen
 – ansteuern 384
 – Überblick 359

M

Maschendrahtzaun 169
Mastleuchte 371
Materialmengen für Wege und Sitzplätze ermitteln 140
Mosaikpflaster Vorgarten 229
Mühlstein für Wasserspiel 320
Mulchweg 229
Müllplatzeinhausung 256
Müllstellplatz 218, 236, 238

N

Nachbarschaftsrecht
  – Gehölze 242
  – Geländemodellierungen 76
  – Stützmauern 36
Nachbarschaft bei Grenzgestaltung 153
Nadelgehölze 200
Nadelgehölze, Schnitthecken 206
Natursteinmauer 189
  – hinterbetonierte 38
Naturstein
  – Pflaster 125
  – Platten 126, 229
  – Stelen 355
  – Wasserfall 314
Nebeldüse 343
Netzstrom für Leuchtmittel 380, 388
Niederschlagsmenge berechnen (Zisterne) 324
Niedervolt für Leuchtmittel 382, 388
Nutzgarten bewässern 331

O

Ortbetonmauern 22, 38

P

Palisaden, Einbau 163
Paneelzäune 162
Parkplatz, Anschlagsschwelle 233
Pflanzen für den Bachlaufrand 316

Pflasterauswahl für Belagsflächen 135
Pflasterflächen, Gefälle 228
Pfosten für Holzzäune 166
Pfostenschuhe für Carports 271
Pilzleuchten 355, 372
Plattenauswahl für Belagsflächen 134
Podeste in Treppen 48, 57
Pollerleuchte 371
Polyestermatten Gartenteich 298
Preise
  – Beläge für Wege und Sitzplätze 143, 145
  – Preise Erdarbeiten 142, 145
  – Randstützen 144
  – Tragschichten 142, 145
Preisvergleich Mauerbau 44

Q

Quergefälle für Wege am Hang 103

R

Rabattenbewässerung 342
Rampen bei Treppen 53
Rankgitter, Kalkulation 175
Rasen
  – begehbar 131
  – Bewässerung 331
  – Gitterplatten 130, 136
  – Klinker 130
  – Pflaster 130
Red Cedar für Holzzäune 165
Regen
  – Auffangfläche Dachwasser 325
  – Rohr zur Dachentwässerung 324
  – Tonne zur Dachentwässerung 324
  – Wasserbedarf berechnen 325
Regnertypen 337
Rindenmulch 132, 137
Robinie für Holzzäune 164
Rollstuhlgerechte Wege 101
Rundstabzaun 171

S

Sand/Kies-Gemisch für Teichzonen 305
Säulenset für Wasserspiel 320
Schlauchklemmen für Beregnungsleitung 339
Schlauchwaage 297
Schnitthecken Laub abwerfend 207
Schotterrasen 131, 137
Schrittmaß, Treppen 230
Schutzmauern
  – Bauweise 188
  – dekorierte 185
  – frei stehende 183
  – Varianten 185
Schwimmkugel 372
Sensortechnik für Licht 387
Sichtschutz durch Zäune und Mauern 176, 184, 218
Sitzmauern 26, 38
Sitznischen am Hang 117
Sitzplatz
  – am Hang 117
  – Beleuchtung 356
  – Dach 109
  – Entwürfe nach Gebäudelage 114
  – Entwürfe nach Höhenlage 117
  – Formen 110
  – Gefälle 114
  – Größe 110
  – Lage 108
  – Möbel 111
  – Sonne und Schatten 112
  – Wände 109
Skulpturenbeleuchtung 365
Solarpaneel für Beleuchtung 388
Sonneneinwirkung auf Teichfolie 300
Speichergröße Zisterne 324
Speichermöglichkeit von Wasser in Böden 330
Spielfläche Vorgarten 218
Spiralschlauch für Bachlauf 316, 321

Spitzmeißel für Naturstein 190
Splittweg 229
Sprühbreite Regner 335
Sprühnebel 335
Sprühregner 334
Stahltreppen 53
Staudenbeetbewässerung 331
Stauden für Vorgärten 245, 247
Steigung, Treppen 230
Steinkanten 28
Steinschichtfugen 37
Stellplatz, Auto 232
Stellplatz, Fahrrad 236
Stellstufen 50
Sträucher für Vorgärten 242, 244
Streudecken Kies/Splitt 132, 137
Stufenblöcke vor Mauern 56
Stufenprovisorium 60
Stufenweg 49
Stützmauer
– aus Stahlplatten 26, 40
– Baukonstruktionen 183
– Entwurf 28
– Planunterlagen 28
– technische Planung 36

T

Technisch bedingte Kosten 142
techn. Rahmenbedingungen 266
Teich
– Anlagenproblematik 287
– Arten 293
– aus Naturstoffen 301
– Befüllung 305
– Beleuchtung 362
– Folien 299
– Landschaft 294
– Strahler 373
– Umfeld 311
Teileliste Regneranlage 340
Terrakottasteine für Schutzmauer 192
Terrassenbeleuchtung 356
Tore für Vorgärten 178, 259
Tragschichten 91, 92
– für Wege am Hang 103
Transportgewichte Baumaterial 45

Treppenfunktionen, allgemein 48
Treppen
– am Hang 101, 102
– im Vorgarten 230
Trockenmauern
– aus Betonsteinen 37
– aus Naturstein 16, 37
Trockensteinmauern 197
Tröpfchenbewässerung 343
Turbinen-Versenkregner 339

U

Überlauf, Gartenteich 301, 328
Unterwasserstrahler 372

V

variable Kosten für Beläge 142
Verbindungselemente für Wasserschläuche 332
Versorgungsleitung
– für Regner 339
– für Vorgarten 223
Vogeltränke 320
Vorgarten
– Ausbau 222
– Bepflanzung 220, 240
– Bestandsplan 219
– Checkliste 218
– Dimensionen 225
– Eigenleistung 248
– Planung 216
– Skizzen 96
– Unternehmerleistung 248
– Zugangswege 219, 224
Vorschaltgerät für Leuchtmittel 390

W

Wandlampen 370
Wandleuchten 356
Wasserdruck für Beregnung 336
Wasserfall 312
– aus Fertigteilen 313
Wasser in Bewegung 312
Wasserpflanzen 288
Wassersteckdose 345
Wassertiefe 289, 290

Wege
– am Hang 103
– Anzahl 84
– Beläge 226, 229
– Beleuchtung 354
– Breiten 89, 225
– Entwurf 94
– Formen 84, 86
– führung 86
– Funktionen 84
– Materialien 84
– Planung 28
– Ränder 93
Welldraht-Zaungitter 170
Wendelung bei Treppen 48, 50, 57
Wenderadien Fahrwege 89
Wildgehölze für Hecken 203
Windschutz durch Mauern 184
Wohngartenskizzen 97
Wurzelschäden vorbeugen 242

Z

Zaunbau
– Kriterien 151
– Reihenfolge 153
Zäune
– am Hang 151
– aus Holz 158
– aus Metall 169
– Grundlagen 150
– Holzarten, Vergleich 164
– Holzoberflächen 164
– Kalkulation 174
– Vorgärten 217, 259
Zeichenmaterial 28, 94
Zeitschaltuhren für Beleuchtung 385
Zierstrauchhecken 204, 205
Zisterne
– Einbau 327
– Material 326
– Planung 325
– Wirtschaftlichkeitsberechnung 329
Zylinderleuchten 355, 371

Bildquellen

Alle Zeichnungen und Farbfotos stammen vom Herausgeber, bis auf folgende:
1000 Words - shutterstock.com: S. 179 (r.)
anna dorobek - shutterstock.com: S. 293
Bildagentur IPO, Linsengericht: S. 261 (u.l.)
Braun, Harald: S. 48
CRH Clay Solutions GmbH: S. 131 (o.)
daylightistanbul studio - shutterstock.com: S. 226
Dimitrios - shutterstock.com: S. 259
Elena Elisseeva - shutterstock.com: S. 100
Ettwein, Carola, St. Georgen (Bild und Planung): S. 52
Flora Press/Edition Phönix: S. 214, 236, 252, 221
Flora Press/gartenfoto.at: S. 19
Flora Press/GWI: S. 284
Flora Press/The Garden Collection/Gary Rogers: S. 62
FooTToo - shutterstock.com: S. 222 (r.)
Gardena: S. 333 (2), 334 (3), 335, 337 (2), 342, 343, 345 (2)
Gerke, Ursula, Bad Münstereifel (Bild und Planung): S. 52 (o.l.)
Gucio_55 - shutterstock.com: S. 203
Haas, Helen: S. 21, 26 (o.), 41 (o.l.), 53 (o.), 163 (o.), 225, 238, 272, 256, 255, 261 (o.l.), 261 (r.)
Hagen, Peter: S. 150, 151, 160, 161, 165, 167, 192 (o.), 193, 286, 287, 297, 303, 304 (2), 313, 318, 324, 326 (2), 332, 347, 388
Hannamariah - shutterstock.com: S. 133 (u.)
Hans-Roland Müller/botanikfoto: S. 198, 204, 205
Jorge Salcedo - shutterstock.com: S. 148, 178
Julius Images/Wolfgang Redeleit: S. 228, 296
juras10 - shutterstock.com: S. 200
Klaus Kaulitzki - shutterstock.com: S. 179 (l.)
KPG_Payless - Shutterstock.com: S. 279
Krappweis, Andreas: S. 17, 113, 117, 300, 350, 352, 353, 357, 356, 360, 362, 363 (2)
Krappweis, Andreas: S. 364, 365, 367, 368, 371, 376, 378, 392, 395, 396, 411
Labrador Photo Video - shutterstock.com: S. 154
marilyn barbone - shutterstock.com: S. 49
mauritius images: S. 85, 106, 121, 124, 138, 169, 174, 180, 185, 186, 187, 188, 191, 211, 222 (l.), 306, 355, 377
Michael Shake - shutterstock.com: S. 294
Milan Bruchter - shutterstock.com: S. 295
perlphoto - shutterstock.com: S. 56
romakoma - shutterstock.com: S. 162 (u.)
Ruth Black - shutterstock.com: S. 132
science photo -shutterstock.com: S. 22
ssguy - shutterstock.com: S. 122
Steffen Hauser/botanikfoto: S. 82, 84, 208 (l.), 292, 246
Steinel Vertriebs GmbH: S. 359, 370, 372, 385, 387, 393, 409
TAGSTOCK1 - Shutterstock.com: S. 168
ThomBal - shutterstock.com: S. 194
Toa55 - shutterstock.com: S. 322
Videowokart - Shutterstock.com: S. 130 (m.)
Wendebourg, Tjards: S. 46, 133 (o.)
Wendebourg, Tjards (Planung: Planungsgruppe Digitalis): S. 14
www.bauder.de: S. 277
www.carporte.de: S. 264
www.gira.de: S. 354, 384, 384, 382, 399
www.hobak.de: S. 269
www.kwp-carport.de: S. 267, 274 (2), 280
Yevgen Sundikov -shutterstock.com: S. 111

Titelfoto: philipimage/Fotolia.com

Die in diesem Buch enthaltenen Empfehlungen und Angaben sind von der Autorin/vom Autor mit größter Sorgfalt zusammengestellt und geprüft worden. Eine Garantie für die Richtigkeit der Angaben kann aber nicht gegeben werden. Autorin/Autor und Verlag übernehmen keine Haftung für Schäden und Unfälle. Bitte setzen Sie bei der Anwendung der in diesem Buch enthaltenen Empfehlungen Ihr persönliches Urteilsvermögen ein.
Der Verlag Eugen Ulmer ist nicht verantwortlich für die Inhalte der im Buch genannten Websites.

Bibliografische Information der Deutschen Nationalbibliothek
Die Deutsche Nationalbibliothek verzeichnet diese Publikation in der Deutschen Nationalbibliografie; detaillierte bibliografische Daten sind im Internet über http://dnb.d-nb.de abrufbar.

Das Werk einschließlich aller seiner Teile ist urheberrechtlich geschützt. Jede Verwertung außerhalb der engen Grenzen des Urheberrechtsgesetzes ist ohne Zustimmung des Verlages unzulässig und strafbar. Das gilt insbesondere für Vervielfältigungen, Übersetzungen, Mikroverfilmungen und die Einspeicherung und Verarbeitung in elektronischen Systemen.

© 2019 Eugen Ulmer KG
Wollgrasweg 41, 70599 Stuttgart (Hohenheim)
E-Mail: info@ulmer.de
Internet: www.ulmer.de
Lektorat: Helen Haas
Herstellung: Gabriele Wieczorek, Katharina Merz
Umschlag-Gestaltung: Michaela Mayländer, Stuttgart, www.sistermic.de
Satz: Atelier Reichert, Stuttgart
Reproduktion: timeRay Visualisierungen, Jettingen
Druck und Bindung: Livonia Print, Riga Lettland
Printed in Latvia

ISBN 978-3-8186-0714-2

Hier können Sie weiterlesen:

Träumen Sie auch von einem Garten, der perfekt zu Ihnen passt? Garten- und Freiraumplaner Lars Weigelt vermittelt Ihnen in diesem Buch sichere Orientierungspunkte auf dem Weg zu Ihrem Traumgarten. Ob Familien- oder Nutzgarten, Vor- oder Dachgarten, Land- oder Stadtgarten: ausgehend von Ihrer Gartensituation hilft Ihnen dieses Buch dabei, Ihren persönlichen Gartenstil zu entdecken und umzusetzen. Ob Treppen, Mauern, Wege oder Wasser im Garten – entdecken Sie kleine und große Lösungen und erfahren Sie, welche Materialien und Elemente sich für Ihren Garten am besten eignen.

Ideenbuch Gartengestaltung. 444 Inspirationen für jede Gartensituation. Lars Weigelt. 2018. 256 Seiten, 444 Farbfotos, geb. ISBN 978-3-8186-0365-6.

Das Rundum-Sorglos-Programm:

Sie haben einen Garten, aber wenig Zeit dafür? Sie wünschen sich ein Blumenbeet, aber Ihnen fehlt der grüne Daumen? Mit diesem Buch finden Sie und Ihr perfektes Blumenbeet endlich zueinander! Ganzjährig, pflegeleicht und traumhaft schön – ausgehend von Ihrer Gartensituation wählen Sie aus verschiedenen Musterbeeten Ihr persönliches Lieblingsbeet. Ob groß oder klein: mithilfe eines Pflanzplanes ist auch das Anlegen des Beetes kein Problem mehr. In den dazugehörigen Pflanzenporträts lernen Sie außerdem alles Wichtige über Pflege und Vorlieben Ihrer neuen Beetbewohner.

Schnell, einfach, blüht! Pflegeleichte Blumenbeete für jeden Garten. Renate Hudak, Harald Harazim. 2019. 144 Seiten, 167 Farbfotos, Klappenbroschur. ISBN 978-3-8186-0085-3.

Gut geplant ist halb gegärtnert:

Sie wünschen sich mehr Blau in der Rabatte oder mehr Duft auf der Terrasse? In diesem Buch sind die Pflanzen ganz nach Ihren Wünschen sortiert: nach Blütezeit, Blütenfarbe, Duft, Blatt- und Rindenfarbe sowie nach Standort und Verwendung. Dieses Buch zeigt Ihnen, welche Pflanzen wirklich zu Ihrem Garten passen – so gelingt Ihre Gartengestaltung garantiert! Entdecken Sie mehr als 2000 Fotos und 3000 kompakt beschriebene Bäume, Sträucher, Stauden sowie Ein- und Zweijährige. Zusätzlich gibt es eine Auswahl an Pflanzen für den ganz besonderen Zweck: Pflanzen für Kübel und Töpfe, Hecken oder Bodendecker.

Was wächst wo? 1900 Gartenpflanzen für jeden Standort. Didier Willery. 2018. 384 S., 2000 Farbfotos, geb. ISBN 978-3-8186-0551-3.